Die Räume der Milieus

Herausgegeben vom Institut für
Regionalentwicklung und Strukturplanung

Ulf Matthiesen (Hg.)

Die Räume der Milieus

Neue Tendenzen in der
sozial- und raumwissenschaftlichen
Milieuforschung, in der Stadt- und
Raumplanung

edition sigma

Die Deutsche Bibliothek - CIP-Einheitsaufnahme

Die **Räume der Milieus** : neue Tendenzen in der sozial- und raumwissenschaftlichen Milieuforschung, in der Stadt- und Raumplanung / [hrsg. vom Institut für Regionalentwicklung und Strukturplanung]. Ulf Matthiesen (Hg.). - Berlin : Ed. Sigma, 1998
ISBN 3-89404-452-7

© Copyright 1998 by edition sigma® rainer bohn verlag, Berlin.

Alle Rechte vorbehalten. Dieses Werk einschließlich aller seiner Teile ist urheberrechtlich geschützt. Jede Verwertung außerhalb der engen Grenzen des Urheberrechtsgesetzes ist ohne schriftliche Zustimmung des Verlags unzulässig und strafbar. Das gilt insbesondere für Vervielfältigungen, Mikroverfilmungen, Übersetzungen und die Einspeicherung in elektronische Systeme.

Textverarbeitung: Angelika Sachse, IRS

Fotos auf dem Umschlag und den Kapitelseiten: Serie 'Echte Berliner', 1996/97, von Michael Hughes, Agentur Zenit, Berlin

Druck: Rosch-Buch, Scheßlitz   Printed in Germany

Inhalt

Vorwort   9

Zur Einführung

Ulf Matthiesen
Milieus in Transformationen. Positionen und Anschlüsse   17

Zum zeit- und raumdiagnostischen Impuls der neuen Milieuforschung

Karl-Dieter Keim
Sozial-räumliche Milieus in der zweiten Moderne   83

Die Erfahrungsräume sozialer Milieus - zwischen Routine und Emergenz

Richard Grathoff
Planerisches Handeln in Milieu und Raum   101

Ralf Bohnsack
Milieu als konjunktiver Erfahrungsraum. Eine dynamische Konzeption von Milieu in empirischer Analyse   119

Achim Hahn
Wohnen, Gewohnheit und Lebensführung   133

Heinz Böcker, Hartmut Neuendorff, Harald Rüßler
'Hörder Milieu'. Deutungsmusteranalysen als Zugang zur Rekonstruktion intermediärer Sozialstrukturen - an Fällen   151

Die Rolle der Milieus in der Stadt- und Regionalentwicklung - zwischen Raumplanung und Sozialpolitik

Renate Fritz-Haendeler
Flüchten oder Stadt-Halten. Stadtentwicklungspolitik und
Milieu-Wahrnehmung am Beispiel der Stadt Brandenburg ... 179

Werner Zühlke
Soziale Netze - zentrale Akteure in Stadtteilen mit
besonderem Erneuerungsbedarf ... 191

Friedemann Kunst
Milieu als Planungsbegriff
Konzeptionelle Überlegungen am Beispiel der Planungsräume
des Berliner Nord-Ostens und des Süd-Ostens ... 207

Heike Pfeiffer
Erfahrungen mit der Anwendung von Milieuschutzsatzungen
gemäß § 172 BauGB in Berlin ... 213

Joachim Becker
Wohnmilieus in der Stadtplanung ... 221

Henning Nuissl
Probleme der Operationalisierung räumlich-sozialer Milieus
(mit quantitativen Methoden) ... 233

Milieus und Netzwerke in der neueren Debatte um regional-ökonomische Entwicklungskonzepte

Nicole Hoffmann, Katrin Lompscher
Milieus, Netzwerke, Verflechtungen - Ansatzpunkte für die
Untersuchung regionalwirtschaftlicher Umbruchprozesse in
Deutschlands Osten? Ideenskizze zu einem Forschungsdesign ... 247

Vera Lessat
Anmerkungen zum Milieu- und Netzwerkbegriff aus
ökonomischer Sicht ... 265

Die Transformationsprozesse seit 1989 im Spiegel neuer Milieustudien

Michael Hofmann, Dieter Rink
Milieu als Form sozialer Kohäsion. Zur Theorie und
Operationalisierung eines Milieukonzepts ... 279

Michael Thomas
Reglementierung versus Individualisierung? - Die lebensweltliche Vielfalt von Passagen in die Selbständigkeit in Ostdeutschland ... 289

Dirk Tänzler
Solidarität und Sachlichkeit. Transformation eines ostdeutschen Arbeitsmilieus ... 303

Ingrid Oswald
Alte und neue Milieus in Rußland. Anmerkungen zur Sozialstruktur (post-) sozialistischer Gesellschaften ... 325

Literaturüberblick zur neueren Milieuforschung in den Sozial- und Planungswissenschaften ... 339

Vorwort

Die Raum-Vergessenheit der Sozialwissenschaften ist spätestens seit 1989 auch weltgeschichtlich obsolet geworden. Mit der 'Wiederkehr der Geschichte' und ihren kraß disparitären Entwicklungsmustern, mit krisenhaften Transformationen und der Gefahr einer dauerhaften Abweichung von nachhaltigen Entwicklungspfaden sind natürliche, soziale und symbolische Räume wieder ins Zentrum der öffentlichen Aufmerksamkeit geraten. Die Meso-Ebene sozialer, kultureller und ökonomischer Milieus, in denen sich globale und gesamtgesellschaftliche Entwicklungsprozesse mit den zwischenmenschlichen Interaktionsstrukturen der Mikro-Ebene 'vermitteln', spielt hierbei eine zentrale Rolle: zumeist unbemerkt, dadurch nur um so wirkungsvoller verstärken Milieus als Einbettungs- und Vermittlungsstrukturen auf der einen Seite Selbstorganisations- und Problemlösungspotentiale; auf der anderen Seite befördern sie Sklerotisierungstendenzen mit unterkomplexen Lösungsformeln. Die Regel aber sind interessante Mischungen zwischen diesen beiden Extremen.

Damit ist ein Fragenhorizont aufgespannt, innerhalb dessen - seit 1989 noch einmal auffällig verstärkt - neue Ansätze zur Milieuforschung und neue Felder für die Implementation ihrer Ergebnisse entstehen. In der Art eines *Zwischenresümees* sollen mit diesem Band wichtige Facetten einer solchen 'Wiederkehr der Milieus' dokumentiert und auf Anschlußmöglichkeiten hin überprüfbar gemacht werden. Die organisierende Mitte dieses Bandes bilden überarbeitete und erweiterte Beiträge einer großen Milieutagung, die das IRS im November 1995 in Berlin-Mitte organisiert hat. (Tagungstitel: Milieu, Milieux, Milieus. Milieuforschung und milieuorientierte Theoriebildung in den Sozial- und Wirtschaftswissenschaften sowie in der Planungspraxis. 25 Referenten). Keinesfalls nur zur Arrondierung treten nun weitere Forschungsansätze und eine Positionsmarkierung des Herausgebers dazu. Damit werden Milieuanalysen genauer auf die Untersuchung krasser 'transformationeller' Wandlungsprozesse und disparitärer Entwicklungsmuster geeicht.

Die mit diesem Band dokumentierte *Neue Milieuforschung* lebt von einer systematischen Verbindung empirischer Fallrekonstruktionen, anwendungsorientierter Operationalisierungs- und Implementationsversuche sowie theoretisch-konzeptuellen Arbeiten. Daraus resultiert auf den ersten Blick eine gewisse Heterogenität der Beiträge dieses Bandes, die aber selber 'als Zusammenhang' genommen zu werden verdienen. Und es belegt die Forschungserfahrung, daß die spannendsten grundlagentheoretischen Fragen in den Sozialwissenschaften sich zunehmend im Übergangsfeld zu den Anwendungsbezügen stellen.

Mit der Herausgabe dieses Bandes verbindet sich ein weiteres Motiv: Die Milieuforschung ist in den 70er und 80er Jahren in eine große Anzahl von Theorie- und Praxisfeldern diffundiert, neben den Sozialwissenschaften in einem engeren Sinne und der Sozialstrukturanalyse etwa in die Planungswissenschaften und Planungspraxis sowie in die Regionalökonomie hinein. Dabei hat es spezialisierende, professionalisierte Weiterentwicklungen gegeben, die in die 'Diskursfamilie der Milieuansätze' kaum noch rückvermittelt wurden. Diese produktiven Ausdifferenzierungen wieder stärker zusammenzuführen ist nach 1989 dringend geboten. Zwar zeichnen sich 'Milieutheorien' dadurch aus, daß sie die Hoffnungen auf ein einziges neues theoretisches Großparadigma für das soziale Leben und seine Räume aus forschungsmaterialen Gründen in Frage stellen. Gleichwohl scheint es an der Zeit, die losen Enden eines meso-sozialen Milieuparadigmas wieder stärker miteinander zu verweben, mit dem Ziel, die 'unübersichtlichen' Prozeßdynamiken disparitärer sozialer, ökonomischer und kulturell-symbolischer Raumentwicklungen seit 1989 analytisch einzufangen. Dieser Band kann dafür sicherlich nicht mehr als ein erster Schritt sein, allerdings - wie wir denken - ein Schritt in die richtige Richtung. Er macht den erreichten Arbeitsstand deutlich, aber skizziert darüber hinaus auch weiterführende Aspekte. Selbst dort aber, wo die Beiträge prononciertere Diskursformen annehmen, hüten sie sich, emphatischere Erwartungen in Richtung auf eine große Meso-Theorie der sozialräumlichen Entwicklung zu wecken. Deutlich soll die Forschungs- und Theorielage also als *Zwischenresümee* kenntlich werden. Wichtig scheint dabei schließlich die 'diskursfamilien-bildende' Grundüberzeugung, daß Theoriebildungsprozesse sich durch exemplarische Fallanalysen hindurchbewegen müssen, wollen sie noch zeitdiagnostisch aufschlußreich und für Anwendungskontexte relevant sein.

Die schnellen Umschlaggeschwindigkeiten der sozialwissenschaftlichen Leitvokabeln hat 'der Milieubegriff' - trotz (oder wegen?) einer längeren Latenzphase - erstaunlich gut überstanden. Allerdings bleibt dieses Konzept mancherorts zumindest implizit weiterhin mit Redundanz, alltäglichen Routinen und der saugenden Distanzlosigkeit eingeschliffener Formen traditionaler Lebensführung konnotiert. Die in diesem Band repräsentierte *Neue Milieuforschung* hat sich von einem solch residualen Milieubegriff verabschiedet. Statt dessen verwendet sie 'Milieu' als heuristisches Konzept, das neue Forschungs- und Praxisfelder in Übergangszonen aufschließen kann. Allgegenwärtige wissenschaftliche und feuilletonistische Verlegenheitsbemerkungen zu den "Randbedingungen" sozialer Entwicklungen, zum "Umfeld" politischer Entscheidung oder zur "Umwelt" wirtschaftlicher Prozesse lassen sich damit wesentlich präziser fassen und in ihrer Operationslogik rekonstruieren.

Die Arbeiten dieses Bandes verfolgen dabei keinerlei begriffspflegerische Absichten. Es geht also nicht um eine konzeptuelle Ikonisierung der Milieus, sondern im Gegenteil um die forschungspraktische Wendung einer zeitdiagnostisch, theoriearchitektonisch und anwendungspraktisch zentralen Vermittlungskategorie: Der Milieubegriff wird danach als analytisches Werkzeug begriffen. Wo er nichts mehr aufschließt, sollte man ihn schnell vergessen! Die Arbeiten dieses Bandes stärken aber eher die Gegenvermutung: auch dort, wo die Autoren sich kritisch mit Milieukonzepten, dessen Operationalisierungsproblemen und Nominaldefinitionen auseinandersetzen, zeigt sich noch, wie zentral etwa die neuen 'milieuartigen' Zusammenhangsgestalten von formellen und informellen Strukturierungsprozessen in die gegenwärtigen Umbruchprozesse eingreifen, wie sie etwa die Akzeptanzbedingungen von Raumplanungen und Planungsimplementierungen wesentlich mitbestimmen. Insbesondere Transformationsanalysen belegen dann, daß ein solchermaßen heuristisch gewendetes Milieukonzept alles andere als ausgereizt ist. Vielmehr ermöglicht es beinahe konkurrenzlos, den falltypischen, raumbedeutsamen neuen Mischungen auf der Mesoebene - zwischen Innovationsoptionen, Persistenzen und Sklerotisierungen - nachzuspüren.

Zur *Gliederung dieses Sammelbandes*: Die Arbeiten wurden in sechs thematische Abschnitte gegliedert. Für den einleitenden Abschnitt habe ich einen Beitrag verfaßt, in dem neben einem historisch-systematischen Überblick zur Entwicklung von sozialraumrelevanten Milieukonzepten eine eigene Position skizziert wird. Ein solches Positionspapier erlaubt es unter anderem, auf "jene referierende Neutralität (zu) verzichten, die man üblicherweise von Einleitungen verlangt" (TOPITSCH 1966, S. 14) - und die sie häufig langweilig machen. Es wird also stärker auf eigene Rechnung und eigenes Risiko hin argumentiert.

Im zweiten Abschnitt analysiert *Karl-Dieter Keim* - fast zwanzig Jahre nach seinem einflußreichen Untersuchungsansatz "Milieu in der Stadt" (1979) - "Sozial-räumliche Milieus in der zweiten Moderne". Die inzwischen erkennbaren Verspannungen im Modernisierungsprozeß und in den Moderne-Begriffen werden dabei auf ihre Relevanz für Weiterentwicklungen eines forschungs- und umsetzungsorientierten Milieukonzeptes hin untersucht. Damit treten die *zeit- und raumdiagnostischen Potentiale* einer so erneuerten Milieuforschung deutlicher hervor.

Der nächste Teil des Bandes versammelt dann Studien zu unterschiedlichen *"Erfahrungsräumen sozialer Milieus"*: *Richard Grathoffs* sozialphänomenologischer Essay spürt - vor dem Hintergrund langjähriger Forschungserfahrungen - einem wichtigen Leitpfad der Erneuerung der Milieukonzepte nach, der 'Erlebnisraum'-Tradition von Max Scheler und Aron Gurwitsch über Maurice

Halbwachs zu Erving Goffman. Dabei interessiert Grathoff insbesondere die Rolle der Gedächtnisleistungen beim Aufbau und bei den Grenzziehungsprozessen konkreter Milieus. *Ralf Bohnsack*, konzeptuell mit dem Begriff des konjunktiven Erfahrungsraums an Karl Mannheim anschließend, entwickelt an Hand seiner Untersuchungen über Jugendcliquen in einer Ostberliner Trabantenstadt rekonstruktionsmethodologisch abgesicherte Milieutypologien - zwischen 'habitueller Übereinstimmung' und der 'Emergenz neuer Milieus' etwa. Dabei werden zugleich einige 'Leitdifferenzen' der sozialstrukturellen Lebensstil-Milieuanalyse der 80er Jahren einer kritischen Würdigung unterzogen. *Achim Hahns* Analyse schmiegt sich der Ausbildung von Handlungsgewohnheiten im täglichen Umgang mit neuen 'kommunikativen' Wohnungsformen und Lebensräumen an - dabei Motive des amerikanischen Pragmatismus für ein praktisch-tätiges Modell der Raumerfahrung und Lebensführung erprobend. *Heinz Böcker, Hartmut Neuendorff und Harald Rüßler* schließlich zeigen beispielhaft am Fall der Umbrüche in einem klassischen montanindustriellen Arbeitermilieu (Dortmund-Hörde), wie der Deutungsmusteransatz als geeigneter Zugang zu komplex sich umstrukturierenden Milieus und ihren Weltbildern eingesetzt werden kann.

Die nächste Gruppe von Beiträgen entstammt den Arbeitsfeldern und Diskurskontexten der *Stadt-, Raum- und Sozialplanung*. Dabei wird deutlich, auf welch fruchtbare Weise Raumplaner die sozialwissenschaftlichen Diskurskontexte praxis- und anwendungsbezogen zu rezipieren gelernt haben. Zunächst untersucht *Renate Fritz-Haendeler* am Beispiel der alten märkischen Hauptstadt Brandenburg Optionen und Schwierigkeiten der ostdeutschen Städteentwicklungen nach 1989. Unter der Komplementärperspektive der "Milieuwahrnehmung" skizziert die Autorin dann querschnittsorientierte Strategiefragen der Stadtplanung, die über den Beispielsfall hinausweisen. *Werner Zühlke* widmet sich krisenhaften Umstrukturierungsprozessen von Stadtvierteln unter stadtentwicklungspolitischen Zielstellungen. Dabei spielen die sozialen Netze in "Stadtteilen mit besonderem Erneuerungsbedarf" eine zentrale Rolle. *Friedemann Kunst* skizziert knapp einen Milieubegriff, so wie er in der städtebaulichen Planungspraxis Eingang gefunden hat - als regelförmige Kovarianz zwischen städtebaulichen Formtypologien und einer spezifischen Bewohnerschaft mit ihren besonderen sozialen Verhältnissen und Bedürfnissen. *Heike Pfeiffer* untersetzt diesen planungspraktischen Milieubegriff mit Erfahrungen aus der Implementierung von baugesetzlich geregelten Milieuschutzsatzungen - am Beispiel eines Berliner Innenstadtquartiers (Tiergarten). *Joachim Beckers* Beitrag nimmt Bezug auf niederländische Versuche, Wohnmilieus zwischen Lebensstilen und entsprechenden Raumstrukturen typologisch zu ordnen und zu operationalisieren. Damit verbindet sich der weitergehende Anspruch, derartige

Milieutypologien direkt in die prozedurale Raumplanungspraxis zu implementieren. Dabei auftretende Operationalisierungsprobleme nimmt der folgende Beitrag von *Henning Nuissl* kritisch und weiterführend unter die Lupe. Insgesamt gibt das in diesem Abschnitt präsentierte Arrangement von 'Planungsmilieu'-Studien einen guten Überblick über die zur Zeit in der Profession der Stadt- und Regionalplaner diskutierten und implementierten Milieuansätze.

Wichtige Impulse zur Erneuerung der Milieuforschung gehen von der Regionalökonomie, dort insbesondere von *Produktions- und Innovationsmilieuansätzen* aus. *Nicole Hoffmann und Katrin Lompscher* entwickeln in ihrem Beitrag einen eigenständigen Ansatz zur Verknüpfung von Netzwerk- und Milieuforschung. *Vera Lessat* fragt dann mit stärker fachökonomisch justiertem Blick Erkenntnisgewinne und Präzisionsverluste der neuen Milieu- und Netzwerkkonzepte ab.

Schließlich gilt ein letzter wichtiger Schwerpunkt dieses Bandes der Anwendung von Milieuansätzen auf *Transformationsprozesse in Ostdeutschland und Osteuropa*: Gerade die transformationellen Überlagerungen des Systemwandels mit Struktur- und Wertewandlungen machen die Meso-Perspektiven der Milieus zu einem analytisch notwendigen Konzept: *Michael Hofmann und Dieter Rink* legen einen Operationalisierungsvorschlag vor, in dem sich ein souveräner Überblick über den Stand der Nachwende-Lebensstil-Milieuforschung mit einer stärkeren Justierung der Milieukonzepte auf 'ostdeutsche Verhältnisse' verbindet. Die Erforschung von neuen Selbständigen in Ostdeutschland nimmt *Michael Thomas* zum Anlaß, die Oberflächendeutungen von Individualisierungs- und Reglementierungsprozessen mit einer radikaler fragenden lebensweltlichen Analyseperspektive zu unterfuttern. Parallel dazu, aber mit stärker kulturtheoretischen Intentionen, unternimmt es *Dirk Tänzler,* das Milieukonzept als Strukturbegriff zu präzisieren, und zwar am Analysefall neuer Selbständiger aus einem ostdeutschen Arbeitermilieu. Last but not least führt *Ingrid Oswald* die milieuanalytische Sonde in die neuen, uns 'chaotisch' erscheinenden sozialstrukturellen Mischungsverhältnisse Rußlands ein, mit erhellenden Einsichten in die neu sich bildenden Ordnungsstrukturen - zwischen makrostrukturellen 'Transformationen' und mikrosozialen 'Konvulsionen' gewissermaßen.

Die hier präsentierte Collage von empirischen, konzeptuellen, methodischen und anwendungsbezogenen Arbeiten ist erkennbar als heterogene Mischung angelegt. Hoffnungen auf eine werdende integrative Supertheorie der Milieus lassen sich damit nicht bestärken. Milieus und heuristisch gewendete Milieukonzepte legen andere, plurale Theorietechniken nahe, die allerdings auf der Methodenseite strengen sequentiellen Analyseverfahren folgen. Der Anspruch dieses Bandes ist daher auch bescheidener: Er will einmal einen informativen

Zwischenstand zu raumrelevanten Arbeiten aus der Diskursfamilie der Milieuanalysen präsentieren. Dann möchte er dreierlei zumindest plausibel machen:
- einmal, wie anschlußfähig ein heuristisch gewendetes Milieukonzept sein kann;
- dann, wie erfolgreich gerade Milieuansätze unter der Randbedingung krisenhafter Umbrüche, disparitärer Entwicklungsmuster oder neuer Strukturpfade der Entwicklung operieren, und zwar sowohl auf der Seite der Grundlagenforschung wie der Anwendungsbezüge;
- schließlich sollen - durch die Heterogenität der Ansätze hindurch - die Umrisse einer forschungsbasierten strukturalen Theorie- und Anwendungstradition des Milieuparadigmas sichtbar werden, die den *globalocalen* Zusammenhangsgestalten der Milieus und ihren Transformationen auf der Spur zu bleiben erlauben.

Um einen besseren Überblick über die inzwischen erarbeitete 'kritische Masse' der neuen Milieuforschung zu geben, haben wir für den Schluß des Bandes ein *Gemeinsames Literaturverzeichnis* erstellt. Trotz seiner Erweiterung um etliche nicht in den Beiträgen zitierte Arbeiten erhebt dieses Verzeichnis keinerlei Vollständigkeitsansprüche. Neben dem längeren Positionenpapier *am Anfang* bildet es *am Ende* einen zweiten, eher formalen Versuch, die relative Heterogenität des Bandes als anschlußfähigen Zusammenhang plausibel zu machen.
Schließlich möchte ich ganz besonders Angelika Sachse danken, die mit großem Engagement, viel Nachsicht und fast im Alleingang die Manuskripterstellung in ihre tätigen Hände genommen hat.

IRS, Erkner (b. Berlin)
im Januar 1998

Ulf Matthiesen

Zur Einführung

Ulf Matthiesen

Milieus in Transformationen. Positionen und Anschlüsse[1]

Inhaltsübersicht

1   MESO
1.1   Mesostrukturen an der Wende zum 21. Jahrhundert
1.2   Probleme der Meso-Soziologie
1.3   "Milieu" als mesosoziale Strukturkategorie

2.   *Sechs Phasen in der Entwicklung eines sozial- und raumwissenschaftlichen Milieu-Konzeptes*
2.1   Sozialphilosophische Vorphase
2.2   Die große Industrie und ihre Milieutheoreme
2.3   Die Milieux der Jahrhundertwende
2.4   Milieutheorien im 'traurigen Umsonst von Weimar'
2.5   Die Milieus der Nachkriegszeit und die Wirtschaftswunder-Moderne (1945-1965)
2.6   Die Wiederkehr der Milieus (1965-1989)

3.   *Zur Entwicklung der neuen Milieuansätze seit 1989*
3.1   Milieus im Spannungsfeld von Transformation und Krise
3.2   Milieu als sozialwissenschaftlicher Strukturbegriff
3.3   Milieu und Raum
3.4   Milieus und die Emergenz des Neuen - zwischen Nicht-Finalisierbarkeit und Potentialen zur Selbstorganisation
3.5   Milieu, Umwelt, Nachhaltigkeit
3.6   Parallelkonzepte und Anschlüsse

---

1   Vorletzte Fassungen dieses Textes haben Ralf Bohnsack, Richard Grathoff, Gesa Gordon, Karl-Dieter Keim, Thomas Knorr-Siedow, Henning Nuissl, Dieter Rink, Dirk Tänzler und Michael Thomas hilfreich und kritisch zugleich kommentiert. Ihnen allen bin ich zu Dank verpflichtet. Die verbleibenden Mängel sind allein von mir zu verantworten.

1. MESO

1.1 Mesostrukturen an der Wende zum 21. Jahrhundert

Am Ende des 20. Jahrhunderts finden sich die Sozial- und Raumwissenschaften mit einer Fülle von exorbitanten Beschreibungs- und Erklärungsproblemen konfrontiert. Globalisierende Strukturumbrüche in den Funktionssystemen - von der Ökonomie bis zu den Kommunikationsmedien -, nicht einmal ansatzweise prognostizierte Systemtransformationen großen epochalen Zuschnitts, unübersichtliche postsozialistische Entwicklungspfade seit 1989; daneben die weltweite Zunahme von Entwicklungsdisparitäten mit der Folge anschwellender transkontinentaler Migrationsströme, die Gefahr einer chronisch werdenden Abweichung von nachhaltigen gesellschaftlichen Entwicklungsmustern, das exponentielle Wachstum der Mega-Städte in den nicht zum westlichen Entwicklungstypus gehörenden Teilen der Welt, das widersprüchliche Zugleich von 'individualisierenden' und 'fundamentalisierenden' Wertewandlungen; schließlich die frappanten Renaissancen lokaler, regionaler und ethnischer Kulturformen, die hier und da die Grenze zu 'kulturellen Regressionen' überschreiten. Die hier nur plakativ benennbaren, dabei weitgehend unstrittigen Entwicklungstrends treten am Ausgang dieses Jahrhunderts typischerweise geballt und zugleich auf. Sie überlappen und verstärken sich dabei oder kompensieren einander. In der Regel schießen diese Entwicklungsreihen zu vieldimensionalen, häufig zunächst fast paradox anmutenden Zusammenhangsgestalten zusammen: etwa zu *globalocal* gemixten Problemsyndromen und Optionsbündeln, in denen lokal-regionale Anamnesen von teilerodierten Traditionsbeständen mit disparitär wirkenden, weltumspannenden systemischen Prozeßverläufen neue überraschende Verbindungen eingehen. Die Entwicklung der *Raumstrukturen* nun wird an der Schwelle zum 21. Jahrhundert in zunehmendem Maße durch solch neuartige Mischungen von Ökonomie, Politik und Kultur geprägt.

Die gegenwärtigen Sozial- und Raumwissenschaften und ihre Beschreibungs- und Erklärungskapazitäten werden durch die Komplexität dieser neuen Mischungen einem harten Realitätstest unterworfen. Nicht selten scheinen sie dabei überfordert.[2] Für den neuen globalen Typus von Zusammenhangsgestalten

---

2 Klaus von Beyme etwa hat aus Anlaß des Zusammenbruchs des Sozialismus von einem "schwarzen Freitag der Sozialwissenschaften" gesprochen (von Beyme 1994, S. 35). Inzwischen scheint aber eher wieder die Maxime des "business as usual" zu gelten - so, als seien nicht durch die neuen, globalocal gemixten Problem- und Optionenkumulierungen sowohl für die sozialwissenschaftlichen Theorietechniken wie für Methodologien und Methoden neue Forschungslagen entstanden. Mancherorts verstärkt sich gleichwohl das Unbehagen, etwa: "Der Zusammenhang von Sozialwissenschaft und Osteuropaforschung erscheint (...) als komplementäre Krise, die eine mehr oder weniger gründliche

etwa haben Modernisierungstheorien sowohl des klassischen, 'nachholenden' wie des reflexiveren Zuschnitts kaum adäquate kognitive Mittel parat. Im Schlagschatten der in diesem Sinne 'neuen' Zusammenhänge von globalen mit makro-, mikro- und nicht zuletzt mesosozialen Prozeßdynamiken bilden sich verstärkt seit 1989 sozialtheoretische Suchbewegungen aus, um explanatorisch erfolgreiche Lösungen zu erkunden:
- auf der einen Seite florieren prämillenaristische Menetekel-Diagnosen (häufig in postmoderner Codierung vorgetragen und mit 'geländegängigen' ökologischen Verhängnisreihen drapiert);
- den anderen Pol markieren begriffstechnische Komplexitätsreduktionen, die den prognostischen Sprung in das nächste Jahrtausend auf dem Weg über Szenariotechniken schematisieren, als virtuell reinen Optionenraum für *rationale Wahlhandlungen* zum Beispiel.

Zwischen dem prämillenaristischen "Zu spät!" und der beinahe populistischen Theorieermunterung an individuelle Akteure, die allfälligen rationalen Wahlen zu treffen, rauscht die strukturelle Mittellage der neuen Zusammenhangsgestalten mit ihren spezifischen *raum-* und *milieubildenden* Problemeinbettungen häufig unbegriffen hindurch. Dabei manifestiert sich das neue Zugleich von Globalisierungsprozessen mit einer "Wiederkehr des Regionalen" (Rolf Lindner) und des Lokalen unübersehbar in einer großen Spannweite 'mittlerer' struktureller Problemlagen. *Neue milieuartige Intermediärstrukturen* bilden sich einmal zunehmend im Überlappungsbereich zwischen formalisierten Organisationsstrukturen und informellen Kontexteinbettungen, sie finden zwischen ortsgebundenen und nur noch virtuell "verorteten" Entwicklungs- und Kommunikationsprozessen statt (Lebensstile); schließlich öffnen gerade die flächendeckenden Teilerosionen von Traditionsbeständen - flankiert von neuen 'synthetischen' Traditionsbildungen und dazu passenden medialen Tradierungstechniken - soziale Räume für neuartige Milieubildungsprozesse (Generationen). Die auffällige Zunahme der strukturellen Relevanz und Verbreitung solcher Mischungsprozesse führt zu der These, daß sich im Medium dieser neuen Zusammenhangsgestalten vor unseren Augen grundlegende Parameter des Verhältnisses von Raum und Kultur, Ökonomie und Sozialität verändern.

Die zeitgenössische Milieuforschung ist solchen Veränderungsprozessen auf der Spur. Mit diesem Sammelband wird sie exemplarisch und in einigen wichtigen interdisziplinären Bezügen präsentiert. Geeint erscheint sie durch die Hintergrundüberzeugung, daß der Funktionsmodus dieser neuen, amalgamierten

---

Reflexion etablierter Begriffe und Theorien erfordert". So Klaus Müller in einer Revue auf den Forschungsstand der "Osteuropaforschung zwischen Neo-Totalitarismus und soziologischer Theorie" (Müller 1997, S. 14).

Zusammenhangsstrukturen sich nur mehr durch eine genaue Rücksicht auf die Aggregierungsebene sozialer Intermediärstrukturen rekonstruieren läßt. Um es negativ auszudrücken: Die in Rede stehenden global induzierten Strukturmischungen lassen sich kaum noch auf globalen oder makroaggregierten Strukturebenen allein entziffern. Damit entfällt auch die Möglichkeit, sie schlüssig 'von oben her' subsumtionslogisch oder regulationstheoretisch nach Aggregierungsebenen zu sortieren, um sie dann über departementalisierende Lösungsmuster und prozedurale Operationalisierungen 'unten' kleinzuarbeiten. Statt dessen wird eine genaue Rekonstruktion der Genese dieser Zusammenhangsstrukturen selbst vordringlich, wobei die Eigenlogiken der Strukturierungsprozesse auf den jeweils problemrelevanten Aggregierungsebenen von entscheidender Bedeutung werden. Wir wollen zeigen, daß insbesondere die *Mesoebene* dabei eine zunehmend wichtigere Rolle spielt. Das mancherorts spürbare wachsende Interesse an konkreten Fall-Rekonstruktionen meso-sozialer Milieus sollte daher auch nicht als Faible für theorietechnisches Biedermeier oder ähnliches mißverstanden werden, sondern hätte seinen Grund in den neuen *globalocal* gemixten Strukturdynamiken selbst.

1.2 Probleme der Meso-Soziologie

Im Mai und Juni 1995 hat einer der einflußreichsten Sozialwissenschaftler US-Amerikas, Neil J. Smelser, im Rahmen seiner Georg-Simmel-Gastprofessur an der Berliner Humboldt-Universität Vorlesungen zum Stand der Probleme seiner Profession gehalten. Dabei unterzog er insbesondere die Aggregierungssystematik der Sozialwissenschaften einer kritischen Überprüfung - von der Mikro-Ebene bis zu globalen Strukturzusammenhängen ausgreifend. Seine zweite Vorlesung unter dem Titel "Problematics of Meso-Sociology" (vgl. SMELSER 1997) begann Smelser mit der Nachricht von der Gründung einer neuen sozialwissenschaftlichen Vereinigung: Um das Jahr 1990 herum hätten sich eine Reihe amerikanischer Soziologen - inzwischen ist ihre Zahl auf über zweihundert angewachsen - zu einer informellen Diskursgemeinde zusammengeschlossen, die für ihre weitgespannten wissenschaftlichen Forschungsabsichten den kryptisch-knappen Titel "MESO" für angemessen hält. Ausgelöst durch ein wachsendes Unbehagen über die herkömmlichen Mikro-Makro-Debatten, die sich in den 80er Jahren wie Mehltau über die sozialwissenschaftlichen Diskurse legten, habe sich diese Gruppe entschlossen, die Meso-Ebene sozialer Phänomene, also etwa Gruppen, formale Organisationen und Gemeinden, soziale Bewegungen und soziale Institutionen ins Zentrum ihrer empirischen, konzeptuellen und theoretischen Debatten zu rücken. Hauptziel ist es dabei, die spezifischen Leistungen der Mesostrukturen als "crucial links" für die anderen Aggregierungsebenen sozialer Realität zu untersuchen, dabei also sowohl Mikro- wie Makroprozesse systematisch zu berücksichtigen und zugleich die Interdependenzen zu den globalen Prozeßstrukturen genau im Auge zu behalten. Dabei läßt sich die Meso-Ebene zunächst nur analytisch von den anderen Aggregierungsebenen sozialer Realität unterscheiden und zudem eher über Beispiele, nicht über formale Definitionsoperationen bestimmen. Derart exemplarisch eingeführte sozialwissenschaftliche Mesoanalysen interessieren sich etwa neuerlich für Phänomene, die Alexis de Tocqueville in seinem berühmten, 1835/1840 erstmalig veröffentlichten Werk "Über die Demokratie in Amerika" unter dem Titel der "Associationen" untersuchte: für intermediäre Prozesse des Gemeindelebens, für freiwillige Vereinigungen wie politische Parteien und Gewerkschaften, für Formen der Selbstorganisation innerhalb der respektiven Öffentlichkeiten. Manches davon wird heute unter dem Begriff der "zivilen Gesellschaft" sowie der politischen Intermediär-Strukturen, die zwischen Mikro- und Makrophänomenen vermitteln, diskutiert. Schließlich reichen die Mesoprozesse in die institutionelle Infraausstattung der Sozialstrukturen hinein.

Neben der strukturellen Bestimmung von Mesostrukturen als einer notwendigen Vermittlungsebene zwischen Mikro-, Makro- und Globalprozessen formuliert Smelser eine dezidierte Hypothese über deren weiteres "Schicksal": Da die Mesostrukturen als "the heart and soul of our civil society" begriffen werden müßten (vgl. SMELSER 1997, S. 34) und sich zugleich auf dieser Aggregierungsebene die soziale Identität individueller Personen, damit auch die soziale Typik von Individuierungsprozessen ausbildet, leisten sie Smelser zufolge einen entscheidenden Beitrag für die Effektivität auch der höherstufigen Gesellschaftsprozesse und ihrer ebenenspezifischen Problemlösungsmuster. Mesostrukturen werden damit als kriteriales Strukturierungsniveau für die global flankierten Entwicklungsprozesse zwischen 'Individuum und Gesellschaft', allgemeiner zwischen Mikro- und Makroprozessen insgesamt kenntlich. Wider den zunächst naheliegenden 'Provinzialitätsverdacht' angesichts intensiverer Interessebekundungen gegenüber relativ kleinteiligen Strukturierungsprozessen beschließt einer der einflußreichsten und produktivsten amerikanischen Sozialwissenschaftler unserer Zeit seine Vorlesung mit der starken 'prognostischen' These: "... If we do not keep our eye on the meso level, we are likely to be ignoring the most important features of the society of the coming decades ..." (a.a.O.).

1.3 "Milieu" als mesosoziale Strukturkategorie

Trotz des weiträumigen Zuschnitts, den die Mesostrukturen in Neil J. Smelsers Version bekommen, bleibt eine gewisse organisationssoziologische Engführung unübersehbar. Der hier zu präzisierende Vorschlag, den Milieubegriff als entscheidende mesosoziale Strukturkategorie einzuführen (resp. ihn als solchen wieder in Erinnerung zu rufen), wird deshalb das Milieukonzept abstrakter fassen und zugleich zu präzisieren versuchen:

1. Unter einer allgemeineren strukturtheoretischen Perspektive konzentrieren sich milieuanalytische Untersuchungen insbesondere auf *mesosoziale Einbettungsformen* mikro-, makro- und/oder global dimensionierter Prozesse. Ökonomische oder politisch-administrative Organisationsstrukturen zum Beispiel werden gezielt unter der Perspektive interner wie externer Kontextuierungsprozesse analysiert. Die nicht-finalisierbaren informellen Einbettungsformen formalisierter Sozial- und Planungsstrukturen bekommen hierbei ein besonderes analytisches Gewicht. In der Regel sind sie entscheidend an der Konstituierung der überzufälligen milieubildenden Strukturkohärenzen beteiligt. Allerdings sind deren 'milieubildende' Leistungen für jede untersuchte Fallgruppe genau zu spezifizieren.

2. Eine zweite perspektivische Erweiterung betrifft das Verhältnis von (eingebetteten) Mesostrukturen zum *sozialen Raum*. Schon etymologisch erinnert der Milieubegriff unabweisbar an die Relevanz sozialer Raumbildungsprozesse - die zugleich immer Raumzeit-Verhältnisse sind.[3] Nicht nur für die Raum- und Planungswissenschaften in einem engeren Sinne, sondern für die Sozialwissenschaften insgesamt bleibt also eine systematisch-konzeptuelle Berücksichtigung von (sozial konstituierten, aber nicht in Sozialität aufgehenden) Raumstrukturen unerläßlich. Gegen die frei flottierenden zeitdiagnostischen Schlagwörter von den typisch 'restlosen' kommunikationsmedialen Verflüssigungen und Virtualisierungen 'des' Raumes in nach-modernen Zeiten zwingt die Milieukategorie dazu, die Sozial- und Planungsräume in ihrer Widerständigkeit und Eigenlogik zunächst strukturell ernst zu nehmen. Damit wird es allerst möglich, den Veränderungen und den Bedeutungsverschiebungen zwischen 'realen' und 'symbolischen' Räumen, den Prozessen 'partieller' Virtualisierungen und

---

[3] Die bis in die 70er Jahre reichende Raum-Vergessenheit großer Teile der sozialwissenschaftlichen Theoriebildung kovariiert mit der langandauernden Prädominanz von subjektorientierten, intentionalistischen Handlungs- und Handlungszeittheoremen sowie daran angelagerten Modernisierungstheorien. Vgl. nicht allein in diesem Zusammenhang die Arbeit von Elisabeth Konau: Raum und soziales Handeln. Studien zu einer vernachlässigten Dimension soziologischer Theoriebildung (Konau 1977).

symbolisch konstituierter neuer Raum- und Milieuformen 'nicht-feuilletonistisch' nachzugehen.[4]

3. Schließlich sind es insbesondere die Selbstorganisationskapazitäten und 'autopoietischen' Potentiale milieutypischer Strukturierungsprozesse, die heute zunehmend wichtiger werden und eine genauere, auch praxisrelevante Rücksicht erzwingen. Das scheint nicht nur für die Sozialtheorie und die sozialwissenschaftliche Zeitdiagnose von Belang, sondern gewinnt vor allem im Rahmen von Bemühungen um neue Planungskulturen für die faktischen Stadt- und Regionalentwicklungen zunehmend an Relevanz. Die (zwischenzeitlich weitverbreitete) Emphase für 'endogene' Entwicklungs- und Transformationspotentiale und informelle Organisationsoptionen sollte dabei allerdings nicht länger "naiv" gegen exogene und/oder formalisierte Strukturierungsprozesse ausgespielt werden. Zudem gilt es, genau zu beachten, in welcher Weise die Selbstorganisationskapazitäten raumrelevanter Milieus immer auch bedroht sind: etwa durch Schließungsprozeduren (gated residential communities, Fremdenfeindlichkeit), durch neue Segmentierungsformen, durch Sklerotisierungstendenzen (etwa in den alten montanindustriellen Regionen) oder durch neue Formen der Musealisierung resp. der Hyper-Realisierung (Disney World, 'Nationalpark DDR', Festivalisierung, 'kritische Rekonstruktion' etc.).

Um diese drei Motive für eine mesosoziale Strukturkategorie der Milieus zu resümieren: 'Lose gekoppelte' und zugleich nur schwer 'finalisierbare' Milieus öffnen einen neuen Untersuchungsfokus auf das Problem der Selbstorganisationskapazitäten von Sozialräumen. Sie können helfen, die Interventionschancen in autopoietische Prozesse hinein realistischer zu klären. Damit öffnen sich eine ganze Reihe brisanter neuer Fragestellungen, die sich mühelos auf ökonomische, politische und soziale Problemkontexte hin konkretisieren lassen: Auf welche Weise Milieus etwa die Imperative hierarchisch gesteuerter Funktionsbereiche absorbieren oder die Situationsdeutungen einer einzelnen Zentralinstanz auspendeln, wie es ihnen gelingt, unter der Randbedingung globaler oder makrostruktureller Handlungsimperative auf die Synergien von 'looze couplings' und 'good practice' umzusteuern, ob sie dabei in raumrelevanter und sozial verträglicher Weise externe Effekte internalisieren (etwa in der Form

---

4 Die Beiträge dieses Sammelbandes - zwischen Produktionsmilieus, Moderne-Konzeptionen und Planungsräumen operierend, zwischen sozialstrukturell relevanten Lebensstil-Milieus, postsozialistischen Milieutransformationen und sozialphänomenologischen Analysen zur Milieukonstitution neugierig hin- und hergehend - liefern eine ganze Reihe von fallgestützten Belegen für solchermaßen zeitdiagnostisch einschlägige Rearrangements zwischen 'realen' und 'symbolischen' Räumen.

'nachhaltiger Lebensstile'), ob es ihnen gelingt, disparitäre Entwicklungen auszugleichen, oder aber, ob sie diese 'unintendiert' per verschärfter kultureller Distinktionspraktiken eskalieren (Rechtsradikalismus) und so weiter. Fragen wie diese sind erkennbar nicht allein bestandskritisch für die Ebene der Mesostrukturen, sondern 'infiltrieren' über diese Vermittlungsebene die anderen sozialräumlichen Aggregierungs- und Maßstabsebenen: sie betreffen deren Steuerungspotentiale und Chancen der Selbstorganisation. Wie von selbst weisen milieuanalytische Rekonstruktionen zur 'autopoietischen Infrastruktur' intermediärer Sozialstrukturen über die Ebene der Mesostrukturen hinaus. Zu den *charmanten* Seiten der Milieuanalysen gehört es daneben, daß die (in diesem Einleitungsbeitrag notwendigerweise abstrakt und spröde herauspräparierten) Potentiale und Probleme von Milieuuntersuchungen in der Regel ganz konkret, zumeist an kontrastierenden Fällen, häufig sogar "in der Sprache der Fälle" untersucht werden. Schließlich und nicht zuletzt sind kontrastierende Milieuanalysen forschungsökonomische Such- und Findeprozeduren für die Entdeckung von *neuen, emergierenden Formen der Strukturierung von sozialen Räumen* und ihren Problemen (s. dazu unten 3.4). Das prognostische Sensorium von Milieuanalysen für neue, emergierende Strukturformen in Lebenswelt und Ökonomie macht einen solchen Analysetypus insofern auch geeignet für Extrapolationen in das neue Jahrhundert hinein, das bekanntermaßen zugleich ein neues Jahrtausend öffnet.

Soweit einige einleitende Bemerkungen zur Relevanz von sozialraumbezogenen Mesostruktur- und Milieuanalysen gegen Ende der 90er Jahre.

In systematischer Absicht - und in gebotener Kürze - möchte ich nun zwei weitere Themenkreise behandeln:
– zunächst soll ein Phasenmodell zu Geschichte und Stand der Milieuforschung in den Sozial- und Planungswissenschaften erprobt werden (2);
– schließlich möchte ich in der Art eines *Zwischenresümees* für die 90er Jahre systematisierende Bemerkungen zur Stellung der neuen Milieuansätze im Rahmen von sozial- und raumwissenschaftlichen Theorie- und Anwendungsbezügen skizzieren (3).

2. Sechs Phasen in der Entwicklung eines sozial- und raumwissenschaftlichen Milieu-Konzeptes

Zur Genese der sozialwissenschaftlich einschlägigen Milieukonzepte und ihrer unterschiedlichen Traditionsstränge liegen bislang nur lückenhafte begriffsgeschichtliche Teilversuche vor. Eine theoretisch anspruchsvolle sequentielle Rekonstruktion der Strukturlogik dieses Konzeptes in den modernen Sozial- und Raumwissenschaften - insbesondere eine, die parallel entwickelte oder homologe Intermediär-Begriffe in die Analyse einbezieht - ist nirgendwo in Sicht. Dabei handelt es sich leider nicht allein um ein begriffsgeschichtliches Forschungsdesiderat, sondern dieses Manko hat direkte Folgen für die zumeist 'definitorischen' Zugänge zu den Milieus. Daneben gibt es inzwischen eine ganze Reihe begriffsgeschichtlicher Schnelldurchgänge, die diese konzeptuelle Lücke zu entdramatisieren versuchen. Genauer betrachtet, rüsten diese Versuche sich jedoch zumeist relativ einsinnig die 'Theoriegeschichte der Milieus' für eine Kontextuierung der jeweils eigenen Forschungsabsichten zu.[5]

Die wirkungsmächtigste Skizze zur Entwicklung der neueren Milieuforschung stammt von Stefan Hradil. Damit wurde eine paradigmatische Lesart etabliert, die insbesondere für die lebensstil- und milieuorientierten Sozialstrukturanalysen der 80er und der beginnenden 90er Jahre einschlägig geworden ist.[6] Danach entfaltet sich das Milieukonzept - parallel zum Entwicklungsgang der Moderne - von eher objektivistischen Varianten, die eine "passive" Prägung durch industriegesellschaftliche Determinationsverhältnisse betonen, zu "aktivischen", subjektorientierten, kleinteiliger differenzierenden Begriffsvarianten. Es bietet sich an, diese Lesart beim Gang durch die Begriffsgeschichte des Milieukonzeptes als eine von mehreren Orientierungslinien aufzugreifen, um vor dem Hintergrund dieser einflußreichen Rezeptionsfolie Ergänzungen und Rejustierungen einzufügen. Ohne Vollständigkeitsabsichten also, aber doch mit dem Anspruch, entscheidende Etappen des Milieu-Paradigmas in ihrer Entwicklungslogik zu rekonstruieren, soll damit einem anschlußfähigen und - in einem weiter zu präzisierenden Sinne - strukturalen Milieukonzept zugearbeitet werden, das problem- und begriffsgeschichtlich hinreichend unterfuttert ist, um für gegenwärtige Milieuentwicklungen tauglich zu sein. Insofern weist diese

---

5   In den Beiträgen dieses Bandes finden sich jetzt zahlreiche Ergänzungshinweise und potentielle Bausteine für eine komplexere strukturale Begriffsgeschichte der Milieus. Vgl. die Arbeiten von Keim, Grathoff, Bohnsack, Hofmann, Rink, Thomas, Nuissl, Lessat und Tänzler. Auf einige mir wichtig erscheinende Anregungen komme ich zurück.

6   Vgl. etwa seine beiden 1992 publizierten, partienweise identischen (auch insofern schon fast 'kanonischen') Arbeiten: in Glatzer 1992, S. 6-35 (in der Folge zitiert als: 1992 a); sowie in Hradil 1992 (in der Folge: 1992 b)

Phasenrekonstruktion über bloß begriffsgeschichtliche Wiedervergegenwärtigungen hinaus. Sie bildet eine systematische Klammer zwischen den in Abschnitt 1 (MESO) skizzierten gegenwärtigen Analyse- und Anwendungskontexten sowie den Entwicklungen der neuen Milieuforschung seit 1989, die im dritten Abschnitt thematisch werden.

Im Entwicklungsprozeß eines sozial- und raumwissenschaftlich einschlägigen Milieubegriffs möchte ich sechs Phasen unterscheiden, die sich zugleich als konzeptueller und problembezogener Lernprozeß beschreiben lassen:[7]

2.1 Sozialphilosophische Vorphase

Mit einem sozialphilosophischen Paukenschlag schenkte die materialistische Aufklärung im Frankreich des 18. Jahrhunderts - gegen ältere nativistische Erklärungsansätze - dem Zusammenspiel von unterschiedlichen 'Umweltfaktoren' für die beschreibende Erklärung des Sozialverhaltens der Menschen pionierhafte Beachtung. Neben Fontenelle, Condillac und Helvetius ist es insbesondere *Charles-Louis de Secondat, Baron de la Bréde et de Montesquieu (1689-1755)*, der trotz weiter gehegter naturrechtlicher Hintergrundannahmen milieuartige geographische Zusammenhangsgestalten zu einem neuen empirisch-wissenschaftlichen Erklärungsansatz zusammenführte. Dabei interessieren Montesquieu einmal die zeit-, gemeinschafts- und rassebedingten Verschiedenartigkeiten politischer Normen sowie die Rolle der "pouvoirs intermediaires" (Zwischenmächte) als Gegengewicht gegen monarchische Machtentfaltung; an-

---

[7] Die relative Dominanz der kontinentaleuropäischen, insbesondere der französischen Theorielinien in den bisherigen deutschsprachigen theoriegeschichtlichen Skizzen erklärt sich schlicht daraus, daß die Begriffsgeschichte bislang vornehmlich als Wortgeschichte vorgeführt wurde. Zum Wort selbst daher vorweg eine Anmerkung: "Milieu" hat im Französischen bekanntlich die Doppelbedeutung: 1. Mitte, 2. Umgebung (etwa einer Person); "au milieu de" heißt "inmitten von". Die zentrale 'Dialektik', der die empirische Milieuforschung seither nachspürt, die Relation von Struktur und Kontextuierung, ist also in der Wortbedeutung selbst schon angelegt. Die Nationalsprachen sowie die nationalen Wissenschaftskontexte haben bei der jeweiligen 'Nostrifizierung' dieses Begriffs dann jeweils verschiedene Optionen gewählt. Im Niederländischen etwa ist der Terminus 'Milieu' gleichbedeutend mit 'Umwelt' (vgl. unten die Beiträge von Becker und Nuissl). In den anglo-amerikanischen Sozialwissenschaften hat sich der Milieubegriff bislang nicht nennenswert über den Status eines Residualbegriffes hinausentwickelt, was natürlich parallele mesosoziale Strukturbegriffe keinesfalls ausschließt; im Gegenteil! Eine anspruchsvollere Begriffsgeschichte müßte daher diese 'strukturhomologen' Konzepte (community, neighbourhood, groups, environment, natural areas, everyday world etc.) dringend mit in die Analyse einbeziehen. Vgl. auch unter 1.2 die Anmerkungen zu Tocquevilles Begriff der "Associationen".

dererseits ist er mit ausdauerndem Eifer den moralisierenden Tendenzen der zeitgenössischen Staats- und Gesellschaftsanalysen entgegengetreten und hat den "determinierenden" Wirkungsverhältnissen zwischen Klima und Nationalcharakteren nachgespürt.[8]

2.2 Die große Industrie und ihre Milieutheoreme

Mit der Heraufkunft der "Großen Industrie" im 19. Jahrhundert sowie den krassen Knappheitsdisparitäten und Sozialkonflikten als Folge der Industrialisierung tritt eine dramatisch neue Gesellschaftskonstellation auf den Plan, die einer systematischen Erklärung harrt: Es wird theoretisierungsbedürftig, in welchem Ausmaß die menschliche Existenz mit ihren Entwicklungskrisen inzwischen von den von Menschen selbst gemachten gesellschaftlichen Verhältnissen abhängig geworden ist, wie diese ihnen als fremde Macht gegenübertreten.

Der Industrialisierungsschub des 19. Jahrhunderts hatte bekanntlich in den führenden kapitalistischen Ländern zur Bildung einer neuen gesellschaftlichen Klasse, des Proletariats und insbesondere der Industriearbeiterschaft geführt. Damit trat ein historisch neuer Typus von sozialen *'Bewegungsmilieus'* auf den Plan, der über Krisen und Kämpfe, also über gesellschaftliche Lernprozesse zu neuen Solidar- und Milieuformen fand (vgl. VESTER 1970, S. 99ff.).[9] Zugleich werden starke Differenzen zwischen städtischen und agrarischen Arbeitsmilieus sichtbar, die bis in die typischen Konfliktformen hineinreichen: während Landarbeiter und ländliche Heimarbeiter, nicht selten chiliastisch befeuert, häufiger

---

8 Montesquieus Hauptwerk "Vom Geist der Gesetze" von 1748 hat den 'einbettungstheoretisch' hoch interessanten Untertitel "Über den Bezug, den die Gesetze zur Verfassung jeder Regierung, zu den Sitten, dem Klima, der Religion, dem Handel etc. haben müssen". Vergleiche hierzu nochmals die erhellenden Analysen von Elisabeth Konau zur "Eigengesetzlichkeit des geographischen Milieus" (Konau 1977, S. 69ff.). Zum französischen Materialismus als Vorläufer der raum- und sozialwissenschaftlichen Milieutheorien vgl. Keim 1979, S. 41ff. Zur sozialwissenschaftlichen, insofern auch milieutheoretischen Relevanz der französischen Aufklärung insgesamt weiterhin unübertroffen sind die Analysen von Albert Salomon aus den 50er und 60er Jahren (vgl. Salomon 1957/1962). Siehe auch Salomons "Betrachtungen zum französischen Ursprung der Soziologie" (Untertitel), die 1957 in der hervorragenden Übersetzung von M. Rainer Lepsius als "Fortschritt als Schicksal und Verhängnis" erschienen sind. Zur intellektuellen Biographie Albert Salomons insgesamt: Matthiesen 1988.
9 Siehe dort auch Vesters Hinweise auf frühsozialistische, top down geplante community-Konzepte bei Robert Owen, Saint-Simon und Fourier (187ff.) sowie auf die 'utopischen' Praktiken der Planung von Milieus durch "communitiy makers". In gewisser Weise werden hier schon - wie in einem Reagenzglas - Optionen und Probleme der Gründung und Initiierung "innovativer Milieus" sichtbar (vgl. unten 3.4)

auf eine impulsive, spontane und unmittelbare Weise revoltierten, "(entwickelten) die Arbeitsgruppen, die länger in *städtischen* bzw. *industriellen Milieus* lebten, ... vorzugsweise Einstellungen der Besonnenheit, Nüchternheit, Durchhaltemoral und eines konsequenten Egalitarismus" (VESTER 1970, S. 108).[10] Michael Vesters Analyse der Entstehung eines dichotomisierten Klassenmodells von gesellschaftlichen Milieus verfolgt dabei minutiös, wie neben den krassen *deterministischen* Wirkungen der neuen industriellen Produktionsformen auf die proletarische Lebenswirklichkeit 'die proletarischen Bewegungsmilieus' 'autopoietische' Züge und Potentiale entwickeln, unter der Losung: "Die Arbeiterklasse wird nicht nur erzeugt, sie erzeugt sich auch selbst" (a.a.O.).[11]

Konsequenterweise bilden sich an diesen Problemlagen die ersten systematischen Soziologie-Entwürfe aus. Und fast gleichzeitig tritt - an theoriearchitektonisch entscheidenden Stellen - auch der Milieubegriff auf den Plan. *Hippolyte Taine (1828-1893)* gilt allgemein als ein wichtiger Vorbereiter eines für sozialwissenschaftliche Analysen anschlußfähigen Milieubegriffs. Im Diskursstil eines soziologisierenden Kulturphilosophen versuchte Taine etwa in seiner "Geschichte der englischen Literatur" (1863) - gegen die normativen 'Ästhetiken' seiner Zeit - eine rein 'soziologische' Betrachtungsweise der Literatur zu etablieren: der Schriftsteller - in einer allgemeineren Lesart also *kulturelle Ausdrucksgestalten im allgemeinen* - werden in das Koordinatensystem dreier bestimmender Faktorenbündel eingerückt: Rasse (Abstammung und erbliche Anlagen), Milieu (gesellschaftliche und klimatische Umwelteinflüsse) und Zeitpunkt (der historische Standort).

Emile Durkheim (1858-1917) ist es dann, der dem Milieubegriff erstmals einen zentralen Platz innerhalb eines systematischen soziologischen Theorieentwurfs einräumt. Die Zentralstellung der Milieus und ihrer Erklärungsleistungen ist dabei eng mit theoriearchitektonischen Grundentscheidungen verknüpft. Um es mit den drastischen Worten von Raymond Aron zu sagen: "Für Durk-

---

10 Das Ende dieser für die zweigeteilte Moderne folgenreichen Milieuformen wird in den Arbeiten von Josef Mooser analysiert (Mooser 1983, S. 270-306). Das komplexe Weiterwirken von industriekulturellen Deutungsmustern aber in neuen Traditionssynthesen und Milieuformen ist der zentrale Forschungsgegenstand der Dortmunder Forschungsgruppe um Hartmut Neuendorff. Siehe den Beitrag "Hörder Milieu" in diesem Band. S. 151ff.

11 Damit wird zugleich deutlich, daß die deterministische Gußform-Metaphorik, mit der in den herkömmlichen Milieubegriffs-Geschichen der klassische Industrialismus gegen die 'Subjektivierung' unserer gegenwärtigen Abhängigkeitsformen gehalten wird, dringend der Spezifikation und 'Reflexivierung' bedarf. Daraus lassen sich erste Hinweise für komplexere Bestimmungsversuche der "Determinationskräfte der Milieus" entnehmen. Vgl. unter 3.4 die Hinweise zur Rolle von Selbstorganisationsprozessen in den Milieus.

heim ist die effiziente Kausalität des sozialen Milieus die Existenzbedingung der wissenschaftlichen Soziologie" (ARON 1971, S. 64). Von der Durkheimschen Gesellschaftskonzeption als eines eigenständigen Wirklichkeitsbereiches borgen sich die Milieus die Statur einer objektiven Realität sui generis, die sich in ihrer Natur "prinzipiell" von den "individuellen Realitäten" unterscheidet. Charakterisiert durch eine spezifische Form von Dinghaftigkeit und Widerständigkeit üben sie Durkheim zufolge einen manifesten sozialen Zwang aus und bilden als "Assoziationen" ein Ganzes, das die Summe seiner Teile qualitativ überschreitet. Unter Rekurs auf die so konzeptualisierten Milieus und ihre (allerdings sehr unterschiedlich) zwingenden Wirkungen versucht Durkheim nun methodologisch folgenreich, ein spezifisch soziologisches, d.h. antireduktionistisches Erklärungsmodell zu etablieren. "Der erste Ursprung eines jeden sozialen Vorgangs von einiger Bedeutung muß in der Konstitution des inneren sozialen Milieus gesucht werden" (DURKHEIM 1965, S. 194f.).[12]

In den einflußreichen Milieu-Definitionen seiner "Regeln der soziologischen Methode" hat Durkheim etwa das Aggregierungsproblem kaum berücksichtigt. Der Milieubegriff wird also unterschiedslos für gesamtgesellschaftliche, meso- und mikrosoziale Phänomene verwendet - immer auf der zum Programm erhobenen soziologischen Erklärungsstrecke, "Soziales nur durch Soziales" zu erklären. In seinen berühmten Studien über den "Selbstmord" (1897) versuchte Durkheim insofern konsequent, unterschiedliche Formen dieses "intimen" abweichenden Verhaltens als soziale Tatsachen zu interpretieren und sie durch "sozial determinierende" Milieufaktoren im Rahmen von sich ausdifferenzierenden Gesellschaften zu erklären. Naheliegende Determinismusvorwürfe gegen Durkheim und gegen die Arbeiten seiner "Schule" übersehen zumeist, in welcher Bandbreite und mit welchem Facettenreichtum diese "sozialen" Determinationsverhältnisse konzeptualisiert und untersucht werden.[13] Gleichwohl "leidet" das Durkheimsche Milieukonzept unter gravierenden Schwächen: Milieu*bildungs*prozesse etwa - und damit auch Sozialisationsvorgänge in die Normen- und Verhaltensregulative sozialer Milieus und ihrer Optionenräume hinein - bleiben strukturell schleierhaft. Milieubildende Assimilations- und Akkomodationsprozesse werden kaum in Ansätzen kenntlich gemacht, geschweige denn neugierig untersucht. Zu blockhaft also exekutieren die inneren sozialen Milieus ihre sozial determinierenden Wirkungen. Immerhin wird mit der Zen-

---

12 Durkheim unterscheidet das innere soziale Milieu als jeweils unmittelbar umgebende und kontextierende Gesellschaftsform von dem "äußeren sozialen Milieu" der anderen Gesellschaften. Sein zentrales Interesse galt ohne Zweifel den Ordnungsleistungen des "inneren sozialen Milieus" und deren nomischen wie anomisierenden Prozessen.

13 Vgl. den richtigen Hinweis von Hofmann/Rink auf die nicht-deterministische Einflußkonzeption auch des äußeren Milieus bei Durkheim, in diesem Band S. 279ff.

tralstellung der Milieus bei Durkheim zum ersten Mal ein eigenständiger, sozialwissenschaftlicher Erklärungstypus zur stets fallspezifisch zu konkretisierenden "determinierenden" Kraft von milieuhaften Sozialstrukturen etabliert.

2.3 Die Milieux der Jahrhundertwende

Bis zur Jahrhundertwende kommen Beschreibungen und Erklärungen unter Rekurs auf "Milieufaktoren" dann gerade auch jenseits der im engeren Sinne wissenschaftlichen Diskurse vermehrt in Umlauf - in der Regel natürlich ohne allzu große Skrupel, was die Stärken und Schwächen oder gar die theoriearchitektonischen Einbindungen dieses Konzeptes angeht. Dem liegt einmal die epochentypische Grunderfahrung kontaktdichter proletarischer Solidargemeinschaften zugrunde, die auf den extrem harten industrialisierten Lebensalltag mit informellen Selbsthilfe-, Nachbarschafts- und Widerstandsformen reagiert haben. *Heinrich Zille (1858-1929)* ist mit seinen Photographien und Zeichnungen der unübertroffene Chronist dieser "Milljöh-Gestalten" (vgl. ZILLE 1914; RAUKE 1979).[14]

Um zumindest anzudeuten, wie der Milieubegriff vor dem Ersten Weltkrieg nicht nur in bezug auf die sprichwörtlichen "Zille-Milljöhs" als alltagstheoretische und wissenschaftliche Erklärungschiffre gebräuchlich war, sondern inzwischen quer zu den politischen Kontexten und wissenschaftlichen Disziplinen Konjunktur hatte: *Rosa Luxemburg (1871-1919)* hat in ihrem Magnum Opus "Die Akkumulation des Kapitals" (1913) an zentraler Stelle ein milieutheoretisches Argument entfaltet, das sich bis in die kulturkritischen Debatten unserer Tage durchhält: "Der Kapitalismus kommt zur Welt und entwickelt sich historisch in einem nicht-kapitalistischen sozialen Milieu" (LUXEMBURG 1913, S. 339). Daran schließt sich bis heute das zeitkritische Argument an, daß die kapitalistische Form der Moderne systematisch die Zerstörung traditionaler Arbeits- und Lebensmilieus zur Folge hat, die aber zugleich mit zu ihren notwendigen 'Funktionsvoraussetzungen' gehören. Eine nicht-substituierbare Zerstörung traditionaler Milieus gehörte damit von Anbeginn zum Signum der Dauerkrise der kapitalistischen Moderne (LUTZ 1984, S. 58).

Gegen das unkontrollierte explanative Wuchern des Milieukonzepts und der ihm angelagerten Milieufaktoren in den Sozialwissenschaften seiner Zeit hat dann insbesondere *Max Weber (1864-1920)* lautstark Protest angemeldet - etwa 1908/09 in seiner Analyse "Zur Psychophysik der industriellen Arbeit". Zu-

---

14 Rauke skizziert exemplarisch am Fall des biographischen Aufstiegs von Heinrich Zille klassenspezifische berlinische 'Milieu-Formationen' und deren Hierarchisierungen, "vom Milljöh ins Milieu".

nächst gegen die reinliche Scheidung von erblichen Anlagen und Milieufaktoren opponierend, benennt Max Weber außerordentlich hellsichtig die Gefahren einer (in der Durkheim-Tradition zumindest angelegten) unkontrollierten Ausweitung von scheinbar selbstexplikativen holistischen Milieutheoremen in der empirischen Forschung:

"Vor allem ist schon der bei den Soziologen häufige Mißbrauch, alle (hypothetischen) Determinanten der konkreten Qualität eines Individuums glatt unter "Anlage" und "Milieu" aufzuteilen, für die Förderung der Arbeit äußerst wenig vorteilhaft. Nehmen wir zunächst den "Milieu"-Begriff, so ist er offenbar gänzlich nichtssagend, wenn man ihn nicht beschränkt auf ganz bestimmt zu bezeichnende 1. konstante, 2. innerhalb gegebener geographischer, beruflicher oder sozialer Kreise universell verbreitete, 3. und deshalb auf das ihnen zugehörige Individuum einwirkende Zuständlichkeiten, also: auf einen deutlich definierbaren Ausschnitt aus der Gesamtheit von Lebensbedingungen und wahrscheinlichen Lebensschicksalen, in die ein Individuum oder irgendeine Gattung von solchen eintritt. Wenn dies nicht geschieht, würde man jenen lediglich den Schein einer Erklärung erweckenden Begriff am besten gänzlich meiden. - Mit dem Begriff der "Anlage" steht es anders, aber für unsre Zwecke dennoch ähnlich bedenklich" (WEBER 1924, S. 242ff.).[15]

Dem ist immer noch wenig hinzuzufügen, mit Ausnahme des Hinweises vielleicht, daß Weber - gegen den manchmal kolportierten Verdacht - das Milieukonzept also nicht per se abgelehnt hat. Vielmehr gab er erste wichtige Hinweise zur notwendigen forschungspraktischen und begriffsstrategischen Bändigung seiner 'feuilletonistischen' Verwendungskonjunkturen.

---

15 Mit einer inversen Denkfigur hat Dirk Käsler 80 Jahre später in seiner Habilitationsschrift den Versuch unternommen, die frühe deutsche Soziologie, damit auch die Webersche Position, durch Rekurs auf deren "Entstehungsmilieus" zu rekonstruieren. Käsler setzt dabei einen wissenssoziologisch ausdifferenzierten Milieubegriff für theoriegeschichtliche Zwecke ein, u.a. um die Genese von generationentypischen empirischen und theoretischen Fragehaltungen zu untersuchen. Weber wird dabei der Generation der Väter (1860-69) zugeordnet. Käslers Arbeit zeigt, daß das Milieukonzept - intelligent gewendet - sich hervorragend eignet, um professionsspezifische, intellektuelle, künstlerische, architektonische Formationsgestalten, "erlebte und wirksame (sub-) kulturelle Umwelten, mit der Tendenz zur Ausbildung eines 'Stils'" zu untersuchen (Käsler 1984). Ein Blick auf das 'romantisch-individualistische Selbstmißverständnis', mit dem gerade heute wieder etwa Bau- und Stadtentwicklungsgeschichte als Emanation mehr oder minder genialisch-singulärer Architekten und Stadtbaukünstler geschrieben wird, zeigt, wie fruchtbar Milieurekonstruktionen als 'dritter Weg' zwischen reiner Ideen- und nackter Institutionen-Geschichte auch im Bereich der Stadtbaukunst etwa sein könnten.

2.4 Milieuthorien im "traurigen Umsonst von Weimar"

In den 20er Jahren kommt es in Deutschland zu entscheidenden Weiterentwicklungen der milieutheoretischen Ansätze, die die geharnischte Kritik von Max Weber zu ihrem Komplement haben: zunächst durch *Max Scheler (1874-1928)*, dann durch *Aron Gurwitsch (1901-1973)*. Im philosophischen Bezugrahmen der sich ausdifferenzierenden "phänomenologischen Bewegung" (Herbert Spiegelberg) richtet sich das milieutheoretische Interesse bei Scheler zunächst vornehmlich auf gattungskonstitutive Formen von Umwelten und "Milieuwelten", schließlich gar auf "Die Stellung des Menschen im Kosmos". Scheler radikalisiert dabei Ansätze der 'Theorien einer vortheoretischen Erfahrungswelt', die seit dem 19. Jahrhundert in zunehmendem Maße in Konkurrenz zum objektiven Weltbegriff der Naturwissenschaften treten; zugleich war damit ein Paradigmenwechsel in der Erkenntnistheorie wie der Forschungsmethodologie intendiert.[16]

In moderierendem Anschluß an die Ergebnisse der zeitgenössischen theoretischen Biologie (Uexküll, Driesch) und parallel zu Entwicklungen in der Gestaltpsychologie versucht Scheler, die Stellung des personalen Menschen zu seinen verschiedenen Umwelten strukturell zu klären. Scheler will zeigen, wie und warum der Mensch im Gegensatz zu allen anderen Lebewesen bis zu einem gewissen Grade von seiner Umwelt unabhängig wird, ja wie er letztere dabei allererst in eine "Milieu-Welt" zu verwandeln vermag. Dabei kommt dem Begriff der *"relativ natürlichen Weltanschauung"* eine zentrale Funktion zu. Das zunächst unscheinbare Prädikat "relativ" sprengt die menschliche Weltanschauungsform aus dem Kontinuum eines allgemeinen Naturzustandes heraus, der bis dato als Maßgabe zum Sortieren von Anschauungsformen auf der langen Traditionsstrecke von Naturrechtsentwürfen bis in die objektivistische Evolutionsbiologie hinein herhalten mußte. In diesem "wesentlichen" Sinne sind also die Schelerschen Milieuwelten immer relativ auf ein Subjekt konzipiert.

Die Klärung der jeweiligen Strukturierungskraft und die genauen Geltungsbedingungen dieser vorwissenschaftlichen "Milieuwelten" stehen dann im Zentrum der Schelerschen Analysen. In Vorwegnahme kommunikationstheoretischer Weltbegriffe führt Scheler etwa "die 'Bedeutung' einer Sprachgemeinschaft als das unhintergehbare und das unverzichtbare 'Milieu' ihrer Lebens-

---

16 Zu den komplexen Lehnbeziehungen im breiten Traditionsstrom einer 'Subjektivierung des Weltbegriffes seit Kant', die auch für den von Scheler zu Goffman und Grathoff führenden Traditionsstrang der Milieukonzeption einschlägig sind, siehe die Arbeit von Rüdiger Welter (Welter 1986). Vergleiche auch die nützlichen "terminologishen" Sortierhilfen zur Begriffsfamilie "Lebenswelt-Milieu-Situation" in Hitzler, Honer 1984, S. 56-74.

praxis" ein (vgl. SCHELER 1933, S. 453). Die überragende Relevanz der Milieuwelten und ihrer vorwissenschaftlichen Praxisformen liegt dabei einmal in ihrer unbezweifelbaren Selbstverständlichkeit und ihren naturwüchsig institutionalisierten, also habitualisierten Orientierungsleistungen, sodann in der "unwillkürlichen 'Aufdringlichkeit'"(vgl. WELTER 1986, S. 36) ihrer Wirkungen. Die Relativität kultureller Traditionen und die Annahme von universalistischen Regelstrukturen in lebensweltlichen Symbolisierungsleistungen finden damit in Schelers 'quasi'-anthropologischem Begriff der Milieuwelten zusammen.

Milieuanalysen im Schelerschen Sinne stehen danach immer vor der Aufgabe, mittels kontrollierter kognitiver Verfahren den jeweiligen fallspezifischen lebensweltlichen Sedimentierungsschichten und ihren personenzentrierten Sinnstrukturen nachzufahren. Darin liegt die weiter wirksame Schelersche Mitgift für die *neuen Milieuansätze*. Da Milieus als Handlungs- und Erlebnis-Umfelder der Subjekte wesentlich über Objektivations- und Symbolisierungsleistungen strukturiert sind, spielen Prozesse der Grenzbildungen, Distinktionsmarkierungen und deren Überschreitungen eine wichtige Rolle in ihrem alltäglichen Funktionsmodus. Schließlich sind es - darauf hat insbesondere Richard Grathoff hingewiesen - vornehmlich symbolische Typen, die soziale Milieus an Systeme koppeln.

1928, kurz nach seiner Berufung an die junge, intellektuell Furore machende Universität Frankfurt am Main, stirbt Max Scheler. Im gleichen Jahr nimmt Aron Gurwitsch (1901-1973) einige der Schelerschen Milieufäden auf und radikalisiert sie in seiner 1931 abgeschlossenen Habilitationsschrift "Die Mitmenschlichen Begegnungen in der Milieuwelt" zu einer neuen, milieuorientierten Intersubjektivitätstypologie.[17] Unzufrieden mit den solipsistischen Tendenzen der philosophischen Intersubjektivitätsdiskurse seiner Zeit erkundet Gurwitsch mit seinem Milieuansatz, wie die komplexen und sehr unterschiedlichen Verweisungszusammenhänge zwischen Personen und ihren jeweiligen Um- und Mitwelten sich angemessener konzeptualisieren lassen. Unter probendem Rekurs auf Heideggers Begriff der Zeug-Umwelt versucht Gurwitsch, die mitmenschlich-milieubildenden Begegnungen typologisch zu ordnen und zugleich die verschiedenen Dimensionen darzustellen, in denen das Zusammensein mit anderen sowie die dabei sich bildenden 'milieuhaften' Lebensformen strukturiert sind (GURWITSCH 1931, S. 137-223). Insbesondere drei Dimensionen aktuellen,

---

17 Mit 45jähriger Verspätung ist diese Arbeit schließlich 1976 veröffentlicht worden. Das informierte Vorwort von Alexandre Métraux zur latenten, durch die Emigration gefilterten Manuskript-, Publikations- und Wirkungsgeschichte gibt implizit zugleich Hinweise auf die verdeckt weiterlaufende Konzeptionalisierungsgeschichte "der Milieus" im Kontext der Debatten um Alltagswelt- und Lebenswelt-Begriffe in der amerikanischen Emigration.

milieubildenden mitmenschlichen Zusammenseins untersucht Gurwitsch - die Partnerschaft, die Zugehörigkeit und die Verschmelzung - und versucht, deren jeweilige 'proto-soziologische' Strukturierungsgesetzlichkeiten zu bestimmen. Damit werden Anschlüsse für 'sozialphänomenologische' Beschreibungen zur Binnenstruktur der Milieus, zu deren jeweiligen Distinktions- und Begrenzungsmodi sowie zu Ablöseprozessen konkreter Sozialmilieus aus ihren Entstehungskontexten vorbereitet.

Die dabei gewählten fast 'biedermeierlichen' Begriffsfügungen ("Verschmelzung" etc.) sollten aber nicht darüber hinwegtäuschen, daß Gurwitsch seine Analysen des "gebundenen Zusammenseins" dem an Fahrt zulegenden Weimarer Krisenkarussell förmlich abgerungen hat. Die konkrete Gefahr der Zerstörung von vertrauenssichernden Milieustrukturen, die *Krisis* nicht nur des "traurigen Umsonst von Weimar", sondern allgemeiner die Zivilisationskrise des westlichen Modernisierungstypus ist Bedingung der Möglichkeit seiner Analysen.[18] Andererseits gibt es interessante Bezüge zu einer Reihe parallel gebildeter sozialtheoretischer Begriffe, die auf ähnliche Weise dieser Krisenzeit abgetrotzt wurden: etwa zu Karl Mannheims Begriff der Generationen oder zu Emil Lederers Habitusanalysen.[19] Unter der Epochenerfahrung von global induzierten Strukturkrisen (Weltwirtschaftskrise etc.) halten sie die Komplementär-Erfahrungen gemeinsamer generationen- oder milieubildender Grundeinstellungen fest und versuchen, diese methodisch und sozialtheoretisch zu wenden. Insofern läßt sich am Milieubegriff der 20er Jahre eine Doppelkonstellation entdecken, die in seinen neuerlichen Konjunkturen und seiner "Wiederkehr" seit

---

18 Vgl. zu diesem Zusammenhang Edmund Husserls Ende der zwanziger Jahre konzipierte, in den frühen 30er Jahren veröffentlichte Arbeit "Die Krisis der europäischen Wissenschaften und die transzentrale Phänomenologie".

19 Die 20er Jahre sind auch insofern eine entscheidende Schwellenzeit der Moderne, als es zwischen wissenschaftlichen Duskursformen und den zeitgenössischen Kultur- und Kunstformen reiche und systematische Querverbindungen gab. Unschwer läßt sich das Milieu- und Generationen-Thema in Versuchen sich selbst organisierender Gemeinschaften dieser Jahre wiederfinden, von den anarchistischen Individualisten in Nachfolge Gustav Landauers (Eden, Silvio Gesell) bis zur messianisch-politischen Emphase für ein "neues Reich" (Arthur Möller van den Bruck). Der politisch brisante, gemeinsame Antimodernismus der Linken wie der Rechten ist dabei als milieubildende Grundstruktur unübersehbar. Um zu zeigen, wie das 'autopoietische' Milieuthema selbst die Gründungsmythen der - auf kognitiver Ebene 'milieufrei' und auf der Ebene der Berufspraxis ornamentlos konzeptualisierten - 'klassischen' Architekturmoderne durchdrungen hatte, genügt ein Zitat von Walter Gropius aus dem Todesjahr Gustav Landauers 1919: "Der Geist der kleinen Gemeinschaften muß den Sieg erringen, der kleinen fruchtbaren Gemeinschaften, Verschwörungen, Bruderschaften, die in Stille und Verschwiegenheit ein unnennbares Geheimnis hüten und die Fahne der Kunst endlich wieder heraustragen werden aus dem Alltagsschmutz."

den 70er Jahren, insbesondere aber nach 89 unübersehbar ist: der Milieubegriff erscheint zugleich als *Krisenindikator* und als *Hoffnungsbegriff*.[20]

Um schließlich zu zeigen, daß und wie eine milieuanalytische Perspektive auf das "traurige Umsonst" von Weimar auch in objektivierender Retrospektive fruchtbar geworden ist: M. Rainer Lepsius hat in seiner 1966 veröffentlichten und seither zu Recht gerühmten Arbeit "Parteiensystem und Sozialstruktur" die politischen Konfliktlagen und Parteienkonstellationen Deutschlands bis in die Weimarer Republik hinein untersucht und dabei entschlossen im Anschluß an die Webersche Kulturtheorie eine milieuanalytische Forschungsperspektive neu eröffnet. Lepsius findet in seinen weiträumigen Untersuchungen vier überraschend stabile "sozialmoralische Milieus": das katholische Milieu (Zentrum), das protestantisch-liberale Milieu, das protestantisch-konservative Milieu sowie das Arbeitermilieu (Sozialdemokratie).[21]

2.5 Die Milieus der Nachkriegszeit und die Wirtschaftswunder-Moderne (1945-1965)

Durch die flächendeckende Zwangsexilierung der deutschsprachigen sozialwissenschaftlichen Intelligenz wurden Lücken gerissen, die auch in der Milieuforschung bis heute schmerzlich spürbar sind.[22] 1945 aber glich die intellektuelle Szenerie der deutschsprachigen Sozialwissenschaften einer devastierten Karstlandschaft; für die Raum- und Planungswissenschaften, wo sie sich in einem modernen Sinne als Geographie und Landeskunde ausdifferenziert hatten, gilt entsprechendes. Nicht verwunderlich also, daß die dominierende westliche Siegermacht mit dem Programm einer sozialwissenschaftlichen Re-Education auf den Plan trat - u.a. auch, um die nach "Innen emigrierten Sozialforscher" an demokratisch-interdisziplinäre Forschungsparadigmen und deren empirische Forschungstechniken rückzubinden.[23]

---

20 Die Umbildungen, politischen Instrumentalisierungen und theoretischen Nischenbildungen der Sozial- und Umweltwissenschaften in der Ära des Faschismus können hier nicht näher verfolgt werden. Sowohl in der Volkskunde wie unter dem Signum von Heimat-Begriffen und Blut-und-Boden-Kontrastschematisierungen wurden dabei Teilthemen des Milieubegriffs kontinuiert und nun auch theorietechnisch regressiv für politische Absichten eingesetzt.

21 Vgl. auch den Auszug aus seiner unveröffentlichten Habilitationsschrift: "Kulturelle Dimensionen der sozialen Schichtung", in Lepsius 1990, S. 96-116.

22 Vgl. die intellektuellen Portraits zu wichtigen exilierten Politologen, Ökonomen und Soziologen in Srubar 1988.

23 Der damit implizit favorisierte West-Blick unserer kurzen "Geschichte des Milieukonzeptes seit 1945" ist spätestens seit der Wende von 1989 in seinen strukturellen Aus-

Eine wichtige milieunahe Forschungsspur der unmittelbaren Nachkriegszeit läuft über empirische "Gemeindestudien". Nach dem Vorbild der amerikanischen Community Studies (von Robert E. Park über Robert und Helen Lynd bis zu William F. Whyte) sowie der (übrigens wesentlich auch von exilierten Sozialforschern wie Paul Lazarsfeld, Paul Neurath und Felix Kaufmann weiterentwikkelten) quantifizierenden Methoden der Sozialforschung waren 'unsentimentale' Bestandsaufnahmen ein erstes Ziel dieser Studien: Bestandsaufnahmen zum Prozeß des Wiederaufbaus zerstörter Städte, zur Rekonstruktion des Kapitalismus und zu den sozialen und ökonomischen Effekten von Verstädterungsprozessen. Wie in der Milieutheorie der 20er Jahre gab es auch in der Gemeindesoziologie der Nachkriegszeit eine (durch René König dominierte) Richtung, die die Gemeinde *essentialistisch* zu bestimmen versuchte. Diese Traditionslinie definierte Gemeinde als "ein soziales Urphänomen, nämlich die lokale Einheit einer Gruppe von Menschen, die ihr soziales, wirtschaftliches und kulturelles Leben gemeinsam fristen und bestimmte Werte und Bindungen gemeinsam an-

---

blendungen und Verzerrungen unübersehbar geworden. Gleichwohl kann hier eine parallel gearbeitete historische Skizze von Milieubildungsprozessen und milieuorientierten Theoretisierungen innerhalb der anderen Hälfte der europäischen Nachkriegsentwicklung nur angemahnt, nicht durchgeführt werden. Für die ostdeutsche Entwicklung mußten entwicklungsoffenere klassentheoretische Ansätze im Rahmen einer marxistisch orientierten Soziologie bald wieder zurückgenommen werden. Gleichwohl wären im Rahmen dieser 'Hauptlinie' Differenzierungen nachzutragen und intern zu rekonstruieren. Um nur einen Hinweis zu geben: im Rahmen des Forschungsparadigmas der sozialistischen Lebensweise sind insbesondere an der Hochschule für Architektur und Bauwesen in Weimar unter der wissenschaftlichen Leitung von Fred Staufenbiel eine ganze Reihe von Städtemonographien zum Zusammenhang von "Stadtentwicklung und Wohnmilieu" erarbeitet worden. Hier gibt es auch eine theoretisch nicht uninteressante 'direkte' Problemnähe zur Stadt- und Territorialplanung. Eine Reihe von Dissertationen der 70er und 80er Jahre belegen die systematische Forschungstätigkeit auf dem Gebiet der Wohnmilieubildung, des 'Heimischwerdens' von Emigranten, des Verhältnisses von 'gebauter' und 'gelebter' Struktur - so etwa Rolf Kuhn (1978), Karin Brand (1982), Bernd Hunger (1982) und Christine Weiske (1984). Wenngleich eine kategoriale und theoretische Weiterentwicklung der Milieukonzeption eher impliziert 'angedacht' wurde, schreiten die materialen Arbeiten mutig die strukturierten Nischenräume ab - zwischen top down exekutierten Stadt- und Wohnungsentwicklungsplänen und den faktischen sozialen Milieubildungsprozessen in den unterschiedlichen DDR-Städten (etwa in Halle/S., Halle-Neustadt, Brandenburg an der Havel, Magdeburg). Das hiermit offen einzuräumende Rezeptionsdefizit war ein wichtiger zusätzlicher Grund, neue Forschungsansätze zur Transformation 'realsozialistischer' Milieus seit 1989 mit in den Sammelband aufzunehmen. Siehe die Arbeiten von Hofmann; Rink, Michael Thomas, Dirk Tänzler und Ingrid Oswald.

erkennen".[24] Neben der langsam selbstbewußter auftretenden Großstadtforschung (Elisabeth Pfeil, 1955) sind es also insbesondere empirische Gemeindestudien, die - vor dem Hintergrund einer auffälligen Ernüchterung gegenüber soziologischen Großtheorien - Arbeits- und Lernfelder für eine künftige Generation von forschungsnah arbeitenden Universitätslehrern und Sozialwissenschaftlern schufen.

Die umfassendste und einflußreichste dieser Untersuchungen ist die sogenannte *Darmstadt-Studie* (1949; 1952-1954).[25] Diese breit und komplex angelegte Analyse ging noch unmittelbar auf eine Initiative des Amtes für Arbeitsangelegenheiten bei der amerikanischen Militärregierung zurück und wurde verwaltet von der Frankfurter Akademie der Arbeit (KORTE 1992, S. 192ff.). Neun Einzelstudien sind in diesem Zusammenhang entstanden, allesamt trotz ihrer auffälligen Sonderentwicklungen relevant für Ansätze zu einer Erneuerung der Milieuforschung: Untersuchungen über die Veränderungen der Stadt/Land-Beziehungen, zur Rolle der Nebenerwerbslandwirte, zur 'Jugend der Nachkriegszeit'; daneben eine Familien-, Schul- und Verwaltungsstudie sowie eine Akzeptanzstudie der Gewerkschaften auf betrieblicher Ebene.[26] Frappierenderweise findet sich aber in der Darmstadt-Studie, die ja immerhin "Probleme des Wiederaufbaus zerstörter Städte in die Aufgabenstellung (der) Untersuchung aufgenommen hatte (...) kaum ein Hinweis auf den Zusammenhang zwischen sozialen Prozessen und baulichen Strukturen, noch werden deren Entstehungs-

---

24 Daneben antizipiert König zumindest in seinen Begriffsfügungen auf überraschende Weise die uns heute regelrecht umtreibenden widersprüchlichen Zusammenhangsstrukturen von globalocal gemixten Prozessen: Gemeinde gilt ihm nämlich als "globale Gesellschaft auf lokaler Basis" (König 1958, S. 178f.).

25 "Gemeindestudie des Instituts für sozialwissenschaftliche Forschung" Darmstadt 1952-1954. Vergleiche in diesem Zusammenhang auch Hartmut Häußermanns genaue Re-Lektüre von drei frühen deutschen Gemeindestudien, insbesondere die exemplarische Würdigung der 1958 publizierten Euskirchenstudie von Renate Mayntz: Das Erkenntnisinteresse von Gemeindestudien. Zur De- und Rethematisierung lokaler und regionaler Kultur (in Derlien, Gerhardt, Scharpf 1994, S. 223-245)

26 In späteren Stadien wurde diese Studie maßgeblich reorganisiert durch das Frankfurter Institut für Sozialforschung. Nach einer Phase exzessiver Materialerhebungen mit unterschiedlichen Datentypen versuchte das Institut unter der Leitung von Theodor W. Adorno "nachträglich erst maßgebliche theoretische Interessenpunkte im Material aufzufinden und die Darstellung um diese zu gruppieren" (Institut für Sozialforschung 1956, S. 133-150, dort S. 140). An diesem zunächst eher zufälligen Vorgehen läßt sich immerhin eine der methodologischen Grundmaximen der Milieuforschung plausibilisieren, nämlich den Eigenstrukturen der untersuchten Kon-Texte eine maximale Chance zu geben, in einem möglichst reichhaltigen und unterschiedliche Datentypen enthaltenden textförmigen Forschungsmaterial sich in ihrer faktischen Strukturierung durchzudrücken.

gründe und Folgen bedacht" (KORTE 1974, S. 23). Milieu- und Raumentwicklungen werden also noch getrennt verhandelt.

Neben der Essentialisierung der Gemeinde als ewiger sozialer Strukturformel (René König) und Schwächen auf der kategorialen und methodischen Seite sind es solche thematischen Defizite, die Gemeindestudien nach ihrer Blüte in den 50er und 60er Jahren lautlos implodieren lassen. Anfang der 60er Jahre leiten sie mit den Arbeiten von Hans Paul Bahrdt und anderen in eine Thematisierungsphase über, die man mit Hermann Korte "Soziologie des Städtebaus" nennen kann (a.a.O.).

Die in den ersten Jahrzehnten nach dem zweiten Weltkrieg eher latent und unter anderem Namen kursierende Forschungsgeschichte der Milieus wäre unzulässig verknappt, wollte man es bei den bislang vorgetragenen Querverweisen auf die sich ausdifferenzierenden gemeinde-, nachbarschafts- und stadtsoziologischen Forschungen belassen. Interessant werden unter der Milieuperspektive auch die modernisierungstheoretischen Hintergrunddeutungen und allgemeinen kategorialen Voreinstellungen dieser Zeit, die zumindest in Westdeutschland mit weihevoller Rezeptionshaltung zu flächendeckenden Anleihen bei den amerikanischen Sozialwissenschaften führten.[27]

Die Nachkriegsdynamik mit ihren industriegesellschaftlichen Produktionssprüngen, ihren zunächst langsam in Fahrt kommenden, seit der zweiten Hälfte der 50er Jahre aber beispiellosen allgemeinen Wohlfahrtsentwicklungen strömte zusammen in einem eigenen Epochengefühl, das Burkhard Lutz prägnant als "kurzen Traum immerwährender Prosperität" bezeichnet hat (LUTZ 1984). Unter dem Eindruck des Erfolges des Nachkriegs-Industrialismus und seiner 'sozialen Marktwirtschaft' schienen zwei antipodische Gesellschaftsdeutungen - "Industriegesellschaft *oder* Spätkapitalismus" (so der 'Kampftitel' des Frankfurter Soziologenkongresses von 1968) - strukturell nahezu identisch. Milieutheoretische Deutungen von Sozialprozessen zumindest, die ein Sensorium für historische Ungleichzeitigkeiten und Gegenläufigkeiten methodisieren, verloren in beiden Lagern angesichts der an Tempo weiter zulegenden "immerwährenden" strukturellen Homologie von sozioökonomischem Industrialismus und kultureller Modernisierung an politischer wie theoretischer Relevanz. Deshalb fristete die Milieukategorie seit den 50er Jahren, da wo sie überhaupt noch explizit verwendet wurde, als *Residualkategorie* ein Nischendasein. Ein Blick

---

27 Vgl. das einflußreiche Kompendium "Moderne amerikanische Soziologie" von Heinz Hartmanns, 1967 herausgegeben. Die dort zusammengestellten Arbeiten geben für den Zeitraum von 1945 bis 1965 einen guten Überblick. Die Moderne, seit Anbeginn bekanntlich reich an Gegenbewegungen, hat dann in den späten 60er Jahren mit einer gleichfalls quasi-religiösen Gegenadaptation der - zunächst - nur in Raubdrucken verbreiteten Schriftenwelt des Neo-Marxismus für 'kritischen Ausgleich' gesorgt.

in die soziologischen Lexika dieser Jahre zeigt, wie weitgehend 'Milieu' inzwischen als vor- oder unmoderner Begriff ausgemustert worden war. In den meisten Fällen wird der Milieubegriff jetzt lediglich als modernisierungstheoretischer Rest gebraucht, also zur Charakterisierung von kleineren wie größeren Sozialgebilden, die gegenüber der allgemeinen Tempobeschleunigung der Modernisierungspfadung irgendwie zurückbleiben, 'ausreißen', sich nur noch defizitär bestimmen lassen und durch mehr oder weniger kuriose bis anomieheckende Solidarbeziehungen gekennzeichnet sind.

Die Sozialwissenschaften der Nachkriegszeit standen insofern beinahe flächendeckend bis Mitte der 60er Jahre unter der Dominanz von industrialistischen Modernisierungstheorien, denen zufolge Industriegesellschaften (oder aber eben der Spätkapitalismus) einsinnig determinierende Strukturierungsmuster gesellschaftlicher Entwicklungsprozesse sind. Über diesem Grundkonsens verlor der Milieubegriff seine theoretischen Valenzen. Er wurde zurückgenommen auf das Markieren von relativ geschlossenen, tendenziell sich von dominanten Entwicklungsdynamiken abkoppelnden, z.T. auch system- oder modernisierungskritischen Sozialformen.[28] Mit dieser 'regressiven' Version von Milieukonzepten ließen sich die herrschenden Annahmen über die deterministische Prägekraft industriegesellschaftlicher Modernisierungsschübe weder intern ausdifferenzieren, noch unter den Druck von empirischen Gegenevidenzen setzen. Will man dieser *residualen* Adaptation gleichwohl eine systematische Lesart geben, so wurde das Milieukonzept als Hilfsbegriff für das Stopfen konzeptueller Löcher verwendet, die die einsinnigen Modernisierungstheorien schon in den 50er und 60er Jahren reihenweise produzierten. Dazu ein paar Hinweise:

Auf der Theorie-Seite traten an die Stelle von 'raffinierteren' Milieukonzeptionen emphatisch verallgemeinerte und zugleich in reduktionistische Erklärungsprogramme eingebettete Begriffe und Theorien - wieder vornehmlich aus dem amerikanischen Theoriestrom der Sozialwissenschaften übernommen. Diese Re-Education auf dem Felde der Gesellschaftstheorie läßt sich 'milieubildend' an George C. Homans' 1950 erschienenem wissenschaftlichen Dauer-Seller "The Human Group" zeigen (HOMANS 1960). Homans tritt dabei nicht gerade unbescheiden mit der Theoriebotschaft auf den Plan, daß alle Soziologie fürderhin sich innerhalb der Grenzen der Gruppensoziologie und ihrer *allgemeinen Gesetze(!)*. Begriffe und Interrelationsvokabeln zu entwickeln habe. Gruppensoziologie wurde damit also zur sozialwissenschaftlichen Metadisziplin nobilitiert. Diese Überforderung der Klein-Gruppensoziologie löste nicht eben überraschend die komplementäre Klage über das Fehlen 'gesamtgesell-

---

28 Siehe genretypisch die 'Bergarbeitermilieus' mit ihren kontaktdichten Zechensiedlungen, subproletarische Milieus, das 'kriminelle' Milieu, "die Vorstadtwelt", peripherisierte Milieus und so weiter.

schaftlicher' Analysen und kritischer Institutionenuntersuchungen aus. Unintendiert wurde damit also die Gegenbewegung eines immerhin 30 Jahre währenden Siegeszugs der strukturell-funktionalen Theorie gesellschaftlicher Systeme (Talcott Parsons) befördert. Für unseren Zusammenhang ist daran allein wichtig: Zwischen Mikro und Makro geriet die Mesoebene sozialräumlicher Milieus ein weiteres Mal - jetzt auch auf sozialtheoretischer Ebene - zwischen alle Stühle. Zwar hat es insbesondere durch Robert K. Mertons "Theorien mittlerer Reichweite" eine nachdrückliche Anstrengung in dieser Richtung gegeben (MERTON 1957). Seine auch milieutheoretisch hoch interessante Anomietheorie etwa hat zu entscheidenden Weiterentwicklungen von Theorien und Begrifflichkeiten für Mesostruktur-Analysen geführt. Seine Unterscheidung von *locals* und *cosmopolitans*, die Strukturtypen abweichenden Verhaltens, aber auch methodische Innovationen wie das fokussierte Interwiev sind auch für Milieuanalysen unverzichtbar geworden. Gleichwohl bleibt die Merton auszeichnende Mischung von Strukturanalysen und theoretischer Reflexion auf der Meso-Strukturebene - obgleich häufig bewundernd anzitiert - eine krasse Ausnahme im Paradigmengang der Sozialwissenschaften der Nachkriegszeit.

An diesem negativen Befund ändern auch die gesellschaftstheoretischen Rejustierungen der aus der Emigration zurückgekehrten ersten Generation der *Kritischen Theorie* nichts.[29] Selbst die beiden überragenden, im direkten Umkreis der "Frankfurter Schule" entstandenen Arbeiten des 'wissenschaftlichen Nachwuchses' dieser Zeit: Ralf Dahrendorffs "Soziale Klassen und Klassenkonflikt in der industriellen Gesellschaft" (1957) sowie Jürgen Habermas' bei Wolfgang Abendroth in Marburg schließlich plazierte Habilitationschrift "Strukturwandel der Öffentlichkeit" (1962) - obgleich beide thematisch dem 'Milieukomplex' nahe - verfehlen dieses Thema, aus unterschiedlichen Gründen sicherlich, aber gleichermaßen deutlich:
- Dahrendorff vertraut noch einmal weitgehend den 'determinierenden' Wirkungen der Klassen als zentralen Strukturmerkmalen der Gesellschaft, obgleich er mit dem Begriff der 'Quasi-Gruppen', die über 'latente Interessen' synthetisiert werden, also nicht 'manifest' und 'bewußt', sondern eher 'informell' und 'potentiell' operieren, partienweise in direkter Nähe zu milieutypischen Strukturierungsprozessen argumentiert;

---

29 Vielleicht wirkte ja auch der Doppelschock der Berufung von Max Scheler (Milieus) und Karl Mannheim (Generationen) an die Haus-Universität der werdenden "Frankfurter Schule" Ende der 20er Jahre noch nach. Zumindest war die 'Kritische Theorie' lange Zeit nicht in der Lage, neugierig den theoretischen Valenzen dieser quer zu den Rechts-Links resp. Ordnung- versus Kritik-Schematisierungen liegenden Kategorien nachzuspüren. So taucht im intellektuellen Kräftefeld der Kritischen Theorie etwa der milieunahe Begriff der Lebenswelt erst 1981 systematisch auf, im Magnum Opus von Jürgen Habermas, der Theorie des kommunikativen Handelns.

- Jürgen Habermas, früh schon der exponierteste Repräsentant der zweiten Generation der kritischen Theorie, vertraute in seiner zu Recht gerühmten Studie zum "Strukturwandel der bürgerlichen Öffentlichkeit" zu stark auf die Theorieoption einer fortschreitenden 'kritischen' Dualisierung von 'privat' und 'öffentlich'; beispielhaft versucht Habermas das am eskalierenden Schisma zwischen "einer auf die Familie zusammengeschrumpften Privatsphäre" (a.a.O., S. 171) gegenüber der Entwicklung der Berufssphäre als quasi-öffentlichem Bereich zu belegen. Die milieutheoretisch entscheidenden Übergangsfelder von privaten und öffentlichen Lebensformen, extrem unterschiedlich sich ausdifferenzierende und unterschiedlich eingebettete Berufsmilieus oder der Formenreichtum milieutypischer Teil-Öffentlichkeiten als Unterfutter zivilgesellschaftlicher Entwicklungen etwa gerieten damit theoriearchitektonisch aus dem Blick. Wo überhaupt, fristen Milieus und Milieukonzepte das schon bekannte Dasein von kritisch beäugten, regressionsverdächtigen Entdifferenzierungs- und Homogenisierungsenklaven, die mit entsprechend unsystematisch bleibenden Füllsel-Begriffen belegt werden.[30]

So fällt eine Revue auf die Milieukonzepte der Sozialwissenschaften in den ersten beiden Jahrzehnten nach dem 2. Weltkrieg auf lehrreiche Weise negativ aus. Dort, wo sich in der rekonstruierenden Revue *von heute aus* selbst beiderseits des "Eisernen Vorhangs" auffällige Persistenzen gewachsener Mentalitäten zeigen und sozialmoralische Milieus gerade unter dramatisch veränderten Rahmenbedingungen und Tempobeschleunigungen auffällig werden, wo sich also ganz augenfällig Phänomene der "kleinen Tradition" und der "langen Dauer" zu Milieus und Quasi-Milieus verdichtet haben (ALHEIT, MÜHLBERG 1990), drängte sich dem zeitgenössischen Blick der modernisierungsgläubigen oder modernisierungskritischen Sozialforschung eine ganz andere Epochenchiffre auf: Die einsinnig determinierende Prägekraft von industriegesellschaftlich-kapitalistischen Grundstrukturen und Großgruppen mit dem Effekt massenhaft ähnlicher, durch die Berufs- und Erwerbspositionen standardisierter Gestaltungen der Lebenslagen. Selbst der 'kritischen Theorievariante' verdampfen dabei

---

30 Vgl. die bis zur Karikatur 'kritische' und als solche akklamierte Passage, in der Habermas Studien von William H. Whyte zur amerikanischen "Vorstadtwelt" rezipiert. Danach entwickelt sich, "unter dem Konformitätszwang eines Nachbarschaftsverkehrs ... im sozial homogenen Milieu der prototypischen suburb 'eine zivile Version des Garnisonslebens' [Zitat W. H. Whyte]" (Habermas a.a.O., S. 174). Erst mit dem späteren Zentralbegriff der Lebenswelt (1981) wird Habermas die konzeptuelle Leerstelle der 'Milieus' entdecken und 'kritisch' auszufüllen versuchen. Zu den konzeptuellen Problemen dabei s. Matthiesen 1983/85.

ohne Rest - unter der Signatur eindimensional durchkapitalisierter Gesellschaftsformationen - Milieus als konzeptuelle Platzhalter für Mesostrukturen. Stefan Hradil hat diese *Unzeitgemäßheit* der Milieutheoreme innerhalb der sozialwissenschaftlichen Selbstbeschreibung der Nachkriegs- und Wirtschaftswundergesellschaft einleuchtend kommentiert: Milieubegriffe "paßten" danach nicht allzu gut zur Wiederaufbaurealität einer ökonomisierten, standardisierten, materiell determinierten Industriegesellschaft. Denn Milieubegriffe lassen die gesellschaftliche Konstitution von Lebenswelten und gesellschaftlichen Systemen zunächst bewußt offen, sie lenken die Aufmerksamkeit auf die verschiedensten Typen von Entstehungshintergründen, auf berufliche, religiöse und regionale, auf Lebensweise-bedingte, politische und moralische Milieu-Genesen. Diese Eigenschaften disqualifizieren den Milieubegriff also nicht völlig für linear-kausale Theorien von der Prägkraft der industriegesellschaftlichen Arbeits- und Berufswelt. Aber sie lassen dieses Konzept auch nicht gerade als erste Wahl erscheinen (HRADIL 1992, S. 24), insbesondere dann nicht, wenn die gesellschaftlichen Selbstbeschreibungen bis in die Sozialwissenschaften hinein mit modernisierungstheoretisch geprägten oder industriekapitalistischen Hintergrundgewißheiten operieren.

In der gleichen Phase hat es etwa in Frankreich eine sehr viel weniger prinzipialisierende, damit fruchtbarere Adaptation an milieuorientierte Forschungstraditionen gegeben. Zentral für die Untersuchungen von "Milieus als sozialwirksamen Raumstrukturen" etwa waren die Arbeiten von Chombart de Lauwe und seinen Mitarbeitern (CHOMBART DE LAUWE 1965).[31] Einmal werden die "Technik" und neue Technologien auf ihre milieubildenden Effekte hin analysiert; dann optiert Chombart de Lauwe für "eine erweiterte Verwendungsweise des Milieubegriffs (...), die stärker strukturelle Momente als Gegenakzent zum technischen Milieu herausstellt" (KEIM 1979, S. 29). Hier zeigen sich also - in relativer Distanz zu den großen Theoriedebatten der Nachkriegsjahrzehnte, aber dafür in direktem Kontakt zu Fragen der Stadt- und Wohlfahrtsentwicklung, zu Wohnungs- und Planungsproblemen - interessante Neuansätze für das milieutheoretische Paradigma.

Für die zwei Jahrzehnte von 1945 bis 1965 als der Formationsphase einer Wiederentdeckung des Milieuparadigmas war die Rezeptionslage spürbar karg. Dagegen sind die nächsten Etappen der Paradigmenentwicklung besser ausgeleuchtet. Damit vergrößern sich unsere Abkürzungschancen. Andererseits vermehren sich mit der fortschreitenden professionellen Ausdifferenzierung der

---

31 Karl-Dieter Keim hat in seiner richtungweisenden Studie "Milieu in der Stadt" (1979) mit Recht auf diese fruchtbar-unpolemische Art der (auch raum- und planungsbedeutsamen) Milieuanalysen hingewiesen.

Raumplanung seit Mitte der 60er Jahre die zu berücksichtigenden Tradierungsstränge um eine weitere wichtige Linie.

2.6 Die Wiederkehr der Milieus (1965 bis 1989)[32]

Zwei Entwicklungslinien müssen also für diesen Zeitraum knapp skizziert und - wo immer möglich - in ihrem jeweiligen Zusammenwirken bei der Wiederentdeckung heuristischer oder planungspraktischer Milieukonzepte präzisiert werden: einmal Entwicklungen im Bereich der sozialwissenschaftlichen Theoriebildung und Analysetechniken (1.); dann paradigmatische Umorientierungen und professionsspezifische Geländegewinne auf dem Feld der Raumplanungen (2.).

ad 1. Theoretischer Re-Import und Grundlegungen für eine neue Milieutheorie

Seit Mitte der 60er Jahre setzten in Teilen der Sozialwissenschaften Westdeutschlands zunächst pionierhafte, im Verlauf der 70er Jahre dann schnell an Verbreitung gewinnende Umorientierungen ein, die als notwendiges kognitives und methodologisches Unterfutter für das Milieu-Revival in den 80er Jahren von erheblicher Bedeutung wurden: gemeint ist die Rezeption und Weiterentwicklung von - zunächst wieder von den USA aus angestoßenen - Sozialtheorien und Forschungsmethoden, die unter Begriffen wie "symbolischer Interaktionismus" und "Ethnomethodologie", "Sozialphänomenologie" und "sozialwissenschaftliche Hermeneutik" Verbreitung fanden.[33]

Drei wichtige Professionseffekte dieser - zum Teil über einen Re-Import von zwangsemigrierten Theorietraditionen neu zur Wirkung kommenden (Sozial-

---

32   Dieser Titel ist erkennbar in Anlehnung an Rolf Lindners wichtigen Sammelband "Die Wiederkehr des Regionalen" (1994) gebildet.

33   Um es bei einem Hinweis auf drei wirkungsmächtige Arbeiten für diesen Theorie- und Methodenzusammenhang zu belassen, siehe:
1. Erving Goffmans The Presentation of Self in Everyday Life (1959), 1969 auf Deutsch unter dem idiotischen Titel "Wir alle spielen Theater" erschienen;
2. Berger/Luckmanns "Die gesellschaftliche Konstruktion der Wirklichkeit" als weltweit rezipiertem soziologischen Bestseller (1966) 1969; sowie
3. den in deutschsprachigen Diskurskontexten einflußreichen Reader "Alltagswissen, Interaktion und gesellschaftliche Wirklichkeit" der Arbeitsgruppe Bielefelder Soziologen um Joachim Matthes (1973).

Jürgen Habermas hatte schon in seiner "Logik der Sozialwissenschaften" von 1967 auf die Bedeutung der sich damit anbahnenden paradigmatischen Umorientierungen in den Sozialwissenschaften aufmerksam gemacht.

phänomenologie!) - Ansätze sind für eine Neuformierung von Milieuanalysen einschlägig geworden:
1. Die zentralen forschungsleitenden Kontextbegriffe der Lebenswelt, des Alltags oder der "Small Life Worlds of Modern Man" (Benita Luckmann) öffneten konzeptuelle Anschlußstellen für eine Erneuerung von Forschungsheuristiken rund um die Milieus.
2. Die methodisch reflektierten Forschungsarbeiten dieses neu begründeten 'qualitativen' Forschungsparadigmas hatten zum Ziel, den Eigenlogiken und konstruktiven Leistungen der jeweils untersuchten Aggregierungs-, Akteurs- und Wirklichkeitssphären analytisch auf die Spur zu kommen. Die hierbei erfolgreich eingesetzten 'hermeneutisch-rekonstruktiven' und 'phänomenologisch beschreibenden' Analyseverfahren führten zu einer auffälligen Stärkung von nicht-objektivistischen *sinnrekonstruktiven* Forschungsmethodologien.
3. Zugleich mußten diese Ansätze in mehrfacher Hinsicht als Affront wirken, etwa gegen die irritationsarme Orthodoxie klassischer Modernisierungstheorien wie gegenüber dem heimlichen Konsens von funktionalistischen Ordnungs- und neo-marxistischen Konflikttheorien. Die 'Objektivität' normativer und materieller Strukturen, insbesondere deren vorausgesetzte Determinationswirkungen als handlungs- und bewußtseinsbestimmende "Gußformen" (Hartmut Esser), ließen sich nicht länger einfach subsumtionslogisch durchdeklinieren. Jetzt waren sie als strukturierende Effekte der Konstruktionsleistungen interagierender Handlungssubjekte und einbettender Kontext-Welten jeweils neu zu bestimmen.[34]

Diese drei Dimensionen einer Reorientierung der Sozialtheorie, von der *Theorietechnik* über die *Forschungsmethoden* bis in die *Wirklichkeitsbegriffe* hinein, bildeten also gemeinsam wichtige Vorbedingungen für eine konzeptuelle Erneuerung der sozialwissenschaftlichen Milieuforschung. Bevor wir genauer den resultierenden Aufbruch der sozialwissenschaftlichen Milieuansätze in den 70er und 80er Jahren Revue passieren lassen (vgl. unten S. 58ff.), sind für den Zeitraum von 1965 bis 1979 knapp einige wichtige Entwicklungen auf Seiten der *Raumforschung* und *Raumplanung* zu skizzieren.

---

34 Ein Seitenblick auf die gesellschaftliche Entwicklung zeigt dabei durchaus Wahlverwandtschaften zwischen Wirklichkeitsentwicklungen und diesem zunächst ein wenig politikfern scheinenden Forschungsparadigma: Mit der ökonomischen Krise von 1966/67, den generationellen Milieukonflikten der "68er" und dem Ende der planungseuphorischen Reformzeit 1974/75 war nicht nur in der Wirklichkeit, sondern eben auch in der Theorieentfaltung "der kurze Traum immerwährender Prosperität" (Burkhard Lutz) und seiner theoretisch erwartbaren Wachstums-, Modernisierungs- und Konfliktlinien ausgeträumt.

ad 2.: Von der Planungseuphorie zur Revolte der Milieus

Auch dem planungsgeschichtlichen Rückblick stellen sich die 60er Jahre als Zeit eines Paradigmenwechsels dar: Während der vorangehenden Phase der *"Auffangplanungen"*[35] verfolgte die raumplanende Verwaltung insbesondere das Ziel, Prognose-gestützte sogenannte "natürliche" Entwicklungen möglichst vollständig und reibungslos durch planerische Rahmensetzungen in den jeweiligen Flächennutzungsplänen 'aufzufangen' - durchaus mit Blick auf gestalterische und soziale Fragen. Die Anfang der 60er Jahre einsetzende (und bis etwa 1980 andauernde) Phase der *"Entwicklungsplanung"* wich davon in zwei Hinsichten ab:

a. einmal schwindet in der Planerprofession die Hintergrundüberzeugung, daß sich die scheinbar "natürlichen" Kräfte der Raumentwicklung punktgenau prognostizieren lassen (SAUER 1995, S. 15f.). Unabweislich zeigt sich jetzt, daß die ökonomische, soziale und kulturelle sowie - gleichsam als Resultante - auch die räumliche Entwicklung von einem ganzen Bündel weiterer Faktoren und deren unterschiedlichen Entwicklungslogiken mit beeinflußt werden (Steuern, Zuschüsse, Transfers, "weiche" Standortfaktoren etc.);

b. diese 'Komplizierungen' auf der Gegenstandsseite werden flankiert von einem starken öffentlich-politischen Bedeutungs- und Aufmerksamkeitsgewinn für Planungsprozesse insgesamt, für räumliche Planungen insbesondere. "Seit Mitte der 60er Jahre rückte die räumliche Planung immer mehr ins Blickfeld der Politik. Städtebauliche Planung wurde Teil der langfristigen politischen Planung von Wachstumsressourcen" (RODENSTEIN 1983, S. 5). Die öffentlichen Debatten um eine Koordinierung, Steuerung und Führung der räumlichen Entwicklungen zwangen die Planungswissenschaften zugleich zu einem weiteren *Professionalisierungsschub*. Einmal mußten sie verstärkt in Zieldiskussionen eintreten; zugleich galt es, das Spektrum ihrer Methoden und Instrumente zu erweitern; schließlich hefteten sich von seiten der bislang eher pragmatisch orientierten Stadt- und Regionalplanung große Hoffnungen an die Weiterentwicklung der *Planungstheorie*. Mit ihrer Hilfe sollten räumliche Entwicklungsplanungen auf den Weg gebracht werden, die - wissenschaftlich abgesichert - zugleich sozialen, kulturellen *und* wirtschaftlichen Erfordernissen Genüge tun würden.

---

35 Vgl. zum folgenden Albers 1993, S. 97ff. sowie Sauer 1995, S. 15ff.

Vor dem Hintergrund einer politisch flankierten Planungseuphorie in sämtlichen Politikbereichen lassen sich Anfang der 70er Jahre drei Richtungen der Planungstheorie unterscheiden (RODENSTEIN 1983, S. 8):
- einmal florieren weiterhin *prozedural* orientierte Vorschläge für eine pragmatische Planungstheorie;
- dann werden Ansätze entwickelt, die Planung als politischen Prozeß (SCHARPF 1971) begreifen, und
- schließlich werden weitergehende Vorstellungen entwickelt, die Planungs- und Gesellschaftstheorie material und deduktiv-holistisch miteinander zu verbinden suchen. Politökonomie, Soziologie und Planungswissenschaften gingen dabei zum Teil heikle und brisante Verbindungen ein, to say the least.

Mit der Wiederkehr der ökonomischen Krisenphänomene in der zweiten Hälfte der 70er Jahre kam der Planungsoptimismus der vorangehenden Jahre schnell an sein Ende - damit endete zugleich die Fiktion, daß sich sozialwissenschaftliches Wissen rezeptartig als direkt implementierbare Steuerungsressource für Raumpolitiken 'verwenden' ließe. Das Ende der sozialtechnologischen Planungseuphorien war zugleich die Stunde der Wiederkehr eines planungstheoretischen wie planungspraktischen *'Inkrementalismus'* (nach dem Vorlauf der muddling-through-Debatte von Daal und Lindblom hat Thomas Sieverts das ein wenig despektierlich, aber durchaus sinngemäß mit 'Durchwursteln' übersetzt).[36]

Neben diesen eher professionsinternen Weiterentwicklungen gilt es, in Erinnerung zu rufen, wie der Streit um Entwicklungsplanungskonzeptionen seit Ende der 60er Jahre wesentlich mit initiiert wurde durch "soziale Bewegungsmilieus" (VESTER, VON OERTZEN, GEILING, HERMANN, MÜLLER, 1993), die selbstbewußt und medienwirksam eigene Raumbedarfe anmeldeten und entschlossen durchzusetzen versuchten.

---

36 Die Phase der politisch flankierten Planungseuphorie war zugleich gekennzeichnet durch ein rasches Anwachsen des Bedarfs an prozedural entscheidungsbezogenem Planungswissen und gestiegenen Ansprüchen an die Berufskompetenzen. Mit der Wende zu den 70er Jahren kam es daher durch die Gründung der ersten universitären Raumplanungs- resp. Stadt- und Regionalplanungsinstitute zu einer wesentlichen Verbesserung der Ausbildungsinfrastruktur für Planer: in Aachen, (wo 1972 der erste Lehrstuhl für Planungstheorie im Bereich der räumlichen Planung eingerichtet wurde), in Dortmund und Kaiserslautern, an der TU München und der TU Berlin etwa (wo Ende 1997 das 25jährige Jubiläum eines überraschend erfolgreich implementierten neuen akademischen Berufszweig gefeiert wurde).

"Die Revolten der Milieus"

Planungskonzepte des Paradigmas "Entwicklungsplanung" wurden nicht allein in die Stadterweiterungsplanungen dieser Jahre implementiert, sondern prägten seit Ende der 60er Jahre vermehrt auch die innerstädtische Sanierungspolitik. Insbesondere auf den Planungsfeldern der *Altstadtsanierung* kam es dabei zu raumpolitisch brisanten Zuspitzungen.

Der funktionalistische Städtebau hatte unter Berufung auf die 'Charta von Athen' und in unheiliger Liaison mit dem Leitbild der 'autogerechten Stadt' die räumliche Trennung der "Daseinsgrundfunktionen" betrieben. Folge war ein Stadterneuerungstypus, dessen weitreichende Veränderung der städtischen Bau- und Erschließungsstruktur bald als "Kahlschlagsanierung" (ALBERS 1995, S. 901) kritisiert wurde: "Um Platz zu schaffen für Verkehr und kommerzielle Nutzung, ist in vielen Städten mehr historische Substanz zerstört worden, und es sind mehr gewachsene Lebenszusammenhänge zerrissen worden, als durch den 2. Weltkrieg" (HÄUßERMANN, SIEBEL 1987, S. 149).

Zunächst eher unbemerkt hatten strukturelle Verödungseffekte durch Entmischung sowie die flächendeckenden Abrisse durch schematische Beurteilungen von Sanierungserfordernissen in Altstadtgebieten seit Anfang der 60er Jahre einen alltagskulturellen Schwellenwert der Akzeptanz überschritten, jenseits dessen sich *plötzlich* und von ganz unterschiedlichen Seiten her öffentlicher Widerstand regte: "Die 'rabiate Moderne' der häßlichen Innenstädte (und) der Flächensanierung ..." (vgl. KEIM S. 83ff., in diesem Band) wurde schließlich im Ausgang der 60er Jahre nicht nur 'kulturell auffällig', sondern sie wurde Gegenstand erbitterter, teilweise gewalttätiger öffentlicher Auseinandersetzungen. Dabei spielten vorbereitende intellektuelle, politische und mediale Problemsensibilisierungen eine wichtige Rolle. Damit erst ließ sich die zunächst 'unauffällige' Entwicklung der 'modernen Stadterneuerung' als schwellenartige Verlaufskurve verstehen und für eine notwendige öffentliche Richtungsentscheidung artikulationsfähig machen.[37] Der kritische Urbanismus von Henri Lefèbvre, der darauf früh schon gleichsam seismographisch zu reagieren versuchte, setzte seit Beginn der 60er Jahre zunehmend auf die revolutionär-utopische Kraft der Mikro- respektive Meso-Milieus. Auch in Deutschland schienen Lefèbvres Analysen direkt anschließbar zu sein an die politischen Scharmützel der 68er Bewegung: etwa in den Häuserkämpfen des Frankfurter West-End, eines city- und universitätsnahen Villenviertels, das zur Flächensanierung freigege-

---

37 Vgl. für Deutschland etwa Alexander Mitscherlichs "Pamphlet" "Die Unwirtlichkeit der Städte" von 1965, mit dem bezeichnenden Untertitel "Anstiftung zum Unfrieden"! Für Frankreich mit der spezifischen Dichte der "Pariser Milieus" (Walter Prigge) siehe Henri Lefèbvre 1972.

ben worden war. Inzwischen ist eine geläuterte Stadtplanung froh über jede vormals umkämpfte, heute noch erhaltene Stadtvilla und freut sich über die 'relative Intaktheit' der gemischten Nutzungsstrukturen dieses adressenreichen Viertels.[38]

Die Rolle der Medien für den temporären Erfolg der Revolten der Bewegungsmilieus der 68er ist bekannt. Wichtig waren sie vor allem auch bei den öffentlichen Auseinandersetzungen um Urbanitätskonzeptionen. Gleichwohl - und um es bei einem Seitenblick auf den Pariser Mai zu belassen: "In der "Gesellschaft des Spektakels" (Debord) bleibt (die Revolte UM) ... ein Medienereignis, das deshalb zwar Funken in anderen urbanen Milieus Europas und den USA schlägt - zugleich jedoch auch die begrenzten Machtchancen der Straße gegenüber den zentralen Instanzen des Staatsapparates offenbart" (PRIGGE 1996, S. 151). Aus der Distanz von 30 Jahren bleibt aber der politisch geführte Nachweis der Notwendigkeit eines medienwirksamen *öffentlichen* Streits um 'Planungsleitbilder' und Nutzungsstrukturen, der die Professionsdiskurse und ihre Abhängigkeiten notwendig überschreiten muß, ein nicht gering zu achtendes Erbe dieser Milieurevolten.[39]

Die medienwirksam inszenierte und in der Substanz von Bewohnern und bürgerlicher Öffentlichkeit gemeinsam getragene massive Kritik an dem aus dem Ruder gelaufenen Prozeß der flächendeckenden Sanierung wurde seit 1974 flankiert und verstärkt durch Krisentendenzen in der Ökonomie, durch Rückgänge bei den Geburtenzahlen und weitere Schrumpfungsphänomene. Beide Entwicklungsreihen, Kritik und Rezession, bewirkten gemeinsam eine überraschend schnelle Veränderung des deutschen Baurechts: einmal mit dem Städtebauförderungsgesetz von 1971, dann der Novelle zum Bundesbaugesetz von 1976 sowie der sogenannten Beschleunigungsnovelle 1979 (heute im Bauge-

---

38 Damit ist aber nur eine der Facetten der Komplizierung um das Dauerproblem einer Kontinuierung bzw. Rekonstruktion urbaner Milieus in dieser Zeit benannt. Frank Wolff, ehemaliges SDS-Vorstandsmitglied und begnadeter Cello-Spieler, schreibt 1977 in einem rückblickenden Vorwort zur " Studentenbewegung 1967-69": "Heute ... ist der konservative Mut nötig, das Vergangene aufzuheben, es zu bewahren und es in Frage zu stellen. Konservativ? Die alten Bürgerhäuser dienten einst dem Komfort herrschender Klassen, aber heute kämpfen wir um ihre Erhaltung. Derweil haben die konservativen Mächte den Fortschritt längst in den Himmel der Städte getrieben und das Leben hinaus. War es vorher darinnen? Wieder anders: die konservativ-reaktionäre FAZ druckt (im Feuilleton) einen kritischen Artikel über die wüste Großstadtlandschaft Rhein-Main, derweil die Frankfurter Rundschau (im Lokalteil) linkisch-konstruktiv SPD-Regionalverwaltungspläne fördert" (Wolff, Windaus 1977, S. 9f.).

39 Milieutheoretisch folgt daraus, daß es längst keine 'einfachen' Verhältnisse mehr gibt; naturwüchsige Heimatstrukturen traditionaler Milieus etwa erweisen sich aus einer solchen Kontrastperspektive als Rücktraum oder literarische Fiktion oder als eine von vielen möglichen sozialen und medialen Kodierungspraxen.

setzbuch vereint). Diese drei Baurechtsänderungen signalisierten eine folgenreiche Wende in der Baupolitik sowie ein Umdenken im Wohnungsbau. Einige für das Milieuthema zentrale Merkpunkte dabei waren: Das Ziel eines perspektivischen Erhalts und die Weiterentwicklung der spezifischen Qualitäten älterer Quartiere, die Erhaltung der Zusammensetzung der Wohnbevölkerung eines Gebietes, wenn dies aus besonderen städtebaulichen Gründen erforderlich ist (sog. Milieuschutzparagraph, jetzt im § 172 BauGB, Erhaltungssatzung), die Bewahrung 'angeeigneter' öffentlicher Räume und Strukturen, die Verankerung verbindlicher Bürger- und Betroffenenbeteiligung an der Planung (Partizipation!), vorbereitende Untersuchungen und die Erstellung von Sozialplänen zur Sicherung der Interessen der "Sanierungs-Betroffenen", die Stärkung der Planungsbefugnisse der Gemeinden - und last but not least: die Überweisung von Bundesmitteln an die Gemeinden (später an die Länder) für kommunal ausgewiesene Sanierungsgebiete.

Diese rechtlichen und finanziellen Anpassungen an strukturelle Veränderungen der Wachstumsdynamiken einerseits, an die eigensinnige Widerstandskraft von Wohn- und Bewegungsmilieus andererseits werden flankiert durch eine Fülle neuer Aktivitäten und Ansätze von seiten der professionellen Stadtplaner und Architekten. 1974 etwa veranstaltete der Bund Deutscher Architekten (BDA) seine Bundesdelegiertenkonferenz in Berlin-Kreuzberg unter dem irisierenden Titel "Milieu - Warum?". Kreuzberg, insbesondere dessen nach der alten Postleitzahl SO 36 benanntes, innerstädtisches "Zonenrandgebiet" stand lange auf der Abrißliste (noch gründlicher sollte die Ausradierung des alten Wedding in Angriff genommen werden). In diesem Sinne 'vor Ort' fanden nun Fachdebatten zum Zusammenhang von Milieu und sanierender Stadtteilplanung statt, bei denen die unterschiedlichen Professionsdiskurse von Planern, Architekten, Sozialwissenschaftlern und Politökonomen ungebremst und unmoderiert aufeinanderprallten. Damit minimierten sich von vornherein mögliche gegenseitige Lerneffekte (KEIM 1979, S 12ff., EINSELE 1974, SAUER 1995, S. 25ff.).

Diese erste - nach 1976 schnell wieder abebbende - Diskussionsphase zwischen sozialwissenschaftlichen Milieuanalytikern, politischen Akteuren und Planungspraktikern blieb auch für die sozialwissenschaftliche Theoriebildung folgenlos: Mit einer Ausnahme, die gleich näher zu verhandeln sein wird (Karl-Dieter Keim), wurde sie von der überörtlichen soziologischen Profession nicht zur Kenntnis genommen, geschweige denn theoretisch aufgearbeitet.[40]

Trotz der Mobilisierungserfolge für neue Raumprobleme einerseits, trotz der Innovationen im Bau- und Planungsrecht und in den Beteiligungsformen ande-

---

40 Ohnehin ist leider zu konstatieren, daß die allgemeine Soziologie von den Ergebnissen der stadtsoziologischen Forschung dieser Jahre nie Kenntnis genommen hat - das gilt bis in die 90er Jahre hinein.

rerseits fällt das Resümee zum 'Zusammenhang von Milieu und Planung' für die spannenden und revoltenreichen 70er Jahre danach zwiespältig aus. Ich möchte versuchen, das in vier Hinsichten zusammenzufassen:

a. Einmal ist die Euphorie über die 'Entdeckung der Milieus' angesichts von deren 'nicht finalisierenbaren' Eigensinnigkeiten und Konsensfindungsproblemen schnell verflogen: "Was anfangs von vielen Planern und Bürgerinitiativen euphorisch als neuer Aufbruch begrüßt wurde und zu engagierten Experimenten anregte, entwickelte sich nach und nach zur unbeliebten, auf das gesetzlich vorgeschriebene Minimum reduzierten Routine" (HAMM, NEUMANN 1996, S. 310).

b. Dann zeigten die faktischen Erfahrungen mit den Sanierungsplanungen, daß die Bewohner selbst, insbesondere auch die lange ortsansässigen Wohnmilieus "im allgemeinen nicht daran interessiert sind, im Stile der planenden Verwaltung über städtebauliche und soziale Konzepte mitzureden. Viele Milieubewohner haben die Verbesserung ihrer konkreten Lebensbedingungen ohne Rücksicht auf stadtplanerische Überlegungen im Auge, weil sie sich von ihnen nichts versprechen und keine echten Entscheidungskompetenzen besitzen" (KEIM 1979, S. 172f.). Das ist eine realistische Situationseinschätzung. Daneben verschärfen sich gerade durch die partizipatorischen Elemente auf der unmittelbaren Nachbarschaftsebene für milieurelevante Planungsentscheidungen Probleme der Stellvertretung und ihrer Legitimierung; problematisch wird also die Legitimationsbasis eines "stellvertretenden Deutens und Handelns" der Aktiven für die Passiven, der wenigen 'Sachwalter' und Experten für die eher desinteressierte Mehrheit.

c. Damit wurden eine ganze Reihe von interessenzentrierten und strategischen Diskursspielen in Gang gesetzt. Die wiederum hatten zur Folge, daß der Milieubegriff eigentümlich zu "schillern" (begann), ... zwischen bewußt nebulös eingesetztem Kampfbegriff und Camouflage changierend, zwischen sozial verantwortlicher Emphase, Instrumentalisierung und Selbstnobilisierung hin und her laufend" (JOERK, MATTHIESEN 1996).[41]

---

[41] Derartige Diskurs- und Interessenkonflikte waren dabei nicht die Ausnahme, sondern die Regel: Katrin Zapf hat schon in ihrer Dortmund-Nordstadt-Studie von 1969 gegen eine romantisierende Emphase für die Schonungsbedürftigkeit der 'sozialen Geflechte' 'gleichberechtigter Subkulturen' votiert. Statt dessen betont sie als Resultat ihrer Untersuchungen eher die harten baulichen und infrastrukturellen Modernisierungsdefizite des von ihr untersuchten depravierten montanindustriellen Arbeitermilieus. Dieselben Probleme mit stellvertretenden Deutungen liegen den gegenwärtigen Konflikten und Auseinandersetzungen um das sogenannte "Planwerk Innenstadt" für Berlin-Mitte zugrunde: Auch hier wird das Spiel der stellvertretenden Milieu-Deutungen aufgeführt, von allen Konfliktparteien übrigens und unter der weiteren Diskurs-Raffinierung von Ostblick/

d. Schließlich konnten mit einem 'milieusensitiven' Typus von Sanierung wichtige siedlungspolitische Ziele - etwa die "Back-to-the-City-Bewegung" für junge Familien - sowie eine erhoffte Stärkung der Steuereinnahmen der sanierenden Kommunen nicht erreicht werden: Typischerweise kam es eher zur Umverteilung der Haushalte innerhalb der Stadtgrenzen (FRIEDRICHS 1995, S. 119).

Trotz dieser eher kritischen Punkte scheint der allgemeinere gesellschaftliche Nutzen dieser zunächst in den 70er Jahren *erkämpften* Formen einer direkten oder indirekten Planungsbeteiligung der Milieus unstrittig. Alle weitergehenden Vorstellungen zur Ausgestaltung von bürgergesellschaftlichen Elementen innerhalb von Entwicklungsplanungen wären ohne diese - wie immer rudimentär gebliebenen und routiniert unter die übrigen Planungsverfahren gemischten - Bottom-up-Züge von Planung ohne Anschlußchancen.

Diese konfliktreichen Entwicklungen im Bereich von Städtebauplanungen und ihren Milieukontexten verweisen auf ein allgemeineres 'planungstheoretisches' Problem: Seit den 70er Jahren geraten Planungsprozesse in den modernen Gesellschaften zunehmend in folgendes Dilemma: "Während die wachsenden Schwierigkeiten der politischen Konsensfindung die Planungsprozesse immer langsamer werden lassen, verlangt der schnelle Strukturwandel immer schnellere politische Entscheidungen" (FÜRST 1995, S. 710). In dieser dilemmatischen Lage schaffen Milieus zunächst nur zusätzliche Konsensfindungsprobleme, erhöhen also die Komplexität des Dilemmas. Andererseits werden - wie die knapp rekapitulierten 'heroischen' Zeiten der Planungsmilieus der 70er Jahre zeigten - Akzeptanzprobleme von Planungen und deren Schwellenwerte, damit auch Akklamationschancen außerhalb der organisierten politischen Konsensbildungsprozesse, immer wichtiger für Planungserfolge. Um diese doppelte Schwierigkeit kontrollierbar zu machen, werden dann zunehmend neue konsens- und akzeptanzfördernde Moderationsformen von Planung entwickelt, in denen Milieus und ihre eigensinnigen Entwicklungslogiken und Interessenbildungen eine zentrale, häufig aber in den Planungsdiskursen implizit bleibende Rolle spielen.[42]

Das Verdikt von der sozialtheoretischen Folgenlosigkeit dieser brisanten Auseinandersetzungen um neue Raumansprüche urbaner Bewegungsmilieus muß allerdings in einer Hinsicht korrigiert werden: Ende der 70er Jahre gelingt es *Karl-Dieter Keim*, mit einem gleichermaßen theoretisch anspruchsvollen wie

---

Westblick-Prädizierungen. Erhöhung des Distinktionsraffinesses und faktische Entwicklungsdisparitäten schließen sich dabei keinesfalls aus, sondern überlagern einander.

42 Die Planungsdebatte der letzten Jahre hat diese Zusammenhänge teilweise unter dem Begriff 'Neue Planungskulturen' aufgenommen.

planungspraktisch folgenreichen Versuch, aus den unruhigen sozialen und sozialtheoretischen Milieubewegungen der 70er Jahre einen synthetisierenden Neu-Ansatz zu entwickeln: "Milieu in der Stadt" (KEIM 1979).[43] Die darin gefundene Mischung zwischen weitem transdisziplinärem Rezeptionshorizont und konkreten, forschungsbasierten Vorschlägen zur Stadterneuerung und stadtteilbezogenen Kulturpolitik "fand in der Folgezeit vielfach Verwendung, wurde modifiziert und ergänzt" (KEIM 1979 a, S. 388). Keim gelingt es zudem, das weiter umstrittene Milieukonzept nachhaltig vom Schicksal eines Residualbegriffs zu befreien, wozu es - wie wir sahen ohne Not - seit Ende der 20er Jahre (Scheler, Gurwitsch) zunehmend mutierte. Der produktive Streit um die Anschlußfähigkeit der Milieukonzepte war damit (wieder) eröffnet. Zudem rezipiert Keim zur breiteren Fundierung seines eigenen Ansatzes parallele raumadressierte Milieukonzeptionen etwa aus Frankreich (Chombart de Lauwe, Alain Touraine). Die Bedeutung der 'kognitiven' und sozialmoralischen Binnenausstattung der Milieus, also die Frage der Deutungsmuster und Wertbilder sowie der Zusammenhang von Handlungsmustern und 'gedachter Ordnung' werden zudem als zentrale Dimensionen für Milieuanalysen verdeutlicht. Schließlich votiert K.-D. Keim methodisch schon für eine perspektivische Überlagerung von Forschungsmethoden (quantitative Verfahren - Hans Zetterberg, Jürgen Friedrichs - und qualitative Methoden - symbolischer Interaktionismus, Cicourel etc.).[44]

Unabhängig von diesem planungs- und raumbezogenen Neuansatz der Milieuforschung versucht *Richard Grathoff* seit Mitte der 70er Jahre - dezidiert fern der chaotischen oder zumindest umkämpften großstädtisch-metropolitanen Milieus und ihrer Revolten - zunächst in Konstanz, dann in Bielefeld einen direkten Wiederbelebungsversuch der Milieuansätze in der Traditionslinie Scheler/Gurwitsch aus den 20er Jahren. Organisierendes Zentrum dieses Neuansat-

---

43 Siehe auch Keims aus dem Rückblick von fast 20 Jahren vorgenommene Anmerkungen in diesem Band S. 83ff., sowie in Keim 1997 a, S. 388.

44 Inzwischen ist die Debatte um Methoden-mixende Verfahren gerade auch im Zusammenhang mit Milieuanalysen ein Stück weitergeführt worden. Dabei bleibt es das zentrale Problem, genau anzugeben, wie - außer in einer rein additiven Weise - zu mixen sei. Keim traute den Mix-orientierenden Leistungen qualitativ-rekonstruktiver Methodologien noch nicht recht über den Weg. Für eine genauere Bestimmung des Zusammenhangs von 'lokalen', 'realen' und 'symbolischen' Räumen aber (nicht nur, aber auch für die umkämpften Milieubildungsprozesse der 70er Jahre, für die es bislang kaum ansatzweise erhellende Analysen gibt), scheinen sequenzanalytisch verfahrende fallrekonstruktive Verfahren beinahe notwendigerweise die Rolle der mixorientierenden Leitmethodik übernehmen zu müssen.

zes ist das Leitprojekt "Soziale Relevanz und biographische Struktur".[45] Dessen Relevanzanalysen versuchen, angemessene Zugänge zu den internen Strukturaufschichtungen sozialer Räume und ihrer Transformationen zu öffnen. Richard Grathoff ist es auch, der unter der Leitperspektive von 'Normalisierungen als sozialen Organisationsweisen von Milieus' der theoretisch anspruchsvollen Frage nach dem Kitt, der Milieus jeweils zusammenhält, also dem Problem des 'Zusammenhangs' von Milieus nachspürt. Damit werden Grenzen, Ausgrenzungen, Schranken, das Verhältnis von Nachbarschaftsstrukturen zueinander - auch über nationale Grenzen hinweg - thematisch.[46] Die theoretische Summe einer in diesem Sinne erneuerten sozialphänomenologischen Milieuforschung hat Grathoff schließlich 1989 mit seinem inzwischen als Standardwerk gehandelten Buch "Milieu und Gesellschaft" vorgelegt.[47]

Unter einer *raumentwicklungsbezogenen Milieuperspektive* waren die *70er Jahre* - wie angedeutet - durch zwei Tendenzen gekennzeichnet: einmal durch die Bildung von öffentlichkeitswirksamen Protest- und Beteiligungsformen 'der' Wohn- und Bewegungsmilieus; dann durch rechtliche Innovationen und Novellierungen mit dem Ziel einer Flexibilisierung von Planungsstrategien zur Erhaltung der baulichen und sozialen Qualitäten insbesondere älterer Stadtteile und Quartiere. Die Planungs- und Milieubewegungen der *80er Jahre* möchte ich jetzt beispielhaft am Fall der Internationalen Bauausstellung IBA in Berlin (1979-1987) untersuchen. Die *70er Jahre* werden dabei als 'logischer Vorlauf' kenntlich: Sowohl die Bau- und Planungspolitiken wie die Professionen der Architekten und Stadtplaner begannen, in der Form von laboratoriumsähnlichen Versuchsanordnungen und unter lebhafter Beteiligung von 'Planungsbetroffenen' Konsequenzen aus den 70er-Jahre-Konflikten um den Städtebau und sei-

---

45 Vgl. die Übersicht der einzelnen Studien des Gesamtprojektes in: Sozialwissenschaftliches Archiv Konstanz, Tätigkeitsbericht 1974-1980. Neben Grathoffs perspektivischem Essay "Über Typik und Normalität im alltäglichen Milieu" (1979) ist die milieuanalytisch wichtigste Arbeit aus diesem Kreis Bruno Hildenbrands Studie zu pathogenen Familienmilieus: Alltag und Krankheit (1982). Von erheblicher 'Raumrelevanz' sind auch Hildenbrands neue Untersuchungen bäuerlicher Lebensmilieus (1993).

46 Siehe etwa zum deutsch-polnischen Nachbarschaftsverhältnis Grathoffs Studie: Von der Phänomenologie der Nachbarschaft zur Soziologie des Nachbarn (Grathoff 1994, S. 29-55).

47 Emphatisch hat Peter Kiwitz 1986 diesen Forschungsneuanfang kommentiert: "Als Initiator der Milieuforschung kann ... Richard Grathoff betrachtet werden" (Kiwitz 1986, S. 209). Eher ist es aber wohl so, daß noch diese emphatische Reverenz davon zeugt, wie abgeschottet gegeneinander die verschiedenen Diskurslinien 'der' Milieuforschung längstens sich entwickelten. Erst jetzt scheinen diese Fäden miteinander verknüpfbar, auch weil kein anderer Theoriekandidat für anspruchsvollere Mesoanalysen von 'mittleren Zusammenhangsgestalten' sich zeigen will (s. o. Abschnitt 1).

ne Milieuzerstörungen zu ziehen. Das geschah in Berlin in zwei Varianten: Mit der *IBA-Alt*, d.h. mit der Sanierung innerstädtischer Altbauquartiere unter der Leitung von Hardt-Walther-Hämer, und mit der *IBA-Neu* unter Josef Paul Kleihues, der im Neubaubereich ausgewählte Berliner Brachflächen zu urbanisieren und qualitätvoll zu bebauen versuchte.[48] Für die IBA-Alt wurden in konfliktreichen Etappen "12 Grundsätze der behutsamen Stadterneuerung"[49] entwickelt und in SO 36 exemplarisch umgesetzt - in einer Mischung von staatlich geförderten Projekten (Görlitzer Park, Spreewald-Bad, wohnungsnahe Krippenplätze etc.) sowie - als Flankierung und Initialzündung - mit einer Fülle von privaten Initiativen aus dem Stadtteil heraus, zwischen "In-Stand-Besetzungen" und der Gründung eines innerstädtischen Kinder-Bauernhofes.[50]

Die zwischen 1987 und 1989 noch einmal dramatisch zunehmende Militanz der Auseinandersetzungen um die Stadtteilentwicklung hat eine Zeit lang verdecken können, in welch vorbildlicher, allerdings nie konfliktfreier Form Kreuzberg mit seinem Mix von Stadtteilinitiativen und öffentlichen Sanierungsmaßnahmen Modellcharakter für Stadtteilsanierungen überhaupt bekam, als Stadtpolitik von unten, wobei Sanierungen Teil einer stark politisierten Stadtteilbewegung wurden:[51] einmal auf der Verfahrensebene von konfliktträchtigen mitbestimmten Planungsprozessen; dann durch architektonisch an-

---

48 Unter einer Milieuperspektive verfolgte die IBA-Neu das klassische 'milieufreie' Implantationsprogramm von architektonischen Stilgesten, an die sich soziale Milieus allererst zu adaptieren hätten.

49 Diese Grundsätze wurden im März 1983 vom Berliner Abgeordnetenhaus beschlossen. Zu dem gesamten Komplex IBA-Alt und seinen 'Milieu-Einbettungen' s. Verein SO 36 e. V. 1989, S. 64).

50 Verein SO 36 1989, 92f.; siehe auch die 'Veränderungskarte' des Kreuzberger Sanierungsgebietes S. 142f. Vor dem Hintergrund der theoretisch folgenreichen Diskussionen um einen möglichen oder nötigen Orts- und Raumbezug der Milieus ist die Lebensform der "Stadtteilindianer" (Selbstlabel) interessant: als markante Fallausprägung innerhalb des sozialen Typenreichtums in den umkämpften Sanierungsgebieten bilden diese urbane clanartige Vergemeinschaftungs- und Gesellungsformen aus - mit klaren räumlichen Abgrenzungen und Territorialansprüchen, mit einem temporär dramatisch gesteigerten und publizistisch effektiv in Szene gesetzten Ortsbezug, sich gegen die respektiven Ordnungsmächte und deren 'Säuberungsversuche' gleichsam in der Quartierserde festkrallend. Zu einem weiteren Sozialtypus aus dem Formenkreis der 'Sanierungs-milieus' vgl. die "Figur des hausbesetzenden Freibeuters, (in der sich UM) die widersprüchlichen Motive von Bewahren und Zerstören ... überschneiden" (Prigge 1996, S. 153).

51 Großen Einfluß hatten dabei die Arbeiten von Manuel Castells (siehe vor allem: La Question Urbaine (1973), auszugsweise und schlecht übersetzt 1977 als "Die kapitalistische Stadt" auf Deutsch erschienen), in denen es breit angelegte Analysen sowohl zu den "sozialen Milieus der Städte" (a.a.O., S. 89-111) wie zur "Stadtpolitik" (a.a.O., S. 175ff.) gibt.

spruchsvolle Sanierungslösungen (IBA-Alt) sowie - im Falle der IBA-Neu - durch die Versammlung eines "Who's Who" der gegenwärtigen Architektur-Avantgarde: "Generell erwies sich die IBA als ein unvergleichlicher *Workshop*, der mehr für die weltweite Ausstrahlung Berlins getan hat, als alle 750-Jahr-Festivitäten zusammen" (SCHULZ 1997). Dieses Votum gilt, obwohl die IBA unter nicht replizierbaren politischen, finanziellen und ökonomischen Sonderbedingungen zum relativen Erfolg geführt wurde. Es gilt auch, obwohl die IBA die gesteckten Ziele etwa ihrer Wohnungspolitik nur ungenau erreicht hat. Die Struktur der Erstbezieher von IBA-Bauten etwa belegt - auch daran erinnert Bernhard Schulz -, daß unter ihnen "verdächtig viele Mit- und Zuarbeiter der nach Berliner Manier ausfransenden 'Projekt-Szene' in den von ihnen geplanten, begutachteten und politisch begleiteten Bauten als Mieter" unterkamen. Milieuperspektivisch kommentiert, hatten hier ein Projektierungs- und Planungs-Teilmilieu und seine Klientel die älteren Wohn- und die jungen Bewegungsmilieus überlagert, mit neuen Reibungsflächen, aber auch Chancen für neue Milieumixes.[52]

Neben den - hier am international auffälligen Paradefall der 80er-Jahre-Stadtsanierung skizzierten - Bemühungen um eine behutsame, 'milieu-sensitive' Stadterneuerung macht in der *Raumplanungsprofession dieses Jahrzehnts* der von Karl Ganser gefundene Begriff des *"perspektivischen Inkrementalismus"* die Runde - als Nachfolgekonstrukt eines in der amerikanischen Theoriediskussion der 60er Jahre "disjointed incrementalism" genannten Planungstypus. (Für die wissenschaftstheoretische Fundierung der Planungstheorie wurden Popper und Lindblom zu ersten Adressen.) Inkrementalistische Planungsformen hatten sich nur noch zusammenhanglose Teilverbesserungen und deren flexible Praxisformen zugemutet. Dagegen bietet Ganser also den Perspektivenbegriff auf, allerdings in der zurückhaltenden Form "eine(r) Vielzahl von vielen Schritten ..., die sich auf den perspektivischen Weg machen" (GANSER 1995, S. 883). Um den Planungstypus eines solchermaßen *perspektivischen Inkrementalismus* von der typischen Entwicklungsplanung der 70er Jahre zu unterscheiden, skizziert Karl Ganser eine Reihe von Merkmalen, die auch für die Frage der (impliziten oder expliziten) Einbeziehung von Milieustrukturen in Planungsprozesse Relevanz bekamen: "Die Ziele werden lediglich auf dem Niveau gesellschaftlicher Grundwerte vorgegeben und nicht weiter differenziert; die Zieltreue wird vielmehr am einzelnen Planungsfall nachgewiesen. An die Stelle abstrakter Pro-

---

52 Vor dem Hintergrund der IBA-Erfahrungen wäre ein kontrastierender Vergleich zu den - auf die urbanen Wüsten und wüst gefallenen Städte Amerikas reagierenden - Konzepten und städtebaulichen/architektonischen Realisierungen der "New Urbanist" in den USA interessant (Tautfest 1997).

gramme treten Projekte für Einzelaufgaben und überschaubare Zeiträume; das bedeutet zugleich Schwerpunktbildung anstelle flächendeckender Realisierung. Hierzu bemüht man sich um eine Integration von Rechts- und Finanzinstrumenten, wobei eine starke Tendenz zur ökonomischen - gegenüber der rechtlichen - Intervention erkennbar ist" (ALBERS 1995, S. 883).

Die darin enthaltene realistische Bescheidung von Entwicklungsplanungen auf begrenztere Ziele in überschaubaren Zeiträumen - allerdings ohne darüber einen langfristigeren Orientierungsrahmen etwa für die Stadtentwicklung aus dem Blick zu verlieren - wird mit dem Epochenbruch 1989 einem unvermuteten Relevanztest unterzogen: Hinsichtlich der Planungsdimensionen, die nun - fast aus dem Stand - etwa in den fünf neuen Bundesländern und Ostberlin zu bewältigen sind, ist von einem regelrechten "Quantensprung" (Hamann/Strohmayer) gesprochen worden, mit neuen Perspektivendebatten sowie der Entwicklung konflikt-sensitiver Moderations- und Implementationsformen.

Als *planungskulturelles Resümee* der Phase der Raumentwicklung bis 1989 läßt sich damit festhalten, daß Raumplanungsprozesse zunehmend genötigt werden, die Eigenlogik planungseinbettender sozialer Milieus, also ihre Resistenzen und Renitenzen, aber auch ihre innovatorischen, selbstorganisatorischen Kompetenzen und Potentiale mit in die inkrementalistischen Perspektivenentwicklungen einzubeziehen.[53] Dazu wird es andererseits unabdingbar, genau zu untersuchen, wie die Mesoebene der Milieus die System- und Transformationskrisen seit 1989 'meistert', wie die Effekte der seit der Wende unternommenen enormen Infrastruktur- und Raumentwicklungsplanungen von den Milieus jeweils adaptiert werden - ob über Strukturveränderungen in der regionalkulturellen Identitätsformation, über Transformationen ihrer sozialen Bindungskräfte, über flächendeckende Erosionen oder über das tendenzielle Abfedern von krassen Strukturumbrucheffekten gerade auch auf der Ebene der Raumentwicklungen. Soweit zum planungskulturellen Teil der Milieubewegungen bis 1989.

Für den *sozialwissenschaftlichen Teil* einer Rezeptionsgeschichte der Milieus in den *80er Jahren* läßt sich von einer regelrechten *Konjunktur des Milieu- (wie des Lebensstil-) Konzeptes* zu sprechen. Stefan Hradil hat dazu zwei kenntnisreiche Skizzen vorgelegt - und dabei insbesondere auch die neuen Anwen-

---

53 Zu der parallelen Entwicklung von direkt planungsrelevanten Gebietsmilieu-Ansätzen in den Niederlanden siehe die Beiträge von Becker (S. 221) und Nuissl (S. 233) in diesem Band. Zu komplementären ökonomischen Analyseansätzen, zu Produktions- und Innovationsmilieus vergleiche die Beiträge von Hoffmann/Lompscher (S. 247) und Lessat (S. 265). Siehe dazu auch Läpple (1993, S. 39ff.).

dungskontexte von Milieuanalysen in der Marktforschung, der Wahlforschung, der Freizeitforschung und in Konsumanalysen gebührend berücksichtigt (HRADIL 1992 a, S. 6-35, HRADIL 1992 b, S. 15-55).[54] Das erlaubt es, sich für den Zeitraum bis 1989 kürzer zu halten. Ich will meine Bemerkungen daher auf zwei Punkte beschränken: a. Einmal ist ein Kommentar zum 'individualisierungstheoretischen' main-stream der 80er-Jahre-Milieuforschung nötig; b. dann sind etliche Ergänzungen zu machen, die die Breite und Differenziertheit der in den 80er Jahren weiter entwickelten Milieuansätze betreffen und zugleich weitere Anschlußstellen für das hier vertretene strukturale Milieukonzept zeigen.

zu a.: Als eine zentrale und weit verbreitete Rezeptionsfolie für die lebensstilorientierte Milieuforschung der 80er Jahre wählt auch Stefan Hradil die These von einer epochalen Entkopplung *'subjektiver'*, 'aktiver' Lebensweisen von *'objektiven'*, 'determinierenden' Lebensbedingungen. Damit wird zugleich die Entkopplung individualisierter, aktiver Milieus und ihrer Lebensstile von den objektivistischen Determinationsverhältnissen behauptet, die die herkömmliche 'Großgruppensoziologie' obsessiv (und gewöhnlich mit Adlerblick von oben) als 'Gußformen' beschrieben hat. Ohne Zwang läßt sich dieses theorietechnisch folgenreiche *Subjektivierungsschema* einmal mit einem der erfolgreichsten 'Kofferbegriffe' der 80er-Jahre-Soziologie, Ulrich Becks *Individualisierungstheorem*, verknüpfen. Trotz einer inzwischen 15jährigen Debatte ließ sich diesem ticket-artigen Begriff seine strukturelle Unklarheit bislang nicht austreiben.[55] Sowohl in der These von der zunehmenden Subjektorientierung wie der einer flächendeckenden Individualisierung bleiben schulenbildende Forschungserfahrungen des Münchener Sonderforschungsbereichs 101 kenntlich (SFB "Theoretische Grundlagen sozialwissenschaftlicher Berufs- und Arbeitskräfteforschung". Leitung: Karl Martin Bolte u.a.) (VOß 1991, MATTHIESEN 1993). Die damit eingehandelte, über konsumforschungsnahe Lebensstilkon-

---

54 Daneben war Hradil auch wesentlich mitbeteiligt an der Entwicklung eines forschungsrelevanten lebensstilorientierten Milieuansatzes zur Erneuerung der Sozialstrukturanalysen (Hradil 1987). Siehe dort auch die Entwicklungshypothese: "Von Klassen und Schichten zu Lagen und Milieus". Auffällig bleibt noch für die 80er Jahre der nur marginale Bezug zur Stadtsoziologie und zu Raumfragen. Überhaupt ist noch einmal darauf hinzuweisen, daß die allgemeine Soziologie seit Ende des 2. Weltkrieges von Ergebnissen der stadtsoziologischen Forschung kaum Kenntnis zu nehmen pflegte. Die hier vorgeschlagene Erneuerung des Milieuansatzes versucht auch in dieser Hinsicht, frühere fruchtbare Wechselbezüge zu 'revitalisieren'.
55 Es spricht vielmehr einiges dafür, daß der Erfolg dieses Labels Forschungen nachgerade erschwert hat, etwa Untersuchungen zu den in der Tat dramatisch sich verändernden Individuierungslogiken in Ost- und Westdeutschland vor und nach 1989.

zepte weiter verstärkte 'Subjektivierung der Strukturkategorien' (stellenweise läßt sich von einer Tendenz zur Versoftung sprechen)[56] ist aus dem Abstand eines Jahrzehnts mehr denn je als theoriestrategische Überfolgerung kenntlich - mit dem klaren Zeit-Bias der '80er Jahre' und dem Ortsbezug 'Westdeutschland'. Die im Laufe der 80er Jahre zunehmenden Krisenphänomene in der westdeutschen 'Arbeitsgesellschaft', neben 'neuer' Armut die Wiederkehr 'alter' Armutsformen, die rabiate Heraufkunft alter und neuer Knappheitsdisparitäten, strukturelle Massenarbeitslosigkeit, die Zunahme von gesellschaftlichen Spaltungsprozessen etc. machten die zeitdiagnostischen Forcierungen einer Subjektivierung der Strukturkategorien, damit auch einer Subjektivierung und konsumorientierten Lebensstilbasierung der Milieutheorien eigentlich schon vor 89 obsolet (MATTHIESEN 1993). Nach dem Epochenbruch von 1989 aber, unter dem Eindruck dramatisch steigender lokaler bis regionaler Entwicklungsdisparitäten, mit den schubartigen Kumulationseffekten von globalen und Makroprozessen auf die Mesoebene der Milieus - spricht nichts mehr dafür, weiter die zu Analysefehlern führende Ur-Opposition von Subjekt- und Objekt-Kategorien, von *subjektiven* versus *objektiven* Phänomenbündeln zu verwenden. Auf der Mesoebene der Milieus ist der 'cartesianische' Dualismus von objektiven und subjektiven Sachverhalten, der die 80er-Jahre-Lebensstil-Milieu-Diskussion dominierte, besonders fehlt am Platz; hier geht es ja wesentlich um Vermittlungsstrukturen, in denen sich personalgebundene Prozesse mit Makro- und Globalentwicklungen notwendig immer *strukturell* verschränken. Eine angemessene Kategorienbildung für strukturale Milieuanalysen muß das präsent halten (vgl. auch die kritischen Anmerkungen Ralf BOHNSACKs zu dieser "epistemologischen Leitdifferenz" und zu ihrem schwächlichen Abkömmling, dem Dual von 'Sein' und 'Bewußtsein', in diesem Band, S. 119ff.).

zu b. Ergänzungen zur Geschichte der Milieuforschung der 80er Jahre

Über die von Stefan Hradil in seiner 'Paradigmengeschichte' rezipierten Arbeiten hinaus möchte ich an einige weitere Ansätze erinnern, die in unterschiedlicher Weise für eine strukturale Heuristik von "Milieus in Transformationen" unerläßlich sind:

---

56 Vgl. in diesem Zusammenhang die Milieukonzeptionen von Gerhard Schulze, die - ohne mit der forschungsmaterialen Wimper zu zucken - eine teilregionale Empiriebasis (Nürnberg!) zur soften Epochengestalt der 'Erlebnisgesellschaft im allgemeinen' expandiert. Siehe daneben allerdings auch Schulzes interessanten Semantisierungsversuch des Verhältnisses von "Milieu und Raum" 1994.

1. An erster Stelle ist das Milieuforschungskonzept von *Michael Vester* und seiner Arbeitsgruppe zu nennen, das mit einer sorgfältigen konzeptuellen und empirischen Vorlaufphase und ersten Ergebnissen eindeutig den wichtigeren Milieuanalysen zunächst der 80er Jahre zuzurechnen ist.[57] Die auf den ersten Blick atemberaubend anmutende konzeptuelle Verkopplung von SINUS-Lebensstiltypologien mit der Habitus-Theorie von Pierre Bourdieu hat sich als anschlußfähig erwiesen, und zwar insbesondere nach 1989 bei ersten Milieuanalysen in der sich transformierenden Milieulandschaft Ostdeutschlands (VESTER, RINK, HOFFMANN 1995, HOFMANN, RINK in diesem Band S. 279ff.). Damit sind Milieutypologien entwickelt worden, die - obgleich zunächst auf der kategorialen Ebene raumlos konzipiert und ohne systematischen Regionsbezug - inzwischen als unverzichtbare Sortierhilfe für die transformationellen Milieubewegungen anzusehen sind.[58]
2. Daneben hat *Richard Grathoff* seinen sozialphänomenologischen Milieuansatz in den 80er Jahren weiter entwickelt und - wie schon erwähnt - zu dem neuen Standardwerk 'Milieu und Lebenswelt' (1989) zusammengeführt. Gleichzeitig sind dadurch in Bielefeld eine ganze Reihe von einschlägigen Forschungsarbeiten angeregt worden.[59] Grathoff selbst hat früh schon seine Milieu- und Nachbarschaftsstudien international vergleichend angelegt (Polen, Rußland, USA).
3. *Hans Georg Soeffner* hat schon in der ersten Hälfte der 80er Jahre eine explizit sozialhermeneutische, methodensensitive Spielart der Milieuanalyse entwickelt und deren Konturen auch methodologisch präzisiert (SOEFFNER 1982, 1984, 1989). Die seither im Umkreis von Soeffner entstandenen Forschungsarbeiten, selbst da, wo sie auf der konzeptuellen Oberfläche den Milieubegriff nicht zentral stellen, haben dieses sozialwissenschaftlichhermeneutische Milieuparadigma inzwischen weiter ausdifferenziert.
4. *Ralf Bohnsack* hat seine - zunächst im Kontext der 'Arbeitsgruppe Bielefelder Soziologen' um Joachim Matthes entwickelten - rekonstruktionsmethodologischen Untersuchungen zu Generationenmilieus in den 80er

---

57 Der 1987 publizierte Forschungsantrag dieser Gruppe ist 1989 in einer revidierten Fassung als Arbeitsheft 1 des Forschungsprojektes "Sozialstruktur und neue Milieus" erschienen (vgl. Vester, von Oertzen, Gerling, Hermann, Müller 1993).
58 Auch für die von uns favorisierten strenger rekonstruktionsmethodologischen Milieuansätze mit stärkeren Bezügen zu sozialen und/oder symbolischen Raumstrukturentwicklungen haben sich diese Arbeiten also bei Kontextuierungs- und Überlagerungsversuche bewährt.
59 Vgl. etwa Kiwitz 1986, mit Anschlußoptionen der Lebenswelt- und Milieuforschung an eine 'kritische' Stadtforschung sowie Dürrschmidt 1995 mit Differenzierungen von lokalen und globalen Milieus.

Jahren zu einem anschlußfähigen, mit eigenen Methodenschwerpunkten versehenen (Gruppendiskussionsverfahren) Forschungsansatz ausgebaut. Zugleich sind eine Reihe von wichtigen empirischen Studien entstanden. Auch Bohnsack hat seinen Milieuansatz nach 1989 erfolgreich für die Analyse der zunächst 'unübersichtlich' erscheinenden Nachwende-Generationenmilieus weiterentwickelt (siehe auch BOHNSACKs Beitrag in diesem Band, S. 119ff.).

5. *Bruno Hildenbrand* hat - zunächst von Konstanz aus - in den 80er Jahren eine Reihe von wichtigen Familienmilieu-Studien gemacht. Auch Hildenbrands Milieuforschung richtet sich zunehmend auf die Analyse der komplex überlagerten Nachwendeverhältnisse durch Ost-West-vergleichende Milieustudien (wichtig sind auch die methodischen Weiterentwicklungen der Genogramm-Analyse).

6. *Sighard Neckels* empirische Studien der 80er Jahre haben sich zunächst auf die Distinktionslogiken der Lebensstile in urbanen Gruppierungen und ihren städtischen Milieus konzentriert (Schöneberg, Wittenbergplatz etc.). Kulturtheoretisch sensibilisiert durch den Bourdieuschen Habitusbegriff sowie die Forschungstradition der Chicago-School (in der mittlerweile dritten Generation, vgl. NECKEL 1997, S. 71-84) hat Neckel die Nachwendekonvulsionen zu spannenden 'neuen' Gemeindestudien genutzt ('Waldleben'; zwar nicht terminologisch, aber sachlich stehen diese Studien in inhaltlicher und methodischer Nähe zu mesosozialen Milieuanalysen).

7. Auch die Stadtsoziologie der 80er Jahre, *Ulfert Herlyn* etwa, hat den Milieuansatz aufgegriffen: in detailreichen Problemstudien wurden die Verstärkung von Marginalisierungstendenzen und neue Benachteiligungsformen in großstädtischen Quartieren Westdeutschlands untersucht (HERLYN 1991). Auch diese milieuorientierte Forschungsrichtung hat mit großen Fall-Studien zur Stadtentwicklung in den fünf neuen Ländern anschlußfähige Forschungsergebnisse zu den Nachwende-Transformationsprozessen vorlegen können (HART, HERLYN, SCHELLER 1996).

8. Schließlich hat die Forschungsgruppe um *Hartmut Neuendorff* und *Ulf Matthiesen* die Dortmunder Tradition von Deutungsmusterstudien in den 80er Jahren zu regionalkulturellen Milieuuntersuchungen in der schnell umbrechenden Montanindustrie-Region des östlichen Ruhrgebiets genutzt (MATTHIESEN 1992, 1993). Die wichtige 'kognitive Dimension' der Weltbildtransformationen wurde dabei dosiert durch Lebensstil-Analysen flankiert. Inzwischen wird diese Tradition - nun aber sehr viel stärker raum- und planungsbezogen - am IRS weitergeführt, mit Verflechtungsmilieustudien zwischen Berlin und seinem Umland sowie beginnenden Grenzmilieuforschungen zwischen Deutschland und Polen.

3 Zur Entwicklung der neuen Milieuansätze seit 1989

In einem ersten Teil haben wir milieubildende Mesostrukturen im Zusammenhang mit globalen wie mikrosozialen Gegenstandsentwicklungen und Konzeptualisierungsproblemen untersucht. Im zweiten Schritt sollte der historisch-systematisierende Gang durch einige wichtige Etappen der theorie- und anwendungsgeschichtlichen Paradigmenentwicklung der Milieus einen stadienspezifischen Lernprozeß plausibel machen, auf dem Wege zu einem problemangemesseneren und heuristisch besser justierten strukturalen Milieubegriff. Beide Argumentationsstränge möchte ich in diesem abschließenden dritten Teil versuchsweise zusammenfügen, und zwar so, daß forschungs- und implementationsanleitende Hypothesen für eine Weiterentwicklung von Milieuanalysen in den Sozial- und Raumwissenschaften erkennbar werden. Gegenüber einer Fortführung der historisch-systematisierenden Rezeption über 1989 hinaus hat dieser Wechsel im Diskursstil zwei Vorteile: einmal lassen sich damit 'epochale' Veränderungen auf der Gegenstandsseite der planungsrelevanten Milieukonstellationen deutlicher machen; dann können wichtige Tendenzen der Milieuforschung der letzten Jahre auf diese Weise knapper gebündelt werden.

3.1 Milieus im Spannungsfeld von Transformation und Krise

Die "große Krise" der mit Globalisierungsprozessen unterfutterten Transformationen[60] seit 1989 hat zu einer dauerhaften Rückkehr der Geschichte ge-

---

[60] Zum Transformationsbegriff siehe etwa den knappen Überblick von Raj Kollmorgen (1996, S. 282ff.). Aus der Sicht einer rekonstruktionsmethodologischen Milieuforschung, für die die Methode der Sequenzanalyse das zentrale Forschungsinstrument ist, stellen sich allerdings einige der definitorischen Einigungsformeln der Nach-89-Transformationsforschung etwas anders dar. Die Betonung von klar definierten Anfangs- und Zielzuständen etwa entstammt erkennbar der Logik der Zeitpunkt-Vergleiche. Sequenzanalysen, wie sie mit dem hier skizzierten Milieuansatz zentral gestellt werden, verfolgen dagegen das Ziel der Rekonstruktion von Veränderungslogiken. Statt statisch-komparatistischer Aussagen geht es hier also um genetische Strukturerklärungen - in diesem Falle auf der Meso-Ebene. Unter Beachtung der Dramatisierungskriterien von M. Rainer Lepsius (Krise) ist neben einer entwicklungsgeschichtlichen Analyse der 'objektiven Strukturdaten' insbesondere die ultradetaillierte Rekonstruktion der transformationellen "Eingangssequenzen" zentral. Zudem erzwingt die Meso-Ebene der Milieus einen mehrstufigen Wirklichkeitsbegriff. So kann es - insbesondere auf den Feldern der Soziokulturen - zu dramatischen Umstrukturierungen von Oberflächenstrukturen bei gleichzeitiger Kontinuierung von Tiefenstrukturen kommen; auch gegenläufige Fälle sind natürlich möglich. Vergleiche die transformationsrelevanten methodologischen Hinweise zur 'Krise als Normalfall' unten sowie das methodologische Schacht-Schema in Matthiesen 1997.

führt, von deren vermeintlichem Ende der postmoderne Diskurs zu überzeugen versuchte. Abstrakter gefaßt radikalisierte die 89er-Transformation aber nur eine zentrale Grundbedingung für soziale Entwicklungsprozesse überhaupt: sie finden sich eingespannt zwischen die Strukturierungspole von 'Krise und Routine' (Ulrich Oevermann).[61] Entsprechend können Milieus einmal die chronische Krisenanfälligkeit sozialer Organisationen sowie geplanter Strukturimplantate etc. abfedern, andererseits sind sie selbst durchzogen von kleinen, mittleren bis großen 'bestandskritischen' Unwuchten und Konvulsionen. Auch Milieus strukturieren und restrukturieren sich danach durch Krisen hindurch. Das mag zunächst trivial klingen; wie ich zu zeigen versuchen möchte, ist das Gegenteil der Fall.

Zur Erinnerung: Klaus von Beyme hatte bezüglich des flächendeckenden Prognoseausfalls anläßlich der Implosion des real existierenden sozialistischen Weltsystems im November 1989 von einem "schwarzen Freitag der Sozialwissenschaften" insgesamt gesprochen. Dieses Verdikt hat eine Implikation, die für unseren Zusammenhang hervorgehoben zu werden verdient: In ihrer dramatischen Prognoseunfähigkeit zeigte sich, daß die modernen Sozialwissenschaften schon auf metatheoretischer Ebene konzeptuell eher eine homogene Kontinuierung gesellschaftlicher Strukturentwicklungen prämieren, sei es klassisch modernisierungstheoretisch, wachstumsmodellierend oder reflexiv oder anderweitig. Diese Voreinstellung der normal science ist also gleichsam als Sediment in die Architektonik ihrer Grundbegriffe eingelassen. Insofern war die mangelnde Prognosekompetenz keinesfalls nur - wie häufig nach 89 zur Selbstexkulpation der düpierten Sozialforschung angeführt - Resultat der *lückenhaften Datenlage,* sondern hing mit metatheoretischen Voreinstellungen zusammen, die auf eine Prämierung von linearen Entwicklungsdynamiken hinauslaufen. Die Prognoseausfälle von 1989 machen es daher sinnvoll, gerade auf der grundbegrifflichen Ebene nochmals zu überlegen, wie umzusteuern sei. Statt implizit die Perseveranz von *Routinen* und ihren Differenzierungslogiken zu unterstellen, scheint es forschungsstrategisch fruchtbarer, *Krisen* (u.a. als Emergenzorte und -zeiten des Neuen) grundbegrifflich prioritär zu setzen. Milieus - traditionell eher als Horte der Redundanz, der begründungsarmen Habitualisierungen und Verhaltenskontinuitäten eingeführt - geraten damit in eine interessante neue, wenn man so will, strukturell

---

[61] Der Krisenbegriff verliert damit zugleich seine 'moralisierenden' wie seine 'alarmistischen' Untertöne, wird also als Strukturbegriff gefaßt, um Transformationsoptionen der jeweils untersuchten Fallstruktur genauer bestimmen zu können (Matthiesen 1985, S. 13-22).

dramatisierte Beleuchtung. Das macht unter anderem eine Revue auf die Adäquanz der Untersuchungsmethoden zwingend.[62]

Eine neue Milieuforschung, die vor dem Hintergrund einer Systematisierung ihrer eigenen 'krisenhaften' Entwicklungsgeschichte gegenwartsadäquate Forschungsheuristiken zu entwickeln versucht, optiert deshalb für einen *historisch* begründeten Bedeutungszuwachs der Krisenperspektive auf alltägliche Routinen, auf Habitualisierungen sowie angelagerte Milieubildungsprozesse. Konstitutionstheoretisch bleibt dagegen nach wie vor eine Argumentationsstrategie einschlägig, wie sie Edmund Husserl etwa in seiner Krisis-Schrift (1935/1954) skizziert hat: Selbst in epochalen Krisensituationen, in Phasen des "radikalen Fraglichwerdens der Welt", bleiben rudimentäre Sedimente von vertrauten und vorvertrauten Grundstrukturen des In-der-Welt-Seins in Geltung. Sie bilden damit auch eine entscheidende Grundlage für die Analyse von krisenhaften Entwicklungsprozessen. Selbst die dramatisch-chaotischen Krisenkonvulsionen seit 1989, die Überlagerungen von System-, Struktur- und Transfomationskrisen also ruhen in diesem Sinne "immer noch" auf lebensweltlichen Grundstrukturen. Allerdings reißt die allgemeine Tempobeschleunigung und die *globalocal* strukturierte 'Mobilisierung' unserer Lebensbezüge diese vorvertrauten Grundstrukturen zunehmend in einen - seit dem Systembruch von 1989 noch einmal kataraktförmig dramatisierten - Strudel des 'Problematisch-Werdens' hinein. In diesem Sinne läßt sich eine perspektivische Drehung der Milieuanalysen in Richtung auf die 'immer auch Neues erzeugende' *Krisenperspektive* geschichtlich begründen und zugleich konstitutionstheoretisch unterfuttern.

In Teil 2.4 haben wir skizziert, wie die frappierende Sonderkonjunktur der Milieuanalysen in den 80er Jahren sich etwa in der 'erlebnisgesellschaftlichen' Variante an der Feier einer "spätmodernen, innenorientierten Konstitution sozialer Beziehungen" (SCHULZE 1992, S. 197) und der modisch-kurzzyklischen Redundanz von distinkten, milieubildenden "kollektiven Semantiken" (SCHULZE 1992, S. 184) versucht. Seit 1989 sind die typisch westdeutschen Forcierungen daran überdeutlich. Mit der hier vorgeschlagenen perspektivi-

---

62 Vgl. Renate Mayntz' Argumentskizze "Gesellschaftliche Umbrüche als Testfall soziologischer Theorie" (Mayntz 1995, S. 141-153). Radikale, schock-artige Brüche in der gesellschaftlichen Entwicklung lassen sich auch Mayntz zufolge mit den klassischen statistischen Analyseverfahren nicht untersuchen. Allerdings verfügten die Sozialwissenschaften inzwischen über neuere Untersuchungsverfahren, die gerade komplexe Prozesse mit nicht-linearen, sprunghaften Entwicklungsdynamiken hinlänglich genau beschreiben und erklären könnten. Aus einer strukturalen Milieuperspektive bleibt aber anzumerken, daß zur 'erklärenden' Rekonstruktion von schock-artigen Transformationen zumindest auf der Meso-Ebene streng sequentielle, also genetisierte Analysen von Kontrastfällen nötig sind - daher auch die 'konstitutionelle' Nähe von Fallanalysen und Milieustudien.

schen Drehung geratenen Milieus nun auch theoriearchitektonisch wieder stärker in Bewegung. Jetzt wird deutlich, wie wichtig es ist, innerhalb von Milieuanalysen differente Strukturebenen zu unterscheiden, um ebenen-spezifische Entwicklungen und Brüche, unterschiedliche Tempi und deren Zusammenhangsformen analysieren zu können: etwa lebensstilgestützte Oberflächen-Transformationen bei tiefenstrukturellen Kontinuierungen der Grundmuster der Lebensführung (et vice versa). Milieubildungsprozesse haben es danach also immer mit einem komplexen Geflecht von unterschiedlich angeordneten Strukturierungsschichten zu tun, die in 'krisenförmigen' Transformationsprozessen 'plötzlich' neu gemischt werden (MATTHIESEN 1997, S. 258).

Neben dem Transformationsschock von 1989 führen zudem gerade auch 'alltägliche' Forschungserfahrungen zu einer systematischen Aufwertung der Krisen-Perspektive im Rahmen von Milieuanalysen. Selbst *räumlich-lokale* Milieus mit einer zunächst fast biedermeierlich geglätteten Oberfläche von Strukturkontinuierungen (z.B. eigenheimgeprägte Berliner Metropolen-Randgemeinden des 'westlichen Suburbanisierungstypus' oder 'östliche' stadterweiternde Milieuformen à la "Nationalpark DDR") zeigen sich in sequenzanalytischem Zugriff als von krisenartigen Veränderungen und bestandskritischen Gegenbewegungen durchzogen, gerade auch da also, wo auf der Oberfläche der life styles und Interaktionsnetze die Ruhe von vertrauenserweckenden milieutypischen Routinen, Moden, Szenen und ihren kollektiven Semantiken herrscht (MATTHIESEN 1998).

Um das 'Krisen-Argument' noch in einem anderen, direkt planungsbezogenen Anwendungsfeld des Milieukonzepts plausibel zu machen: Die rechtlich fixierten Erhaltungssatzungen des *Milieuschutzes* nach dem Baugesetzbuch, mit denen eine konfliktmoderierende baurechtliche Unterschutzstellung einer wohngebietstypischen 'sozialen Mischung' bezweckt wird, haben in diesem strukturellen Sinne mit Notwendigkeit 'krisenhafte' Folgen. Schon der Erlaß der Milieuschutzverordnung selbst verändert den Aggregatzustand der zu schützenden Milieus, zum Teil sogar dramatisch (Stichwort: 'Käseglocke'). Gut gemeinte Baugesetz-Erhaltungssatzungen markieren also einen eigenen, eben rechtlich eine Strecke weit verregelten Krisentypus mit besonderen 'nicht-intendierten' krisenhaften Folgen für die jeweiligen Wohn- und Lebensmilieus.

Eine methodische 'Dramatisierung' der bislang eher auf alltägliche Redundanzen und Routinen abonnierten Milieuforschung durch die 'Krisenperspektive' kann neben einer Erhöhung der Auflösungskraft der Analysen auch deren Praxisrelevanz steigern. Gerade die krisengeeichte anwendungsorientierte Milieuforschung ist in der Lage, krasse beschleunigte Wandlungsprozesse und ihren Mix aus Problem- und Optionenlagen nach möglichen Praxisfeldern abzusuchen und diese zu hierarchisieren.

Die konzeptuellen Traditionslinien, in denen ein solcher Versuch steht, lassen sich hier nur knapp streifen.[63] Von Sören Kierkegaard über den amerikanischen Pragmatismus (Charles Sanders Peirce, George Herbert Mead) zu Carl Schmitt[64] und Walter Benjamin zeigen sich dabei (politisch ganz unkorrekte und gerade deshalb) interessante Verbindungslinien. Gegen den Oberflächenschein milieutypischer Redundanzen oder 'nachholender' Modernisierungen gerät mit einer solchen Fokusveränderung das mesosoziale Strukturierungsniveau der Milieus strukturtheoretisch in die Beleuchtung von Normalfällen in ihrer *potentiellen* Krisenhaftigkeit. Innerhalb der kontrastierenden Einzelfallanalysen müssen die Strukturhypothesen für fallkonkrete Krisensymptome dann natürlich den wissenschaftlich üblichen, strengen falsifikationistischen Empiriekriterien standhalten.

Die in dieser Kehre der Milieuheuristik enthaltene Forschungserfahrung möchte ich noch einmal zu präzisieren versuchen: Milieus, theorietechnisch beinahe habituell mit Routinen, Habitualisierungen und persistenten Verhältnissen assoziiert, zeigen in jeder detaillierteren empirischen Fallstudie unterhalb der Ebene einer sprichwörtlich-oberflächlichen Redundanz der Gestaltschließungszwänge von Lebensstilen und Milieu-Semantiken dramatische Restrukturierungs- und Kontinuierungsleistungen; regelfömig läßt sich also ein dauernder Strom von Gestaltschließungsversuchen (von 'kleinen Krisen') nachweisen, die dann als stiltypisch polierte Oberfläche von 'Normalitäten' erscheinen. Insofern gehört es zu einer der - auch zeitdiagnostisch relevanten - Aufgaben der Milieuanalysen, an den Redundanzen solcher Milieusynthesen deren faktische Konstruktionslogiken, ihre Bearbeitungsspuren und Polierarbeiten, ihre Risse und Schründe, ihre potentiellen Friktionen und disparitären Entwicklungen aufzuspüren. Seit 1989 haben sich insbesondere 'jenseits der Elbe' und im Osten Europas gerade auch innerhalb der Milieus Ausmaß und Tiefe dieser Restrukturie-

---

63 Zum weiteren Hintergrund für eine Theoriegeschichte der krisenartigen Dramatisierung alltäglicher Redundanzen vgl. auch Jacob Taubes (Taubes 1993), etwa den Abschnitt "Die Zeloten des Absoluten und der Entscheidung. Carl Schmitt und Karl Barth". Neben der husserlianischen Perspektive von 'Krisis und Kritik' (s. o.) verdankt eine durch die Transformationsfolgen unabweisbar gewordene historische Verschränkung der Grundbegriffe von Krise, Routine und Milieu daneben wesentliche Anregungen den konzeptuellen Vorschlägen in Ulrich Oevermanns neueren Arbeiten, etwa: Oevermann 1991, S. 267-336; sowie: Oevermann 1996, S. 70-182.

64 "Das Normale beweist nichts, die Ausnahme beweist alles. Sie bestätigt nicht nur die Regel, die Regel lebt nur von der Ausnahme." (Schmitt 1934) Wenngleich der 'Regelbegriff' hier noch nicht durch die sprachphilosophische Reflexion des 'linguistic turn' hindurchgeschleust ist: der hier vornehmlich interessierende Theoriegestus eines kriseninduzierten Unter-Spannung-Setzens der Routinen der Normalität wird damit überaus deutlich.

rungsprozesse dramatisch verschärft ('große Krisen'). Innerhalb Deutschlands scheinen die Entwicklungen der Milieus in Ost und West wieder stärker auseinanderzudriften. Erinnern wir nur daran, daß etliche Wohnmilieus in den ostdeutschen Ländern und im Verflechtungsraum von Berlin mit Brandenburg mit Restitutionsraten zwischen 70 und 80 Prozent 'geschlagen' sind - und zwar überraschenderweise ohne daß es zu bürgerkriegsähnlichen Zuständen geführt hätte. Unsere These also ist: Die routine-zentrierten Theorie-Verfahren 'nachholender' Entwicklungsschematisierungen oder der Erlebnismilieus können uns diesen krisendurchtränkten Prozeß von Routinetransformationen "in und durch die Milieus" nicht mehr hinreichend aufschlüsseln.

"Krise und Routine" werfen schließlich ein interessantes neues Licht auf sozialräumlich relevante Planungsprozesse, auf baulich-siedlungsstrukturelle 'Planvorgaben', auf großflächige Stadterweiterungen oder Veränderungen in den jeweiligen Peripherien und auf die jeweiligen flankierenden milieubildenden Kontextuierungsprozesse. Nicht allein die drastische Zunahme von allgemeinen gesellschaftlichen Entwicklungsdisparitäten nach 1989 also, sondern jede baulich-siedlungsstrukturelle Innovation läßt sich in diesem strukturtheoretischen Sinne als 'Krise' des Bestandes, des Bestehenden auch ansehen. Das gilt, wie wir am Fall des 'Milieuschutzes' angedeutet haben, selbst für kontextsensitive Einpassungsversuche und 'kritische' Rekonstruktionen von Stadtentwicklungs- und Nachverdichtungsmaßnahmen im Weichbild unserer Städte. Daran heftet sich eine weitere forschungsleitende These: Milieubildungen an der Schnittstelle zwischen Emergenz des Neuen und routinierten Habitualisierungen wären danach strukturell geradezu darauf spezialisiert, auf teilgeplante Entwicklungen und ihre unintendierten Bestandskrisen zu reagieren - entweder durch das Abfedern mittels eigener 'krisenhafter' Umstrukturierungsprozesse, oder aber, indem sie Problemlagen selber bestandskritisch zuspitzen. Wiederum wird deutlich, warum wir Milieus - entgegen einer lange Zeit gängigen Lesart - als strukturelle Orte der Entstehung des Neuen auffassen müssen (s. dazu genauer 3.4).

Die 'Kunst' gelingender Milieuanalysen ist es dann, dreierlei zugleich zu tun: 1. noch die ruhig dahinströmenden 'routineartigen' Kontinuierungen von Akteurs- und Erfahrungskonstellationen sind unter der *analytischen Perspektive einer potentiellen Krisis* und optionaler transformationeller Strukturanpassungen zu analysieren; 2. über diesem 'strukturell dramatisierten Gegenblick' bleibt sicherzustellen, daß die fallkonstitutiven Bindekräfte, die Zusammenhangsgestalten und Innovationspotentiale nicht "hyperkritisch" gleich mit aufgelöst werden; 3. gilt es minutiös, die fallrelevanten Vermittlungen von Mikro-, Makro- und Globalprozessen in die Milieus hinein genau zu beachten.

3.2 Milieu als sozialwissenschaftlicher Strukturbegriff

Ein wesentliches Ergebnis unserer rekonstruierenden Rezeption des Milieu-Paradigmas läßt sich zur These *der Kontextuierung aller sozialen Praxisformen und baulich-siedlungsstrukturellen Objektivationen* verdichten. In dieser relationierenden Perspektive sind Milieus zunächst nicht in erster Linie 'inhaltlich' bestimmt, sondern relational als mesosozial strukturierte Einbettungsverhältnisse, die sich über einen dauernden Strom von 'embedding'-, 'disembedding'- und 'reembedding'-Prozessen,[65] über Distinktions- und Kooperationstypiken strukturieren resp. in ihrer Strukturtypik transformieren. Ob Siedlungs- und Quartierstrukturen oder neue Armutsdisparitäten, ob Individuierungs- oder Gentrifizierungstendenzen, ob neue Generationenlagerungen oder lebensstilgeprägte Sozialstrukturen, ob Akteurs- und Interaktionskonstellationen im politisch-planerischen Bereich oder Organisationsformen im Produktionssektor: stets und wie von selbst lagern sich an solche thematisch fokussierten Problem- und Optionenlagen Kontextuierungsprozesse an, die zugleich zwischen der konkreten face-to-face-Ebene sozialer Prozesse, zwischen der Mikroebene also und den Funktionsimperativen der Makro-/Global-Strukturen vermitteln. Das läßt sich zur These vom Milieu als eines notwendigen sozialwissenschaftlichen *Strukturbegriffs* verallgemeinern. Neben dem damit eingerichteten *kategorialen Zwang* zur Analyse von Einbettungs- und Kontextuierungsprozessen auf der Meso-Ebene konfrontiert der Milieubegriff die Forschung mit der Aufgabe, die fall- resp. falltypus-spezifische Form der Zusammenhangsgestalten von eingebetteter und einbettender Struktur in ihrer *jeweiligen Strukturlogik* zu spezifizieren. Gegen die unstrittigen klassifikatorischen Ordnungserfolge der Lebensstilmilieu-Typologien etwa gilt es daher, folgendes zu beachten: die faktischen milieutypischen Zusammenhangsgestalten 'streunen' über ein weit gestrecktes Feld sozialer Kohäsionsformen hinweg, von erodierenden, nur mehr ephemer vernetzten Milieuformen über kontaktdichte Solidargemeinschaften und ihre sklerotisierten Verfallsformen bis zu flexiblen, über symbolisch generalisierte Medien integrierten "posttraditionalen" Milieugestalten. Die strukturierten Entwicklungslogiken dieser Modalisierungs- und Transformationsprozesse von Milieus lassen sich aber mit den herkömmlichen subsumtiven Klassifikationstypologien kaum erfassen.

Zur Grundstruktur der Milieus in ihrer 'relativ natürlichen' Normalgestalt gehört - nach einem unter Milieuforschern konsentierten Definitionsversuch -, daß sie zu überzufälligen *Gestaltbildungen mit erhöhter Binnenkommunikation und*

---

65 Vgl. Giddens 1993. Eigentümlicherweise gibt es im Deutschen keinen prägnant negatorischen Begriff, der die Auflösungstendenzen von Einbettungsverhältnissen auf den Punkt bringt.

relativ klaren Angemessenheitsregeln führen - und zwar nach großenteils implizit gewußten Wohlgeformtheitstypiken.[66] Die dabei operierenden Typisierungen und Distinktionsregeln operieren häufig mit diffusen, unscharfen, ambiguen, ja überlappenden Unterscheidungen gegenüber den jeweiligen Kontrastmilieus. Über den Prozeß von internen Segmentierungen kann es daneben zur Bildung von Teilmilieus kommen. Schließlich sind Milieus eher durch Zonen des Übergangs als über strichartige Grenzlinien voneinander getrennt. Gleichwohl lassen sich im Normalfall nach pragmatischen Kriterien unzweideutige "clear cases" rekonstruieren, über die sich - etwa nach dem gestalthaften IN/OUT-Schema - Zugehörigkeiten und Distinktionen sowie ein bestandskritischer Satz von identitätssichernden Ähnlichkeitsrelationen, von Kommunikationstypiken und milieuspezifischen Stilen der Vollkommenheit ordnen. Diese sozial konstituierten 'Unschärfe-Relationen', die gleichwohl lebenspraktisch zuverlässig zu distinkten, dabei exemplarisch (also nicht definitorisch) operierenden Typisierungen von Milieugrenzen kommen, sind ein zentrales Rekonstruktionsziel von wissenschaftlichen Milieuanalysen. Die Versuchung liegt dabei nahe, statt der Mühsal der 'internen' Rekonstruktion 'externe' Operationalisierungen aufzubieten. Was für den 'Normalfall' kontinuierlicher Modernisierungsprozesse unproblematisch scheint, wird unter 'Transformationsbedingungen' zur forschungspraktischen Crux. Die Gefahr ist, daß darüber etwa gerade die Typik der milieukonstitutiven 'informellen' Gestaltbildungen zum Verschwinden gebracht wird; damit hätte sich der Untersuchungsgegenstand durch die Wahl der Methoden tendenziell aufgelöst. Unter der Sonderbedingung schneller gesellschaftlicher Transformationsprozesse droht der Mehrzahl der prinzipiell ortlos konzipierten Lebensstil-Milieu-Typologien genau diese Gefahr.[67] Daher muß dem Arrangement von Selbst- und Fremdbeschreibungen der Milieus sowie der sequentiellen Rekonstruktion ihrer Grenzziehungen das nötige methodische Gewicht verliehen werden.[68]

Beim Relationengefüge zwischen Milieus und den jeweiligen eingebetteten Strukturen (Siedlungsstrukturen, Institutionen, ökonomische Cluster, disparitäre

---

66   Zur Struktur und zum Status dieses impliziten Wissens s. Matthiesen 1997 b.

67   Insofern teilen sie das Schicksal von Fakten in der Kriminalistik. Die englische Kriminalautorin Dorothy L. Sayers hat dazu das treffende Bonmot gefunden: "Fakten sind wie Kühe. Wenn man sie nur scharf genug ansieht, laufen sie im allgemeinen weg." Rekonstruktive Verfahren in der Milieuanalyse wären danach also Verfahren, Kühe am Weglaufen zu hindern. Das gelingt keinesfalls immer, aber nun eher aus forschungsempirischen, nicht aus methodologischen Gründen.

68   Im übrigen lassen sich viele der hier nur angerissenen methodologisch-methodischen Fragen an einen strukturalen Milieubegriff in Beziehung setzen zur bislang sehr viel intensiver geführten Debatte um den 'holistischen' Generationenbegriff und dessen unbefriedigende Operationalisierungsversuche durch Kohortenkonzepte etc.

Stadtteilentwicklungen) sind schließlich nie einsinnige Determinationsverhältnisse zu erwarten. Vielmehr liegen im Normalfall kumulative Prozesse zirkulärer Verursachungen vor.[69]

Daß wir es im Falle der Milieus mit einer *eigenständigen* und notwendigen *Strukturkategorie* zur Analyse sozialer Räume und ihrer Transformationsprozesse zu tun haben, war eines der wichtigen Ergebnisse des systematisierenden Durchgangs durch deren Wirkungsgeschichte (vgl. oben 2.1 bis 2.6). Dort, wo eine mesosoziale Vermittlungskategorie vom Zuschnitt der Milieus theoriearchitektonisch fehlte, zeigten sich zum Teil dramatische Verkürzungen, Forcierungen oder deterministische Verzerrungen der Analyseergebnisse. Insofern ließ sich selbst ex negativo - an den Verwerfungen der untersuchten Gegenstände - ein indirekter Hinweis auf die *latente* Wirkungsmacht der Milieus entnehmen. Noch die Fälle eines systematischen 'Vergessens der Milieus' also werfen ein erhellendes Licht auf den Status des Milieus als einer notwendigen sozialwissenschaftlichen Strukturkategorie.[70] Gegen eine eher 'unsystematische', ad hoc oder klassifikatorisch bleibende Verwendung der Milieukategorie wird hier also die stärkere These einer notwendigen, systematischen Berücksichtigung der Ebene kontextbildender Milieustrukturen vertreten. Das gilt, wie wir sahen, für eine ganze Reihe unterschiedlicher Analyse- und Anwendungsfelder gleichermaßen: für empirisch untersetzte Zeidiagnosen, für implementationsnähere regionalökonomische Produktionsmilieu-Analysen und raumstrukturelle Planungsprozesse sowie für Regionalkulturanalysen.

3.3 Milieu und Raum

Gegen das Epochengerücht einer restlosen Virtualisierung der Raumbezüge unter dem Signum von Postmoderne und neuen Kommunikationstechnologien hält das Milieukonzept zunächst *die konstitutionstheoretisch prioritäre Raumgebundenheit* sozialer und kultureller, ökonomischer und politischer Prozeßstrukturen fest. Vor dem Hintergrund eines phylo- wie ontogenetischen Vor-

---

69 Zur wachsenden Bedeutung von Erklärungsansätzen "zirkulärer und kumulativer Verursachung" bei der Erklärung disparitärer regionaler Entwicklungen unter Transformationsbedingungen vgl. Genosko 1996. Genoskos Kritik an den Produktionsmilieu-Ansätzen überzieht allerdings. Zu wenig wird berücksichtigt, daß komplexe Milieuansätze bei Lichte nie deterministische Ursache-Folge-Aussagen treffen, sondern immer nur rekonstruktiv gewonnene relationierende Entwicklungsoptionen für Wirtschafts- und Sozialräume entfalten.

70 Selbstredend geht es hier nicht um den Terminus "Milieu" als solchen, sondern um die adäquate Konzeptualisierung einer theoriearchitektonisch zentralen 'Vermittlungsstruktur' mit je spezifischen 'Raumwirkungen'.

rangs von sozialräumlichen, in diesem Sinne ortskonkreten Milieubildungsprozessen wird es dann allerdings notwendig, den strukturellen Veränderungen und Bedeutungsumschichtungen zwischen 'realen' und 'symbolischen' Räumen nachzugehen, also Prozessen 'partieller' Virtualisierungen, Formierungen symbolisch konstituierter neuer Raum- und Milieuformen sowie modisch impersonierter, Generationen-bildender Life-style-Räume; schließlich den Prozessen der Auflockerung von Sozialräumen und sich enträumlichenden Interaktionsvernetzungen.

Gegen die genretypische 'postmoderne' Unterstellung eines epochal neuen Hiatus zwischen 'biedermeierlicher Sässigkeit' und hochmodischen Virtualisierungsversprechen *aller* Raumbezüge in der Jetztzeit erinnert der Milieubegriff schon etymologisch daran, daß selbst ortskonkrete, ultrastabile Sozialformen von milieubildenden Sozialräumen immer über *kulturelle Codierungen* zu ihren 'naturwüchsigen' Sässigkeitsgestalten finden. Insofern waren auch die alten kontaktdichten Solidarmilieus der industriellen Moderne - etwa die Milieus der *unter Tage* malochenden, *über Tage* für die Sportfreunde Katernberg kickenden Ruhrpolen aus den Zechensiedlungen der Emscherzone - über Differenzcodierungen und symbolisch generalisierte Ortsbezüge, damit auf dem Wege über kulturelle Virtualisierungen und symbolische Exklusions-/Inklusionsprozesse in Milieus integriert. Ein wichtiger Grund für eine abstraktere, relationale Fassung des Milieubegriffs, wie sie unter 2.2 skizziert wurde, ist es deshalb, daß auf diese Weise der wesentliche Raumbezug dieser Mesostrukturen konzeptuell präsent bleibt und zugleich die Umbildungsprozesse der Raumbezüge über kulturelle Codierungen, symbolische Generalisierungen und globalisierende Virtualisierungen strukturtypisch scharf ins Visier geraten.[71]

Inhaltliche Klärungen des Verhältnisses von "Raum und Milieu" müssen unter der Randbedingung schneller Umbruchprozesse wesentlich über Fallanalysen erfolgen. Die theoretisch exekutierten Übertreibungen durch Virtualisierungs- und Globalisierungschiffren wären danach eher als Hinweis darauf zu lesen, daß 'Milieus in Transformationen' sich über Theoriediskurse kaum, über forschungsmateriale Fallrekonstruktion um so mehr auf neue Aggregatzustände und neue Mischungen im Verhältnis von 'Milieu und Raum' hin untersuchen lassen. Gerade über Fallanalysen auch können sozialwissenschaftliche Milieuuntersuchungen in fruchtbarer Weise an raumplanerische Milieukonzepte und deren konkrete Umsetzungsprobleme angeschlossen werden.

---

71   Gerhard Schulze argumentiert in seinem Aufsatz 'Milieu und Raum' (1994) streckenweise ähnlich. An entscheidenden Stellen überantwortet er sich dann aber dem Assoziationenhof der Semantiktheorien, damit den Strukturierungsreichtum wie die Optionenbegrenzungen lebenspraktischer Milieubildungen drastisch unterbietend.

3.4. Milieus und die Emergenz des Neuen - zwischen Nicht-Finalisierbarkeit und Potentialen zur Selbstorganisation

Mancherorts bleibt der Milieubegriff weiterhin mit Redundanz, eingeschliffenen Formen der Lebensführung und saugender Distanzlosigkeit gegenüber traditional routinierten Einbettungsprozessen konnotiert. Damit wären 'kreative Milieus' ein Widerspruch in sich. Inzwischen sollte deutlich geworden sein, daß damit nur ein einziger Milieutypus aus einem Kreise von weiteren möglichen Milieuformen bezeichnet ist, der zudem den entscheidenden Nachteil hat, daß er implizit - d.h. ohne sich darüber kognitiv Rechenschaft abzulegen - einsinnige modernisierungstheoretische Hintergrundargumente verwenden muß. Deren Gültigkeit wird aber gerade im Lichte der neueren Milieuforschung zunehmend fraglich. In sieben Punkten möchte ich dagegen aus dem bisherigen Gang unserer Argumentation sowie aus den in den 90er Jahren unternommenen Milieuanalysen Gegenevidenzen zusammenführen, die eine angemessenere, auch heuristisch fruchtbare Bestimmung des Verhältnisses von "Milieu und Innovation" erlauben:

1. Einmal können die aggregierungssystematischen Bestimmungen der sozialräumlichen Milieus als mesosoziale Einbettungsformen (vgl. oben Abschnitt 1.1 und 1.2), die die Konkretheit mikrosozialer Face-to-Face-Interaktionen mit den Funktionsimperativen der Makro- und Globalstrukturen "vermitteln", deutlich machen, warum gerade auf dieser Aggregierungsebene die Chancen für eine Emergenz von neuen spannenden Strukturmustern relativ groß sind. (Ob neue Strukturen *faktisch* emergieren oder aber in rigidisierte, sklerotisierte oder redundante Verlaufsformen umsteuern oder 'zurückfallen', ist dann eine zweite, allein empirisch zu beantwortende Frage. Vgl. HÄUßERMANN, SIEBEL 1994)

2. Auch eine zweite Strukturbestimmung der Milieus, die der *informellen* Einbettungsverhältnisse formalisierter Handlungs- und Problemlösungsmuster (vgl. oben 3.2), kann 'abstrakte' Indizien dafür liefern, daß Milieus mit ihren strukturell erzeugten, zudem wesentlich ungeplanten *Mixturen* von formellen und informellen Handlungs- und Interaktionsvernetzungen günstige Orte für das Entstehen *neuer* 'gemischter' Handlungstypiken und Lebensformen sind. Hier lassen sich zugleich Überlegungen zur 'prinzipiellen Nicht-Finalisierbarkeit' der Milieus (Dieter Läpple) und der ihnen inhärenten In-Determination anschließen.

3. Weiter gewinnen - wie in Teil 1.3 gezeigt - insbesondere die *Selbstorganisationskapazitäten* und autopoietischen Potentiale milieutypischer Strukturierungsprozesse zunehmend an Bedeutung - etwa in den bottom up operierenden, partizipativen *neuen Planungsverfahren*. Für das Problem der

Steigerung der Selbstorganisationspotentiale von sozialen Räumen ist das von großer Bedeutung. Daneben können gerade Milieustudien die Interventionschancen in 'autopoietische Prozesse hinein' realistischer vorklären.

4. Milieus als offene, nur teilweise 'finalisierbare', insofern eigenlogisch operierende Kontext - und Vermittlungsstrukturen geraten folglich häufig in eine interessante Spannungslage zu den Machbarkeitshoffnungen von Sozialplanungen und den Durchsetzbarkeitsvermutungen der Raumplanungen. Planungen, insbesondere Raumplanungen, werden darüber nicht etwa obsolet - im Gegenteil ist eher mit einem weiter steigenden Planungsbedarf zu rechnen. Die *neuen* planerischen Milieuansätze versuchen daher, prozedurale beteiligungsintensivere Planungsverfahren zu erproben, um etwa die Kompetenzen der Milieus und ihrer Akteure stärker ins Planungsgeschehen zu integrieren. Daneben entwickeln sich neue, gespannte Synergien zwischen öffentlichen Planungsformen und privaten Projektplanungen, in denen moderierende planungskulturelle Neuformierungen entstehen.

5. Im Bereich der Regionalökonomie liegt mit den von der GREMI-Gruppe (Philippe Aydalot, Roberto Camagni et al.) entwickelten Thesen zu kreativen, innovativen Produktionsmilieus ein erster ausformulierter, insofern auch falsifikationsfähiger Ansatz vor, der die weiter bestehenden fruchtbaren Spannungen zwischen Milieu und Innovation konzeptuell wie empirisch zu überprüfen und in anderen Einbettungsfeldern weiterzuentwickeln anregt.

6. Schließlich ist die Forschungsperspektive kreativer Milieus in einem allgemeineren Sinne auch sozialtheoretisch interessant: gegen die romantisch-genialische Konzeption einer enthusiasmierten "solus ipse"-Kreativität macht es sich der milieutheoretisch-strukturale Kreativitätsbegriff zur Pflicht, genauer der Dialektik von Emergenz und Determination (Ulrich Oevermann) sowie den netzartigen Einbettungsverhältnissen und kritischen Massen der Kompetenzüberlagerung nachzugehen (JOAS 1992, BECKERT 1997), auf der fallkonkreten Suche nach strukturell notwendigen - wenngleich nicht hinreichenden - Vorbedingungen für die *Emergenz des Neuen in Milieus* .

7. Schließlich ist die Bindung des Milieukonzeptes an Prozesse der Raum- und Sozialtransformationen, wie sie hier vorgeschlagen wird, in besonderer Weise gehalten, Differenz- und Übergangstypiken zwischen Transformationen und strukturellen Emergenzen des Neuen weiter zu klären (vgl. dazu die Hinweise von Michael Thomas in diesem Band, S. 289ff.).

3.5 Milieu, Umwelt, Nachhaltigkeit

In etymologischer, theoriegeschichtlicher wie sachlicher Perspektive gibt es eine große systematische Nähe zwischen dem Milieubegriff und Umweltkonzepten. Auch das läßt sich hier nur in wenigen Facetten andeuten. Einmal ist an die Bemühungen um einen personalen Umweltbegriff im Anschluß an Thure und Jacob von Uexkülls neue evolutive Umweltkonzeptionen seit den 20er Jahren zu erinnern (vgl. Kapitel 2.4). Dann sind es insbesondere Humangeographie und Humanökologie - hier etwa nach dem großen Vorbild des Forschungsprogramms der urban sociology Chicagoer Prägung -, an denen sich Nähe, Differenz und Chancen für eine notwendige neuerliche Perspektivenverschränkung von Ökologie und Milieutheorie demonstrieren lassen. Robert Ezra Park[72] ging von einem stark hierarchisierten Modell menschlicher Beziehungsformen aus, denen eine gleichfalls hierarchische Gliederung distinkter Human- und Sozialwissenschaften entsprach: die Ökologie und ihr dem Umweltbegriff affines Konzept der "natural areas" lieferte danach gleichsam den Unterbau für die kommunikativ integrierten Gegenstandsfelder der übrigen Sozialwissenschaften. "Der Humanökologie geht es um die elementaren, häufig mißverständlich als sub- bzw. vorsozial bezeichneten Prozesse menschlichen Zusammenlebens in einer sich stets verändernden, durch begrenzte Ressourcen gekennzeichneten Umwelt".[73]

Der Milieubegriff läßt sich aber kaum an *essentialistischen* Hierarchisierungen im Ordnungszusammenhang von Umwelt und Milieu ankoppeln; *empirische* Hierarchien zwischen Milieu- und Umweltfaktoren sind dagegen ein zentrales Forschungsfeld für Milieustudien. Daneben kommt es immer auch zu Hierachisierungen von Teil-Milieus untereinander, wie im Falle der Gentrifizierung. Die damit nur angedeutete fruchtbare Spannung zwischen Umwelt- und Milieuanalysen führt insofern zu wichtigen Passungsfragen, die zu einer wechselseitigen 'Raffinierung' beider Ansätze, etwa auch zu Milieureflexiven Nachhaltigkeitskonzepten führen. Um das an einem Punkt etwas konkreter zu machen: Die ins Zentrum der gegenwärtigen Nachhaltigkeitsdebatten führende Frage, wie etwa abstrakt bestimmte Umweltqualitätsziele zunächst in entsprechende Umweltpolitiken implementiert werden und von dort aus als '*sustainable lifestyles*' verhaltensrelevant werden können, läßt sich durch humanökologische Umweltanalysen und sich darauf beschränkende Handlungsanalysen allein nicht hinreichend erklären. Lebensstil-adressierte

---

72 Vgl. etwa Parks Zentralbegriffe der natural area, sowie seine Wandlungsbegriffe Dominanz, Inversion und Sukzession.
73 Vgl. Lindner 1990, S. 76; vgl. die Beiträge von Becker S. 222ff. und Nuissl S. 233ff. in diesem Band.

Milieuanalysen andererseits versuchen, weitgehend 'ökologiefrei' den Optionen und Veränderungen zwischen Sollen und Tun, zwischen Nachhaltigkeitsnormierungen und milieubildenden faktischen Verhaltensroutinen nachzugehen, auf dem - wie immer windungsreichen - Weg zur Durchsetzung von nachhaltigen Lebensformen selbst. Dazu scheint eine Rekonstruktion der alltagspraktischen 'Logik' von Milieustrukturen unerläßlich. Erst im Zusammenspiel beider Forschungsperspektiven also lassen sich 'realistische' nachhaltigkeitsadressierte Politiken und Planungsprozesse ent-wickeln (vgl. die Beiträge von Becker, S. 221ff. und Nuissl, S. 233ff. sowie den Beitrag von Hofmann, Rink, S. 279ff.).

Wichtige Anschlußchancen zwischen Milieu- und Umweltkonzepten wurden in den letzten Jahren in der Landschaftsplanung erprobt. Über bloß terminologische Parallelitäten hinweg werden in den landschaftsplanerischen Milieukonzepten einer komplexen Lebensumwelt, eines Biotops unter anderem mehrfach eingebettete *Gestaltkategorien* aufgeboten, die mit den kulturellen Kodierungspraxen der 'überzufälligen' Zusammenhangsgestalten von Milieubildungen eine große strukturelle Nähe haben.

3.6 Parallelkonzepte und Anschlüsse

Milieutheoreme stehen - trotz des Zwischen-Booms seit den 80er Jahren zumindest in Deutschland - bislang noch nicht wieder im Zentrum der *internationalen* sozialwissenschaftlichen Theoriedebatten. Obgleich es seit 1945 einen kontinuierlichen Strom von spannenden milieurelevanten empirischen Forschungen in den Sozial- und Raumwissenschaften gegeben hat - von Chombart de Lauwe über M. Rainer Lepsius, K.-Dieter Keim und Richard Grathoff zur lebensstilorientierten Sozialstrukturforschung der 80er Jahre -, blieben Milieutheoreme in vielen Zitierzirkeln der *internationalen* Theoriediskurse eher mit "theorietechnischem Biedermeier" (Klaus Eder, persönliche Mitteilung) konnotiert. Das ändert sich erst, seit Problemlagen auf der Ebene der Meso-Strukturen unabweisbar aus dem Schlagschatten der 'umbrella-Therme' der einsinnigen Globalisierungstheorien treten: Seit 1989 wird zunehmend klar, daß etwa die Analysen postsozialistischer Transformationsprozesse ohne eine Kontextuierung durch milieuaffine Mesostrukturanalysen Gefahr laufen, gewollt oder ungewollt den Chimären 'nachholender' Modernisierungsannahmen nachzufahren (vgl. in diesem Zusammenhang die Beiträge von Ingrid Oswald, S. 325ff. und Dirk Tänzler, S. 303ff. in diesem Band). Wie unterschiedlich die jeweiligen Transformationsgeschwindigkeiten auf den differenten Aggregierungsniveaus sein können, gerät dabei aus dem Blick. Teilweise ändern sich Milieus ja deutlich langsamer als die kontextuierten Institutionen und gesellschaftlichen Systeme (HOFMANN,

RINK 1996, S. 11), teilweise entfalten sie ein rasantes, "überholendes" Tempo. Auf der anderen Seite erweisen sich gerade Milieus als Innovationsantizipatoren, also als strukturelle Orte für die Emergenz des Neuen (MATTHIESEN, im Erscheinen). Besonders deutlich läßt sich das an den Debatten rund um das Konzept *kreativer* regionaler Milieus im Rahmen der ökonomischen Innovationsforschung zeigen: nicht die Sektor- und Branchenstrukturen erweisen sich vielfach als 'Determinanten' von erfolgreichen regionalen Entwicklungen, "sondern die spezifischen Bedingungen und Besonderheiten einer Region wie z.B. intraregionale Verflechtungszusammenhänge und Kooperationsformen, wirtschaftshistorische und kulturelle Traditionen, spezifische Qualifikationsrepertoires etc. - kurz das Milieu der Region ..." (LÄPPLE 1994, S. 38).

Allerdings gilt es auch hierbei, den Milieuansatz und seine antizipatorisch-innovativen Potentiale 'realistisch' zu dosieren: die 'Milieukomponente' allein ist nicht in der Lage, ausreichende endogene Impulse zum Entwicklungsschub etwa für peripherisierte, strukturschwache Teilregionen freizusetzen. Allerdings ist sie - wie wir gesehen haben - eine wichtige Kontextuierungsstruktur, ohne die sich ökonomische Entwicklungsprozesse und regionale Planungsprozesse häufig kaum noch erfolgreich implementieren lassen.[74]

Die häufige Klage der Praktiker über die unzureichende *Operationalisierung* der Milieukonzepte stellt sich in den einzelnen Wissenschaftsdisziplinen, ihren thematischen Feldern und jeweiligen Anwendungskontexten jeweils unterschiedlich dar. Das spannende Übergangsproblem zwischen mesostrukturellen Sozialtheorien und generalisierungsorientierten empirischen Fallrekonstruktionen einerseits sowie Anwendungs- und Problemlösungsbedarfen andererseits läßt sich nicht handstreichartig lösen. Gleichwohl sind gerade im Überschneidungsfeld von anwendungsorientierter und grundlagenorientierter Forschung in den letzten Jahren die - gerade auch grundlagentheoretisch interessantesten - Weiterentwicklungen erfolgt. Von ihnen lebt auch die mit diesem Band dokumentierte *neue Milieuforschung*. Mit ihrer Mischung aus theoretisch-begrifflichen Arbeiten, Fallrekonstruktionen und ganz konkreten anwendungsbezogenen Beiträgen stellt sich dieser Forschungstypus den Urteilen der Praktiker wie der Theoretiker. Mit einer längeren einleitenden Positionsbestimmung

---

74 Auch hier ist allerdings Vorsicht vor zu schnellen 'milieutheoretischen' Generalisierungen geboten. In einer der von uns untersuchten Verflechtungsgemeinden "an den Rändern der Hauptstadt" hat ein global player eine neue High-Tech-Produktionsanlage in den Märkischen Sand gesetzt, absolut kontextfrei und äußerst erfolgreich - allerdings mit der problematischen Folge eines krassen Modernisierungsgefälle zwischen Produktionsstandort und den Lebensräumen der anrainenden Gemeinde-Milieus. Dieses zunehmend disparitäre Entwicklungsgefälle beginnt jetzt - mit erheblicher Zeitverzögerung - auf die 'weichen' Strukturkomponenten des Produktionsstandortes zurückzuwirken.

kam es mir darauf an, einen theoretisch-begrifflichen Rahmen zu skizzieren, den gerade auch die feldabhängigen Operationalisierungen nicht unterbieten sollten - bei Strafe der Zerstörung der internen Komplexität der untersuchten Milieus und ihrer wichtigen milieubildenden 'Zusammenhangsgestalten'.

Eine weitere Klage gilt der *Mannigfaltigkeit* der in den einzelnen Theorienlagern favorisierten Milieubegriffe und der unübersichtlichen Vielfalt der *Parallelbegriffe*. Daher auch hierzu einige kurze Bemerkungen. Zunächst gilt dabei das nämliche, wie in der Operationalisierungsfrage: Milieutheoreme offerieren einen flexiblen, offenen kategorialen Rahmen für die Analyse von Einbettungsprozessen und ihren gestalthaften Inter-Relationen. Dieser forschungsheuristische Begriffsrahmen 'Milieu' muß stets themen- und ebenenspezifisch unterfuttert und rejustiert werden. Das Milieukonzept unterstellt zunächst keine zwangsläufige Rangordnung zwischen den einzelnen Milieus, sondern zentriert die Untersuchungen auf die Rekonstruktion binnenstrukturell vieldimensionaler, nach außen hin einander überlappender Zusammenhangsgestalten. 'Wohlgeformtheitsurteile' regeln dabei interne Gestaltbildungen und setzen sie gegenüber jeweiligen Umwelten distinktiv und/oder kooperativ in Szene.[75] Scharfe Distinktionen hier, ambivalente oder gleitende Übergänge dort: gerade der Reichtum von Zonierungsverfahren und Übergangsformen *zwischen* den einzelnen Milieus gehört heute mit zu den relevantesten Gegenständen der neuen Milieuforschung. In der Regel weder sozial noch politisch, weder ökonomisch oder kulturell homogen, ist es eine zentrale Aufgabe der Milieuanalysen, zunächst die falltypische Struktur dieser *Inhomogenitäten* sowie ihrer institutionellen oder quasi-institutionellen Kerne und Infrastrukturen zu rekonstruieren. Das auffälligste Manko der sozialstrukturell in Dienst genommenen Lebensstil-Milieu-Klassifikationen ist es sicherlich, das Verhältnis von Raum und Milieu konzeptuell ganz unzureichend nur geklärt zu haben. Daneben fehlt ein hinreichend differenziertes Strukturkonzept, das etwa über eine methodologisch hinreichend geklärte Differenz von Oberflächen- und Tiefenstrukturen verfügt.[76]

Last but not least bedarf es eines Kommentars zu *egozentrierten Netzwerkanalysen*, die - inzwischen erfolgreich verbreitet und thematisch in der Nähe

---

75 Dabei zeigte sich auch, daß die Lebensstil-orientierte Sozialstrukturanalyse, immerhin eine der wirkungsmächtigsten Promotorinnen eines 'neuen Milieubegriffs', in manchen Hinsichten auch zu erheblichen kategorialen Engführungen neigt (vgl. die Punkte 2.6 sowie 3.1 bis 3.4 dieser Zusammenfassung). Zudem liegen die identifizierbaren sozialen Milieus nicht selten quer zu den Resultaten der neueren Sozialstrukturanalysen (HOFMANN, RINK 1996).

76 Zur Erläuterung dieser notwendig kryptisch verknappten, insofern möglicherweise auch unfair wirkenden Andeutungen vgl. MATTHIESEN 1997. Auf methodologische Folgerungen des hier vertretenen mesostrukturellen Milieubegriffs, etwa die Präferenz für systematische Methoden-Mix-Verfahren etc., konnte hier nur kursorisch verwiesen werden.

milieutheoretischer Gegenstände operierend - gleichwohl andere Abstraktionsschnitte machen und methodisch-konzeptuelle Grundentscheidungen anders treffen. Insgesamt versuchen Netzwerkanalysen, den zugestandenermaßen mühseligen Weg der *internen Rekonstruktion* von milieubedeutsamen Strukturierungsprozessen und ihren *fallspezifischen Geltungsstandards* drastisch abzukürzen. Üblicherweise mit rational-choice-Ansätzen verknüpft, ist aus milieutheoretischer Sicht sicherlich zunächst zu kritisieren, daß sie über der modellierenden Verabsolutierung der 'rationalen Wahlhandlungen' weder die faktischen Rationalitätstypiken der Lebenspraxis noch deren vorausgesetzte "Vertrauensbasis" konzeptuell erreichen können. Das zumindest scheint mir ein überzeugendes Resultat der rational-choice- und Netzwerkdebatten zu sein: "trust" und daran angelagerte vertrauensbildende Interaktionstypiken sind nach dem Modell rationaler Wahl nicht erklärbar. Sie müssen von diesen Ansätzen unerklärt vorausgesetzt und in das netzwerktheoretische Beschreibungs- und Erklärungsprogramm unexpliziert eingeschleust werden. Dieser *vorvertraute Grund* von informellen, intermediären Interaktions- und Kohäsionsformen aber bildet - wie wir in 3.1 etwa gesehen haben - eine entscheidende strukturelle Schicht innerhalb der Binnenarchitektonik sozialräumlich konkretisierter Milieus.

Gleichwohl ergeben sich an vielen Stellen spannende Forschungskomplementaritäten zwischen Netzwerk- und Milieuanalysen, die es stärker zu nutzen gilt. Ziel kann es nur sein, diese Kooperationsoptionen entschlossener in Richtung auf milieutheoretisch eingebettete und reflexivierte Netzwerkansätze weiterzuentwickeln.[77]

---

77 Das hier skizzierte Milieu-Konzept versucht, die Eigenlogiken von Ökonomie und Kultur, Sozialität und Politik zugleich zu berücksichtigen und zudem in ihrer raumbedeutsamen mesosozialen Zusammenhangsstruktur zu analysieren. Um den Hintergrund von Forschungspraktiken dafür anzudeuten: Entwickelt wurde der Ansatz in Zusammenhang mit einem mehrjährigen Forschungsprojekt am IRS in Erkner: "An den Rändern der Hauptstadt - Exemplarische Kontrastanalysen zur Typik regionalkultureller Milieus im engeren Verflechtungsraum von Brandenburg mit Berlin" (zusammen mit Christiane Joerk und Henning Nuissl). Zwei angelagerte Projektseminare an der Humboldt-Universität und im Graduiertenstudium 'Qualitative Methoden in der Sozialforschung' der FU Berlin haben wesentlich zur weiteren Präzisierung dieses heuristischen Konzeptes beigetragen. Schließlich zwangen weiträumige Vorbereitungen für unser nächstes IRS-Projekt: "Grenzmilieus im potentiellen Verflechtungsraum zwischen Polen und Deutschland" zu einer weiteren Klärung des Milieukonzeptes. Zusammen mit GrenzraumforscherInnen der Adam-Mickiewicz-Universität in Poznan (Stanislaw Lisiecki und KollegInnen) arbeiten wir ab Sommer 1998 an der Untersuchung der deutsch/polnischen Doppelstadt Guben/Gubin.

Damit sind wir am Ende eines längeren Gedankenganges zu einer versuchsweisen Plausibilisierung von *neuen Milieuanalysen* im Übergangsfeld von Sozialwissenschaften und Planungspraktiken angelangt. Bis zur Implosion des Kommunismus zumindest enthielt *'der Plan'* (in einem emphatischen Sinne) immer noch eines der zentralen Heilsversprechen der modernen Fortschrittsreligionen. Die 20er Jahre hatten - wie wir sahen - 'das Milieu' schon in seiner Doppelstruktur als 'Krisenindikator' und 'Hoffnungsbegriff' untersucht. Diese Gedanken zieht die *neue Milieuforschung* zu einer entscheidenden Wendung aus: allen heilsversprechenden Planbarkeitsvorstellungen ist gemeinsam, daß sie Fortschritt, Zukunft, Heil als *Entropie* konzipieren möchten. Absicht ist es stets, Gegensätze endgültig zu überwinden, Widersprüche auf ewig zu versöhnen, eine Aera des Endes der Unterscheidungen heraufzuführen - gleichgültig, ob es sich dabei um Raumgegensätze, regionale Disparitäten, Klassenfraktionierungen, Geschlechterdifferenzen, Planungskonflikte oder den "clash of civilizations" handelt: stets werden Ganzheitsvorstellungen favorisiert, die in diesem Sinne entropisch gedacht sind (BOLZ, VAN REYEN 1998). Die herkömmliche Lesart von Milieus als kontaktdichten, solidarisch verfugten *Netzbildungen*, die - wie wir gesehen haben - in weiten Theoriekreisen weiterhin das Normalvorbild dieser Mesostrukturen abgibt, läßt sich in diesem Sinne als geschichtlich imaginierte, rückwärts versicherte Entropie auffassen. Dagegen sind die *neuen, relationalen Milieus,* von denen in diesem Band vornehmlich die Rede ist,
- explizit *nicht*-entropisch, das heißt auch, als gebrochene Ganzheiten konzipiert;
- sie haben die Dialektik von Begrenzung und Grenzüberschreitungen zu ihrer Strukturformel und 'wissen' darum auch - zumindest in einem impliziten Sinne - über das Medium kultureller Kodierungen und Selbstbeschreibungen;
- schließlich 'akzeptieren' diese Milieus in einem wiederum strukturellen Sinne den resultierenden Mix von kulturellen Codierungen und den Streit zwischen Kompetenzen und Interessen als ihre alltäglichen Funktionsvoraussetzungen.

Ähnlich relationale Strukturierungsschichten spielen in den neuen partizipatorisch-prozeduralen *Planungsformen* eine wichtige Rolle. Seit einigen Jahren werden diese 'moderierenden' Versuche der Planungsimplementierung mit dem Leitbegriff einer "neuen Planungskultur" bezeichnet. Diese flexibleren Stadt- und Regionalplanungsansätze haben dabei einmal die sozialen und kulturellen Einbettungen von Siedlungsstrukturen und Regionalplanungen stärker beachten gelernt (vgl. etwa die Beiträge von Renate Fritz-Haendeler S. 179ff. und Friedemann Kunst S. 207ff. in diesem Band); anderseits ziehen sie die Notwendigkeit 'nachhaltiger Lebensstile' und ihrer Milieubildungsprozesse nicht wieder entropisch in einem neuen ganzheitlichen Heilsversprechen integrativer Gesamtplanungen zusammen. Eher bemühen sie sich beharrlich um die Analyse und Beförderung von pluralen Lebensformen, in denen regionale Identitätskonturen sich gleichermaßen öffnen für globale Umbruchprozesse wie für lokale Konflikte und Optionen. *Ein strukturales Milieukonzept* aber vermag in dem so geöffneten Wechselbezug von theoretischer und planerischer Praxis eine vieles mitentscheidende Rolle zu spielen.

Zum zeit- und raumdiagnostischen Impuls der neuen Milieuforschung

Karl-Dieter Keim

Sozial-räumliche Milieus in der zweiten Moderne

Vor kurzem wurde in Berlin das neue Buch von Vittorio Lampugnani vorgestellt: "Die Modernität des Dauerhaften" - ein sympathischer, spannungsreicher Titel. Lampugnani, ehemals Direktor des Deutschen Architektur-Museums in Frankfurt am Main, möchte dem von ihm diagnostizierten Qualitätsverlust der Alltagsarchitektur die gesellschaftliche Anstrengung einer Wiederanknüpfung an Traditionslinien und einer so erneuerten Idee von der europäischen Stadt entgegensetzen. Gegenüber einem oberflächlichen Formalismus und einem Überdruß des übersteigerten Konsums sei dies die neue Herausforderung der Moderne.

1. Der Titel umspannt das Thema dieses Beitrags; in ihm möchte ich mich konzentrieren auf das Verhältnis zwischen den Repräsentationen einer ortsbezogenen Dauerhaftigkeit, wie sie üblicherweise einem sozial-räumlichen Milieubegriff zugeschrieben werden, und den Repräsentationen einer dynamischen, flüchtigen Moderne als einem offenkundigen Charakteristikum der entwickelteren, vor allem aber der seit 1989 sich grundlegend transformierenden Gesellschaften. Muß nicht der Milieubegriff zwangsläufig als anachronistisch gelten, wenn er gesellschaftstheoretisch aktualisiert wird?

Zunächst soll die Vorstellung vom "Dauerhaften", von der Persistenz, genauer betrachtet werden. Sie läßt sich zum einen beziehen auf die Langlebigkeit von Gebrauchsgegenständen, die - wie sich bei Hannah Arendt nachlesen läßt - das menschliche Dasein zu stabilisieren vermögen. In diesem Sinne sind immer auch die Erzeugnisse der Architektur, der Städtetechnik, der Gartenbaukunst usw. als langlebige Objekte verstanden worden, die in ihrer Figuration und in ihrem Gebrauch ein verläßliches, berechenbares Raster für die Alltagsroutinen der Menschen bedeuten. Das Dauerhafte umfaßt zum zweiten den im Alltagsleben konstituierten sozialen Raum, das "Bezugsgewebe menschlicher Angelegenheiten" (ARENDT 1981), die Organisationsstruktur, die sich daraus ergibt, daß sich Menschen aufeinander beziehen und zusammenleben. Und wir tragen das Bild in uns, daß dieses Bezugsgewebe mehr oder weniger stark territorial gebunden sei, also ein Haus, ein Quartier, eine Gemeinde, eine Landschaft bildet.

Beide Ausformungen der Persistenz sind im Zuge der gesellschaftlichen Modernisierung immer mehr relativiert, ja ausgehöhlt worden. Und diejenigen Kräfte, die die "Entwicklung" auf ihre Fahnen geschrieben hatten, hielten es in gewissem Umfang für selbstverständlich, diese Auflösungstendenzen in Kauf zu nehmen. Der bebaute Raum wurde den raschen Veränderungen preisgegeben, die sozialen Beziehungen "emanzipierten" sich von der Ortsbezogenheit. Nicht nur das Kapital als Antriebskraft ist dafür verantwortlich zu machen, sondern ebenso der machtvolle Traum des Fortschritts innerhalb der westlichen Kultur. Doch stets gab es auch Besorgnisse.

Für die frühere Bundesrepublik sei in Erinnerung gerufen, daß sich Stadtplanung und Kommunalpolitik seit Anfang der 70er Jahre demonstrativ dem "Bestand" zuwandten, der dauerhaften (wenn auch beschädigten) Bausubstanz, den Wohnverhältnissen im Altbau, den Aufgaben der Stadterneuerung und des Denkmalschutzes. Auf die "rabiate Moderne" der häßlichen Innenstädte, der Flächensanierung und der "seelenlosen" Großsiedlungen am Stadtrand folgte ein differenzierter (manchmal reaktionärer) Blick auf die traditionelle Stadtstruktur. In diesem Zusammenhang wurde das Konzept des sozial-räumlichen Milieus reformuliert, und die Autoren waren sich durchaus im klaren darüber, daß Milieuverhältnisse häufig unmittelbarer Ausdruck von Armut und Benachteiligung waren. Doch sie verkörperten auch Qualitäten des Städtischen, wie sie im modernen Städtebau verloren zu gehen schienen: im Quartier verankerte Lebenszusammenhänge, symbolische Ortsbezogenheit, Bindung an die vertraute Umgebung und eine spezifische Bewohnerschaft. Sollte man nicht an die gelebte örtliche Persistenz anknüpfen, um der sozialen Lage der Bewohner gerecht zu werden, anstatt nur das wirtschaftliche Interesse an städtischen Umnutzungen gelten zu lassen und die betroffenen Menschen in moderne, fremde Wohnverhältnisse abzudrängen? Der Gesetzgeber fügte nachträglich in das Städtebauförderungsgesetz einen Milieuschutz-Paragraphen ein.

Planungswissenschaften und Stadtsoziologie widmeten sich verstärkt dem Milieuthema. In einer Studie wurde eine sozialwissenschaftliche Milieuanalyse als Instrument der angemessenen Erhebung und Interpretation von (persistenten) Quartiersverhältnissen ausgearbeitet, um eine geeignete Politik und Planung der Stadterneuerung und eine stadtteilbezogene Kulturpolitik entwerfen zu können (KEIM 1979). Dieses Analysekonzept fand in der Folgezeit vielfach Verwendung, wurde modifiziert und ergänzt. Aus heutiger Sicht sind dazu zwei kritische Anmerkungen zu machen:

a) Um die Herangehensweise der Planer zu berücksichtigen, wurde ein territorial abgegrenztes Gebiet zum fixen Ausgangspunkt der Milieuanalyse gewählt. Dies wirkt in dem Maße verfälschend, in welchem sich

Milieustrukturen ohne direkten lokalen Bezug ausbilden. Stattdessen sollte der räumliche Kontext, das "setting", erst Ergebnis der Milieuanalyse sein (und für verschiedene Milieus kann es unterschiedliche räumliche Ausdehnungen und Strukturen geben).
b) Die Milieuanalyse vermittelt offenbar den Eindruck, das "Milieu" sei, eben als Dauerhaftes, in seinem momentanen Zustand zu erhalten. Sowohl die Städte(bau)politik als auch die Fachvertreter der Stadtsoziologie und der Planungswissenschaften argwöhnten, in solchen Analysen solle Rückständigkeit verteidigt, ja erhoben werden - als Abkehr von der Moderne. Die empirischen Ergebnisse zeigen jedoch häufig, daß in den Milieustrukturen selbst dynamische Elemente wirksam sind, die dafür sprechen, mit demselben Gewicht die Chancen und Ressourcen zur geeigneten Milieutransformation zu thematisieren. Auf beide Gesichtspunkte komme ich zurück.

Die angewandte Soziologie zeigt in der Untersuchung von sozial-räumlichen Milieuverhältnissen in der Tat ein doppeltes Gesicht: Sie rekonstruiert einerseits die langfristig wirksame gesellschaftliche Dynamik, hebt ihre bestimmenden Charakteristika und ihre interdependenten Machtbeziehungen hervor (hier konkretisiert in der auf Prosperität angelegten Dynamik der Stadtentwicklung); andererseits verkörpert sie seit Beginn der Industriegesellschaft die Rolle einer Sachwalterin des Abbaus sozialer Ungleichheit, der Aufklärung über die Bedingungen, nach denen Lebenschancen bestimmt und verteilt werden (hier konkretisiert in den milieuhaft verfaßten städtischen Lebensbedingungen). Es könnte vermutet werden, mit der Hinwendung zur Moderne entscheide sich die Soziologie dafür, die zweite Seite, da un- oder vormodern, abzustreifen.

2. In einem zweiten Schritt möchte ich daher den Begriff des sozial-räumlichen Milieus am Begriff der "Moderne" spiegeln. Schließen sich beide Begriffe gegenseitig aus?
Der Moderne-Begriff wurde jeweils von den verschiedenen Wissensbereichen bzw. Fachgebieten, in unterschiedlichen Zeitabschnitten und in erheblicher Variationsbreite, unterschiedlich verstanden. Mit Recht kann von einer sehr wechselvollen Karriere des Begriffs gesprochen werden. Für unseren Zusammenhang möchte ich zunächst in gesellschaftshistorischer Sicht wenigstens drei Konnotationen unterscheiden (BRUNNER, CONZE, KOSELLECK 1978):
a) Mit "modern" wird die Bedeutungsmöglichkeit "gegenwärtig" verbunden, wie z.B. bei: moderner Interessenverband; häufig geht es um die Repräsentation von dauerhaften Institutionen; der Gegenbegriff dazu lautet "vorherig".
b) Mit "modern" wird die Bedeutungsmöglichkeit "neu" verbunden, wie z.B. bei: moderne Kunst, moderner Staat; meist handelt es sich um die

Bezeichnung epochaler (historischer) Strukturmerkmale; der Gegenbegriff dazu lautet "alt".
c) Mit "modern" wird die Bedeutungsmöglichkeit "vorübergehend" verbunden, wie z.b. bei: modernes Zeitgefühl; die Gegenwart wird in einem philosophischen Sinne als so rasch veränderlich empfunden, daß der Gegenbegriff dazu nur noch in einem - ideologisch begründeten - "statisch" oder gar in einem "ewig" bestehen kann.

Selbstverständlich bezeichnet diese Dreiteilung nur eine grobe heuristische Annäherung, doch lehrt ein Blick auf den architekturtheoretischen Moderne-Diskurs, daß eine wesentliche Argumentation gerade auf die scharf betonte Differenz zum "Alten" und zum "Ewigen" gegründet wird (HARTMANN 1994, HAIN 1996). Die fortgesetzte Neudefinition symbolischer und baulicher Gestaltung, oft orientiert an sozialen und kulturellen Zielvorstellungen, bildete seit den 20er Jahren, zunächst im Zusammenhang mit dem Neuen Bauen und im Sinne eines "zeitgemäßen Historismus" (Meyer), jahrzehntelang einen wesentlichen Ausdruck für ein Mit-der-Zeit-Gehen sowie für eine öffentlich proklamierte, partiell auch "von unten" vorangetriebene Auffassung von der Befreiung der Menschen.

Die "Moderne", etwa ab 1830 in Europa als kulturtheoretischer Begriff verwendbar, betont Errungenschaften als *gegenwärtig* und als *neu*, die bereits viel früher entstanden waren, jetzt aber voll zur Entfaltung gelangten: den technischen Fortschritt, die wissenschaftliche Rationalität, die Säkularisierung und Entmythologisierung, die wachsende Individualisierung. Hinzu trat ein steigendes Interesse an "Gegenwartswissenschaften"; ein Historiker charakterisierte diese Vorstellungen folgendermaßen: "Alles wollte modern und praktisch sein, die Romantik war ein förmliches Scheltwort geworden; von Poesie und Geschichte wollte man nicht mehr viel wissen, Naturwissenschaft und Nationalökonomie war das einzige, was man gelten ließ." (J. SCHMIDT, zit. in BRUNNER u.a. 1978, S. 109)

Ist das bereits die Wurzel der Kritik am "Milieu"? Diese Kritik meint, daß mit dem Verweis auf Traditionen und Persistenz kulturelle und soziale Verhältnisse festgestellt werden sollen, die weder gegenwärtig noch - im epochalen Sinne - neu sind. Sie sind gestrig, und sie sind verstrickt in einen antiquierten, teils romantischen, teils spießigen Mythos von der notwendigen Überschaubarkeit, von der notwendigen Ortsbezogenheit der Lebensführung. Moderne, rationale Lebensführung sollte stattdessen heißen, sich genau von solchen Auffassungen, auch wenn sie mit tiefwurzelnden Bedürfnissen einhergingen, zu verabschieden.

Doch schon 1860 gab es in Kunst und Literatur eine weitere Bedeutung der "Moderne", die ich als erste Stufe einer reflexiven Moderne bezeichnen möchte. Sie ist vor allem mit dem Namen Baudelaire verbunden (und das erklärt das spätere hohe Interesse Walter Benjamins an Baudelaire): Seine Theorie der Modernität führte in der Konsequenz zu der Überzeugung, daß alle, jeweils als gegenwartsbezogen und neu bezeichneten Ideen vorübergehend seien, flüchtig, kontingent, daß im Zusammenhang mit einer immer eindringlicheren Erfahrung der Beschleunigung die Modernität dazu bestimmt sei, sich selbst zu überholen. So entfaltete sich langsam der dritte Bedeutungstyp von "modern", der alle sequentiellen Auffassungen auflöst und einzig im Prädikat "ewig" seinen Gegenpol findet. Eine eindrucksvolle Zuspitzung liegt heute in den Arbeiten von Paul Virilio vor, der aus dem Prinzip "Beschleunigung" wesentliche Züge modernen gesellschaftlichen Wandels abzuleiten versucht.

Diese Verflüssigung der "Moderne" geschah freilich nicht durchgängig. In der Rechtsphilosophie, in der aufkommenden Soziologie, in der Architektur dominierten sequentielle Auffassungen bis zum Ende des Ersten Weltkriegs, teilweise bis heute. Ich denke, das gilt zugespitzt auch für den Mythos vom technischen Fortschritt. Modernität bezeichnet (dominant) während des ganzen 20. Jahrhunderts einen Imperativ des Wandels, der grundsätzlich als nützlich angesehen wird: Fortschritt und Wachstum als jeweils bessere Gegenwart gegenüber früher. Und doch ist damit immer auch die Selbstbeschleunigung - und damit Selbstschwächung - des modernen Fortschrittsglaubens einhergegangen, indem die "Moderne" fortdauernd neue Medien hervorbringt, das heute Realisierte sofort wieder überholt, das Vergangene entwertet, das Vergessen fördert. Das "ewig Heutige als Höllenstrafe der Moderne" (Benjamin) ist der Preis.

Für "Milieu" ist da kein Raum mehr; die sich selbst verflüssigende und auflösende Moderne birgt keine Milieus in sich (sie sondert sie höchstens aus als Nischen oder Überreste. Das je Besondere, das kulturell Qualitative wird liquidiert (verflüssigt!). Verstehen wir die Architekten und Planer und Gegenwartssoziologen recht: Sie alle wollen auf jeden Fall "modern" sein, modern bauen, moderne Städte planen, moderne Gesellschaften begreifen. Allerdings vermeinen sie, dabei jeweils etwas festzustellen, etwas Festes hervorzubringen - und sind doch Teil des modernen Soges der permanenten Liquidierung.

Mit dieser Sicht kann es freilich nicht genug sein. Wir wissen, daß strukturdominante Strömungen wie die aktuelle Moderne nicht einfach alles bisher Gewesene auflösen. Die Vorstellung, sozial-räumliche Milieus im herkömmlichen Sinne seien nicht nur verblaßt, sondern in der Hitze hypermoderner Prozesse geradezu "verdampft", läßt sich meiner Meinung nach nicht begründen. Alle epochalen und globalen Umstrukturierungen enthalten auch sperrige Teilprozesse, bringen sie sogar partiell selbst hervor - an Norbert Elias' Zivilisationstheorie kann diese prozessuale Figur sehr schön entdeckt werden - nur bedürfen sie offenbar auch einer den veränderten Makroprozessen gerecht werdenden Wahrnehmung und Interpretation. Unsere eigene Lebenspraxis ist voll von Erfahrungen, die verdeutlichen, daß nicht alles umstandslos einer pauschalen Modernisierung zugeschrieben werden kann.

Und sind nicht in den Sozialwissenschaften gerade im zurückliegenden Jahrzehnt neue Reformulierungen des Milieukonzepts entstanden?

Die Ausdifferenzierung von Lebensstilen, von Habitusausprägungen kann als Indiz für transitorische Formen "moderner Milieus" angesehen werden. Umgekehrt vertritt neuerdings die historische Soziologie der Moderne - sie stützt sich dabei insbesondere auf westeuropäische Erfahrungen - eine Umbruchthese: An die Stelle einer "organisierten Moderne" (der fordistischen Gesellschaft), deren Charakteristika sich mehr und mehr auflösen, treten in dieser Sicht neue Züge einer eher individualisierten, freieren Moderne, von denen - wenn es gut geht - auch Impulse zur Rekonstituierung sozialer Identität und Politik ausgehen können (WAGNER 1995). Unversehens läßt sich so der fragliche Milieubegriff in einen aktuellen Moderne-Diskurs einfügen.

Als theoretisch geeigneten Kontext für die Weiterführung des Milieudiskurses wähle ich die konzeptuellen Ansätze zur "zweiten Moderne". Sie zum Bezugspunkt zu wählen, wird allerdings dazu führen, daß auch unser vertrautes Verständnis von "Milieu" kräftig durcheinander gerät; das wird kein Nachteil sein.

3. Beginnend mit Ulrich Becks "Risikogesellschaft" hat ein breiter sozialwissenschaftlicher Diskurs über die sog. reflexive Modernisierung eingesetzt (BECK 1986, GIDDENS 1990, LASH 1992, BECK 1993, BECK, GIDDENS, LASH 1996). Das Vorhaben ist anspruchsvoll: Der Grundlagenwandel der späten (modernen) Industriegesellschaften soll in breiter Argumentation geklärt und mit teilweise neuen soziologischen Kategorien interpretiert werden. Es ist an dieser Stelle unmöglich, auch nur die wesentlichen Linien dieser Theoriearbeit zu würdigen. Ich verfahre stattdessen "postmodern" und ziehe lediglich solche Aspekte heran, die in meiner Sicht zu einer Weiterführung der Milieu-Debatte ("Milieu" nach wie vor verstanden im sozial-räumlichen Sinne) beitragen können. Mit "reflexiver Modernisierung" seien diejenigen strukturellen Veränderungen der Industriegesellschaften bezeichnet, die sich im Zuge verselbständigter Modernisierungsprozesse ungeplant (und oft zunächst unerkannt) vollziehen und so die Moderne mit den von ihr selbst hervorgebrachten Nebenfolgen im Sinne der Selbstaufhebung bzw. Selbstgefährdung konfrontieren und neue institutionelle

"Lösungen" hervorrufen. Die vertrauten "Einbettungen" (Giddens) und Stabilisierungen brechen weg, die Handelnden werden tendenziell aus den Strukturen freigesetzt, es kommt partiell zu einer (bewußten) Reflexion der bisherigen Modernitätserfahrungen und -auffassungen. Was geschieht in diesem Kontext mit den sozial-räumlichen Lebensverhältnissen? Finden sich auch im Mikrobereich spannende, vielleicht noch unerkannte Restrukturierungen? Gibt es womöglich Anzeichen für eigensinnige Erwiderungen (städtischer und regionaler Art) auf die Entgrenzung der gesellschaftlichen Beziehungen?

a) Ein erstes Aufeinander-Beziehen von reflexiver Moderne und Milieu spielt im Feld zwischen "Gegenmoderne" (Beck), "traditionaler Gesellschaft" (Giddens) und "reflexiven Gemeinschaften" (Lash). Hier geht es vor allem um den sperrigen, Persistenz und Abschirmung vermittelnden Bedeutungsgehalt des Milieubegriffs. Die leitende Idee in der Beckschen Argumentation besagt, in den seitherigen Industriegesellschaften habe sich lediglich eine verkürzte ("halbierte") Moderne verwirklichen lassen; mit diesen Partialmodernisierungen seien immer auch Gegenmodernisierungen hervorgebracht worden, die sich mit den modernen Elementen vermischen. Diese Bestandteile der Gegenmoderne seien, mit wesentlichen Anteilen, bereits Resultat einer eingesetzten reflexiven Modernisierung, das heißt, der erlebten, erkannten Selbstaufhebung und Selbstgefährdung (etwa in Gestalt der Risikogesellschaft). Die ursprünglich traditionalen Schlüsselbegriffe wie Nation, Volk, Natur, Frau, Mann (BECK 1993, S. 101) können so in ihrer "modernen" Variante, mit aktualisierten Ergänzungen und Erfindungen, bestehen bleiben - als der bisherigen Moderne zwar immanente, aber ihr widersprechende, sie begrenzende (und daher gegenmoderne) Auffassungen. Sollte der Milieubegriff so reformuliert werden?

Meines Erachtens liegt in der Annahme, gegenmoderne Bestandteile seien bereits eine Antwort auf erfahrene Reflexivität, eine theoretische Ungenauigkeit vor. Denn es sollte doch nicht in Vergessenheit geraten, daß schon der Prozeß der klassischen Modernisierung selbst traditionale Elemente weiter in sich bewahrt, auch mitgeschleppt und sie, je nachdem, nur langsamen Anpassungsmechanismen ausgesetzt hat. Nation und Familie sind solche Konzepte, deren materielles Substrat weiter zurückreicht als zum Beginn der mit ihren eigenen Nebenfolgen konfrontierten Moderne. Mit dieser Einschränkung kann jedoch die Frage nach der gegenmodernen Beschaffenheit von Milieus weiter geprüft werden, insbesondere anhand der sorgfältigen Überlegungen von Giddens und Lash:

Sozial-räumliche Milieus wären, in Becks Diktion, "hergestellte, herstellbare Fraglosigkeit" (BECK 1993, S. 101f.). Das vertraute Quartier, die Lokalität überhaupt, ihre (partielle) Persistenz, das soziale Geflecht mit deutlicher Begrenzung sind demnach ebenfalls Resultat von Handlungen (also keineswegs "naturwüchsig"), und diese erreichen im Sinne einer institutionalisierten Geltung den Status einer Fraglosigkeit, des Nicht-Zweifels, ohne die Notwendigkeit zur wiederkehrenden Reorganisation. Milieus, so gesehen, verkörpern nicht nur stabile Strukturen (mit oft vormodernem Gehalt), sondern auch dauerhafte Fixierungen, die systematisch das Infragestellen ausschließen, damit auch an sozialer Schließung (mit der Folge von Exklusion) festhalten. Derartige Institutionalisierungen müßten vor allem als eine Reaktion auf erlebte Selbstgefährdung in der modernen-postmodernen Gesellschaft interpretiert werden.

Genauere Entstehungsgründe für Fraglosigkeit und Fixierung hat Giddens durch interessante Überlegungen zu traditionalen Elementen in modernen Gesellschaften aufzudecken versucht (insbesondere BECK, GIDDENS, LASH 1996, S. 113ff.). Neben Aspekten einer eher zwanghaften individuellen Lebensführung, die er als Kehrseite der (vor allem) kognitiven Moderne auffaßt, erschließt er einige traditionale Merkmale (Dauerhaftigkeit, Integrität, Authentizität, Verbindlichkeit, Naturverhältnis), die wir - zumindest in einem quasi-traditionalen Sinne - als mögliche konstitutionelle Bedingungen für sozial-räumliche Milieus verstehen können. Tradition beansprucht ein "privilegiertes Verhältnis zum Raum" (Giddens) - doch inwieweit gilt dies heute noch? Es gilt - hypothetisch - für diejenigen etablierten Handlungsweisen, die auch *räumlich* organisiert sind und die dazu verhelfen, sich zwar an herkömmlichen Erfahrungen zu orientieren, dabei jedoch auch die zukünftige Zeit und die bevorstehenden Handlungsroutinen zu organisieren. Insbesondere sind gerade integrierende und authentische Eigenschaften von Milieus offenbar (noch) an eine Art "Bodenhaftung" gebunden, etwa in Gestalt der berufsmäßigen Landnutzung oder der nahräumlich organisierten täglichen Versorgung (ehedem proletarische Milieus).

In einer anderen Zugangsweise hat Lash typische Merkmale von "lokalen Gemeinschaften" benannt (BECK, GIDDENS, LASH 1996, S. 247ff.). Seine Überlegungen, die im Fortgang der Argumentation auf die Frage nach möglichen Grundlagen des Zusammenhalts in Zeiten reflexiver Moderne gemünzt sind, machen eines klar: Milieus lassen sich, zumindest in ihrer gegenmodern-traditionalen Variante, durch kontextbildende, abgrenzende, vielleicht sogar identitätsbildende Charakteristika erklären bzw. verstehen.

Wenn wir versuchen, die verschiedenen Argumente zu bündeln, so erscheinen als Triebfeder solcher milieuhaften Begrenzung und Fraglosigkeit insbesondere zwei "ästhetische" Erfahrungen der Individuen: Sinnentleerung bzw. Verlust von stabiler sozial-räumlicher Umwelt sowie Angst vor unbegriffener Beschleunigung. Beck merkt dazu ganz richtig an: "Wieviel Auflösung verträgt der Mensch? Wenn es richtig ist, daß die reflexive Moderne auch noch die Grundlagen und Instrumente der Eindämmung der Ungewißheit hinwegfegt, dann darf sich niemand wundern, wenn die Gegenmoderne wie ein Schluck Wasser in der Wüste ersehnt und ergriffen wird. Reflexive Modernisierung provoziert also Gegenmodernisierung ..." (BECK 1993, S. 143).

Ein solches Erklärungsmuster für moderne-gegenmoderne Milieus schafft für weitere Analysen ein Dilemma: Anhand welcher Kriterien können Milieus in ihrer gegenmodernen, traditionalen Qualität und damit als "überholt" interpretiert werden, wenn sie doch aus den Effekten der aktuellen (reflexiven) Moderne generiert worden sind, die ihrerseits hinsichtlich ihrer selbstzerstörerischen Eigenschaften als problematisch angesehen werden müssen? Mit anderen Worten und zugespitzt: *Sind derartige Milieus nicht die richtige Antwort auf falsche Modernisierung?* Ist - um im Bild zu bleiben - der Schluck Wasser in der Wüste nicht überlebensnotwendig (Giddens verweist auf die Gewähr ontologischer Sicherheit durch den affektiven Unterbau von Traditionen und durch lokal existierende Alltagsroutinen)? Und wenn er, vielleicht nach Maßstäben einer globalen Zivilgesellschaft, als problematisch anzusehen ist: Was hätte denn die moderne-posttraditionale Gesellschaft anderes in ihrer "Wüste" anzubieten?

b) Wir können diese Überlegungen durch einen zweiten Bezug zwischen Milieu und reflexiver Moderne vertiefen und so gleichzeitig verwandeln. Er steht unter der Prämisse, das Milieu-Konzept lasse sich unter Einschluß von Temporalität und Fragwürdigkeit formulieren, insbesondere unter dem Gesichtspunkt, wie die Menschen die Einflüsse der sich selbst aufhebenden und globalisierenden Moderne bewältigen und neu organisieren können. Das bedeutet auf den ersten Blick eine Abkehr vom Bild einer raumbezogenen Verankerung; anknüpfen ließe sich stattdessen an die soziologische Milieu-Debatte über Lebensstile, über professionelle Milieus, über sozialmoralische Milieus (Bourdieun, Hradil, Müller, Lepsius). Die Pioniere der "zweiten Moderne" (Giddens führt das am deutlichsten aus) messen in der Tat der Lokalität keine Relevanz mehr bei; sie bleibe zwar in Gestalt von Gewohnheiten und Routinen bestehen, sei aber sinnentleert. Lokalität verkörpert demnach ein raum-zeitliches Muster ohne eigene Substanz, eine Auffassung, die durch Untersuchungen über die immer weiter um sich greifende Vernachlässigung, ja Anästhetik öffentlicher Räume gestützt wird (KEIM 1997). Ist somit die Auffassung von einem "fortschrittlichen"

Milieu zwingend mit der "Emanzipation vom Raum" verbunden? Bedeutet Raumbezug immer (traditionale) Nicht-Bewegung, immer Verengung?

Der Raumbegriff unterliegt selbst der modernen-postmodernen Reformulierung (vor allem LÄPPLE 1991), und zwar in doppelter Weise. Zum einen hat sich in den Debatten über Globalisierung, über wirtschaftliche Restrukturierung, über Universalisierung des sozialen bzw. kulturellen Horizonts das Bild von einer Dynamisierung und Dehnung gesellschaftlicher Raumbeziehungen herausgebildet, das zwar die bloße Bindung an Territorialität preisgibt, jedoch eine Verhaftung an Lokalität nicht preisgeben kann (denn auch der "global player", insoweit er mittels Individuen und Sachanlagen agiert, braucht Arbeitsstätten, Transportwege, Flughäfen, Hotels, Verkaufsräume etc.). Zum zweiten ist aber auch eine Schattenseite dieser erweiterten Raumbeziehungen entstanden, die im faszinierten Blick auf die Hypermoderne leicht unterschlagen wird: die neuen Armutsräume und Räume der gesellschaftlichen Exklusion, besonders in den großen Städten (auch der westlichen Welt). Diese beiden diametral gegenläufigen "neuen Räume" mit ihrem (reflexiv) konstituierten Ortsbezug sind gewiß nicht von vornherein mit dem posttraditionalen Etikett der Sinnentleerung zu belegen; die Sinnstiftung geschieht freilich in beträchtlichem Umfang durch Einflüsse von "außen" (inwieweit, wäre eine empirische Frage), sinnstiftende Elemente der je inkorporierten Lokalität treten als Sinnlichkeit des Konkreten hinzu. Das Konzept sozial-räumlicher Milieus gewinnt durch diese doppelte Ausweitung des Raumbegriffs eine innere Dynamik. Es nimmt Sinnhorizonte und organisatorische Dimensionen hinzu und kann dann auch Elemente der Temporalität aufnehmen.

Die wichtigste These besagt: Starke Fluktuation, häufiger (oft inszenierter) Nutzungswechsel und das Herausheben der alltäglichen Handlungsbereiche aus dem lokalen Kontext ("disembedding") sind bereits Kennzeichen der empirisch identifizierbaren sozial-räumlichen Milieus. Die Milieustrukturen werden dynamisiert und können ihren Sinngehalt nicht länger aus der lokalen Bindung beziehen.

Gleichwohl - das ist eine Variante - kann am Bild einer *milieuhaften Lokalität* festgehalten werden. Der Ort dient als Folie des Universellen und bündelt dessen Einflüsse - mit der Chance, daß daraus in selbst definierter Weise sinnhafte Antworten oder Aktivitäten einer "Subpolitik" (Beck) generiert werden; beispielhaft hierzu die Überlegungen von Marshall Berman oder von Sharon Zukin (1992) oder auch der Hinweis von Giddens, in unseren posttraditionalen Zeiten könnten sich - mit neuen Bedeutungen - gleichwohl "lokale Sitten" halten, insofern sie auf der räumlichen Umgebung fußen (BECK,

GIDDENS, LASH 1996, S. 185). In einer zweiten Variante ließe sich argumentieren, die Menschen generierten ein "Milieu" in einer ständig wechselnden Umwelt als *"persönliches Milieu"*, abstrahiert von einer lokalen Bindung; Folge der Globalisierung sei eine Entkopplung von "Lokalität" und "Milieu" (DÜRRSCHMIDT 1995). Daraus entsteht die Figur einer "Situiertheit ohne Ortsbezug"; das territoriale Verhalten nach Art und Intensität resultiert daraus, wie es subjektiv entsprechend der Disposition des Individuums aktualisiert wird.

Diese Differenzierungen beleuchten im Grunde mehrere Seiten desselben Sachverhalts. Ausschließende begriffliche Klärungen sind wenig hilfreich. Wendet sich der Blick auf Lokalität, so treten dezentral strukturierte Zeitrhythmen und die Frage in den Vordergrund, ob heutzutage in überschaubaren Räumen wirklich Bedingungen für "re-embedding" hergestellt werden können. Das bedeutet nicht Gegenmoderne, sondern suchende und möglicherweise revidierende Moderne. Und wenn der räumliche Bezug nicht einfach als "verdampft" gilt, sondern als reale Erfahrung des Alltagslebens thematisiert wird, so läßt er sich auch in seinem Doppelcharakter nutzbar machen: als beschränkende wie als leitende Strukturierung. Dann kann ins Blickfeld treten, wie sich schwach institutionalisierte soziale Formen herausbilden, die vor allem durch ihren inhaltlichen Hintergrund, das "Gewebe der Bedeutungen und Bewertungen" (Lash) ihren Zusammenhalt finden. Ob wir diese Formen "nachtraditionelle Vergemeinschaftungen" (BERKING, NECKEL 1990) oder sozialräumliche Milieus nennen, ist relativ unwichtig; entscheidend ist die so erkannte kulturelle Milieukonstituierung und das Festhalten an der Frage nach den Grundlagen des sozialen Zusammenhalts in einer globalisierten Moderne. Ins Blickfeld rückt weiter, daß sich gegenwärtig durch eine sich selbst beschleunigende (Hyper-)Moderne wieder räumliche Entdifferenzierungen breit machen, etwa in der "gentrification"-Gestalt der gehobenen Umwandlung von Stadtteilen nach internationalen Mustern, die auf die örtlichen Besonderheiten (ehemalige Milieus) keine Rücksicht nehmen und so transitionale "Schwellenräume" (Zukin) schaffen, relativ unstrukturiert, soziale Nähe und Vielfalt mehr simulierend als hervorbringend.

Wendet sich der Blick auf "gedehnte Milieus" (Dürrschmidt), vorhandene Örtlichkeiten transzendierend und die signifikanten Orte für Individuen (oder auch Gruppen?) vervielfachend, so treten subjektiv konstituierte Zeitmuster ohne bindenden Ortsbezug in den Vordergrund, geknüpft an die permanent auftretende Frage, ob auf diese Weise soziale Identität und Stabilisierung ausgebildet werden können. Dann fungieren konkrete Orte wie einzelne Menschen oder Ereignisse, die in unserer Lebensführung von Fall zu Fall, nur sporadisch oder eher dauerhaft, vorkommen und nach subjektiven Wahlmöglichkeiten, durch eigenes Wollen wesentlich werden oder nicht. Auch so können sich also "Schwellenräume" ausbilden, hoch kontingent und eben gar nicht verwurzelt.

Die "Produktionsmilieus" bilden ein schönes Beispiel dafür, daß sich Lokalität und gedehnte Milieustrukturen verflechten können. Die einzelnen wirtschaftlichen Akteure profitieren von einer dichten Anordnung von Betrieben, Stoff- und Produktströmen und Arbeitskräften, werden aber vor allem getragen durch ein stillschweigendes Wissen um die wirtschaftskulturellen Grundlagen der Region, das von denen, die das Produktionsmilieu bilden, geteilt wird. Diese Erfahrung spricht dafür, auch Elemente einer "reflexiven Gemeinschaft" (geteilte Bedeutungen und Sinnhorizonte) als Bestandteile einer innovativen Milieukonstituierung aufzufassen. Lash vertieft die Frage nach kulturtheoretischen Reformulierungen, die ästhetische und hermeneutische Reflexivität einschließen, so daß letztlich auch die klassische Trennung zwischen Gemeinschaft und Gesellschaft hinfällig wird (LASH 1992, BECK, GIDDENS, LASH 1996).

Diskussion

Schon seit Ernst Cassirers philosophischen Untersuchungen der symbolischen Formen wissen wir: das Ortsgefühl wie das Zeitgefühl sind unverzichtbare Grundlagen der menschlichen Lebensweise; selbst wenn sie heute dynamisiert und gedehnt werden: sie sind elementarer Bestandteil der Lebenswelt. Ein Blick auf hochmoderne Technologien zeigt, daß auch sie, sollen sie von Menschen aufgegriffen werden, weiterhin Raumbilder benötigen (z.B. "Datenautobahn", "global village" bei der Informationstechnologie).

Milan Kundera entfaltet in seinem Buch "Die Langsamkeit" das Zusammentreffen zweier Verkörperungen, nämlich der Auslöschung von Zeit (durch technisch ermöglichte Unrast) und der Ausgestaltung von Zeit (durch soziales Zeremoniell und Phantasie). Cees Nootebom erzählt in seinem Essay "Die Sohlen der Erinnerung" vom städtischen Flaneur (damit wider alle Vernunft der Hypermoderne eine Brücke schlagend zu den Modernen Baudelaire und Benjamin) und vom "geglückten Tag", vom zentralen Platz von Salamanca, der sich unverhofft durch menschliches Gewimmel oder durch einen spontan entstehenden Reigen belebt. Es ist wohl so: Wir sind Zeugen der Auslöschung herkömmlicher Zeit- und Raumstrukturen, in deren Verlauf sich jedoch neue, teils früher verschüttete, teils noch unbegriffene herausschälen!

Aus der Durchsicht des Diskurses über eine Theorie der reflexiven Modernisierung haben sich substantielle Hinweise für einen sinnvollen, selbst *reflexiv modernisierten Milieubegriff* ergeben. Sein Gehalt kann dabei eher beharrende oder eher transitorische Elemente aufweisen. Freilich muß das Konzept sozialräumlicher Milieus, will es sich nicht der Kritik des Reaktionären und der Gegenmoderne aussetzen, die Charakteristika der Verflüssigung, der Infragestellung, der Pluralität, der Temporalität, des sozial differenzierten Heraushebens aus der örtlichen Bindung aufnehmen - bis zum Risiko, sich dabei selbst zu verflüssigen. Da allerdings schlage ich vor, eine Grenze zu setzen: "Milieu" sollte, wenn der Begriff noch einen eigenen Sinn behalten soll, etwas mit *Ortsbezug* zu tun haben; ist dies nicht (mehr) der Fall, lassen sich besser andere Begriffe verwenden. "Situiertheit" ohne Ortsbezug ist in meinen Augen eine Gewichtung (salience) von Präferenzstrukturen in der Organisation der Lebensführung; dieser Begriff kann nicht mit "Milieu" gleichgesetzt werden, wohl aber könnten Elemente sozial-räumlicher Milieus in der "Situiertheit" von Individuen enthalten sein.

Zu einem so "modernisierten" Milieubegriff können wir durch folgende weitere Unterscheidungen gelangen:

Die am äußersten Rand eines Milieu-Tableaus, einer Vielfalt von Milieutypen, anzusiedelnden Formen sind zum einen gekennzeichnet durch Dominanz der territorialen Eingrenzung ("Milieu" als Nische oder - zugespitzt - als Ghetto), zum anderen durch die rein persönlichen sozialen Zugehörigkeiten unter weitgehender Hintanstellung örtlicher Bezüge ("Milieu" als soziale, organisatorische Einbettung). Dazwischen wird es interessant. Anknüpfungspunkt können Charakteristika ausgewählter Teilräume oder Milieubezüge ausgewählter sozialer Kategorien (Gruppen, Haushalte, Ethnien etc.) sein. Ist "re-embedding" in Zeiten reflexiver Moderne, zumindest partiell, an Lokalität(en) gebunden, bedeutet dies offenbar, daß die betreffenden Individuen im Geflecht sozialer und räumlicher Nähe einen Zugewinn an Vertrautheit und Sicherheit sehen. Auf diese Weise können Milieus als *Stützstrukturen* generiert werden, relativ dauerhaft und abgrenzend, mit breit geteilten (im allgemeinen nicht thematisierten) Bedeutungen, *und* sie können gleichwohl in Frage gestellt und dynamisiert werden. Ob daraus Potentiale für eine Politik "von unten" entstehen im Sinne eines "empowerment" (John Friedmann) oder ob die stützende Milieufunktion eher zu Rückzugsverhalten führt, ist eine offene Frage. Eine andere Konstituierung und Verwandlung von Milieus ergibt sich aus den raumgebundenen Erprobungen neuer Lebensweisen in räumlichen Konfigurationen, die selbst als transitorisch oder fragil zu charakterisieren sind. Hierfür scheint mir die Charakterisierung von Milieus als *Schwellenräume* (im Sinne des Transitionalen) geeignet zu sein, betont diese Bezeichnung doch vor allem innovative, disruptive, sich stark wandelnde Sozialraumgestalten. Auch hier sind unterschiedliche Verläufe denkbar: Schwellenräume können zur Auflösung vertrauter Milieus führen; diese können ihre innere Zusammensetzung verändern, sie können auch erst durch externe "Einpflanzung" überschaubarer, nahräumlicher Elemente hergestellt werden (inszenierte Milieus).

An diese konzeptuellen Überlegungen schließen sich viele empirische Fragen an. Mir kam es darauf an, zu verdeutlichen, daß die Rekonstruktion von sozialräumlichen Milieus durch das Aufgreifen der Moderne-Diskurse nicht obsolet wird. Doch zwingen diese Diskurse zur Differenzierung und Dynamisierung. Gewiß ist es nicht möglich, den identifizierbaren Milieustrukturen umstandslos Eigenschaften zur Herausbildung oder Stützung sozialer Identitäten zuzuschreiben. Doch sie sind im weiten thematischen Feld zwischen Globalisierung und Lokalität möglicherweise (das ist eine empirische Frage) ein wichtiges Bindeglied. Und sie lehren uns, daß in Zeiten reflexiver Moderne die Lebensführung von Beschleunigungen und Auflösungen *und* von der Suche nach geeigneten (neuen?) Wurzeln, Bindungen und Lokalität geprägt ist - und dies wahrscheinlich in höchst unterschiedlichen Ausprägungen, die mit Merkmalen der Sozialstruktur kovariieren. Vielleicht gelangen wir auch zu Milieumustern, die mehrere Arten von "Bezugsgeweben" zugleich verkörpern - gerade in Zeiten der tiefgreifenden Umbrüche und Neuorientierungen.

Einen weiteren konzeptuellen Gewinn versprechen zwei zusätzliche Aspekte, auf die hier nur hingewiesen werden kann: Zum einen sollten die aktuellen Beiträge über Theorien der Institutionen und der Institutionalisierung zu den milieubegrifflichen Aussagen in Beziehung gesetzt werden. Denn es versteht sich, daß sozial-räumliche Milieus immer auch Institutionalisierungen verkörpern - aber in welcher Hinsicht und mit welchen Besonderheiten? So könnte etwa die Vermutung diskutiert und geprüft werden, daß die den Milieus zuzurechnenden Individuen in diesem Kontext jeweils eine symbolische Ordnung und die alltäglich praktizierten sozialen Beziehungen reproduzieren (und so die Milieu-Institutionalisierung immer wieder erneuern). Ebenso ließe sich die brisante Frage verfolgen, ob möglicherweise politische Mobilisierung, aber auch politische Resignation daraus resultieren, daß die über Milieustrukturen institutionalisierten Sinnhorizonte und Bedeutungen durch die Praxis der politischen und wirtschaftlichen Akteure verletzt werden.

Zum zweiten sollte uns die Frage der Temporalität weiterbeschäftigen. Wenn es grundsätzlich richtig ist, daß viele Menschen in der späten Moderne unter einem Zuviel an Beschleunigung leiden, dann birgt das sozial-räumliche Milieu offenbar ein anderes Zeitmaß in sich. Dies gilt, auch wenn hier einer prinzipiellen Dynamisierung des Milieubegriffs das Wort geredet wurde. Zu dieser Frage müßte auf die kulturgeschichtlichen Wurzeln der okzidentalen spezifischen Zeiterfahrung zurückgegriffen werden, die fast immer den (futurischen) Blick auf Ziele und Zwecke gerichtet hat und andere Sinnkonstituierungen mißachtet.

Auf die eingangs erwähnten Zusammenhänge mit einer Moderne-Auffassung, die sich gegen das Ewige und Dauerhafte abhebt, sei nochmals hingewiesen. Ich bin der festen Überzeugung, daß die Konstituierung von sozial-räumlichen Milieus gerade darin einen Grund findet, daß durch sie eine angemessenere Organisation der alltäglichen Zeit gelingen kann.

Neben einem so strukturierbaren Untersuchungsfeld lassen sich noch einige Hinweise für Fragen der Stadtentwicklung, der Planung und des "Milieuschutzes" anfügen:

Eine Kernaussage dieser Überlegungen besteht darin, daß Milieuverhaftungen der Menschen in vielen Fällen Resultat ihrer eigenverantwortlichen Lebensführung sind und insoweit sowohl sozialstrukturell stark differieren als auch kontingent sind. Es ist daher durchaus offen, in welchem Maße für ein angebbares Gebiet überhaupt Milieustrukturen identifizierbar sind und - vor allem - für welche sozialen Kategorien von Bewohnerinnen und Bewohnern welche Milieuverhältnisse zutreffen. Eine Beschränkung der sozial rekonstruierten Milieus auf Stadtteile oder Gebiete mit Verwaltungsgrenzen erscheint nicht sinnvoll, ja verfälschend. Vielmehr ist von Milieu-Reichweiten höchst unterschiedlicher Art auszugehen.

Das hat Konsequenzen für die Politik der Stadtentwicklung. Zum einen wird bei den Menschen die Bereitschaft zur Partizipation trotz zunehmender Distanz von der Lokalität erst wieder wachsen, wenn sie in den real stattfindenden örtlichen und regionalen Entwicklungen wirklich geeignete Reaktionsformen auf Globalisierungseffekte sehen können; diese Perzeption ist gegenwärtig wenig verbreitet. Zum anderen wird sich eine - die sozialen Folgen von Rahmenplanungen und Maßnahmen des Stadtumbaus beeinflussende - Bedeutung von Milieustrukturen nur in dem Umfang ergeben, in welchem sich zahlreiche milieuhafte Beziehungen von Bewohnerinnen und Bewohnern überlagern, also das konstituieren (relativ dauerhaft), was von Chombart de Lauwe in den 50er Jahren und später von Pierre Bourdieu als "sozialer Raum" bezeichnet wurde; dieser ist - als Totalität - nicht planbar.

Zukunftsfähige Potentiale versprechen solche Milieus, die nicht in territorialer Sicht rekonstruiert werden (Behälter-Raum), sondern deren Art und Gehalt durch Befragung und teilnehmende Beobachtung im Kontext der Praxis von Akteuren (auch korporativen Akteuren) ausfindig gemacht werden können. Es sind nicht von vornherein die typischen älteren Quartiere, die Milieus der reflexiven Moderne repräsentieren (sie können daher auch nicht ohne Argumentation einfach "geschützt" werden), sondern es sind die im ersten Blick diffusen, verdeckten raumbildenden Handlungsmuster, aus denen auch Neues generiert wird. Die Frage nach der Persistenz und nach der Chance für "re-embedding" bleibt (bleibt!) aber die Herausforderung in einer Zeit der Auflösung.

Die Erfahrungsräume sozialer Milieus – zwischen Routine und Emergenz

Geographisches Institut
der Universität Kiel

Richard Grathoff

Planerisches Handeln in Milieu und Raum[1]

Wenn Praxisbereiche zu beschreiben sind, die Theoriestücke aus Nachbarfeldern reflektieren, ist Obacht geboten. Nicht nur, weil Beobachten und Beschreiben zu den ersten Tugenden jedes wissenschaftlichen Tuns gehören, also die Schrift und ihre Sprachen auch jede Wahrnehmung mit steuern. In der Gegenbewegung wird ein Schuh für das praktische Tun des Landvermessers und ein Maßstab für den Planer daraus, mit dem auch der Alltag und jedes alltägliche Milieu in Gang und innovatorische Momente ins Spiel kommen. Das Milieu der Person und der Raum des Handelns müssen "adäquat" fürs Problemlösen sein: Soll heißen, es muß hinreichende Ressourcen geben, die im Handlungsvollzug "auf dem Spiel" stehen können. "Potestativität" der Handlungsausführung hatte Schütz dies genannt, obgleich er ihre spielerischen Aspekte noch nicht erkannte. Sind auch diese Ressourcen ausreichend, um einen Entwurf planerischen Handelns auszuführen, so kann der Raum des Alltäglichen "milieuadäquat" genannt werden. Dieser definitorische Zusammenhang von Raum und Milieu soll hier geprüft und sich als nützlich erweisen: Ein adäquater Raum bringt Zeitlichkeit des Wirkens ins Spiel von Ruhe und Bewegung, auch des Schlafens und des Wachens im Milieu, des Spielens und des Arbeitens. Die "Spieler" werden im folgenden als "symbolische Typen" diskutiert. Mit ihnen beginnt und entfaltet sich auch jedes Problemwahrnehmen. Kurzum: Das Milieu ist eine besondere Ressource jedes rationalen Handelns, das anfangs zum Problemerkennen einen "Starter" braucht, um Problemlösungshandeln zur Wirkung zu bringen.

Wo Probleme über den normalen Rand der üblichen Logik von Problemlösung und Verfahrenskenntnis hinauswachsen, öffnet sich ein außerordentliches Feld der Neuerung. Es kommen "Paradoxien" des Logischen oder "Inkonsistenzen" des Typischen (oder ähnliche Titel für die Hilflosigkeit traditioneller Theorietechniken) ins Spiel. Hier kann die Milieu-Analyse nützlich sein. Im intuitiv logischen Sinne (Hermann Weyl) hat das Milieu den Möglichkeitsstatus des "Modals". Es kann modale "Potestativität" einmal "von außen" wegen unzureichender Wirkkräfte in die Ordnung von Praxisbereichen einführen, andererseits aber auch "innere" Theoriestücke zur Variation kreativer Neuerung

---

[1] Dieser Essay wird meinem Bielefelder Kollegen, dem em. Prof. Dr. Dietrich Storbeck gewidmet, in Erinnerung an gemeinsames planerisches Handeln im lokalen Milieu der Fakultät und im globalen Raum der Internationalen Soziologie.

bringen. Inneres wie Äusseres wirkend, indiziert es Räumliches. Als "Struktur von Inkonsistenzen" sind diese Kontexte seit langem bekannt. Aber seine Erforschung beschränkte sich bislang auf sogenannte "symbolische Typen", also auf Handlungsanalyse. Wie steht es aber mit dem Raum? Letztendlich mit Raum und Zeit als lebensweltliche Dimensionen?

Vielleicht gelingt es in der gegenwärtigen Diskussion raumplanerischen Handelns, innovatorische Zwänge des Planungshandelns auf diesen oder jenen Begriff und damit auch zur Theorie-Neuerung zu bringen? Kritiker könnten einwenden, dann sei das Milieu nichts anderes als Feuerwehr oder Katastrophenschutz für Notlagen in Theorie und Praxis, und sie haben nicht ganz unrecht. Für andere Epochen galt das sicherlich. Totalitäre Systeme pflegen derartige Optik zum "Gesellschaftlichen Nutzen" umzumünzen. Kurzsichtig nur jene, die vergessen, daß von Epoche zu Epoche auch die Problemlagen ihre historisch verschiedenen Gestalten haben. Das optische Feld muß nicht mit cartesischen Brillen betrachtet werden, wo ein Prisma des Diffusen eher "angemessen" sein kann. Florian Znaniecki behandelte dies in einer Expertise, die er 1953 für die UNESCO schrieb. Aber sein Thema "What are Sociological Problems" kam zwischen "Eisernen Vorhängen" nicht mehr zur Sprache. Versuchen wir es erneut! Die Soziologie der Systeme in Wirtschaft und Gesellschaft von Markt und Herrschaft postuliert Kontinuität ohne empirischen Beleg. Symbolische Typen sind nur ein Anfang.

Damals wie heute hatte die alltägliche Dramatik des epochalen Wandels jedes Wahrnehmen tradierter Normen diffus gemacht und das Beschreiben von Normalitäten, die ins Spiel der jeweils herrschenden Ordnung zu bringen sind, erschwert. "Vom Nutzen der Milieuanalyse für die Arbeit der Raumplaner und Regionalforscher" hätte ein alternativer Titel für diesen Beitrag sein können, aber es wurde abgeraten. Man soll der Arbeit nicht vorschreiben, was nur aus eigenen Vorschriften leben kann und stets die Vorschriften anderer erleiden muß. Schon für diesen Widerspruch - die vorsichtig angedeutete erste Maxime unserer Problemlösung - ist Rückgang aufs Milieu angesagt. Aber wessen Milieu?

Das Milieu des Schreibers oder des Lesers ist kaum empfehlenswert, da dort bereits die Cartesianischen Paradoxien von Subjekt (subjektiver Sinn) und Objekt (objektive Vernunft) lauern, um uns jeden Verstand des Arbeitens und wirkenden Handelns zu nehmen. Das Kollektiv der Milieus ist ebenso trügerisch, da es nicht selbst arbeitet, sondern nur vorschreiben oder berichten kann, was ein abstrakter Typ zu leisten hat. Also bleibt es - so die zu suchende "Vorschrift" der gegenwärtigen Überlegung - einerseits bei der Singularität *des* Milieus, das ein symbolischer Typ "repräsentiert", andererseits bei der einen oder anderen Pluralität, um zur wirkenden Leistung der "Theoriestücke" in "Praxisbereichen" zu kommen. Die "Singularität" wird durch den Namen des "symbolischen Typs" (d.h. oft sein Herkunfts-Milieu) hinreichend bestimmt. Diese These kann in praktischer und theoretischer Hinsicht diskutiert werden. Mein Beitrag versucht, in der gegenwärtigen Diskussion - Anlaß auch dieses Bandes - das "Leitmotiv des Milieus" zur Resonanz mit architektonischen Neuerungen der Raumordnungspraxis zu bringen.

Praktisch hat meine These zwei Gründe, die hier nicht auszuführen sind. Einmal spielt die Singularität kreativer Milieus in der "modalen Logik" (Hermann WEYL) eine entscheidende Rolle, wo zwar normative Sätze (wie "A = B ist beweisbar") auch logifizierbar sind, aber nicht der autorisierende Satz "Ich habe A = B bewiesen". Sind wir gezwungen, wie im gegenwärtigen Kontext, die Grenzen und Schranken der Logifizierbarkeit (als zumindest Bestimmungsmoment der Rationalität) zum Problem zu machen, bietet Hermann Weyl mit seiner "intuitiven Nachbarschaft" eines der bestgeklärten Felder. Nachbarschaftsforschung ist nichts anderes als Milieu-Analyse. Auf der anderen Seite jener logifizierbaren "Münzen" geht es um "Logikalität", die von der Logik des Charles Sanders Peirce so weit entfernt ist, wie die Musik von der Musikalität.

Haben wir so einen "logischen Grund", die Singularität des Milieus zu achten, ohne zur Begründung hier antreten zu können, so liegt ein zweiter "kategorialer Grund" in der gegenwärtigen Lebenswelt-Diskussion vor. Auch diese ist noch nicht voll entwickelt, aber so absehbar, daß dem Praktiker ein Verfahrensweg plausibel werden sollte, auch wenn der Theoretiker darüber noch schlaflose Nächte haben kann (vgl. M+L). Im Schütz-Gurwitsch-Briefwechsel (und Briefe gehören ja zum vornehmsten Teil alltäglicher Praxis) werden von Schütz kategoriale und klassifikatorische Ordnungen getrennt (also "Gattungen" von "Systemen", wenn ich das Konstanzer Vokabular so lesen darf), aber all dies (so Gurwitsch in seinen späteren Arbeiten) kommt noch nicht schlüssig zu einer Neuordnung von handlungsrelevanten Bewußtseinsfeldern. Vermutlich erst nach Lösung des Schützschen Vorschlags, Typus und Eidos nicht mehr kategorial zu trennen, sondern sie "einstimmig" (evtl. im Milieu?) zu bestimmen, könnte der Weg frei sein. Als Wegmarkierer sollten drei kategoriale Neuerungsbegriffe nützlich sein, die in unterschiedlichsten Kontexten erforscht wurden: Während die *Konstanz* von Wahrnehmungsstrukturen trotz aller Studien zur Konstanz-Hypothese nach wie vor höchst problematisch bleibt, ist ihre *Konsistenz* (so meine Dissertationsthese) wohl über symbolische Typen feststellbar. Aber wie soll man diese auf Dauer setzen (d.h. kontinuierlich im Raum und auch zeitlich kontinuierend), außer sie *mit einem Namen zu benennen*? Wie aber steht es mit der Kontinuität sozialer Zusammenhänge? Riemannsche Räume verfügen mit dem Namen zugleich über ihr Formelwesen ("Algorithmen" genannt). Für Parsons oder Schütz gilt das nicht.

"Zille sein Milljöh" oder das von "Professor L." haben inzwischen Karriere gemacht, die im folgenden diskutiert wird. Aber dürfen wir hoffen, zum bislang noch offenen (alten Leibniz-) Problem der *Kontinuität* als drittes Bestimmungsmoment kategorialer Neuordnung einen Zugang zu finden oder wenigstens einen Schlüssel zu entdecken, der eine Lösungsöffnung erlaubt? Die klassischen drei Dimensionen der Euklidik stellten die Geometrie des Wahrnehmungsraumes fest, und nicht irgendwie, sondern mit Formeln berechenbarer Räume. Sie wurden in der hellenischen Baukunst von Plovdiv bis Alexandria gefeiert: Kein Tempelbau hält, was er ewig verspricht, wenn seine Versprechen nicht auch berechenbar sind. Oder (im Rückwärtsgang gedeutet): Kein früheres architektonisches "Weltwunder", wo die Geheimnisse des Pythagoras und seiner Algorithmen nicht bereits gelöst wären.

Bereits seit Riemann sind die euklidischen Paradoxien der kleinsten und der größten Ordnungen aufgewiesen, aber die Mathematiker seiner Zeit (von Helmholtz bis zum jungen Husserl) hielten Riemanns Einwände für falsch. Erst Einstein (und am radikalsten Hermann Weyl haben das korrigiert: Ob man sie "epochal" erneuern kann? Für den "Seh-Raum" alltäglicher Distanzen und die intimen Nähen leiblicher Nachbarschaften sind vielfältige Kritiken bekannt (Merleau-Ponty). "Modale" der "Nach-Kopernikaner" sind vom späten Husserl bereits vorgezeichnet worden. Husserl in seiner Selbst-Zeichnung als "Raumfahrer" ist zum symbolischen Typ geworden. Entwirrt sich so die gegenwärtige Milieudiskussion unter den Raum- und Regionalplanern? Was wird andererseits von ihnen, mit gutem Recht planerisch-praktischer Verantwortung, ins Verwirr-Spiel der Milieu-Akrobaten zurückverwiesen? Dem Zirkus der diversen "Theorie-Sektionen" - mit größtem Respekt für Akrobaten wie Zuschauer - ist im folgenden noch besondere Aufmerksamkeit zu schenken, obgleich noch ungenügend in der hier verlangten Kürze des Textes.

1 Zille sein Milljöh[2]

Das scheinbar harmlose "Sein" dieses Titels macht die Differenz zum von uns verwendeten Milieu-Begriff deutlich. Es geht nicht um das Sein von Soll und Haben, der Besitzenden oder Besitzlosen, um Systeme oder Klassen, sondern ums Handeln *im Milieu und darüber hinaus*. Jeder Umfang oder Inhalt steht als

---

2   Milljöh wurde zur bekanntesten Formel (neben "Schampus" und "Mamsell") des Berliner "Welsch" der Jahrhundertwende. Heinrich Zille (geb. 1858 und damit etwa gleichaltrig mit Simmel, Mahler, Weber) hat im "Simplicissimus" u.a. Berliner ("Lustigen") Blättern das Alltagsleben und Leiden seiner Nachbarschaften dokumentiert. Da ich weder Zilles Schriften noch seine Biographie kenne, kann an dieser Stelle nur eine vorsichtige Distanz (mit Dank für die Musikalität seines uns bekannten Werkes) notiert werden.

allgemeine (universale oder globale) Charakteristik vor neuer Bestimmung. Diese annotierende Klammer (von mir aus skriptologischen Gründen der Vorandeutung für Folgendes benutzt) wird sogleich gelöst: Universale Charaktere, die überall und nirgends, im Kleinsten wie im Größten wirken sollen, sind typisch für cartesisch-kopernikanische Begriffs- und Theoriebildung. Wir leben im Übergang vom Universalen zum Globalen. Im epochalen Sinne ist daher jede Rede vom "Universe of Discourse" als umfänglichster (universaler) Zusammenhang "passé": Logische Gründe verlangen Beschränkung auf "die Mitte" - das "Milieu" -, wie es Zille erkannte und malte.

Wie immer (s. Teil 4) mittels der Grenzen und Schranken des "Globus" eine "Globalisierung" von Milieus erreichbar ist: Jedenfalls sind Werkzeuge alltäglicher Kommunikation, nämlich die der Schrift und des Schreibens, bislang in Handlungsforschung und auch in Milieuanalyse völlig unbeachtet geblieben. Was bedeuten Schriftwechsel z.B. vom Hebräischen zum Alt-Deutschen bei den jüdischen Emigranten in ihrem Berliner Milieu um die Jahrhundertwende? Oder dann zum Lateinischen? Totalitäre Schriftvorschrift (wie im japanischen Korea oder im russisch-sowjetischen System der Kyrillisierung)? Was impliziert ein Wechsel von Instrumenten und Materialien des Schreibens für die Schriftsteller (ein schöner Begriff für unsern "tribe") und was für ihre Welt der Schrift? Zille sein Milieu war zwar "schriftarm", aber nicht schriftlos: Es wurde von Vor-Schriften überwältigt.

Praktisch und theoretisch sind Schrift und Bild eins, ob sie nun vom Milieu des Handelns betrachtet oder gezählt, berechnet, beschrieben werden. Das gilt vor allem im Berufsfeld der Raumplanung und Regionalforschung. Der Plan des Architekten, das Bild des ersten Entwurfes wie des späteren Reporters oder Malers, der Sozialbericht über den heutigen Slum sind *eins* in einem bestimmten Sinne, nämlich, mit Zahlen und Notationen und Worten (bei Zille: mit Farben und Figuren) soll *beschriebene* Wirklichkeit zur Sprache kommen. Wie praktische von theoretischen Texten zu unterscheiden sind, muß uns hier nicht kümmern. Planung und Ausführung jedes Handelns leben aus anderer Differenz. Wie sind die *Realitäten* von Traum und Phantasie - auch der Ideologie - von Wirklichkeiten zu trennen, vom wirklich Wirkenden, das Handeln "in der Tat" motivieren kann? Dazu genügen "global" nicht die Zeichen (Notationen) der einen oder anderen Schrift, sondern Zeichenkombinationen, die man "Formeln" nennen kann. Die Maße und Gewichte jeder Epoche sind Schlüssel zu ihrem Formelwesen.

Betrachten wir die elementaren Akte des Schreibens, wie Zille seinen berühmten notizbereiten "Schupo". Wer Zeichen setzt, wie das Griechische "$A + \Omega$" oder jenes "INRI" der Römer am Kreuz, notiert einen Namen, seine Anzahl und Zeit, vielleicht eine Formel. Jede Notation schleppt ein ganzes Netz von "purports" mit, von Zeichengeschichte durchs Milieu und über dieses hinaus und auch zurück. Man darf diesen Peirceschen Zeichenbegriff nicht zu voreilig formalisieren, wie es erst die formale Logik, dann die neuere Semiotik, angeführt von Charles Morris, versucht haben. Sie bringen dabei keine Formel auf einen Begriff des Begreifens ihrer Worte. In der Person des Schreibers wie jedes Lesers hinterläßt das Schreiben wie Lesen "gravierende" Spuren. Das gilt nicht nur für Formeln, sondern allgemein. Mag sein, daß der Soziologe Talcott Parsons das an den wenigen poetischen Stellen seines Werkes im Sinn hatte, als er mit "Fabric of Thought" derartiges kennzeichnen wollte. Das personale "Textil" des "mémoire collective" (Maurice HALBWACHS) wirkt - sozusagen "kreuzläufig" mit Zeichen und Formeln - am epochalen "Webstuhl der Zeit". Die euklidischen und die kopernikanischen Epochen unterscheiden sich in ihrem Formelwesen. Ins Zukünftige von Milieu und Lebenswelt reichen erst einmal nur Metaphern, die den Übergang vom egologischen (subjektiven) Sinn zum epochalen der Lebenswelt indizieren.

Wenn es der Übergangsforschung auch "formal" gelingt, berechenbar "Rationales" zu trennen, etwa von Tradition oder Charisma, dann sollte - nach Schütz und Weber - noch kein Formelwerk mitwirken. Diese Frage ist heute nicht entschieden. Fragen wir die Schrift, unser Schreiben und das der Schriftsteller: Jedes Zeichen wird rasch zum Symbol, das "A + Ω" zum Anfang jeder Zeit in ihrem Ende, das INRI zum Göttlichen. Schreiben heißt immer erst Anpassen an Vor-Schriften. Schrifttheoretisch kommt hier der angepaßte, Zeichen wie Symbole produzierende Zeitgenosse ins Spiel, dem schnell das System zum Ersatz von Zeichen wie Symbol wird. Der Computer (oder die "Kompüter" im bulgarisch-deutsch einer jungen Schriftstellerin) haben derartige Produktionen inzwischen automatisiert. Schreiben wir z.B. ein Zeichen (LW) mit einem PC oder an irgendeine Tafel oder Wand, auf ein Blatt oder als Marginale in ein Buch, so indiziert diese Schreibweise bereits (LW) als Formel für verschiedene "Werk-Zeuge", zum Einbinden von Milieu und Raum. Blätter und Wände sind so alt wie die griechischen Strände des Sokrates, der seinem Menon die Zeichen des Inkommensurablen in den Sand schrieb, da ihm kein Papier verfügbar war.

Was vom Schreiben bleibt, wenn die Textur der literaten Webstühle demnächst keine Bücher, sondern "elektronische Journale" produziert, wie die Macht der programmierten Vorschriften gezügelt werden kann, das sind *die* Fragen unseres heutigen Schreibens. Meine These: Mithilfe polyphoner *Schriften*, die in den verschiedensten Kulturen "gelten" (vom Latein zum Kanji, von den arabisch-indischen Zahlen bis zur modernen Notation in Tanz und Musik) kommt es zu "Nachbarschaftskulturen", in denen eine Formel (LW) zur Wirkung kommt, nämlich mittels ihrer vielfältigen Sprachen. Formeln sind nicht sprachgebunden. Da sie andererseits sehr "dichte" Schriftkomplexe sind, werden Formeln selbst "verdichtend" wirken. So wird eine "fabric" (das Gewebe des Milieus) gewirkt, erhält seinen jeweiligen epochalen Stil, der sich im Erinnern zur Erinnerung "wirkend" verknüpft.

Der "vorsprachliche" Charakter von Musik und Mathematik, in anderen Kontexten nicht so leicht verstehbar, hat seinen Schlüssel in der Tatsache, daß die Notationen der Musik wie die Zahlen der Mathematik eigene Schriften sind, die aber nicht an eine Sprache gebunden sind. Mit dem Schlüssel des Verschriftens von (LW) ist es ähnlich: Wie aber sollen Formeln wie (LW) wirken, mit oder ohne Sprache? Meine gegenwärtige Aufgabe, den Nutzen derartiger Milieu-Analyse dem "Praktiker" zu zeigen, der in Raum und Region mit vielerlei Formeln arbeitet, ist von ihren alltäglichen Wirkensweisen bestimmt: Ist die Rede vom "Raum" im Städtebau auch eine "Wirkens-Rede" der Schrift und des Schreibens?

Die Praxis kann bei diesem Thema einmal nicht vom Historiker verwirrt werden. Die Geschichte der Schrift als Handlungsgeschichte des Schreibens ist neuesten Datums: Die Skriptologen um Albertine Gaur ("A History of Writing", London, 1984) haben das museale Meisterwerk einer Neuordnung ihrer gesamten Schriftkulturen im Londoner British Museum geschafft. So wurden z.B. die Epochen der Kelten, die früher "materiallogisch" nach *Stein* und *Eisen* und *Bronze* getrennt wurden (die sich bekanntlich schlecht oder gar nicht zum Schreiben eignen), von den Anfängen in Kretas Linear A- und B-Schriften bis zum irischen frühen Bibeltext "skriptologisch" neu geordnet. Die Anschauung dieser besten Sammlung von Schriftmaterialien aus aller Welt und ihre hermeneutische Aufarbeitung führten zu drei soziologischen Kategorien, die jede Schrift zur Ordnung bringen sollen. (1) Schrift als *Produkt* (The Origin of Writing) und ihre Entschlüsselung (Decipherment). (2) Das Schreiben von Schrift als *Beruf* (the Scribes in Society). (3) Das *Werkzeug* (vom Papier zum Bleistift).

Geschrieben wird selten auf dem Markt, noch weit weniger auf dem Schlachtfeld, sondern im Milieu: Der Schreiber schützt sein Werkzeug und sucht die Ruhe (des "Standbeins", wie es Ulf Matthiesen einmal nannte oder des "Hosenbodens" im Deutsch meines polnischen Freundes Szacki), jeder eben nach eigener und leibzentrierter "Fassong". Im Milieu verbirgt sich auch die Schrift vor dem Zensor und der Übergewalt. Die Schrift des Geldes, im Paß oder Visum, kann nicht nur Leben retten, sondern auch "LW" zerstören: Die von Gurwitsch so genannte "Passologie" wird zu einer skriptologischen Spezialität. Ihr besonderer Charakter: Um Etwas zu zerstören, muß Es erst einmal sein, nicht nur als Formel, sondern wenigstens als Namen bekannt. Es hat gute Gründe, die Formel (LW) nicht "Lebenswelt" zu nennen - erst recht nicht "Milieu" -, sondern in ihr eine Formel für die *Welt der Schrift* zu erkennen.

Die Passologie, d.h. die Lehre vom Paßwesen (samt Datenschutz und Visa-Regularien), blieb vielleicht darum soziologisch so unterentwickelt, weil die Verschriftung (nicht nur die "Beschreibung") der Lebenswelt noch in den Anfängen steckt. Sollte ihr Welt-Charakter wesentlich und ursprünglich von (LW) herrühren, so sind totale Formalisierung und Mathematisierung der Lebenswelt (für Husserl ein Stigma) erneut zu klären. In der Passologie wird der Mensch zur Nummer, seine Biographie "zählt" nur noch Elemente von (LW). Husserl nennt das eine "Mannigfaltigkeit", die in Mengen und Systemen weiter formalisiert.

Die alltägliche Leidensgeschichte von Passologien ist keineswegs nur östlicher Herkunft. Zille und der Hauptmann von Köpenick waren Zeitgenossen. Für sie war (LW) gleicherweise eine Formel des Erlebens der Zensur und der Übergewalt: Aber ohne Analyse des Milieus, ohne Öffnung der personal-subjektiven Ressourcen von Leiderfahrung und Repression bleibt die Formel (LW) grund- und bodenlos.

Wer Häuser baut und Siedlungen plant, hat teil an der "Übergewalt". Wer Städte aus dem nihilen Netzwerk von "Betonplattenverankerungen" und "Schlafstadteinsperrungen" befreien will, wo ist das A und das?, der Anfang und die Frage? Mit Schrift und Sprache fängt dieses Leiden nicht an, denn es ist leichter sich anzupassen, als in solchen Käfigen leben zu müssen! Adaption und Anpassung haben ihre milieugenerierten Ursprünge. Mit russischen Kollegen in Moskau und St. Petersburg kommt derartige Rede bald auf *Pavlov und seine animalistische Psychologie:* In totalitär angepaßter Adäquanz zwischen den Produktionsbedingungen des "Dia.Mat.Wohnens" und den Überbauten totaler Versorgung werden jedwede Verhaltensmuster erst entsubjektiviert und schlußendlich objektiv naturalisiert: Erkenntnistheoretisch kopernikanisch, vom Menschenbild her eher byzantinisch.

Bleibt all das Bestand (zumindest Restbestand) eines jeden Milieus? Symbolische Typen haben dann eine Funktion, vergleichbar den Rollen bei Parsons, aber ganz anders motiviert, nämlich, das Milieu "normal zu halten."

Im eingesperrten Pavlovschen Raum dieses Milieus findet der zynische Landser-Spruch "Hunde wollt ihr ewig leben" eine unerwartete "Erfüllung". Der Unterschied ist offenkundig: In "Zille sein Milljöh" wurde noch gemalt und gezeichnet und geschrieben. Wenn es ein vollkommen adaptiertes Milieu überhaupt gibt, dann nur als Formel (LW) im totalen Sinngehalt der Adaption des Alltäglichen an das, was man kaum Lebenswelt nennen könnte, denn restlos entleert ist es nach Husserl eine nihile Modalität: Nach Hermann Weyl ist dieser Modus eine Paradoxie, nach Max Scheler eine überzogene Folge der Weberschen totalen Typenlehre. Also nur ein Streit der Theoretiker mit Quijote?

2 Max Scheler: Der Tintenfisch-Romantiker

Die öde Baukultur wird zur Öde alltäglicher Aktion und Reaktion eines jeden angepaßten Überlebens: Grenzen des Achtens und Beachtens zwischen Person und Gesellschaft verfallen mit dem Verfall jedweder Nachbarschaften. Will man die Person regenerieren, sollte man als erstes den Gesellschaftsbegriff fallen lassen. Nicht, weil es Gesellschaft nicht gibt. Insbesondere die Schematismen des nach Pavlov (oder Luhmann) formatierten Sozialverhaltens begreifen (außer in der Theorie) nicht die Vielfalt des sozialen Raums. Bereits im Theorieansatz sind sie unverträglich mit den von Max Scheler und dessen Schüler Aron Gurwitsch entwickelten Theorien des Milieus. Jedwede Weltanschauung, d.h. auch die der (LW) in ihrer Formelwelt, in allen anthropologischen Formen sozialen Verhaltens, gründet im und begründet das soziale Milieu. Es "füllt" den Raum, aber nicht als Container, sondern als lebensweltliche, d.h. noch nicht formalisierte Fülle. Die bedrohliche Redundanz dieser Formel verlangt nach radikaler Neufassung der Typen und Formen auch des Sozialen.[3] "Symbolische Typen" und "lebensweltliche Formen" haben Brückenfunktionen in diesem Aufbau einer sozialen Welt.

Max Weber kontert (im Grunde auch gegen Schütz) mit seinem berühmten Verweis all solchen Tuns in den Bereich politischen Handelns. Nur Tintenfisch-Romantiker (wie SCHELER) sähen das anders. Dabei ist der Unterschied zwischen Pavlov und Scheler für die Konstitution von Gedächtnisformen entscheidend auf jenen Punkt zu bringen, dessen Anker letztlich in der "modalen Logik" zu suchen ist: Das Milieu konstituiert Freiheitsgrade des Entscheidens und bringt das Wählen zwischen Handlungsentwürfen (vor allem: in schriftlichen Formen) überhaupt erst zur Sprache. Pavlovs total angepaßte Gesellschaft notierten jene andere, innerhalb wie außerhalb jener Betonzellen, die als passologischer Bestand schriftlich erfaßt und auch im letzten Winkel ihres Milieus

---

[3] Keiner erkannte das schärfer als Max Weber selbst, der an dieser "Front" - durchaus als Kämpfer typologischer Neu-Ordnung der Gesellschaft - die Formel der Tintenfisch-Romantik gegen die Phänomenologen verwendete. Schelers Erinnerung im Zitat: "Sehr charakteristisch war daher die in Gesprächen und in Werken immer wiederkehrende Haltung, die Max Weber einzunehmen pflegte, wenn man ihm Rationalismus... vorwarf... Dann pflegte er den Spieß umzukehren: Gerade wir anderen, die er abwechselnd mit den Titeln "Phänomenologen, Intuitionisten, Tintenfischromantiker... usw." ziemlich wahllos bedachte, seien die wahren Rationalisten, da wir ja das irrationale Erlebnis, das nun einmal "Schicksal", "Dämon", kurz: wahrhaft unintelligibel und rational sei, fälschlich rationalisieren wollten,... wo ausschließlich der individuell *freie* Entschluß, das Fiat des Willens... zu entscheiden habe." Max Schelers "Gesammelte Werke" Bd. 8 (Die Wissenschaft und die Gesellschaft), Zusätze aus dem Nachlaß: S. 432 (Ein Ms. aus 1921).

notierbar waren. Formeln sind formatierbar und in jedem Datenregister zu verorten.

Die oft naive Rede von einer kommunikativen Kompetenz, die Freiheitsgrade nur einebnen (aber nicht schaffen) kann, vernichtet (kolonialisiert) selbst die Formel der ("LW"). Die Formalisierung selbst wird stigmatisiert. So kommt sie bei Habermas, wenn nicht aus der schriftlichen Notiz, doch schlußendlich aus einer Adaption an die Logik der Forschung. Es sorgt nur die Schrift für systemische Vielfalt, die in *Pavlovs System* zur Einfalt der Versorgungsfrage (wie kommen wir durch diesen Winter?) erst einseitig adaptiert und dann allseitig degeneriert. Ist Kommunikation ohne Trennung von Schrift und Sprache überhaupt auf emanzipatorische Charaktere zu untersuchen?

Zur Antwort ist ein Rückgang nützlich, den Habermas (im Dickicht der LW verwirrt) nicht wagt. Sollte man mit Schriftkunde nicht dem Sprachengewirr zu Leibe rücken? Aber sein Entschluß, sowohl (mit Gadamer) eine Text-Hermeneutik als auch (mit Apel) eine normative Kommunikationslehre aufzubauen, führt zu keiner Neuerung der "Logik der Forschung", da nirgends ein Grund oder Anker seiner Begriffs- und Theoriebildung auch nur in der Nachbarschaft der Logik gesucht wird. Daß er diesen - für ihn - bodenlosen Grund nicht sucht, ist bekannt. Aber Habermas verpaßt im "sowohl-als-auch" seiner Diskurs-Ethik den "Widersinn des positivistischen Unternehmens", wie Scheler es nannte (S. 430), das Habermas zu geißeln bis heute nicht müde geworden ist. Seine 68er Generation, für die er zum Sprecher wurde, verwirrte sich selbst die Sicht auf jene Ordnungsprobleme der Vorkriegsjahre, an die allzumal und allerseits heute angeknüpft wird. Fällt die "Textur" aus, wird der "Webstuhl" vernichtet, so bleibt dem Milieu nur die Pavlovsche Adaption.

Alfred Schütz und Aron Gurwitsch kamen (wie Karl Löwith, Helmut Plessner) aus der *Ordnungsdiskussion der zwanziger Jahre*, in der sich die Fragen nach einer epochalen Neuordnung der "Erde" in ersten Umrissen klärten. Ihre Arbeiten suchten neue Zu- und Übergänge in einer aus allen Fugen sich lösenden Welt mit ihren vormals als "selbstverständlich" geltenden Gesellschaften. Selbst die stärksten Wegweiser des Vergangenen (Diltheys "Aufbau der geschichtlichen Welt": 1920 posthum veröffentlicht) hatten in der Zwischenkriegszeit noch keine globalisierende Kraft. Sie treiben bis heute nach dem Untergang der einen wie der anderen deutsch-eigenen Welt die Generationen zwischen Husserl und Scheler, zwischen Max Weber und Emil Lederer in zwei mit- und gegeneinander sich restlos erschöpfende und fast unvereinbare Positionen: *Max Webers* auch das Nichts nicht fürchtende reine Ethos wissenschaftlichen Tuns auf der einen und *Heideggers* auch das Nichts voll ausschöpfender Genius auf der anderen Seite. Milieu und Raum werden von daher existentialistisch gedeutet. Aber das ist Vielfalt nur sprachlicher Deutung, während alle Texte in der einfältigen Schönheit altdeutscher Buch-Staben zu lesen und zu lernen waren. Die Katastrophe des lebensweltlichen Verlustes aller europäischen Wissenschaften nimmt ihren Lauf. Edmund Husserl bleibt im Freiburg der späten dreißiger Jahre nur noch die Mahnung, die Krisis der europäischen Wissenschaften im Verlust ihrer Lebenswelt könne zur epochalen Katastrophe werden. Wo ist der Raum, so Husserl, den die Nachkopernikaner als "Lebenswelt" entschlüsseln könnten?

3 Das Milieu symbolischer Typen: von 'Alyii (im Sinai) zu Konopka (in Dortmund)

Zur Theorie des *Milieus*, in den bis heute vorliegenden Fassungen, gibt es zwei unabhängige *Zugänge*: Von Max Scheler zu Aron Gurwitsch und von Maurice Halbwachs zu Erving Goffman. Der beide verbindende Zusammenhang sollte - wie die Forschung der letzten Jahre zeigt - mit "symbolischen Typen" gebildet werden. Sind Übergänge prekär, wie beim Schreiben mehrerer Schriften in verschiedenen Sprachen, sind Schriftwechsel wie der Zeitenwandel "symbolisch" zu sichern. Der Kalender notiert den Tag- und Jahreswechsel in Zahlen und Ziffern nicht nur für eine Kultur, sondern auch für ihre Nachbarn. Die Insignien der Namen und die Daten von Neugeborenen oder Verstorbenen können zu Formeln werden ins Jenseits. Die ersten Land- und Seekarten der klassisch-mediterranen Welt in der Euklidik und besonders später die Byzantiner ordneten den Kosmos für die Hin- und (was meist noch wichtiger ist) auch für die Rückkreise. Nomaden haben keine Karten und kehren immer zurück: Sie reisen mit und in ihrem Milieu. Auch heute? Was sind die "Seh"-Karten der Nach-Kopernikaner? Und was tun, wo selbst die "Sehkarten" keine Ufer anzeigen für den, der - wie Aron Gurwitsch in seinen Kursen an der New School - nach anderen "Seh-fahrern" suchte, die auf der "uferlosen See des Vorkategorialen" trieben.

Aber gibt es nicht wenigstens Notizen für den "symbolischen Typ", der in See sticht, ohne die Stiche der Welt zu verstehen? Unser Sehen ist nicht auf Sprache angewiesen, wohl aber aufs Schreiben. Aber wieviele Schriften sind uns zugänglich? Wir sehen "Karten" in fremden Schriften und erkennen nicht, daß sie Wege anzeigen: Als Seh-Karten erst sind sie nützlich. Die ersten Schriften notieren in Zahl und Zeichen, übersetzen von einer Sprache in andere und für andere.

Unabhängig von Sprache sind die alten Schriften des Ostens (vom Kanji der Japaner bis zum Algorithmus der Arabischen Zahlen). Im Zusammenhang mit Landschaftszeichnungen sind dieses Sehkarten: Als "Vehikel" von Übersetzungen sind sie von Anfang an polyphon, vergleichbar mit der Computer-Schrift, die auch als therapeutisches Mittel bei autistischer Kommunikation heutzutage entwickelt und eingesetzt wird. Wo sind (besser: wer sind) die symbolischen Typen, die hier Milieu als Zusammenhang stiften? Es gibt vielfältige (multiple) Sinnzusammenhänge - eine von Schütz nicht diskutierte Schlüsselthese des Zugangs zu den "Enklaven" alltäglich "verschlossener" Handlungsstrukturen -, die über Schriften verschlüsselt und zu entschlüsseln sind. Hier kommen "Formeln" zum Einsatz. Die *Mathematik* suchte darin die Schlüssel anfänglich zum Kosmos, zeitgemäßer seit Copernicus zum Universum. Die *Musik* hat - auch für manche ihrer Theoretiker - den gleichen Grund (STASCHEIT) und feierte ihre erste "Hochzeit" im Ordo der Byzantiner: Die Schrift, als Gedächtnisform von Zahlen und Notationen sowohl im Milieu als auch in der Lebenswelt, ist für das Raumverständnis (nicht von "Sein und Zeit", sondern von "Sinn und Zeit") ein bislang nicht diskutierter sinnlich-temporaler Zusammenhang von Gedächtnisformen. Der historischen Schriftforschung ist dies nützlich, um den "Sinnhaften Aufbau" früherer Epochen in ihren Schrift-Welten zu rekonstruieren: Ihre Formel: (LW).

Die ersten Konzeptionen für solche Studien findet man bei Maurice Halbwachs. Als Schüler von Emile Durkheim zwar motiviert, überwindet er dessen gesellschaftstheoretisch "kopernikanische" Prämissen. Sein Zugang zu Sprache und Schrift ist das Haus, die Region, das Milieu. Dort gründen seine Annahmen kollektiver Gedächtnisformen. Das Milieu hat er in seinen kulturellen Räumen beschrieben, obgleich zu einer hinreichenden Weiterentwicklung keine Zeit blieb. Er starb in Bergen-Belsen. Maurice Halbwachs' *Cadres sociaux de la mémoire* ist über die Sozialtheorie des Erinnerns (des Gedächtnisses) nicht wesentlich weitergekommen. Computer-motivierte Gedächtnismodelle stehen heute im Vordergrund und verkennen völlig den Hintergrund des Milieus. Die Gedächtnisforschung wird ebenso ahistorisch wie ihre Theorien selbst.

Lesen wir also Halbwachs erneut: Das Wohnmilieu, das Haus, der Raum in Stadt oder Land konstituieren Rahmen des Erlebens und des Urteilens (Typisierungs-Schemata in der Schützschen Sprache), deren Herkunft man (nach Max Scheler und Aron Gurwitsch) auch Milieu nennen kann. *"Milieuforschung"* - wie das im Bielefelder Jargon heißt - hat vom Franziskaner-Milieu des Dorfes Mühlen (im vorfriesischen Quakenbrück) bis zur Wirtschaftsgeschichte von Oerlinghausen (Lippe) zahlreiche Details kollektiver Gedächtnisformen aufklären können. *Jörg Bergmann* und *Bruno Hildenbrand* haben in ihren Dissertationen aus ihrer Konstanzer Zeit ganz eigenständige Forschungsanteile bei der Klärung sozialpsychiatrischer Milieus. Beide zögern allerdings, den Milieubegriff operativ zu verwenden.

Dafür gibt es bislang auch gute Gründe (einmal abgesehen vom Stolz und Eigensinn in einer gelegentlich auch unbequemen Nachbarschaft). Denn sobald

Bewußtseinsformen herkünftig als "Seinsformen" oder "Existenzen" ins Spiel kommen, beherrschen beidseitige Existentialisten (linke Marxisten im Verein mit rechten Daseinsanalytikern) unsere Nachbarschaft. Anders *Jörg Dürrschmidt*: In seiner Dissertation "London, the Global City" werden Globalisierungsformen untersucht (extended Milieux), in denen Verbundsysteme zwischen städtischen Kulturen und globaler Vernetzung erkennbar werden. Bislang war es bekanntlich nicht gelungen, den Zusammenhang von Formen des Symbolbewußtseins (Durkheim) und des Halbwachsschen "mémoire collective" genauer zu bestimmen, als diesen Zusammenhang "Lebenswelt" (LW) zu nennen. Ich denke (und biete diese These an), daß dieser bislang ungeklärte Zusammenhang einiges mit Schrift zu tun hat, wenn er nicht sogar - schlicht und ergreifend - durch "polyphone Schriften" unseres je eigenen alltäglichen Milieus des Lesens und Schreibens gesetzt und "verräumlicht" wird.

All diese Milieu-Studien arbeiten mit symbolischen Typen, ohne diese allerdings als ordnungsgenerierend zu thematisieren. Erst Smadar Lavies Studie in Berkeley (im Institut von Don Handelman in Israel ausgebildet) begann das Konzept "symbolischer Typen" systematisch zu nutzen. Handelmans Thesen wären hier im ursprünglichen Kontext der Genese symbolischer Typen zu diskutieren: Sie basieren alle auf Forschungen der letzten Jahre.

1. *Smadar Lavie* und ihre "Mad Women" ('Alyii') bei den Beduinen im Sinai: Die erste Dissertation (aus der Handelman-Schule in Tel Aviv), die mithilfe symbolischer Typen die prekäre, nahezu anomische Beduinenkultur auf dem Sinai erforschte, die im Wechsel israelischer und ägyptischer Okkupation nahezu "aufgerieben" wurde. Wo Rollenmuster völlig versagen, bleibt der symbolische Typ, um eine gewisse *Kontinuität* tradierter Sitten und Gebräuche zu gewährleisten.
2. Konopka: (Ulf Matthiesens Studie der Stahlarbeiter in Dortmund) demonstriert am Beispiel des frühverrenteten Stahlarbeiters seine alltägliche Not, inmitten einer von Frauen dominierten Familie deren Strategien und Taktiken zu begegnen, die *Konsistenz* seines "restlosen" Habitus - weit entfernt von jeder klassenbewußten Attitude - wirksam durchzusetzen.
3. *Yoram Camelis* Circus-Studien in Toronto betonen vor allem den dritten Aspekt symbolischer Typik: Wie im Theater (vgl. RAPP) eine gewisse *Konstanz* zwischen alltäglicher und theatralischer Darstellung zu leisten ist, hat der Zirkus ähnliche Aufgaben. Seine besondere Rolle - bislang soziologisch kaum erforscht - liegt in den sozialen Übergangsformen zwischen Mensch und Tier, Leib und Seele, die vom Clown bis zum Dompteur vielfältige Figuren hat. Mancher Dekan wie andere "Amts-Träger" werden sich in diesen Spiegeln wiedererkennen.

Von Kontinuität in sozialen *Verhältnissen*, deren Konstanz des *Verhaltens* vielleicht nur durch den *Halt* (die exzentrische Haltung bei Plessner), letztendlich also in personaler Konsistenz zu sichern ist. Allerdings bleibt an dieser Stelle kein Platz mehr fürs weitere Detail: Für das unmittelbare Thema planerischen Handelns in Milieu und Raum wäre die weiterführende Diskussion der Erforschung symbolischer Typen auch zu früh. Husserl - in diesem Sinne selbst ein symbolischer Typ - kann da viel weiterführen: der Wandel sozialer Verhältnisse, der nicht nur das Verhalten, sondern den Halt (kurzum: den "Habitus" einer Zeit) umfaßt, da kann von epochalem Wandel gesprochen werden.

4 Die Nachkopernikaner oder Husserl als Raumfahrer

Liest man Husserlsche Spättexte erneut, so wird ein "nachkopernikanisches Programm" erkennbar, das in der Ordnungsdiskussion des Ordnens von Ordnungsfeldern (und das heißt ja "kategorial") gewisse Konturen erkennbar macht. Die Kategorien der *Konstanz* (z.B. des Wahrnehmens) und der *Konsistenz* (z.B. des personalen Handelns) werden - so scheint es mir - als *Kontinuität* des im Raum bestimmter Institutionen (Hospitale, Ämter, etc. pp.) wirkenden Milieus auch personal wirksam: Sie spannen den Raum des Wirkens, insbesondere jedes planerischen Handelns auf (wie es Schütz in seiner Bergson- und Leibniz-Diskussion zur Motivstruktur des Wirkhandelns vorzeichnete). Konstanz, Konsistenz und Kontinuität der *Strukturen* solch ordnenden Handelns *füllen* den einen oder anderen "epochalen" Raum: In der Euklidik zwischen der nachhellenischen und der vorbyzantinischen Epoche wurden diese Füllen zum ersten Mal "ausgemessen". Augustin ist als Theoretiker jener "Übergänge" besonders bekannt. Kategorien der euklidischen Geometrie erhalten eine Kraft zur Vermessung der Welt, die erst im Cartesisch-Kopernikanischen unserer Zeitrechnung zur vollständigen Mathematisierung von Natur und Gesellschaft werden sollte. Kant hat all diese Folgen weder geahnt noch befürchtet. Im Gegenteil: Seine oft zitierte "Kopernikanische Wende", eher Abkehr von den ihm spekulativ erscheinenden Lehren von Leibniz, wird ein Hemmschuh für eine "recht-zeitige" Erkenntnis der sich bald als notwendig erweisenden epochalen Neuerung.

Riemann und Einstein, aber vor allem Husserl und Hermann Weyl, haben wohl als erste die epochalen Grenzen und kognitiven Schranken dieser Wege einer kategorialen Neuordnung aufgezeigt. Eine Diskussion der Mathematiker und Physiker steht noch aus und kann hier nicht einmal angedeutet werden. Die mit Husserl ist - abschließend - rasch, aber auch hinreichend zur Lektüreanregung des Lesers, notiert. Husserl schreibt in seinen Notizen, etwa 1937, in Freiburg (bei letzten Besuchen von Schütz): "Die Erde ist für alle dieselbe Erde, auf ihr, in ihr, über ihr dieselben Körper, auf ihr *waltend* ... dieselben leiblichen Subjekte, Subjekte von Leibern, die für alle Körper sind in einem *geänderten* Sinne. Für uns alle ist aber die Erde Boden und nicht in vollem Sinne Körper." (HUSSERL 1940) Die Erde als Milieu?

Von den Theorien des *Universalen* (Copernicus) zum *Globalen* der neuen Epoche gibt es eines: Die Feste Erde. Das ist keine Metapher, sondern Gegenstandsbeschreibung der "nachkopernikanischen Wissenschaften" von Geologie zur Soziologie, aber vor allem von Logik und Philosophie. Von den Theorien des *Universalen* (Copernicus) zum *Globalen* der neuen Epoche gibt es eines: Die Erde ist stets mehr, als man denkt. Wäre ich ein Vogel, so Husserl, so geht von der Erde ("auf der er nicht-fliegende Erfahrungen hat") als ruhende auch die originäre Ruhe aus, die "ich Erdgebundener" mit allem Irdischen teile. Mein auf der Erde Bewegen sind nur "Kinästhesen der Ruhe", da ich eben kein Vogel bin und keiner sein kann. Die allen gemeinsame Erde wird nur im Zirkus vom Akrobaten provoziert, aber nur, um die Sicherheit des allen gemeinsamen Schicksals, nämlich - so können wir sagen - ins "Milieu Erde" als Ursprung aller Sässigkeiten, auch des Leibes, zurückzumüssen. Selbst der Tod kann dies mit "Beerdigung" nur noch bestätigen. Dieser einfache Satz ist soziologisch von größter Bedeutung (vgl. Alois HAHN). Die Not des Existentialisten, die Sorge um Leben und Tod ist und bleibt stets "literarisch" - also lediglich eine Verschriftung - selbst "Die Krankheit zum Tode" (Søren KIERKEGAARD) steht am Rande des Husserlschen "Verlustes" der Lebenswelt.

Auf dieser Erde eines jeden sozialen Handelns "waltend", haben wir und teilen wir "Welt": Allerdings in einem "geänderten" Sinn des je epochalen Schreibens und Lesens, also anders als andere Wesen, die keine anderen als andere kennen. Nicht nur die Engel (wie SCHÜTZ sagt), sondern auch die Vögel (nach dieser Husserlschen Metapher) haben keine Lebenswelt: Die Bienen erst recht nicht, und Pavlovs Hunde bitten höflichst, nach allem, was sie auszustehen hatten, in Ruhe gelassen zu werden.

Dies galt ganz ähnlich zur Zeit des Franziskus, als er seinen Vor-Kopernikanern eine neue Sicht der Natur zeigte: Selbst Tier und Mensch kommen ins "natürliche" Gespräch, dem am Ende Galilei erst ein Weltbild verpaßte, indem er deren Motivationen des Welt(=Schrift)glaubens mathematisierte. Derartiger epochaler Rückblick wird nunmehr zur Methode, in der auch Husserls "Epoche" eine Erneuerung erleben könnte.

Die Kritik dieser Methoden ist hinreichend bekannt, wenn auch nur in der Polemik von Luhmann und Habermas. Tiefer liegt die bekannte "Krisis-Kritik" von Husserl, die auch von Schütz und Gurwitsch geteilt wird.

Weniger bekannt: Der Nachkopernikaner Husserl gibt dem "Landeplatz Erde" eine neue Qualität. Das Leitmotiv der Husserlschen Raumfahrt (im Zitat) *Bewegter Körper (Wagen), auf ihm mein Leib-Flugschiff.*[4]

Hier setzt Husserl Metaphern die Menge ein: Vogel, Flugzeug und (im heutigen Sprachgebrauch) Raketen werden notiert. Können diese auch "als Boden fungieren"? Das kann aus einer Reihe von Gründen nicht sein, wie Husserl meint: Der Raum der Erde bleibt mit dem spezifischen Erdboden fest und hat "keinen Gegensatz in nicht-irdisch" (S. 318), wenn auch die "naturwissenschaftliche Naivität" der Physiker meint, "in ihren Theorien absolute Weltwahrheit zu gewinnen". Jedes menschliche Vermögen, Schreiben wie Lesen, Erinnern und Planen: All dieses hat seine Berechtigung und erfährt seine Berichtigung im "Milieu" (ein von Husserl nicht verwendeter Begriff, stammt er doch von seinem Opponenten und Schüler Max Scheler). Aber auch global hat dieser Milieu-Begriff erste Wirkung entfaltet (Al Gore).

Husserl krönt diese Passage mit dem berühmten Leitmotiv des Nachkopernikaners, der seinen Abstand zu und Abschied von Galilei nimmt: "Alle Tiere, alle Lebewesen, alles Seiende überhaupt hat Seinssinn nur von meiner konstitutiven Genesis und diese "irdische" geht voran. ... Es gibt nur eine Menschheit und eine Erde - ihr gehören alle Bruchstücke an, die sich ablösen oder je abgelöst haben. Aber wenn dem so ist, dürfen wir mit Galilei sagen, daß *par si muove* ? (und nicht im Gegenteil, sie bewegt sich nicht?" (p. 324). Ein Abschied von Galilei, den Bertold Brecht existentialistisch deutete, der bei Husserl tiefer, nämlich epochal begründet ist.

Schluß:

Das *phänomenologische Argument* ist hier gar nicht erst anzutreten. Den Praktiker der Raumfahrt wird Husserls Sorge um die "Bruchstücke" der "Leib-Flugschiffe" faszinieren, die ja bis heute zum vordringlichsten Problem der Erweiterung dieses irdischen Tourismus geworden sind. Das *soziologische Argument*, hier im Kontext planerischen Handelns von Raumplanern (und nicht nur von Regional-, sondern auch Globalforschern) vorgetragen, verlangt in dieser Diskussionsphase lediglich eins: Einsicht in die Kurzsichtigkeit jenes Denkens, das Husserl die "naturwissenschaftliche Naivität" jener nennt, die stets unterwegs sind und dabei gar nicht müde werden, in ihren Theorien "absolute Weltwahrheit zu gewinnen".

"Husserl als Raumfahrer"? In der Tat ein recht respektloser Titel - es sei denn, Husserl wäre als "symbolischer Typ" geeignet, selbst die Inkonsistenzen

---

4   Im Text nicht "Wagen" sondern "Wegen", ein offenkundiger Druckfehler (p. 317).

der Lebenswelt sichtbar zu machen. Zum Beispiel können die maladen Gedächtnisformen der Moderne, über die heute jeder klagt, der das Klagen noch für nützlich hält, auch an dieser Stelle herangezogen werden. Ist es dieses Phänomen, das Ricoeur als fast absoluten Gedächtnisschwund jener Gesellschaften beklagte, die ihre totalitären "Theorien absoluter Weltwahrheit" so dauerhaft in "ihre" Welt posaunten, daß am Ende nichts blieb als das Nichts des absoluten Vergessens?

Enden wir da, wo Ricoeur heute beginnt: "Perhaps I might be allowed to begin with an observation which puzzled me and inspired me to consider the topic. It has to do with the spectacle offered by the post-Cold War period and the problem of integrating *traumatic memories from the totalitarean Area*. Among some people, notably in the West, one might well deplore a shortage of memory and an excess of forgetfulness. Among others, in the Balkans, one would be more inclined to complain of an excess of memory, since events connected with past greatness or former humiliations are so resistant to being forgotten. How is it that history, as *written* by historians, operates as a critical discipline?" (Paul Ricoeur nach einem Vortrag im ZiF, Bielefeld)

Kann Husserls Antwort, die Ricoeur natürlich kennt, diesem nicht doch nützlich werden? Nicht die Hermeneutik der Post-Moderne weist den Weg, sondern *eine andere* Moderne: Begann sie bereits mit Husserl in Göttingen und Bergson in Paris? Haben nicht beide (mit ihren Schülern) argumentiert für "Epochalen Wandel"? Ist jedes planerische Handeln in Raum und Milieu heute ein Fragen, das nicht einfach fertige Antworten aus dem einen oder anderen "Register" des "Modalen Handelns" zu holen hat, da sie schlicht und einfach vergessen wurden? Verläßt man sich nicht auf die Tradition in der heutigen Debatte über Raum- und Sozialordnung, weder auf ideologische noch auf systemlogische Grundordnungen, so sind neue Wege nötig.

Erinnern und Vergessen, milieubestimmtes Denken und raumordnende Orientierung sind seit dem Ende der sog. "Weltkriege" in epochalem Wandel. Wer Wege geht (also nicht vornehmlich sitzt oder schläft, fährt oder gefahren wird), folgt handlungssoziologischer Maxime und sucht damit nach ihren Ideen. Ein Beispiel: *Alfred Schütz* schreibt in den ersten Tagen seines amerikanischen Exils an seinen in Paris zurückgebliebenen Freund *Aron Gurwitsch*. Sie diskutieren den Sinnzusammenhang des alltäglich Bewußten: "Erklärt die Theorie von Gedächtnis und Reproduktion das simple Phänomen der *actio*? Der *actio* im wahrsten, nämlich vulgärsten Sinn: z.B. das Schreiben dieser Tintenzeichen. Nicht das Erzeugen dessen, was sie bedeuten, oder des Sinns, den ihre als Symbol erfaßten Bedeutungen im Wort - im Satz - im Brief - in unserer Beziehung stiften mögen. Und doch habe ich die Handgriffe des Schreibaktes erlernt, geübt, mechanisiert: man erzähle mir nicht, ich hätte ihre Sinnesgeschichte nur vergessen oder nicht im Blick" (Briefwechsel Schütz/Gurwitsch 19. Aug. 1939, vgl. GRATHOFF 1985).

Hermeneutik kann die Erforschung solcher Schreibakte nur verwirren. Die Geschichte als biographisches Sediment oder als epochale Tektonik kann weder Kurs des Handelns noch Verbund des Handelnden erklären. *Sinne und Dinge*, so Schütz (bei Kant, Hegel wie bei Luhmann, Habermas hoffnungslos vermengt), gilt es zu unterscheiden: Den normativen Sinn eines Satzes und seinen dinghaften Sachverhalt ebenso wie die Formel (LW) darf man weder ontologisch noch soziologisch ineinander verkeilen, obgleich ihre Vermengung im alltäglichen Leben als "natürlich" gelten mag.

Erst die "Haltung" der Sprecher und ihrer "Hörigen" in Milieu und Raum bringen Erinnerung und Erwartung ins ordnende Spiel. Kontinuität der Spiele, Konsistenz der Spieler und Konstanz all ihrer Regeln sind keine Selbstverständlichkeiten. Planerisches Handeln kann sich nicht "von vornherein" auf diese verlassen. Wo aber kein Verlaß für die Raum-Planung in der einen oder anderen planerischen Logik herstellbar, wo selbst der Forschungslogik ihre Ordnung nicht mehr herstellbar scheint: Wie kommt es überhaupt am Ende einer Epoche zu einer epochalen Erneuerung von Raum- und Zeit-Milieu? Wie ist solch globaler Wandel erkennbar?

Vielleicht sind symbolische Typen hier von Nutzen. Das ist schlußendlich eine kleine und weit unbedeutendere Frage, aus der Praxis der Raum- und Regionalforschung in diese Diskussion eingeführt, als die großen Schriften der Kommunikationsforschung, denen neue Direktiven überhaupt erst zu geben sind. Allerdings stehen jedweder Antwort mächtige Schranken entgegen: Solange der tradierte Webersche Markt und seine Rationalität (Rational Choice) diese Lösungswege beherrschen, ist für anderes Denken (oder das Denken der anderen) kein Platz. Ricoeur ist hier zur weiterführenden Lektüre zu empfehlen, will man planerisches Handeln nicht nur prinzipiell klären, was meine Aufgabe war, sondern auch der Planung selbst "neue" inhaltliche Füllen geben. Transformationsprozeß oder Epochaler Wandel? Husserls Intentionen sichern zumindest das Gespür für Neues (THOMAS). Aber wie unterscheiden wir "Neues" von "Erneuerung", wo auf "Die Neue Welt" eigentlich nichts Neues zu singen bleibt. Sollte das in der Tat so sein? Dann hätte auch dieses Schreiben keinen weiteren Sinn gehabt.

Ralf Bohnsack

Milieu als konjunktiver Erfahrungsraum. Eine dynamische Konzeption von Milieu in empirischer Analyse

1   Einleitung

In einer Abhandlung über die deutsche Soziologie vor der Machtergreifung durch den Nationalsozialismus hat René König (1984) darauf hingewiesen, daß sich Anfang der dreißiger Jahre ein Paradigmenwechsel in der Soziologie abgezeichnet habe. Dieser sei wesentlich durch die Wissenssoziologie von Karl Mannheim beeinflußt und durch Mannheims Zwangsemigration dann verhindert worden. König hat hierbei insbesondere Bezug genommen auf die Mannheimsche Konzeption des "konjunktiven Erfahrungsraums". Dieser Begriff ist wohl auch für die meisten professionellen Soziologen bis heute ein unverständliches Fremdwort geblieben. Ohne eine Kenntnis der Arbeiten Mannheims zu diesem Thema sind jedoch zentrale Fragen seiner Wissenssoziologie nur unzureichend zu klären; so vor allem diejenige der Standort- oder "Seinsverbundenheit des Wissens" (MANNHEIM 1952).

Unter Schlagworten wie "zwischen Bewußtsein und Sein" hat für die Milieu- und Lebensstilforschung im Bereich der Soziologie der sozialen Ungleichheit das Problem einer "Vermittlung zwischen dem 'Objektiven' und dem 'Subjektiven' in der Sozialstruktur" (HRADIL 1992, S. 12) in jüngster Zeit zentrale Bedeutung gewonnen. Mit der Formulierung einer derartigen Problemstellung wird aber eben das, was überwunden werden soll, epistemologisch immer schon festgeschrieben, indem die Unterscheidung von "objektiv" und "subjektiv" als unhintergehbar, als eine epistemologische "Leitdifferenz" (MATTHES 1992, S. 79) vorausgesetzt wird. Diese Leitdifferenz von "objektiver Realität" und "subjektiver Erfahrung" sichert dem Forscher allerdings auch stillschweigend einen privilegierten Zugang zur gesellschaftlichen Wirklichkeit und ermöglicht damit verkürzende, standardisierte empirische Verfahrensweisen. Den Erforschten kann nämlich vorgegeben werden, was, d.h. welche "objektive Realität", für sie überhaupt "subjektiv erfahrbar" sein kann.[1]

1   Selbstverständlich soll hier einer mit standardisierten Verfahren operierenden Lebensstilforschung keineswegs per se die Legitimität abgesprochen werden. Vielmehr geht es darum, deren Grenzen methodologisch zu reflektieren. Voraussetzung dafür wäre eine

2 Konjunktive und kommunikative Erfahrung

Eine derartige Leitdifferenz von "objektiver Realität" und "subjektiver Erfahrung" wird dann obsolet, wenn gesellschaftliches Sein, gesellschaftliche Lagerung, nicht jenseits der Erfahrungen oder des Erlebens der Erforschten angesiedelt werden. Nach Mannheim ist gesellschaftliches Sein derart zu verstehen, daß es sich durch Gemeinsamkeiten des biographischen Erlebens, Gemeinsamkeiten der Sozialisationsgeschichte, des Schicksals, d.h. durch konjunktive Erfahrung, überhaupt erst konstituiert.

Damit ist aber zugleich auf zwei grundsätzlich unterschiedliche Arten der Verständigung bzw. des Handelns überhaupt verwiesen: *einerseits* auf die Verständigung *innerhalb* konjunktiver Erfahrungsräume und andererseits auf eine Verständigung zwischen diesen. Letztere gelingt erst dann, wenn die Unterschiedlichkeit der Erfahrungsräume in Rechnung gestellt wird. Die aus der gemeinsamen Existenz, der Einbindung in eine gemeinsame oder strukturidentische Handlungspraxis, in ein gemeinsames oder gleichartiges Schicksal resultierende konjunktive "Verständigung", bezeichnet Mannheim (1980) als "Verstehen". "Verstehen" ist nach Heidegger (1986, S. 123) nicht jenseits des "Seins" angesiedelt, sondern ist "eine ursprüngliche Seinsart, die Erkennen und Kenntnis allererst ermöglicht". Von der konjunktiven Verständigung ist die *kommunikative* zu unterscheiden. Verständigung bedeutet *hier* nicht unmittelbares Verstehen, sondern wechselseitiges *Interpretieren*. Dies vollzieht sich auf der Grundlage der Perspektivenübernahme, der Reziprozität der Perspektiven und der wechselseitig unterstellten Motive - im Sinne jenes Modells von Sozialität, wie es in der Lebenswelt-Konzeption bei Alfred Schütz (1971) in fundierter Weise herausgearbeitet worden ist.

Bei Gurwitsch entspricht der kommunikativen Verständigung der Modus der "Partnerschaft", welchen er von demjenigen der "Zugehörigkeit" unterscheiden wird, dem "Einanderverstehen im Medium des Selbstverständlichen" (GURWITSCH 1967, S. 178).[2] Letzterer Modus der Sozialität weist Parallelen auf zur

---

grundlagen- (oder meta-)theoretische Klärung des Stil- und Habitusbegriffes. - Angesichts der Beobachtung, daß "alle drei unterschiedlichen bis gegensätzlichen Positionen (der Lebensstilforschung in der Bundesrepublik; R. B.) an entscheidender Stelle ihrer Argumentation ein Konzept des Lebensstils verwenden", stellt Müller (1995, 13f.) die Frage, ob dies "an der mangelnden Elaborierung des Konzepts (liegt), das noch keinen verbindlichen theoretischen Rahmen erhalten hat" (ebenda, S. 14). Diese Frage wird von ihm der Tendenz nach bejaht.

[2] "Gurwitschs Konzeption von der Milieuwelt ... ist also eine nicht-egologische Alternative zur egologischen Perspektive der Transzendental- und Mundanphänomenologie"; womit Hitzler und Honer (1984, S. 62) diejenige von Schütz und Husserl meinen. Deren "subjektivistischer" Lebensweltanalyse stellen sie die Milieuanalyse von Gurwitsch - in

konjunktiven Verständigung bei Mannheim - dies allerdings nur zum Teil. (Hierauf werde ich weiter unten noch eingehen.)

In der alltäglichen Begriffs- und Typenbildung sind - nach Mannheim - immer zugleich beide Bedeutungsdimensionen impliziert: - diejenigen des konjunktiven Denkens auf der einen und des kommunikativ-generalisierenden Denkens auf der anderen Seite. Es entsteht "dadurch als Ergebnis faktisch eine Doppelheit der Verhaltensweisen in jedem einzelnen, sowohl gegenüber Begriffen als auch Realitäten" (MANNHEIM 1980, S. 296).

So verbinden z.B. diejenigen, die im Dorf wohnen, damit konjunktive Erfahrungen der dörflichen Alltagspraxis. Zugleich wissen sie aber immer auch um die politische, verwaltungsmäßige und verkehrstechnische Bedeutung des Begriffes "Dorf", d.h. um seine kommunikativ-generalisierende Bedeutung. Hierzu gehört u.a. auch die stereotypisierende Fremdidentifizierung als Dörfler seitens der nichtdörflichen Öffentlichkeit. Diese beiden Bedeutungsdimensionen stehen in einem Spannungsverhältnis zueinander. Dazu ein Beispiel aus unserer Untersuchung über jugendliche Cliquen einer Trabantenstadt im Ostteil der Stadt Berlin.[3]

In einer Gruppendiskussion mit Jugendlichen einer Musikgruppe interpretierten diese eine Frage der Diskussionsleitung ("Was macht ihr eigentlich für Musik?") als diejenige nach einer kommunikativ-generalisierenden Klassifikation ihres Stils. Sie reagierten zunächst mit Distanz bzw. Verweigerung. Nach einer langen Pause folgt schließlich eine ironisch-distanzierte und bis hin zur Banalisierung getriebene, interaktiv entfaltete Beschreibung der eigenen musikalischen Praxis: "mal laute, mal leise, mal schnelle, mal langsame"; "ab und zu singt mal jemand"; "en Mädel is ooch mit bei".

Die Beschreibung wird schließlich in einer nun nicht mehr ironisch-distanzierten Erzählung der Entwicklung der Gruppe fortgeführt. In der *gemeinsamen Erzählung gemeinsamer Aktivitäten* oder *situativer Aktionismen* der musikalischen Praxis dokumentiert sich deren Funktion für die Entfaltung einer habituellen *Übereinstimmung*, eine Suche nach *habituellen Stilelementen*. Diese ist nicht zweckrational am musikalischen Produkt und auch nicht an kommunikativ-generalisierend klassifizierbaren Stilen orientiert. Das, was hier - generalisierend - als "Hip-Hop"-Stil klassifiziert werden kann, wird, wie die Musik

---

kritischer Perspektive - dann allerdings als eine "objektive" gegenüber. M. E. ist diese aber - ähnlich wie die von Mannheim - durchaus geeignet, die Leitdifferenz von subjektiv/objektiv zu überwinden.

3 Zur umfassenden Darstellung der Ergebnisse dieses von der DFG finanzierten Forschungsprojekts siehe: Bohnsack u.a. 1995. Zur Erläuterung der Methodologie und der methodischen Verfahrensweise sei auch verwiesen auf: Bohnsack 1993 u. 1996 a und 1996 b.

überhaupt, lediglich als *Medium* benutzt, um eine habituelle Übereinstimmung und die eigentlichen Stilelemente entfalten zu können. In der Reaktion der Gruppe auf die Frage nach ihrem Musikstil dokumentiert sich somit das Spannungsverhältnis von kommunikativ-generalisierender Klassifikation einerseits und konjunktiver Erfahrung andererseits bzw. von "intendierten Ausdrucksstilen" auf der einen und habitualisierten Stilelementen auf der anderen Seite.[4] Analog hierzu findet sich im Bereich der Kunstinterpretation bei Panofsky (1932), der an dieser Stelle auf Mannheim verweist, die Unterscheidung von "Bedeutungssinn" auf der einen und "Wesens"- oder "Dokumentsinn" auf der anderen Seite.

3 Die Suche nach habitueller Übereinstimmung

Der Wesens- oder Dokumentsinn, also die Sinnstruktur konjunktiver Erfahrung, artikuliert sich bei den hier untersuchten Jugendlichen auf dem Wege des situativen Aktionismus, des Zusammen-Spiels im ursprünglichen Sinne des Wortes, d.h. im zweckfreien spielerischen Erleben der gemeinsamen Praxis.

Habituelle Übereinstimmung und habituelle Stilbildung resultieren aus dem Prozeß des "Machens" selbst und führen - wenn ihre Emergenz nicht befriedigend gelingt - auch zu einer Neukonstellation der Clique oder Band. Insofern ist auch ein etwaiger Cliquenwechsel nicht zufällig und chaotisch, sondern folgt der Eigengesetzlichkeit probehafter Entfaltung und Ausdifferenzierung des kollektiven Habitus. Der kollektive Aktionismus ist das Medium, innerhalb dessen erprobt werden kann, inwieweit und in welcher Hinsicht die persönlichen Stilelemente sich zu kollektiven Stilen verdichten und steigern lassen. Dies schafft habituelle Sicherheiten und damit auch Sicherheiten der Wahl im Bereich von Lebensorientierungen - so z.B. bei der Partnersuche.

Diese Art der Bewältigung der Adoleszenzproblematik erscheint also - wenn auch *rituell* inszeniert und somit weit entfernt von jeder Zweckrationalität - als immanent "rational" und kann nicht grundsätzlich als "magische" Lösung charakterisiert werden, wie wir dies z.B. in der Birmingham-School finden (CLARK 1979). Vielmehr geht es darum, ein *positives* Verständnis und Konzept rituellen Handelns zu entwerfen, welches in der Soziologie weitgehend fehlt. Auch ist

---

4   Zu dieser Unterscheidung siehe auch: Bohnsack 1996 a. - Hier bieten sich sehr interessante Anschlußmöglichkeiten an jene von Ulf Matthiesen - u. a. in Auseinandersetzung mit der Lebensstilforschung - ausgearbeitete Differenzierung der "von Marktmechanismen und kommerzialisierten Geschmackskulturen rhythmisierten *lifestyles* von tiefer sedimentierten, langsamer und relativ marktunabhängig sich transformierenden 'Grundmustern der Lebensführung'", d.h. von "Weltbildern und Deutungsmustern" (MATTHIESEN 1995, S. 6).

mit dem Begriff der habituellen Übereinstimmung auf eine Konzeption von Habitus verwiesen, der nicht primär auf dem Wege der *Distinktion*, sondern auf demjenigen der *Konjunktion* sich bildet.

Zugleich ist die Suche nach habitueller Übereinstimmung auch eine Suche nach einer Gemeinsamkeit jenseits einer individuellen Selbstpräsentation und zweckrationalen Abstimmung. Dies findet seinen homologen Ausdruck im Verständnis der Beziehung zwischen Band und Publikum. Auch dort geht es nicht - zumindest nicht primär - um die Inszenierung einer Selbstpräsentation ("Show"), sondern um die Inszenierung habitueller Übereinstimmung. Das Konzert wird dann zu einer "gelungenen Party", wie es in einer der Gruppen heißt, wenn das Publikum am Aktionismus in engagierter Weise beteiligt werden kann und auch eigene Stilelemente zu entfalten vermag. So z.B. im Medium des Tanzes: "Breakdance" oder "Pogo", an dem Mitglieder der Bands beteiligt sind, oder in demjenigen des gemeinsamen Gesanges. Dabei werden einerseits den unterschiedlichen ethnischen, geschlechtsspezifischen und persönlichen stilistischen Eigenheiten der Publikumsgruppen (z.B. der türkischen Breakdancer) Entfaltungsmöglichkeiten eröffnet, andererseits wird zugleich versucht, diese Stilelemente in einen übergreifenden Rahmen habitueller Übereinstimmung zu integrieren. Dies auf dem Wege kollektiver Steigerung, der "kollektiven Efferveszenz", wie dies bei Durkheim heißt.

Allein in der kollektiven Handlungspraxis, im Aktionismus zeigt sich, inwieweit und in welcher Hinsicht diese Suche nach habitueller Übereinstimmung zu gelingen vermag.

Dabei werden bruchstückhaft Stilelemente der kollektiven Sozialisationsgeschichte reorganisiert, wie dies z.B. in der Beobachtung des Konzerts einer Gruppe sich zeigt, die eher an ein Ost-Publikum adressiert ist: Das Konzert, welches kommunikativ-generalisierend als "Punkstil" klassifiziert werden kann, war eigentlich schon beendet, da wurde der Klang der Gitarre auf "Wandergitarre" umgestellt, um vor bzw. mit einem ekstatischen Publikum Lieder aus dem Repertoire der DDR-Institutionen ("Bau auf, bau auf" etc.) zu intonieren.

4 Gruppe und Milieu

Die in der Beobachtung dieses Konzerts sich dokumentierende ästhetisch-aktionistische Artikulation gemeinsam erfahrener sozialisationsgeschichtlicher Brüche steht am Anfang einer Konstitution konjunktiver Erfahrungsräume, der Genese neuer bzw. der Re-Aktivierung und Re-Strukturierung brüchig gewordener Milieuzusammenhänge. Mannheim hat dies am Fall des Generationszusammenhangs beispielhaft gezeigt. Das handlungspraktische Erleben historischer

Veränderungen konstituiert eine gemeinsame Erlebnisschichtung, einen konjunktiven Erfahrungsraum, der auch jene verbindet, die einander gar nicht kennen, die nicht in direkter Interaktion miteinander stehen. Erst dort jedoch, wo diejenigen, die durch eine strukturidentische Erlebnisschichtung miteinander verbunden sind, auch in eine gemeinsame Handlungspraxis, eine Interaktion, eintreten, können generations- und milieuspezifische Stile bzw. Orientierungsmuster zur Entfaltung oder Artikulation gelangen. Es bilden sich - sozialräumlich dann zumeist lokalisierbare und somit auch gruppenhafte - Generations- bzw. Milieu*einheiten*.

Das heißt die Mannheimsche und die im Anschluß an ihn auch hier vertretene Konzeption von Milieu- und Generationszusammenhängen gewinnt ihre analytische Kraft daraus, daß sie diese Phänomene von der Kategorie der Gruppe zwar einerseits klar zu trennen und somit auch vor einer "Verräumlichung" (MATTHES 1985) zu bewahren weiß, gleichwohl aber Gruppenphänomene und die Dimension des Raumes nicht aus der Betrachtung eliminiert.[5]

In dieser Hinsicht unterscheidet sich der von Gurwitsch (1967) ausgearbeitete Sozialisationsmodus der "Zugehörigkeit" vom "konjunktiven Erfahrungsraum" bei Mannheim. Gurwitsch, der den Sozialisationsmodus der "Zugehörigkeit" in Anknüpfung an Scheler und an die Kategorie der "Gemeinschaft" bei Tönnies entfaltet, bindet diesen einerseits direkt an *gemeinsames*, d.h. *gruppenhaftes* Erleben - im Unterschied zu einem lediglich strukturidentischen Erleben. Zum anderen bleibt die Kollektivität im Sinne von "Zugehörigkeit" an Bestände

---

5   Auf "Mannheims scharfe Unterscheidung zwischen Gruppen- und Generations-Strukturen" ist auch von Grathoff (1989, S. 128) nachdrücklich hingewiesen worden. Leider geht er dabei nicht auf die Kategorie des "konjunktiven Erfahrungsraums" und auf die bei Mannheim damit verbundenen erkenntnistheoretischen und methodologischen Einsichten ein, wie sie u. a. in den "Strukturen des Denkens" (1980) entfaltet wurden (vgl. dazu: BOHNSACK 1993 sowie 1996 a). Joachim Matthes (1985) hat demgegenüber die Ausführungen Mannheims zum Generationenproblem vor allem vor dem Hintergrund der unter dem Titel "Strukturen des Denkens" veröffentlichten Arbeiten "neu gelesen" (MATTHES 1985, S. 363). Er warnt vor "einer Verräumlichung" der Thesen Mannheims und damit einer Abfälschung in Richtung auf eine "Deutung des Generationenphänomens als eines der Gruppenhaftigkeit" (1985, S. 368). Matthes führt in diesem Zusammenhang den wichtigen Begriff der "generationellen Verhältnisse" ein, des Verhältnisses der Vertreter unterschiedlicher Generationen zueinander. Dem kann nur nachdrücklich zugestimmt werden. Allerdings führt Matthes seine Argumentation dann dahin, daß Mannheim selbst der "akzidentielle Charakter der generationellen Gruppierungen im Verhältnis zu den generationellen Verhältnissen" (MATTHES 1985, S. 369) aus dem Blick geraten sei. Ein derart weitgehendes Verständnis des akzidentiellen Charakters von Gruppen bedarf jedoch insofern der Einschränkung, als die Artikulation, Objektivierung und Bearbeitung der generationellen Verhältnisse und die Auseinandersetzung mit diesen sich wesentlich in direkter Kommunikation unter denjenigen vollziehen, die demselben Generationszusammenhang bzw. derselben Generationseinheit zuzurechnen sind.

traditionsfesten Wissens gebunden. Strukturidentitäten der Erlebnisschichtung im Sinne der konjunktiven Erfahrung bei Mannheim resultieren aber eben nicht notwendigerweise aus sozialisationsgeschichtlicher Kontinuität, sondern ebenso auch aus dem strukturidentischen Erleben biographischer Diskontinuitäten und habitueller Verunsicherungen. Übereinstimmung und Kollektivität konstituieren sich auf einer Ebene *reflexiver* Bearbeitung. Diese ist nicht primär als eine theoretisierende oder rationalisierende zu verstehen, vielmehr als eine in handlungspraktischen Sondierungsprozessen und auch aktionistisch sich entfaltende.

5 Individualisierung und die Emergenz neuer Milieus

Die bisher charakterisierte Bewältigung biographischer Diskontinuitäten in der Adoleszenzphase setzt nicht notwendigerweise biographische Planung im Sinne eines reflektierenden bzw. gedankenexperimentellen Durchspielens alternativer Lebensprojekte voraus. Dies stellt lediglich einen der Wege biographischer Orientierung dar, der uns in jenen Milieus begegnet, in denen der Lebenslauf als Institution im Zentrum steht - im Sinne institutionalisierter und chronologisch sequenzierter und somit standardisierter Ablaufmuster vor allem der Berufs- und Ausbildungskarriere.

Eine Orientierung an derartigen standardisierten Lebensläufen ist auch dort vorausgesetzt, wo es zu einer "Spannung zwischen Lebenslauf als vorgeordneter (heteronomer) Realität und Biographie als subjektiver Konstruktion" (KOHLI 1985, S. 20) kommt. Eine derartige "Spannung" und die daraus resultierende "Destandarisierung" und "Biographisierung"[6] sind nicht etwas, was lediglich individuell zu bewältigen wäre und somit notwendigerweise zu individueller Isolierung führt. Vielmehr vermag ein gemeinsames, genauer: strukturidentisches Erleben derartiger Spannungen und Diskontinuitäten als kollektives Erleben[7] seinerseits neue konjunktive Erfahrungsräume und (emergente)

---

6 Zur "Destandardisierung" des Lebenslaufs siehe Kohli 1985, zur "Biographisierung der Lebensführung" ursprünglich Fuchs 1983 sowie dann Brose/Hildenbrand 1988. - Eine neuere empirische Studie von v. Wensierski (1995) analysiert den "Individualisierungs- oder Biographisierungsschock", wie er bei jüngeren, in der DDR sozialisierten Erwachsenen durch die Wende ausgelöst worden sei, und kommt zu einer sehr interessanten Typenbildung, wobei auch das Potential der Wendeerfahrungen für die Emergenz neuer (Generationen-)Milieus angesprochen wird. Um dies weiter auszuloten, wären allerdings - auch in methodischer Hinsicht - andere, auf kollektive Erlebnisverarbeitung gerichtete, Zugänge erforderlich.
7 Ein derartiges kollektives Erleben des Spannungsverhältnisses zwischen standardisierten biographischen Ablaufmustern und den subjektiven - wie auch immer vagen - bio-

Milieus zu konstituieren.[8] Dem wird in der gegenwärtigen Diskussion um Biographisierung und Individualisierung allerdings kaum Rechnung getragen, so daß dieser Diskurs, da neue Formen von Sozialität nicht ins Blickfeld geraten, in mancher Hinsicht mit einer "Verfallssemantik" behaftet erscheint.[9]

6 Idealtypische Wege der Suche nach habitueller Übereinstimmung

Institutionalisierte und chronologisch sequenzierte Ablaufmuster einschließlich ihrer Destandardisierung bilden, wie gesagt, lediglich in spezifischen Milieus die focussierte biographisch-zeitliche Orientierungsstruktur. In unseren Untersuchungen konnten wir dies fast ausschließlich bei Gymnasiasten und Gymnasiastinnen beobachten.[10]

Bei den Lehrlingen aus den "bildungsfernen Milieus" ist biographische Orientierung vielmehr in die Zeitlichkeit zyklischer Abläufe und sozialer Szenerien eingelassen. Dort, wo traditionsfeste Bestände noch gegeben sind, sind diese zyklischen Zeithorizonte an die nahweltlichen Erfahrungsräume (des Dorfes, der Nachbarschaft, des Viertels, der Verwandtschaft) und deren Alltagspraxis gebunden: von den dörflichen Festen bis hin zu den Aktivitäten des lokalen

---

graphischen Entwürfen ist anschaulich herausgearbeitet worden an exemplarischen Fällen von Gruppendiskussionen mit Gymnasiastinnen und Gymnasiasten in Bohnsack 1989, Kap. 2.6.

8   Bezogen auf die Emergenz einer Generationsgestalt habe ich an anderer Stelle (BOHNSACK 1988) zu zeigen versucht, daß die Alterskohorte der um 1970 Geborenen in die Gewißheit hinein sozialisiert wurde, daß die an die Standards von Ausbildung und Beruf gebundenen Biographieverläufe ihnen keine Sicherheiten und Gewißheit mehr bieten konnten. Die auf der Grundlage einer derartigen "Gewißheit der Ungewißheit" hier zu beobachtende Konsequenz der Abkehr von diesen Standards im Sinne einer DeStandardisierung mündet in eine *kollektiv* geteilte Suche nach *individueller Authentizität*, eine Generationsgestalt des "Individuell-Authentischen". Diese Generationsgestalt ist in ihren milieu- und geschlechtsspezifisch je unterschiedlichen Ausprägungen empirisch herausgearbeitet worden bei Bohnsack 1989, Kap. 3.5.

9   Dieser Begriff stammt von Sighard Neckel (1993, S. 79f.). Er fordert, daß der Individualisierungsdiskurs von einer derartigen "Verfallssemantik" befreit werden solle: "Denn es ist überhaupt nicht ausgemacht, daß nicht neue Gruppenbildungsprozesse in der Gesellschaft stattfinden, die man in Ermangelung besserer Begriffe schon 'posttraditionale Vergemeinschaftungen' genannt hat. Die Ausbildung kollektiver Identitäten prinzipiell an den Bestand traditionsfester Kulturen zu binden, ist eine durch und durch konservative Weltsicht, die überdies den Realitäten nicht gerecht wird und nur denunzieren kann, wo die Analyse nicht weiterkommt".

10 Zum Vergleich der biographisch-zeitlichen Orientierungsstruktur männlicher und weiblicher Lehrlinge einerseits und Gymnasiastinnen und Gymnasiasten andererseits siehe wiederum Bohnsack 1989, Kap. 3.2.

Fußballvereins. Eine derartige - noch direkt an traditionsfeste Bestände anknüpfende - Struktur biographischer Orientierung haben wir in einer früheren Studie über Cliquen von Lehrlingen in einer fränkischen Kleinstadt und umliegenden Dörfern herausgearbeitet (vgl. BOHNSACK 1989).

Demgegenüber sind die Jugendlichen aus den "bildungsfernen Milieus", die wir in der Ostberliner Trabantenstadt untersucht haben, mit Problemen des Verlusts ihrer bisherigen nahweltlichen Erfahrungsräume konfrontiert. Dies nicht erst durch die Wende, sondern bereits zu Beginn ihrer Adoleszenzphase. Sie sind überwiegend in der frühen Jugendphase im Zuge einer "innerstädtischen Wanderung" (innerhalb Berlins), vor allem aber einer "Binnenwanderung" (innerhalb der DDR) aus dem dörflichen Umland von Berlin in die Plattenbauten übergesiedelt.

Schon damals begann eine Suche nach habitueller Übereinstimmung, die von uns idealtypisch in drei Wegen nachgezeichnet werden konnte. Einen dieser drei Wege habe ich umrißhaft bereits charakterisiert:
- Die Suche nach habitueller Übereinstimmung auf dem Wege ästhetischer Aktionismen: die Produktion habitueller Stilelemente in den Musikgruppen.[11]
- Ein weiterer Typus ist derjenige der Focussierung auf familiengebundene Formen habitueller Übereinstimmung - sowohl mit Bezug auf die Herkunftsfamilie als auch - biographisch-antizipatorisch - die zukünftige eigene Familie. Die peer-groups bilden sich im Kontext der Beziehungen der Herkunftsfamilien untereinander. Auf diesem Wege können sich auch z.B. Hausnachbarschaften oder Vereinszugehörigkeiten (Fußballvereine) konstituieren, die dann wiederum re-aktivierend oder re-organisierend auf den familialen Erfahrungsraum zurückwirken.[12] - Auf diesen Typus werde ich hier nicht näher eingehen.
- Der dritte Typus wird in unserer Untersuchung durch die *Hooligans* verkörpert: durch die Suche nach habitueller Übereinstimmung auf dem Wege der Selbstverstrickung in körperliche Auseinandersetzungen. Auf diesem Wege konstituiert sich eine episodale Schicksalsgemeinschaft.

---

11 Eine vertiefende Analyse von Prozessen der Stil-Sondierung bei Musikgruppen findet sich in: Schäffer 1996.
12 Das heißt derartige Aktivitäten sind nicht schlicht als Substitut für familial-nachbarschaftliche Zugehörigkeiten anzusehen, sondern sie vermögen diese Zugehörigkeiten effektiv zu reaktivieren und zu reorganisieren. Zur genaueren Charakteristik familienbezogener Gruppen siehe Bohnsack u.a. 1995, Kapitel 6, sowie Städtler 1996. Die Bedeutung von Fußballvereinen in diesem Zusammenhang ist herausgearbeitet worden bei Wild 1996.

7 Irrwege: Die episodale Schicksalsgemeinschaft am Beispiel von Hooligans

In den Musikgruppen setzt der kollektive, rituell inszenierte Aktionismus der Musikproduktion als Medium der Suche nach ästhetisch-stilistischer Selbstverortung ein vergleichsweise hohes Niveau an Organisation, an rollenförmiger und zweckrationaler Abstimmung innerhalb der "Band" voraus. Die kommunikativ-generalisierende Abstimmung erfordert eine Reziprozität der Perspektiven im Sinne wechselseitiger Interpretation auf der Basis persönlicher Kontinuität und Identität.

Bei den Hooligans erscheint diese Form der Perspektivenübernahme prekär. Der hier zu beobachtende Aktionismus setzt sozusagen im Voraussetzungslosen an, d.h. nicht z.b. bei einer Organisationsform wie der Band, sondern beim "Mob", wie die Jugendlichen dies selbst nennen, für dessen Mobilisierung die Fußballrandale von paradigmatischer Bedeutung ist. Die Aktivitäten des "Mob" werden durch bekannte und "kampferprobte" Identifikationsfiguren initiiert - immer auf der Suche nach dem "fight", welcher vorzugsweise mit anderen Gruppen von Hooligans gesucht wird. Der "fight" hat primär die Funktion einer Verstrickung in die Handlungszwänge eines "*situativen Aktionismus*". Es ist die verlaufskurvenförmig sich verselbständigende, nicht antizipierbare Dramaturgie in der Situation des Kampfes und der Randale und das daraus resultierende Aufeinander-Angewiesen-Sein, welche eine elementar ansetzende Kollektivität konstituiert: eine episodale *Schicksalsgemeinschaft*. Ähnliches finden wir - wenn auch unter anderen Vorzeichen - im Sport oder in der Schicksalsgemeinschaft von Kriegsteilnehmern an der Front.

Die Identität der einzelnen, einschließlich ihrer Basis körperlicher Unversehrtheit, tritt hinter die Focussierung des kollektiven Aktionismus zurück und wird durch diesen und die damit verbundene episodale Schicksalsgemeinschaft auch gruppenspezifisch neu konstituiert. Die Eigendynamik des Prozesses entzieht sich der zweckrationalen Steuerung. Auch eine zweckrationale Orientierung am Sieg über den Gegner oder gar an dessen Vernichtung tritt weit in den Hintergrund. Vielmehr wird auch in der Auseinandersetzung mit einem respektablen Gegner - so paradox dies zunächst klingen mag - eine im "fight", im "Sich-Klatschen" sich allmählich konstituierende und bewährende sogenannte "Freundschaftsbereitschaft" angestrebt.

Auf dieser Basis werden dann auch Regeln der Fairneß (des "fairen fight"), also rudimentäre Regeln der Reziprozität konstituiert. Außerhalb der Begegnung der Hooligans untereinander bleibt die Regel- und Perspektivenreziprozität allerdings prekär. Dies zeigt sich auch in der Beziehung zwischen den Hooligans und ihren Freundinnen. Grundlage der Beziehung ist auch hier der körperlich-situative Aktionismus; nämlich "verknallt" zu sein oder den anderen "geil" zu finden. Ist diese Basis nicht mehr gegeben, schlägt das Verhältnis radikal um: in den "Ekel", wie es in einer Gruppendiskussion mit Freundinnen der Hooligans heißt.

7.1 Diskontinuitäten konjunktiver Erfahrung und Probleme ihrer kommunikativen Bewältigung

Sowohl bei den Jugendlichen der Musikgruppen wie auch bei den Hooligans zeigen sich - im Zusammenhang mit dem Verlust milieuspezifischer habitueller Sicherheiten - Brüche in der Kontinuität des Familienalltages und der Familiengeschichte. Zur Bewältigung derartiger Brüche im Bereich *konjunktiver* Erfahrungen bedarf es eines gewissen Maßes an reflexiver Kontinuitätssicherung auf der Ebene *kommunikativer* Verständigung. Von wesentlicher Bedeutung ist hier die erzählerische Konstruktion der familienbezogenen Kindheitsgeschichten der einzelnen. Das heißt dort, wo eine Kontinuität auf der Ebene des *habituellen Handelns* brüchig geworden ist, ist die Ausdifferenzierung und Sicherung persönlicher Identität in besonderer Weise auf das *kommunikative Handeln*, die kommunikative Verständigung angewiesen: Voraussetzung ist eine retrospektive kommunikative Vergewisserung der eigenen Kindheitsgeschichte in deren Einzigartigkeit. Dies geschieht ganz wesentlich auf dem Wege der metaphorischen, d.h. der erzählerischen oder beschreibenden Rekonstruktion der Kindheitsgeschichte.

Während diese retrospektive Vergewisserung in den Familien der Musikgruppen weitgehend gelingt, fehlen bei den Hooligans Erzählungen der Kindheit. Eine derartige *Eliminierung der familienbezogenen Kindheitsgeschichte* ist Ausdruck eines generellen, strukturellen Kommunikationsverlusts. Dieser wird hier zum eigentlichen Problem. Das heißt, daß nicht z.B. der Selbstmord des Vaters oder die Scheidung der Eltern für sich genommmen das eigentliche Problem darstellen. Vielmehr dokumentiert sich dieses im *Schweigen* über den Tod des Vaters oder im *Verschweigen* einer bereits vollzogenen Scheidung der Eltern. - Der Verlust kommunikativer Verständigung begegnet uns nicht allein unter Bedingungen zwangsautoritärer familialer Beziehungen ("der totale Druck"), sondern auch im Sozialisationsmodus einer bedingungslosen Permissivität ("Mutter hat mir immer alles in 'nen Arsch gesteckt"). In beiden Fällen vermögen sich keine Erfahrungsräume im Sinne eines kommunikativen Aushandelns von Prinzipien und Grenzen zu entfalten.

Die nicht-offene Kommunikation ist es, die den Jugendlichen zum Problem geworden ist. Und Erfahrungen einer nicht-offenen Kommunikation sind es, auf die die Jugendlichen in der öffentlichen Begegnung mit Provokation reagieren.

Im Unterschied zu einer kommunikativen bzw. metakommunikativen Verständigung über die Haltung und Perspektive des anderen ist Provokation darauf gerichtet, die Stellungnahme der anderen aktionistisch zu erzwingen. Die Provokation war zu DDR-Zeiten darauf gerichtet, diejenigen zu testen, denen eine spezifische Doppelmoral zugeschrieben wurde: die "Spießer" und "Schichtler", von seiten derer sie das erfahren haben, was sie den "totalen Druck" nennen. Gesellschaft erscheint als totale Institution: "Gesellschaft ist wie die Army", heißt es in der Gruppendiskussion.

Zum Zwecke der Provokation bedienten sich die Jugendlichen zu DDR-Zeiten des Skinhead-Outfits. Beispielsweise haben sie sich als Anhänger des als "Stasi-Verein" etikettierten BFC Dynamo ausgegeben. Durch ihr Skinhead-Outfit gelang es ihnen einerseits, die wirklichen Anhänger dieses Vereins bzw. die Stasi selbst zu "schocken", wie sie sagen. Zugleich haben sie auf diese Weise aber auch die Gegner des BFC provoziert und in körperliche Auseinandersetzungen verstrickt.

Die Randale und das Outfit, d.h. die Wahl der Embleme und der stilistischen Selbstpräsentation, sind also nicht primär im Rahmen politisch-ideologischer, also wie auch immer gearteter *theoretischer* Überzeugungen zu verstehen, sondern im Rahmen des *Aktionismus*. Sie stehen im Dienste der Provokation, welcher eine doppelte Funktion zukommt: den Gegner wie auch sich selbst untereinander zu testen und eine episodale Schicksalsgemeinschaft zu etablieren.

Indem die Jugendlichen auf Erfahrungen der Doppelmoral und des "totalen Drucks" in provokativer Weise reagierten, wurde mit eben dieser Doppelmoral gegen sie zurückgeschlagen. Die Provokation wurde nicht nur disziplinarisch stigmatisiert und kriminalisiert, sondern zugleich in einer für sie selbst zunächst kaum durchschaubaren Weise in einen politischen Rahmen gestellt. So wird *Arno*, einer der Kerncharaktere der Ost-Berliner Hooligan-Szene, in Folge einer Dorfschlägerei nicht nur mit 16 Jahren zum "kriminellen jugendlichen Schläger", sondern zusätzlich als "in seiner Einstellung gegen den Staat gerichtet" etikettiert und nicht in die Jugendstrafanstalt, sondern in den "schweren Vollzug" eingewiesen. Im Zuge weiterer provokativer Auseinandersetzungen mit den Kontrollinstanzen wird die Fremdetikettierung als "rechts" und schließlich als "Nazi" als Selbststilisierung übernommen. So heißt es im Biographischen Interview: "spätestens bei der zweeten Gerichtsverhandlung sagt man sich denn, na bitte, ihr nennt mich Nazi, ich bin einer, was wollt ihr denn? Um-um einfach die ganzen Leute da abzuschocken, wie se da gesessen haben".

Durch die provokative Übernahme derartiger Fremdidentifizierungen werden Probleme einer biographischen Kontinuitätssicherung verschärft. Zugleich wird durch die mit der provokativen Haltung verbundenen gemeinsamen Erfahrungen der Verstrickung und des Ausgeliefertseins aber auch die episodale Schicksalsgemeinschaft verfestigt.

7.2 Fiktive konjunktive Erfahrungsräume

Obschon die Hooligans eine Identifizierung mit der Fremdetikettierung als "Nazi" zu DDR-Zeiten entschieden ablehnten, blieb damals jedoch eine gewisse Identifizierung mit dem, was die Jugendlichen selbst "Nationalstolz" nennen, eine Identifizierung, die nicht allein von provokativer Bedeutung war. Auf die andere Bedeutung stereotypisierender kollektiver Identifizierungen möchte ich im folgenden noch kurz eingehen.

Wie dargelegt, beginnt die Suche nach habitueller Übereinstimmung bei den Hooligans - sozialisationsbedingt - mit einer Negation bisheriger Biographie und Identität. Die im Aktionismus des Kampfes und der provokativen Auseinandersetzung produzierte Erlebnis- oder Schicksalsgemeinschaft bleibt - da außerhalb bisheriger biographischer Kontinuität - episodal. Sie tritt in nur unzureichender Weise an die Stelle einer kollektiven Selbstverortung auf dem Wege der Re-Strukturierung oder Re-Organisation biographischer oder sozialisationsgeschichtlicher Erfahrungsräume. Deshalb finden wir bei den Hooligans in einer spezifischen Phase ihrer Entwicklung sozusagen *fiktive* konjunktive Erfahrungsräume - repräsentiert durch stereotypisierende kollektive Identifizierungen wie z.B. "Nationalstolz".[13]

Der ganz andere Typus der Suche nach habitueller Übereinstimmung wird durch die Musikgruppen verkörpert. Dort gelingt es, an biographische Kontinuitäten und die dort verankerten Stilelemente anzuknüpfen. In der kollektiven Verdichtung individueller Stilelemente im ästhetischen Aktionismus zeichnen sich habituelle Übereinstimmungen ab - als Keime der Emergenz konjunktiver Erfahrungsräume oder Milieus.

---

13 "Ideologisch expansive Nationalismen (mehr in Mythen als in Erfahrung verankert) scheinen desto stärker zu sein, je schwächer die Erfahrung konkreter Solidarität in ethnischen Koloniebildungen ist", heißt es bei Elwert (1989, S. 454). Erfahrungen "konkreter Solidarität", deren "Schwäche" hier bei den Hooligans - vor dem Vergleichshorizont von Musikgruppen - zutage tritt, sind solche im Bereich einer Re-Strukturierung oder Re-Organisation gemeinsamer biographischer oder sozialisationsgeschichtlicher Erfahrungsräume.
Die konkrete empirische Analyse der Konstruktion von "Nationalstolz" als eines Stereotyps sozialer Identität bei den Hooligans läßt erkennen, daß diese auf einer "*Zusammenziehung*" oder *Diffusion* von persönlicher und sozialer Identität basiert (siehe dazu die Auswertung der Gruppendiskussion in BOHNSACK u. a. 1995, S. 115ff.).

Achim Hahn

Wohnen, Gewohnheit und Lebensführung

Vorbemerkung

"Was ist Erfahrung, und was ist Vernunft, Geist? Welches ist der Bereich der Erfahrung, und wo liegen seine Grenzen? Wie weit ist sie ein sicherer Boden für Überzeugungen und ein verläßlicher Leitfaden für unsere Lebensführung? Können wir ihr in der Wissenschaft und im Verhalten trauen? Oder ist sie ein Sumpf, sobald wir über einige wenige niedere materielle Interessen hinausgehen? Ist sie so schwankend, veränderlich und seicht, daß sie uns, statt sicheren Halt, sichere Wege zu fruchtbaren Feldern zu bieten, in die Irre führt, täuscht und hinabzieht? Bedarf es einer Vernunft außerhalb und über der Erfahrung, um sichere Prinzipien für die Wissenschaft und für die Lebensführung zu gewähren?" Diese Fragen, die der amerikanische Philosoph John Dewey 1948 gestellt hat, betreffen nach seinen Worten "die Kriterien, die der Mensch anwenden soll, wenn er sich seine Überzeugungen bildet; die Prinzipien, mittels derer er sein Leben führen, und die Endzwecke, zu denen er es hinleiten soll" (DEWEY 1989, S. 123). Unsere Überzeugungen führen uns zu Handlungsgewohnheiten. Diesen Prozeß der Gewinnung eines sicheren Wissens "Wie wir unser Leben führen wollen" möchte ich am Beispiel einer Wohngeschichte (vgl. auch HAHN, PEINIGER 1993) versuchen nachzuzeichnen. Es wird sich dann zeigen, inwiefern dabei ein gemeinsamer Erfahrungsraum hineinspielt.

Zur Ausgangssituation

Ich will zu diesem Zweck von einer empirischen Untersuchung berichten, die ich derzeit in Berlin-Britz durchführe und deren Feldphase im großen und ganzen abgeschlossen ist. Britz ist für Architektur- und Wohnsoziologen eine interessante Gegend, da es hier seit den zwanziger Jahren zahlreiche Beispiele des experimentellen Siedlungsbaus gibt. Herauszuheben sei an dieser Stelle nur Bruno Tauts und Martin Wagners Hufeisensiedlung aus den Jahren 1925-1932. Es gibt in Britz auch Siedlungsbauten aus den 50er, 70er und 80er Jahren. Mein Interesse gilt einer Wohnsiedlung, deren Projektidee bis Mitte der 80er Jahre zurückreicht und die unter dem Titel "Experimenteller Wohnungs- und Städtebau" entwickelt wurde (vgl. auch HAHN 1995 a). Der damalige Bauwettbewerb gab sich zum Ziel: " (...) Wohnformen des genossenschaftlichen Bauens (zu finden), die an die genossenschaftliche Tradition der gemeinschaftlichen Nutzung von Einrichtungen anknüpfen. Erfahrungen der jüngeren Zeit zeigen, daß hier eine Nachfrage mit wachsender Tendenz besteht" (AMANN, v. COSEL 1993, S. 12). Zum Schwerpunkt des Wettbewerbs wurde die Erfindung und planerische Umsetzung innovativer und gemeinschaftsbezogener Wohnformen.

Auf den Architektenwettbewerb folgte die Realisierung von zwei unterschiedlichen "kommunikativen" Haustypen. Den einen nenne ich Hallenhaus, den anderen Atriumhaus. Im Hallenhaus wurden 20 Wohnungen, im Atriumhaus dagegen nur zehn Wohnungen errichtet. In den Monaten April bis Oktober des Jahres 1991 führte die "1892", wie sich die Initiatorin und Trägerin des gesamten Projekts, die "Berliner Bau- und Wohnungsgenossenschaft von 1892", traditionsbewußt nennt, ein sog. "kommunikatives Bewohnerauswahlverfahren" durch. Dieses Verfahren sollte der Genossenschaft dazu dienen, schon im Vorfeld der Belegung der verschiedenen Haustypen "homogene Bewohnergruppen" auszuwählen. Im März des folgenden Jahres konnte dann das Haus bezogen werden, in welchem ich meine Untersuchung zur Zeit durchführe.

Ich möchte in den Mittelpunkt meiner Betrachtung die Wohngeschichte von Frau Mittler stellen, die mit ihrem Mann und ihrem Säugling Sven ins Hallenhaus eingezogen ist. Das Hallenhaus ist in drei- bis viergeschossiger Bauweise ausgeführt worden. In der neutralen und leblosen Planersprache könnte man das Gebäude wie folgt beschreiben: Fast alle Wohnungen sind um die zentrale, glasüberdachte Erschließungshalle angeordnet. Die Wohnungen im Erdgeschoß können über die Halle oder Mietergärten erreicht werden, die Wohnungen in den oberen Etagen über von der Halle her zugängliche Laubengänge und Brücken. Als Fluchtweg bzw. alternative Erschließungsmöglichkeit für die oberen Wohnungen dienen an der Südseite liegende Treppenhäuser. Die Konzeption des beheizbaren Innenhofes beinhaltet das Angebot zur Ausgestaltung eines das ganze Jahr hindurch nutzbaren gemeinschaftlichen "Wohnraums". Er ist von fast allen Wohnungen her einsehbar und setzt somit ein einvernehmliches Gemeinschaftsleben und solidarische Abstimmung voraus.

Eine ausführlichere Beschreibung der räumlich-architektonischen Situation folgt nur einem anderen und weiteren *Sprachspiel*, an dem ich im Moment nicht interessiert bin.

Begriff und Beispiel

Was interessiert mich an diesem Haus und den Menschen, die inzwischen seit gut dreieinhalb Jahren dort wohnen? An erster Stelle steht für mich die *Zumutung* der Architektur oder des architektonischen Raums (vgl. BOUDON 1991). Der gestaltete Raum befriedigt nicht unsere Erwartung an einen Eingangsbereich und an ein Treppenhaus eines Siedlungsgebäudes. Menschen, die diesen Raum das erste Mal gesehen haben, fühlen sich an eine Bahnhofshalle oder gar ein Gefängnis erinnert. Die Architektur ist also auf den ersten Blick nicht einladend und beruhigend, sie fordert die Menschen im mehrfachen Sinne des Wortes heraus: die Betrachter zu mehr oder weniger groben Stellungnahmen und die Bewohner buchstäblich aus ihren Wohnungen. Damit hängt der zweite Gesichtspunkt zusammen, den ich untersuchen will. Welche Wohnerfahrungen bringen die Menschen mit? Und was erwarten sie von diesem Wohnen hier? Drittens ist dann natürlich das Wohnen selbst mein Thema. Drückt sich in der jeweiligen Weise zu wohnen und über das Wohnen nachzudenken auch eine Konzeption, das eigene Leben zu führen, aus? Denn eines war allen Mietern klar: so wie hier haben sie noch nicht gewohnt; sie wissen, daß sie an einem Experiment teilnehmen. Das bedeutet aber auch, daß die Mieter ständig aufgefordert sind, über ihr Wohnen nachzudenken und dazu Stellung zu beziehen. Gerade dies ist aber etwas, was man nicht aus Gewohnheit tut. Es geht also auch um das, was ich "unterwegs zu einer neuen Handlungsgewohnheit" nennen könnte: Wie schafft man es, die mitgebrachten Wohnerfahrungen mit den neuen Erfahrungen des "kommunikativen Wohnens" zu verbinden?

Auf den Punkt gebracht, ist mein Thema die Konfrontation von verdichteten Erwartungen oder Gewohnheiten mit den neuen Erfahrungen an diesem besonderen Ort. Weil mich auch die spezifische Weise der Verortung interessiert, zugleich im-Raum-zu-sein und Raum-zu-haben und zu-gebrauchen, spreche ich nicht von Milieu sondern vom *Erfahrungsraum*. Den Ausdruck, nicht den Begriff Erfahrungsraum, habe ich von Karl Mannheim übernommen (vgl. MANNHEIM 1980). *Begriffe* interessieren mich in erster Linie als sprachliche Konzeptionen, nicht als Begriffe, unter die subsumiert wird (vgl. HAHN 1996). Sprachliche Konzeptionen werden dahingehend untersucht, wie sie gebraucht werden. Wissenschaftliche Begriffe, die als Überschriften eine Reihe von Praxisfällen unter einen soziologisch interessanten Gesichtspunkt stellen, werden erst aussagekräftig durch die Beispiele, die sie ausfüllen. Ich habe den Ausdruck Erfahrungsraum gewählt, weil es mir auch um den Gang des Erfahrungslebens selbst geht (vgl. HAHN 1994). Erfahrungen, sofern sie sich aus den Beziehungen eines Menschen zu etwas in seiner Umwelt ergeben, sind lokal-praktisch situiert. Davon möchte ich mit der Beschreibung der Wohngeschichte von Frau Mittler ein erstes Beispiel geben. Angestrebt wird, alle Gespräche, die in den beiden Häusern geführt wurden, *als Beispiele* solcher Umwelt-Beziehungen zu "bearbeiten". Unter Beispielen verstehe ich die Beschreibung der Beziehungen, die zwischen den Menschen und Dingen ihrer Umwelt bestehen; ich gebe Beispiele solcher Umweltbeziehungen.

Stelle ich verschiedene Beziehungen von Personen zu ihrer Umwelt (als soziologische "Fälle") in eine Reihe, dann wird entscheidend sein der Gesichtspunkt, unter dem diese Reihe gebildet werden soll. Bei der Betrachtung der Beispiele wird sich dann zeigen, ob etwas an diesen Beziehungen auffällt. Das Verhältnis von Reihe und Beispiel ist zunächst einmal lediglich die Beziehung von dem, was diese Reihe auszeichnet, zu einer Anzahl von Praxis-Fällen ohne Zuhilfenahme der methodologischen Denkfiguren der Gattung und der Begriffssubsumtion.

Mein Interesse gilt am Ende also einer *Theorie im lokalen Kontext*. Dieser soziologisch belangvolle Kontext ist gegeben bzw. wird geradezu erzeugt durch die Erzählungen der Menschen, die in diesem Haus unter einem Dach leben; die soziale Wirklichkeit, die mich interessiert, sind die Beschreibungen der Mieter. Der Erfahrungsraum ist ein konkreter Ort, zu dem unterschiedliche Menschen in Beziehung treten. Ich könnte sagen, dieser Ort ist die räumliche Umwelt dieser Menschen, aber so, daß sie untereinander selbst zur Umwelt des Erfahrungsraums der anderen werden. Der Erfahrungsraum, den der konkrete Ort "Hallenhaus" begrenzt, ist das konkrete Hier ihres Wohnens. Aber dieser Raum ist nicht kontinuierlich, denn es gibt die wichtige Differenz zwischen Wohnung und Halle. Als *Erfahrungs*raum ist er auch "in der Zeit" nicht kontinuierlich, denn mit den Erfahrungen, den sie "mit" dem Ort machen, verändert auch dieser Ort gleichsam seinen Charakter.

Die Wohngeschichte von Frau Mittler

Inzwischen habe ich im Hallenhaus zwölf Gespräche und im Atriumhaus fünf Gespräche geführt. Ich möchte den wesentlichen Charakter dieser Gespräche mit "thematisch" und "assoziativ" beschreiben. Ich habe mich dabei am Gang der Erfahrung orientiert: Erwartung aufgrund schon gemachter Erfahrung - enttäuschte Erwartung - "neue" Erfahrung. Eine Aufgabe, die ich dann im ersten Durchgang der Gespräche "entdeckt" habe, ist, Stadien oder Phasen von Konstituierungen des Erfahrungsraums zu unterscheiden. Natürlich haben viele Menschen daran Anteil, aber hier interessiert zunächst nur das individuelle Beispiel Frau Mittler und ihre Sicht auf die Geschichte des Hauses. Ich möchte darstellen, wie sie von ihren Beziehungen zum Erfahrungsraum, d.h. zu Menschen und Dingen, die ihr dort beggenen, berichtet. Ich hatte sie am Tag des telefonisch verabredeten Gesprächs bereits an der U-Bahnstation in Britz getroffen, so daß wir schon eine ganze Zeit uns unterhalten konnten, bis wir in ihrer Küche saßen und das Aufnahmegerät angestellt wurde. Frau Mittler ist Anfang dreißig. Sie stammt aus einer "*Kleinstadt*" in Ostfriesland. Dort hat sie zusammen mit zwei Geschwistern, den Eltern und der Großmutter gewohnt. Mit achtzehn Jahren hat sie das Elternhaus verlassen, um in Tübingen zu studieren: *"... was halt gut war, dann von zu Hause wegzukommen"* und *"... aus dem Elternhaus raus und eigene Erfahrungen sammeln, und da war dieser Schritt nach Tübingen, also sehr weit weg, war denn auch gut, ne, gut und denn auch heftig"*. In Tübingen habe sie dann in einem internatsähnlichen Kolleg mit fünfzig Leuten zusammen gewohnt und gearbeitet. Diese Bau- und Wohnform sei sehr *"eng und explosiv"* gewesen. Sie spricht auch einen *"Treibhauseffekt von der Stimmung her"* an. Es seien dort *"fünfzig verschiedene Existenzen aufeinander geprallt"*. Dann ist sie nach Göttingen umgezogen, wo sie Germanistik und Pädagogik studiert hat. Hier hat sie zunächst zur Untermiete gewohnt bei einer älteren Frau mit ihrer fünfzehnjährigen Tochter. Nun kam ihr das Wohnen wieder recht familiär vor, schon anders als in Ostfriesland, aber *"so ein bißchen schon auch wie inner Familie"*. In Göttingen ist sie dann in eine WG eingezogen. Dort habe sie nun *"eher negative Erfahrungen gemacht"*, denn man habe sich nach außen ganz locker gegeben, ihr aber vorgeworfen, sie sei abends zu selten anwesend und würde sich zu oft mit ihren eigenen Freunden und Freundinnen außerhalb der Wohngemeinschaft treffen. Während einer Urlaubsreise lernt sie ihren späteren Mann kennen, der ihr vorschlägt, nach Berlin zu ziehen. Nach einem Jahr Wochenendbeziehung entschließt sich Frau Mittler, ihr Hauptstudium in Berlin zu absolvieren und zieht, auf Grund einer Wohnungsanzeige, zu einer Frau in deren Kreuzberger Altbauwohnung. Dort hatten beide je zwei Zimmer: *"also relativ großzügig so im Vergleich zu dem, was ich so vorher aus Göttingen kannte, wo einfach die Wohnverhältnisse beengter sind"*. Nach drei Jahren ist sie dann zu ihrem Mann in eine Zweizimmerwohnung gezogen: *"ganz konventionell auch Kreuzberger Altbau"*. Und dann, sagt Frau Mittler, *"haben wir von dem Projekt gehört und das paßte einfach total gut"*.

Der letzte Ausdruck weist darauf hin, daß Frau Mittler hier einer Gegebenheit und Situation zustimmt. Sie verwendet immer wieder dieses Bild, als ob etwas irgendwo hineinpaßt. Ich möchte diese Redewendung, daß *etwas gut passe* oder überhaupt gut sei, *Ausdruck einer Überzeugung* nennen. Frau Mittler ist also davon überzeugt, daß ihr jetziges Wohnen *zu ihr* passe. Sie beschreibt die Geschichte ihres Wohnens am Leitfaden dessen, wovon sie überzeugt ist. Wovon sie überzeugt ist, was sie für sich als "gut" und "richtig" bezeichnet, ist: mit Leuten zusammen wohnen, aber frei wählen, was man sonst so macht. Dieses Fürwahrhalten einer Wohnkonzeption ist denn auch das Kriterium, mit dem sie ihr vorheriges Wohnen beurteilt. Oder anders ausgedrückt: unter Gebrauch dieser Hinsicht vom "guten Wohnen" (vgl. HAHN 1995 b) erzählt sie ihre Wohngeschichte.

Ihr Entschluß, schon mit achtzehn das Elternhaus zu verlassen, begreift sie als richtig und gut:

> "was halt gut war, dann von zu Hause wegzukommen"; "da war dieser Schritt nach Tübingen, also sehr weit weg, denn auch gut"; und "gut und denn auch heftig".

Er war nicht an und für sich gut, sondern gut, insofern sie *"eigene Erfahrungen sammeln"* konnte.

> "(...) und von da aus bin ich dann nach Göttingen .. und da, wie gesagt erstmal zur Untermiete gewohnt .. weil auch nicht so typisch, also es war ne .. etwas ältere Frau mit ihrer .. fünfzehnjährigen Tochter so und (...) und .. dann in dieser WG hab ich auch eher negative Erfahrungen gemacht, also das in Tübingen waren ja viel aber positiv so ne es hat denn auch gereicht dieses Jahr und .. also war insgesamt für mich in dieser Zeit en Umbruch und viel aber .. es war gut und .. dann in Göttingen die WG-Erfahrung, es war erstmal ganz euphorisch und toll und dann wurd mir das zu viel, weil .. ja weil da eigentlich son Familienanspruch dann im Raum stand, also nach außen alternative WG alles ganz locker, und dann kam aber so bei raus, (...) ja, du bist ja abends nicht so oft zu Hause und dann also, daß es da so ungeschriebene Regeln gab, .. eigentlich doch abends zusammen vor der Glotze zu hängen (...), (was) ich gar nicht wollte, ne, ich wollte mit Leuten zusammen wohnen, aber .. frei wählen, was ich sonst so mache, ne, und kucken, was sich ergibt, und .. das war also eigentlich vom gemeinschaftlichen Leben her eher ne negative Erfahrung, dann bin ich von da aus ausgezogen und hab erstmal bewußt alleine gewohnt."

Mit dem Umzug nach Berlin spielt nun ihr jetziger Mann in ihre Lebenskonzeption hinein. Sie spricht nun auch von einem *"wir"*, das sich gemeinsam für ein bestimmtes Wohnen entschieden hat:

> " (...) dann wars aber so, also als ich dann schwanger war und auch schon vorher, daß wir immer so den Gedanken hatten, ja zusammen wohnen wollen wir aber gerne noch mit anderen. Also das war uns gerad als ich dann schwanger war auch wichtig, jetzt nicht so dann die Perspektive zu haben, als Kleinfamilie isoliert allein zu wohnen und ehm (...) dann haben wir von dem Projekt gehört und das paßte (amüsiert) einfach total gut, ne."

Diese Vorstellung von einem anderen Wohnen ist offensichtlich älter als jene Erfahrung, die sie dann nach der Geburt des Sohnes in der Kreuzberger Wohnung gemacht hat. Der Gedanke, einfach anders zu wohnen, als man es bislang kannte, begleitet sozusagen alle ihre Wohnstationen, ohne daß ihr aber schon deutlich war, was sie eigentlich genau suchte. Sie mußte aber auch nicht mit einer festen Gewohnheit brechen, was es ihr wohl erleichterte, sich auf das neue Projekt eher neugierig einzustellen:

> "(...) ich kann kann gar nicht sagen, daß bei mir irgendwann mal so war, daß ich dachte, ich will .. einfach zu zweit oder dritt in ner Beziehung oder als Familie wohnen und dann bin ich zufrieden, ne, also es war immer schon mehr eine ne Suche nach was anderem oder .. also es gab nicht so n Umbruch, daß wir irgendwie zu zweit oder zu dritt gewohnt haben und dann uns gesagt haben, das wird uns jetzt langweilig oder was (...) wir wollen was anderes, sondern wir wollten es immer anders."

Diese Wohnerfahrungen können als Versuch gelesen werden, das richtige Wohnen zu finden. Inzwischen, nämlich mit den Erfahrungen *dieses* Wohnprojektes im Rücken, hat sie eine *kreative Entdeckung* gemacht: sie weiß nun, was im Wohnen zu ihr paßt und was nicht. Dieses Gefühl der Befriedigung oder des Sichwohlfühlens, das sich einstellt, ist die ganze Verifikation dessen, wovon sie überzeugt sind. Das Bedürfnis nach diesem Wohnen im Hallenhaus wird zwar erfahren als eine bewußte Entdeckung von dem, was man sein Leben lang immer schon brauchte: *"das paßte einfach total gut"*; jedoch ist dies wohl eher eine nachträgliche und gleichsam rückblickende Sicht auf das bisherige Wohnen, denn es verdeckt die zentrale Tatsache, daß Frau Mittler ihr besonderes Wohnbedürfnis sicherlich nicht schon bestimmen konnte, bevor sie diese konkrete Zufriedenheit, nämlich daß etwas paßt, wirklich erlangte.

Die Erfahrungen, die Frau Mittler resümiert, verdichten sich zu einer Überzeugung, was für sie gut und richtig ist. Von diesem Ende her gesehen, war es gut, von zu Hause wegzukommen, eigene Erfahrungen zu sammeln. Und auch die *"negative Erfahrung"* des Wohnens in der WG hat sie weitergebracht, weil ihr in der Enttäuschung klar wurde, was sie nicht wollte: nämlich diesen Familienanspruch und diese ungeschriebenen Regeln, die einem nicht die freie Wahl der Entscheidung ließen. Auch die schlechten Erfahrungen hatten also ihr Gutes, insofern sie sie vorwärts brachten.

Wohnen als Prozeß

Im folgenden werde ich versuchen, das Wohnen von Frau Mittler als einen Prozeß zu beschreiben, der einer Handlungs- oder Umgangsgewohnheit zustrebt. Wollte man Frau Mittlers Lebensführungsmotto aus dem Text selbst zitieren, dann böte sich folgendes an:

> "also es war immer schon mehr eine Suche nach was anderem (...) wir wollten es immer anders". An einer anderen Stelle spricht sie von der "Entscheidung, anders zu wohnen". Dieser Konzeption in ihren verschiedenen Gesichtspunkten zu folgen, ist Ausdruck praktischer Vernünftigkeit: "(...) (als) wir zu zweit wohnten und ich dann schwanger war, es auch so Punkte gab, wo ich merkte, es ist gut, als Familie abgegrenzt zu sein, also wenn wir uns dann vorgestellt haben, jetzt noch ne Familie mit nem kleinen Kind und sich die Küche zu teilen, daß das nicht mehr so die tollste Vorstellung war, also, da hat sich auch bißchen was verändert, daß ich auch gemerkt hab, (es) wär gut, ? eigenen Raum - Rahmen für sich zu haben, also nicht ganz offen als Kommune oder so (...) .. ja und also so ist es ja auch hier, ne, jeder wohnt für sich in seiner Wohnung, aber es gibt eben diese Offenheit und die Möglichkeit zu Kontakten."

1. Phase: Kontakte im Hof

Am Ende dieses Zitats wird das besondere Wohnen in diesem Haus angesprochen: *"Jeder wohnt für sich in seiner Wohnung, aber es gibt auch diese Offenheit und die Möglichkeit zu Kontakten."* Diese Charakterisierung, räumlich durchaus qualifiziert durch das "Wohnen für sich" und die "Offenheit" der Halle, geht selbst wieder auf einen dreieinhalbjährigen Umgang mit dem Haus und seinen Bewohnern zurück. Die Geschichte des besonderen Erfahrungsraums Hallenhaus beginnt auf der Baustelle. Herr und Frau Mittler haben sich den Rohbau angeschaut und *"überlegt, wie kann man was gestalten".* So konnte man mitunter bereits vor dem eigentlichen Bezug seine Mitbewohner an Wochenenden auf der Baustelle treffen. Der Hof war schon damals Gesprächsstoff: Wird er jetzt überdacht, oder bleibt er offen? Und wie wird alles hinterher aussehen?

> "Das war ganz spannend", sagt Frau Mittler, und "es war mir, glaub ich, vorher klar, der Hof wird ein Ort sein, wo es halt

Berührung gibt, wo man sich sieht und trifft und begegnet aufm Treppengang, und das war ja auch so vorgestellt worden, daß man unten dann sitzen kann und Kaffee trinken, also so diese Absicht .. war eigentlich von Anfang an klar und fand ich eben auch schön. (...) Das war klar: im Hof werden Kinder spielen, dann werden wir sitzen und Tee und Kaffee trinken, und ich mein, ich wußte natürlich nicht, mit was für Leuten ich hier zusammen ziehe, ob die mir gefallen oder nicht, aber .. daß man sich im Hof trifft und da zusammen sitzen kann .. das war mir eigentlich immer klar."

Eine erste sozusagen offizielle Begegnung mit den Mitbewohnern gab es dann im Dezember, also etwa vier Monate vor dem Einzug. Die Genossenschaft hatte, nachdem man die Mieter für jedes Haus festgelegt hatte, ein Treffen im benachbarten Altersheim arrangiert:

"da hat man dann so die Mitbewohner vom Haus zum ersten Mal gesehen. Also als hier noch Rohbau war, vier Monate vorm Bezug und da kamen natürlich so erste Gedanken, oh, wer ist? Wohnt die neben uns? und wie sind die wohl? und wer wohnt wo? hat so miteinander geredet und sich halt zum ersten Mal gesehen, ne. (...) Na, ich wußte ja nicht, wer hier einziehen wird, und rein so vom Eindruck her wars für mich erstmal: Huch!, da sind da doch noch sehr viel einfach so Kleinfamilien, ne, also so, ich war selbst in der Situation schwanger und wußte so, ich werd mein Status, meine Situation verändern und also ich bin nicht mehr Studentin, ich bin jetzt .. ja also so es war für mich selbst viel im Umbruch, und das hab ich so n bißchen widergespiegelt gesehen in den anderen, also ich fand, daß man sehr viele so Paare mit Familien, ich hatte vielleicht ein bißchen mehr gedacht, daß das auch .. weiß ich nicht Leute ohne Kinder gibt oder gemischte Altersgruppen oder gleichgeschlechtliche Paare, und das war also, es war .. vom Eindruck her .. ja .. äh .. was soll ich sagen? .. viel so Kleinfamilien, wie ich ja letztendlich auch bin oder wo ich zugehöre und da und damit hat ich erstmal so n bißchen mit zu tun für mich."

Der Einzug verlief dann aber doch nicht so glatt, wie Frau Mittler es sich gewünscht hatte. Nach der Geburt des Sohnes mußte sie anschließend noch ein halbes Jahr im Krankenhaus bleiben. So zog ihr Mann mit dem Säugling zunächst allein in die neue Wohnung ein:

"Also ich hab mich ja vorher sehr sehr gefreut hierauf und hatte dann die Bedenken, wie komm ich hier rein?, wenn ich jetzt das erste halbe Jahr weg bin, das war dann schwierig für mich, ne und weil klar war, alle sind neu und kommen neu rein und das erste halbe Jahr ist wichtig, da werden die Kontakte geknüpft und da war ich so etwas unsicher, wie das dann so läuft, wenn ich dann später reinkomme (...) also ich bin dann halt so peu-à-peu selber reingekommen, (...) die neue Wohnung hier, die neuen Mitbewohner, Mutter zu sein und das war für mich halt insgesamt schon ne Herausforderung und Situation."

Das "Reinkommen" hat hier die doppelte Bedeutung: ins Haus und zugleich in eine soziale Situation, die mit dem Erfahrungsraum verbunden ist. Das zweite setzt das erste voraus: nur wenn man im Raum ist, kann man Raum haben und gebrauchen. Frau Mittler betont die gemeinsame Alltagssituation der Frauen, die aufgrund der kleinen Kinder sehr an das Haus gebunden sind. Damit scheint der Erfahrungsraum völlig ausgefüllt zu sein, man begegnete sich im Hof nicht aufgrund von Sympathien, die man zu bestimmten Personen empfindet, sondern allein wegen der Kontakte, auf die man offensichtlich angewiesen war:

"Ja und es ist eben so, daß insgesamt in den ersten zwei Jahren, würd ich mal sagen, sehr viel darüber lief, daß es viele junge Eltern mit kleinen Kindern gab und eben viele Mütter, die ganztags zuhause waren, und die hatten viel Kontakt untereinander, unabhängig ob man sich jetzt sozusagen ausgesucht hat, weil man sich sagt: die Frau oder den Mann find ich jetzt interessant oder nett, sondern einfach, man war mit den Kindern zu Hause, und darüber hab ich dann auch den Einstieg gefunden so ne (...) ja! mit den anderen Frauen, die mit ihren kleinen Babys zu Hause waren, daß man sich zusammengesetzt hat, (...) und darüber liefen dann so für mich die ersten Kontakte an, ne."

Die Anfangskontakte hatten ihren Ort im Hof, wo bald Tische und Stühle aufgestellt wurden. Sie entsprachen einer gemeinsamen Alltagssituation. Aber es war noch nicht *das* Wohnen, welches Frau Mittler wollte:

"also sich aus Sympathien bewußt zu wählen, mit wem will ich viel oder wenig Kontakt, das ist eigentlich mehr so in den letzten .. ein zwei Jahren entstanden, und in den ersten ein zwei Jahren .. war wirklich viel, viel über diese ja die junge Elternschaft und ähm ja und überhaupt es gab halt viel Kontakte im Hof, ne, also die ersten Jahre wurde der Hof sehr viel genutzt und jetzt, wo wir uns besser kennen, ist auch, daß sich vieles in Privaträume verlagert, also daß man eher in ner kleinen Runde zusammen Tee am Küchentisch trinkt als in ner großen Runde im Hof, ne, also wo dann ja so sich rauskristallisiert hat, wer mit wem (irgendwie?) mehr zu tun hat und im ersten ein zwei Jahren war viel im Hof."

Frau Mittler hat diese erste Phase der Anpassung an den architektonischen Raum der Halle als pragmatisch bezeichnet. Der architektonische Raum der Halle ist Begegnungsraum. Dabei läuft man den anderen gewissermaßen zwangsläufig über den Weg. Man will den anderen nicht aus dem Weg, sondern geradezu *in den Weg* gehen. Dabei ist es typisch für die erste Phase, daß es nicht um bestimmte Personen ging, die man treffen wollte, sondern in erster Linie darum, anwesend zu sein:

"also in der ersten Zeit bin ich .. sehr oft dann mit dazu, einfach um den Kontakt .. so .. auch zu zu suchen und anzuknüpfen."

2. Phase: Gemeinschaft und Verpflichtung

Die erste Phase zeichnet sich auch dadurch aus, daß sich die Hausgemeinschaft sozusagen "formell" konstituiert. Dies tut sie vor allem durch zunächst monatlich stattfindende Hausversammlungen. Ein Haussprecher wird gewählt, man diskutiert die anfallenden Probleme. Neben den technischen Mängeln sind es vor allem die Kontroversen, die sich aus dem gemeinsam zu nutzenden Raum ergeben: Lärm der spielenden Kinder und die mögliche Reaktion darauf. Im Mittelpunkt des Konflikts stand die Frage, ob sich die Hausgemeinschaft eine Hausordnung geben sollte, die etwa dann Ruhezeiten vorschreiben würde. Eine Mehrheit in der Hausversammlung entschied sich dafür, daß die einzige Ordnung, die man sich geben wollte, die sei, auf eine quasivertragliche Ordnung zu verzichten. Dies hat offensichtlich mit dazu beigetragen, daß sich die Hausbewohnerschaft zu spalten begann. Diese Phase der Umorientierung im Erfahrungsraum beschreibt Frau Mittler mit folgender Geschichte:

"ja und zum Beispiel zu einer Familie mit Kleinkind ist (der Kontakt, A. H.) völlig abgebrochen, der am Anfang da war und die sich insgesamt nicht so wohlfühlen und sich auch über Lärm beschwert haben und ich glaub auch zum Teil .. sich übergebügelt gefühlt haben oder so, jedenfalls da ist ein Graben

> entstanden, und wir waren so eigentlich die einzige Familie, die noch zu denen so n bißchen Kontakt hatten dann und eigentlich das letzte Jahr ist es auch nichts mehr. Wir ken- die Kinder kennen sich kaum noch, (...) also die haben sich sehr isoliert, und .. die erste Zeit hatte ich mit denen zu tun, die war ja auch in der Situation, Neugier und mit den kleinen Kindern, und die war denn mit in der Krabbelgruppe mit ihrem Sohn und - aber das ist jetzt zum Beispiel gar nichts, aber die wollen auch ausziehen, also ich denke .. die fühlen sich hier einfach auch nicht so wohl, ne."

Die eine Seite besteht also in der Ausgrenzung bzw. im Rückzug von Familien, die dem Anspruch an Gemeinschaft und der "allgemeinen" Vorstellung vom "kommunikativen Wohnen" nicht folgen wollen. Einen Anspruch, den jede Familie gewissermaßen aus den Mehrheitsentscheidungen in den Hausversammlungen "ableiten" muß. Die andere Seite, die Frau Mittler auch thematisiert, entspricht dem Versuch, diesem Anspruch gerecht zu werden. Der Erfahrungsraum ist in dieser zweiten Phase, der nach-euphorischen sozusagen, davon geprägt, mit einer wahrgenommenen Verpflichtung dieser Gemeinschaft gegenüber umzugehen. Frau Mittler sagt dazu folgendes:

> "also in der ersten Zeit bin ich .. sehr oft dann mit dazu (nämlich in die Halle, A. H.), einfach um den Kontakt .. so .. auch zu zu suchen und anzuknüpfen .. und jetzt gibts auch Situationen, da bin ich kaputt oder will mehr für mich sein, dann ist mir das da unten zu laut und zu viel, dann geh ich hoch, und mein Sohn kann sich aussuchen, ob er alleine runter geht oder ob er bei mir oben bleibt (...) also ich bin nicht immer dabei, wenn da unten was stattfindet (...) also ganz am Anfang war es mehr wirklich das Bedürfnis, um selber die Kontakte herzustellen, und dann gabs schon ne Phase also für mich der Verpflichtung .. und dann hab (amüsiert) ich das irgendwie wahrgenommen und mir gesagt, ja was willst du da eigentlich?, was machst du da?"

Frau Mittler unterscheidet hier deutlich Entwicklungen oder Brüche im Erfahrungsraum *"in der ersten Zeit"*, *"ganz am Anfang"* oder *"die ersten Jahre"* und spricht anschließend von einer *"Phase der Verpflichtung"*, die sozusagen mit der Frage nach der richtigen Lebensführung, nämlich: *"Was willst du da eigentlich? Was machst du da?"*, übergeht in eine nächste Phase. Nach dieser Anfangseuphorie ging es um die Konsolidierung der Hausgemeinschaft. Es gab natürlich keine Erfahrungen, auf die man sich beziehen konnte. Was sich aber einstellte, war dieses Gefühl der Verpflichtung bestimmten, gemeinsam auszuführenden Aktionen gegenüber. Die Gemeinschaftsräume mußten gestaltet und einer Nutzungsbestimmung zugeführt werden. Die Bepflanzung des Innenhofs mußte ebenso organisiert werden wie die Einrichtung und Pflege der Außenanlagen. Zum einen wirkte diese Phase der Gemeinschaftsbildung ausgrenzend, zum anderen integrierend. Für Frau Mittler bieten diese Auseinandersetzungen Gelegenheit, sich darüber Klarheit zu verschaffen, was sie eigentlich will. Der Erfahrungsraum wird nun von den Situationen her, die mit ihm verbunden sind, differenziert und abgegrenzt. Die Kriterien, nach denen entschieden wird, ergeben sich aus den Reibungen, die die Gemeinschaft und das eigene Wünschen sozusagen miteinander erwirken. Langsam etabliert sich bei Frau Mittler die Überzeugung:

> "und hab dann halt mehr das .. also bewußter differenziert .. ja oder entschieden so, jetzt will ich dahin oder jetzt will ich nicht, aber das gabs schon für mich, daß ich .. auch gerade bei Aktionen, die mit Arbeit zu tun haben, daß ich mich verpflichtet gefühlt hab, ich komm nach Hause mit Einkaufstaschen und es passiert irgend ne Aktion im Hof, es wird Sand verteilt oder die Fahrradständer werden weggerückt, weil die Putzkolonne kommt und .. ööh eigentlich will ich nur nach oben, meinen Kühlschrank einladen mit den Einkäufen und mich mich erstmal hinsetzen und wenn dann .. entweder daß von denen unten (wer, A. H.) kommt: Ach!, gut, daß du kommst! kannst gleich mitmachen! oder ich spür das irgendwie so, das ist dann .. da hab ich schon mit zu tun, mich dann abzugrenzen."

3. Phase: Wohnen und Lebensführung

Eine dritte Phase läßt sich feststellen im pragmatischen und gekonnten Umgang mit dem Erfahrungsraum. Pragmatisch in dem Sinne, daß Frau Mittler nun weiß, was das Beste für sie ist. Die damit verbundene Gewinnung einer Handlungsgewohnheit läßt sich vielleicht darin begreifen, daß sie sich nun im Erfahrungsraum orientiert hat. Sie weiß jetzt, wie sie sich in ihm zurechtfinden, nämlich die Ansprüche der Gemeinschaft mit ihrer Lebenskonzeption verbinden kann. Sie hat dies dadurch gemeistert, daß sie nun Unterscheidungen treffen und Grenzen ziehen kann. Eine Grenze, die nun deutlich gezogen wird, ist die zwischen Halle und Wohnung, zwischen Gemeinschaft und Familie, ebenso eine Grenze zwischen Sollen und Wollen. Sie hat gelernt, den Erfahrungsraum so zu interpretieren, daß er paßt, d.h. ihrer Lebens- und Wohnkonzeption entspricht:

> "so im letzten halben Jahr ist das, also, sagen wir mal so: mir ist dieses Problem auch für mich bewußter geworden, vorher hab ich das vielleicht nicht so wahrgenommen, und jetzt ist es mir bewußter und dann ziehe ich auch eher die Grenzen, ne - (Frage:) Welches Problem meinen Sie jetzt genau? - Naja mich da abzugrenzen, wo fühle ich mich verpflichtet?, wo will ich wirklich was?, so das .. also das ist schon manchmal, ich mein, .. ich wohn wirklich gerne hier, ne, aber das ist so n Punkt, wo hm ja, wo wo ich für mich auch .. lernen muß oder so, ne, mit der Abgrenzung, also auch .. wenn dann mehrere Kinder auf einmal und dann noch mit Eltern dazu hier reinkommen und ich will vielleicht gar nicht, wie mache ich das schon in der Haustür, in der Wohnungstür klar, daß ich nicht will. Habe ich pragmatische Gründe?, sag ich einfach, ich will nicht, wen stoße ich wie vor n Kopf? Also das ist schon .. find ich nicht immer ohne, ne."

Für Frau Mittler hat sich die Situation im Erfahrungsraum eingespielt. *"Wir wohnen hier dreieinhalb Jahre so, bestimmte Sachen haben sich eingespielt, und es kommt etwas zur Ruhe, die erste Euphorie ist vorbei."* Sie bewältigt ihre Situation im Haus inzwischen mit einer gewissen Routine. Mit den Erfahrungen der ersten Jahre ist sie sich jetzt auch klarer darüber geworden, was für ein Wohnen sie will und was Gemeinschaft für sie bedeuten kann. Die Grenze der Gemeinschaft wiedergewonnen zu haben, drückt zugleich ihre Kompetenz aus, sich im Erfahrungsraum zu behaupten, ihn sich angeeignet zu haben:

> "ich glaub schon auch, daß daß es mal neinsagen zu können, ne, am Anfang war es sicher eher dann: huch, werde ich jetzt ausgegrenzt?, was denken die anderen, wenn ich jetzt nicht mitmache? (...) und das ist das wär mir viel zu großer Druck, danach zu leben, ne, also dafür leb ich hier nicht, ne."

Souverän geht sie inzwischen mit den Zumutungen der Gemeinschaft um. Die Gemeinschaft wird auf Distanz gebracht, und zwar genau an den Punkten, wo sie den eigenen Überzeugungen widerspricht. Diese Überzeugungen sind Ergebnis der Überwindung von Zweifeln mit dem Ziel der Etablierung einer Umgangsgewohnheit mit dem Erfahrungsraum. Denn daß etwas zu einem paßt, ist hier keine losgelöste, isolierte Idee, sondern die Übereinstimmung von Handlungsfolgen mit einem Gefühl der Befriedigung, wobei sich der Erfahrungsraum gleichsam immer mehr auseinanderfaltet und neue Seiten einer Nutzung erfährt. Der architektonische Raum wird gleichsam in Bewegung versetzt und in seinen Chancen und Möglichkeiten gesehen, die man nun erst entdeckt und versteht.

Mit einem Mal, so hat es den Anschein, differenziert sich der Erfahrungsraum, daß eine Unterscheidung zwischen Halle und Wohnung, zwischen Öffentlichkeit und Intimität sichtbar wird. Frau Mittler geht im Haus bewußt Beziehungen jenseits der Gemeinschaft ein, nicht um überhaupt Kontakt zu bekommen, sondern weil sie sich um die Freundschaft einer bestimmten Person bemüht.

> "ich denk, daß sich im Laufe der Jahre immer wieder die Kontakte verändern werden, ja, genau!, das ist auch noch wichtig, ich ich finds auch wirklich gut, daß es so viel verschiedene Kontakte auf verschiedenen Ebenen gibt, also, .. jetzt nicht wie .. wenn man außerhalb der Wohnung Leute kennenlernt und irgendwann sich entscheidet, will ich nen privaten Kontakt?, will ich die zur Freundin machen? sozusagen oder nicht, sondern .. ich will gar nicht nur diese Dinge (verändern ?), ich finde es auch gut, daß es die gibt, wo man nur mal irgendwie kurz plauscht oder .. also es gibt ganz verschiedene Formen von Intimität und Nähe (...) also zum Beispiel die direkt nebenan ehm, die zwei große Söhne haben, das ist so .. da gibts nicht so viele gemeinsame Alltagsinteressen und trotzdem paßt es total gut, daß wir direkt nebeneinander wohnen, das hat für mich so also so mit der Mutter sowas wie sowas Geschwisterliches, also das ist .. deswegen denk ich Chancen, Beziehungen aufzubauen .. ja also sonst gibts das so nicht und .. also das schätz ich auch sehr, daß das wirklich so .. so verschieden ist."

Diese Entscheidungsfreiheit, nämlich im Haus "private Kontakte" aufzubauen, die man sich sozusagen von der Gemeinschaft erstreiten muß, wie ihr schon das Beispiel WG-Wohnen in Göttingen gezeigt hat, wird als neu-gewonnene Qualität des Hier-Wohnens aufgefaßt. Gemeinschaft und Individuum schließen sich nicht aus, sondern können sich, so wie es in den Augen von Frau Mittler erscheint, gegenseitig ergänzen. Der Gemeinschaft gegenüber wird nun mit Gelassenheit reagiert:

> "also ich find die Gemeinschaft, die Möglichkeit zur Gemeinschaft wirklich wunderbar und und fühl mich sehr wohl damit, nur eben wenn das zum Anspruch als Selbstzweck wird, dann da das ist der Punkt, wo ichs dann kritisch sehe, ne."

Sie berichtet dann von der "Angeraktion Unkrautjähten", zu der wie immer durch bestimmte Personen aufgefordert wurde. *"Das sind konkrete Leute, ja, mit denen ich auch zu tun habe, die auch gern mag, so, aber wo ich eben gerade weil die sich viel engagieren und viel machen, dann auch kucke: wo ist meine Grenze."* Es wurde von diesen Personen also besagte Gemeinschaftsaktion ausgerufen:

> "und ich hatte an dem Wochenende nen Tanzworkshop und ja war denn halt nicht da, ne, und .. ich weiß nicht, vielleicht hätte ich vor zwei Jahren mich zu diesem Workshop nicht angemeldet, weil da dieser Gartentermin liegt und das .. also das mach ich dann inzwischen anders, ne, und da kann ich dann auch anders zu stehen".

Und am Ende zieht sie gleichsam ein Fazit ihrer Wohngeschichten und ihres Bedürfnisses, anders zu wohnen: "also die Vorstellung, die die ich vorher hatte, die positive Einstellung dazu, die die hat sich ja bewahrheitet und und erfüllt."

Die dritte Phase zeichnet sich also dadurch aus, daß sich das Wohnen eingespielt hat. Es hat sich eine Handlungsgewohnheit etabliert, die die Zumutungen von Architektur und Gemeinschaft befriedigend bewältigt. Frau Mittler hat sich im Erfahrungsraum eingerichtet. So kann sie feststellen:

> "also insgesamt überhaupt die Möglichkeit haben, hier zu wohnen, das also das ist für mich nach wie vor ein Geschenk". Und an anderer Stelle: "aber daß jeder individuell .. das sich gestalten kann, wie er hier lebt, .. also so wie .. die schräg über uns, die Susanne, zu zu der ich en sehr guten Kontakt habe, (...) die kuckt nicht auf den Innenhof und für die paßt das, die will das nicht, der ist das zu viel .. und ich kann da gut mit leben, also ich kuck gerne auf den Innenhof, ich weiß, ich kann die Jalousien runter machen und sehe es aber gerne, daß ich sehe, wo mein Sohn hingeht oder (...) daß man sieht, ach Gott!, die kommen gerad nach Hause, da wollste doch noch irgendwie .. äh .. ne Tüte Milch vorbeibringen oder so ja (...) und die (Susanne) will das gar nicht und ehm .. also es ist .. genau richtig so."

Schlußbetrachtung

Ich komme zum Ende: William James wiederholte einmal in seinen Pragmtismus-Vorlesungen die pragmatistische Maxime, so wie er sie von Peirce übernommen hatte: "Peirce weist darauf hin, daß unsere Überzeugungen tatsächlich Regeln für unser Handeln sind, und sagt dann, daß wir, um den Sinn eines Gedankens herauszubekommen, nichts anderes tun müssen, als die Handlungsweise bestimmen, die dieser Gedanke hervorzurufen geeignet ist. Die Handlungsweise ist für uns die ganze Bedeutung dieses Gedankens" (JAMES 1977, S. 28). Wesentlich für die Ausbildung einer Handlungsgewohnheit ist die Überzeugung, daß Wohnen und Lebensführung übereinstimmen. Die sozialräumliche Umwelt, in der sich der Mensch befindet und die er als seinen Bewegungs- und Handlungsraum hat, habe ich Erfahrungsraum genannt. Es macht offenbar Sinn, soziologisch differenziert von Raum zu sprechen, einmal in der Weise des Im-Raum-Seins, d.h. sich an einem bestimmten/konkreten Ort zu befinden, zum anderen in der Weise des Raum-Habens und Raum-Gebrauchens, d.h. tätig und umsichtig sich diesen Ort anzueignen, sich aber auch an ihn kreativ anzupassen. Der Erfahrungsraum will bewohnt werden! Die Situationen, vor die der architektonische Raum den Bewohner stellt und zu denen er sich so oder so verhalten muß, haben praktische Bedeutung. Die Handlungen, die diesen ungewohnten Situationen gemäß sind, liegen aber zunächst nicht unmittelbar vor Augen. Sie müssen gesucht und erprobt werden. Auch dabei kommt es darauf an, den passenden Handlungsvollzug zu finden, das "richtige Gute", nämlich das *gute Wohnen* (vgl. HAHN 1995 b). Frau Mittler bewohnt den Erfahrungsraum inzwischen so, daß er zu ihr paßt. Der Gedanke oder schärfer: der Wille, "anders-zu-wohnen", den Frau Mittler mehrmals im Gespräch betont, findet seine spezielle Erfüllung in den Umgangsgewohnheiten, die sie aufgebaut hat und praktiziert. Ihre Wohnerfahrungen haben ihr gezeigt, was für sie paßt und gut ist: was *vernünftig* ist. Die praktische Vernunft, die in ihrem Wohnen zum Ausdruck kommt, hat ihr Maß gefunden im Gefühl der Zufriedenheit, welches sich unter anderem darin äußert, daß man bleiben will. Mit dieser Interpretation soll jedoch nicht der Eindruck erweckt werden, das Wohnen von Frau Mittler sei an seinem vorbestimmten Ziel angekommen. In der Tat weiß niemand, wie es für Frau Mittler im Erfahrungsraum Hallenhaus weitergehen wird. Denn zweifelsohne wird sie neue Erfahrungen machen, die sich schon jetzt darin ankündigen, daß Mieter das Haus verlassen haben und neue Bewohner ins Haus einziehen werden.

John Dewey, mit dessen Zitat ich begonnen habe, hat unsere Erfahrungen "Stimuli des Handelns" genannt, sie seien eine "Angelegenheit des Handelns". Vernunft, insofern sie auf Erfahrungen reagiert und zum modifizierten Handeln drängt, erscheint dann nicht mehr als etwas Selbstgenügsames, das weit außerhalb und oberhalb der Erfahrung liegt, sondern als eine Praxis, die aus Erfahrung lernt und die sich am Einzelfall bewähren muß.

Heinz Böcker, Hartmut Neuendorff, Harald Rüßler

'Hörder Milieu'.
Deutungsmusteranalysen als Zugang zur Rekonstruktion intermediärer Sozialstrukturen - an Fällen[1]

1 Zur Verbindung von Deutungsmuster- und Milieuanalyse

Deutungsmuster sind strukturierte, oft implizit bleibende Wissensbestände, die die wichtigsten Urteils- bzw. Lösungsformen bereitstellen, mittels derer sich die Gesellschafts- bzw. Milieumitglieder die Wirklichkeit kognitiv aneignen (Struktur des Deutens) und diese zugleich auslegen (Struktur des Gedeuteten). Deutungsmuster sind "funktional immer auf eine Systematik von objektiven Handlungsproblemen bezogen, die deutungsbedürftig sind" (OEVERMANN 1973, S. 3).
Die Struktur des Gedeuteten, d.h. die spezifische, auf Handlungsprobleme bezogene Wirklichkeitsauslegung und die Struktur des Deutens, d. h. der je fallspezifisch vom Subjekt vollzogene Deutungsakt der Wirklichkeitsaneignung, bilden insofern einen untrennbaren Zusammenhang, als sich die Struktur des Gedeuteten nicht unabhängig von der Struktur des Deutens ergibt.
Die Schwierigkeit, zwischen der Struktur des Gedeuteten und der Struktur des Deutens zu unterscheiden, hat eine Parallele in der Schwierigkeit, zwischen Struktur der Deutungen (kollektive Muster der Wirklichkeitskonstruktion) und Struktur des Deutens als individuell vollzogenem Akt eindeutig klar unterscheiden zu können. In jedem Deutungsakt bedient sich der Interpretierende vorgängiger, kollektiv tradierter Muster des Deutens, die der Deutende entweder weitgehend unverändert anwendet oder aber abwandelt und weiterentwickelt, wobei vielfältige Grade der Abwandlung denkbar sind und die Grenze zwischen Abwandlung und Neuentwicklung selbst im jeweiligen empirischen Fall nicht immer exakt zu bestimmen ist. Was von beidem jeweils der Fall ist, kann sogar je nach Problemlage bei derselben Person sachlich und sozial nach Handlungsbereichen und zeitlich im Verlauf einer Biographie variieren.

---

1   Das Fallmaterial stammt aus dem von der Stiftung Volkswagenwerk im Rahmen des Förderschwerpunktes: "Demokratische Industriegesellschaft im Wandel" geförderten Projektes "Kontrastierende Fallanalysen zum Wandel von arbeitsbezogenen Deutungsmustern und Lebensentwürfen in einer Stahlstadt"; Projektleitung: Hartmut Neuendorff, Ulf Matthiesen

Für die kollektiv tradierten Deutungsmuster, in denen eben auch die Strukturen des Gedeuteten (der Realität) aufbewahrt werden, gilt, daß ihr Ursprung und Tradierungszusammenhang in den soziokulturellen Milieus liegt. Unter einem soziokulturellen Milieu verstehen wir eine je besondere Form eines Lebenszusammenhangs, in der Deutungsmuster und Handlungsroutinen zur Lösung der alltäglich wiederkehrenden lebenspraktischen Grundprobleme entwickelt und tradiert werden. Insofern reflektieren die Deutungsmuster und Handlungsroutinen immer auch die spezifischen Milieubedingungen.

So werden die Milieumitglieder im Laufe ihrer biographischen Entwicklung mit neuen Handlungsproblemen und Ereignissen konfrontiert, die Deutungsprobleme aufwerfen können. Die neuartigen Handlungsprobleme werden je nach Deutung mit den milieubewährten (d.h. mit milieutypischen) Lösungen zu erledigen versucht (in diesem Fall gibt es keine oder nur sehr unwesentliche Deutungsprobleme), oder es werden neue Lösungsformen im Sinne der deutenden Bewältigung neuartiger Handlungsprobleme entwickelt. Aber auch in die neuen Lösungsformen gehen in der Regel milieutypisch bewährte Routinen ein. Anschlußlos neue Lösungsformen kann es somit im Prinzip nicht geben.

In historischer Perspektive zeigen sich im Gefolge der funktional spezifischen Differenzierungsprozesse in der Gesellschaft auch in den Milieus Differenzierungen und Neubildungen von Lebensformen, die auf ein Abschmelzen bzw. den Prägeverlust von bisher gültigen milieukonstitutiven Vergemeinschaftungsformen und Sozialitätsstrukturen (den milieuspezifischen intermediären Instanzen: z.B. Vereine, nachbarschaftliche Verkehrsformen etc.) hinweisen. Damit gewinnen auch die Individuen ein stärkeres Gewicht für die Reproduktion und Transformation von Strukturen des Milieus (und deren Erklärung), weil die Vermehrung von Optionen des Handelns und Möglichkeiten des Deutens (zumal in medial geformten Öffentlichkeiten) die Selektionschancen und Entscheidungszwänge der Individuen erhöhen. Insofern läßt sich aus sachlichen und methodischen Gründen gerade an den Deutungen der Individuen exemplarisch studieren, welche Wandlungsprozesse Milieus durchmachen, indem man versucht, über die Rekonstruktion ihrer biographischen Fallspezifik und der in ihren Deutungen enthaltenen Bezugsweisen auf Milieugegebenheiten ein wenig aufzuhellen, was es mit den Milieus auf sich hat und was aus ihnen wurde - immer natürlich im Modus der Wissensbestände von Milieumitgliedern (Abb. 1).

Ein wenig von dieser Programmatik möchten wir anhand von vier Falldarstellungen einzulösen versuchen.

Abbildung 1:
Strukturschema zur Analyse sozialer Deutungsmuster

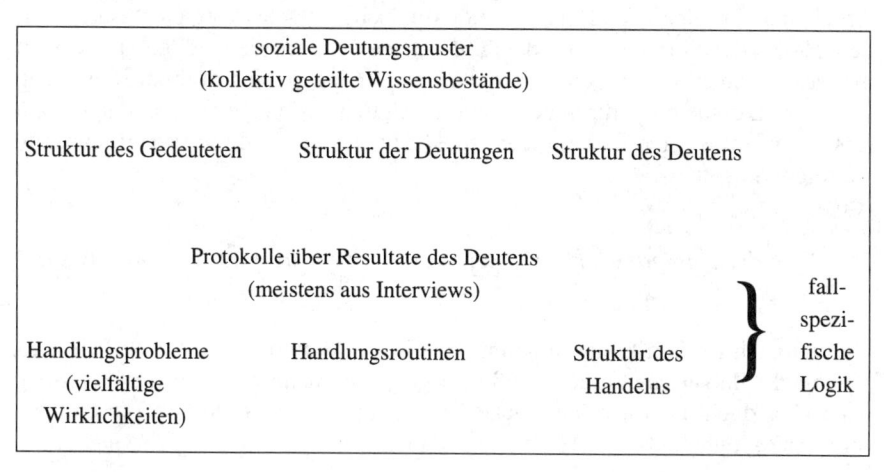

soziale Deutungsmuster (kollektiv geteilte Wissensbestände)		
Struktur des Gedeuteten	Struktur der Deutungen	Struktur des Deutens
	Protokolle über Resultate des Deutens (meistens aus Interviews)	
Handlungsprobleme (vielfältige Wirklichkeiten)	Handlungsroutinen	Struktur des Handelns ⎫ fall-spezifische Logik

Zur Auswahl und Vorabcharakterisierung unserer vier Fälle sollte folgendes vorweg geschickt werden. Jeder Fall ist durch eine fallspezifische Logik des Deutens charakterisiert, die hier nicht im Detail dargestellt werden kann. Solche Fallspezifik gilt (ganz unspezifisch) für jedes Individuum, ganz unabhängig vom Grad der Individuiertheit der Deutungen eines jeden. Als nächstes kann man unsere Fälle danach unterscheiden, ob ihr Lebenslauf durch schicht- bzw. milieuüberschreitende Entwicklungsprozesse charakterisiert (Leisegang oder Nowitzki) ist oder ob dies nicht der Fall ist - wie etwa bei den beiden Hoescharbeitern Hofmeister und Schaller. Aus dem Verbleiben im "angestammten" Milieu - wie bei Hofmeister - ist jedoch keineswegs zu schließen, daß es sich bei den Handlungs- und Deutungsproblemen, denen Hofmeister begegnet, auch um überwiegende milieutypisch geprägte und beantwortete Handlungs- und Deutungsprobleme handelt. Für gleichartige Handlungsprobleme dürfte es im jeweiligen Milieu mehrere Lösungsmöglichkeiten geben. Selbst in relativ dichten Milieus dürfte nur selten eine Lösung als allein vorzugswürdig naheliegend ausgezeichnet sein. Hofmeister und Schaller repräsentieren in dieser Hinsicht gleichwertige und gleicherweise im Milieu vorgesehene Lösungsstrategien für den Umgang mit tiefgreifenden Strukturwandlungen in der Arbeitswelt bei Hoesch (Modernisierung mit Arbeitsplatzabbau).

Im Unterschied dazu werden milieuüberschreitende Lebensverläufe/Biographien fast immer mit Problemen konfrontiert, die im "Herkunftsmilieu" nicht auftreten und für die es deshalb keine milieutypischen Deutungsformen und

Lösungsprozeduren gibt, die sich in relativ bekannter Weise auch auf "neue" - aber in der Typik vertraute - Probleme anwenden lassen (wie dies etwa für die Arbeitsplatzprobleme und erwerbsbiographischen Suchstrategien unserer beiden Hoescharbeiter gilt). An den milieutranszendierenden Fällen interessiert uns deshalb insbesondere die Art und Weise, in der sie sich in ihren Deutungen für gewohnte wie auch für ungewohnte Handlungsprobleme auf Deutungen und Lösungen ihres Herkunftsmilieus rückbeziehen oder diese im Rückbezug weiterentwickeln.

2 Wilhelm Leisegang - klassischer Fall eines Aufsteigers aus dem Arbeitermilieu

Gefragt nach Herkunft und Tätigkeit von Großvater und Vater, räumt Willi Leisegang ein, daß er das für den Großvater gar nicht mehr so genau wisse, vermag dann aber doch das für seine eigene Verortung im Arbeitermilieu Wesentliche sehr markant und aufschlußreich zu benennen:

> UM: Was ham die denn gemacht also Großvater und Vater// WL: Joa, beim Großvater weiß ichs nicht mehr so genau, aber, war im Prinzip auch in der ersten Hitze, wie man so schön sacht, das heißt, äh, direkt vor Ort, also war nicht in der Etappe, das heißt war kein Waschkauwärter oder sonstwas, später, später weiß ich d, der war mal Vertrauensmann, und dann hört das dann n bischen auf äh daß man da so äh direkt vor Ort arbeiten muß, muß man sich um Belange der Kollegen und so weiter kümmern und im Alter geht das sowieso n bischen anders.

Mit dem Hinweis, daß sein Großvater 'nicht in der Etappe' war, sondern an vorderster Front der Produktionsschlacht 'in erster Hitze' (stahltypisch) und 'vor Ort' (bergbautypisch) sich zu bewähren hatte, bezeichnet Leisegang eine für die Stahlindustrie und den Bergbau gleicherweise kennzeichnende Tradition, daß den Arbeitsplätzen mit besonders großen Belastungen und hohen Risiken für Leib und Leben das größte Prestige und der höchste Lohn gebührt. Wer sich hier bewährt, gehört mit Recht in die erste Reihe des Arbeiteradels und hat es "geschafft" im Rahmen der Möglichkeiten, die angelernten Arbeitern offen stehen. Auffällig an dieser verständlichen Betonung der hervorstechenden Arbeits- und Leistungsmerkmale der Produktionsarbeiter im ersten Glied ist die mit den Kontrastbegriffen: "in der Etappe ... als Waschkauwärter oder sonst was" vollzogene Nivellierung des großen Rests höchst differenzierter, nach Leistungsanforderungen und Belastungen abgestufter und hierarchisch geordneter

Arbeitsplätze in der Stahlindustrie auf den untersten und entferntesten Gegenpol, die Waschkaue, als den Ort, an dem man nach getaner Arbeit sich vom Dreck und Schweiß befreit. Zudem wird in dieser signifikanten Polarisierung der Arbeitskontexte bei Kohle und Stahl außerdem ausgeblendet, daß der Arbeitsplatz des Waschkauenwärters und vergleichbare Schonarbeitsplätze die verdienten Altersarbeitsplätze derer waren, die sich zuvor an der Front verschlissen hatten.

Daß Leisegang dies ausblenden konnte, erklärt sich wiederum aus der besonderen Funktion des Großvaters als gewerkschaftlichem "Vertrauensmann" im Alter, wodurch ihm andere Altersarbeitsplätze oder "sonst so was" erspart geblieben seien. Der Großvater war somit nicht nur durch beste Malochertradition an vorderster Front geadelt, sondern gehörte darüber hinaus auch noch zum Urgestein der gewerkschaftlich/sozialdemokratischen Ruhrgebietstradition. Aus beidem zusammen ergibt sich erst die genuin ruhrgebietsspezifische Montankultur.

In diese Traditionslinie reiht Leisegang dann auch seinen Vater ein, muß dabei aber zwei kleine Korrekturen vermerken. Zunächst startete der Vater seinen Berufsweg in Abkehr von der montankulturellen Familientradition (die übrigens väterlich- wie mütterlicherseits bestand) mit einer Lehre in der Landwirtschaft und landete nach Kriegsende mehr unfreiwillig in der Stahlindustrie, wo er - wie Leisegang es ausdrückt - "hängenblieb". Das läßt darauf schließen, daß er eigentlich ganz andere Pläne hatte. Zwar ist er in der Stahlindustrie "hängengeblieben", aber keineswegs auf der Eintrittsstelle stehengeblieben. Vielmehr vollzieht er der Aufstiegstradition seiner Familie entsprechend mit Arbeitseifer und Entbehrungsbereitschaft einen Aufstieg anderer Art: Über nachträgliche Facharbeiter- und Meisterausbildung erreicht er als Meister die höchstmögliche Vorgesetztenposition in der untersten Managementebene, die Arbeitern überhaupt zugänglich war. Der Vater vollzieht also über formale Qualifizierungsprozesse einen Aufstieg in Vorgesetztenfunktionen, der aber nicht gerade montantypisch, sondern allgemein industrietypisch ist, wobei ihm allerdings die Orientierung an den malochertypischen Arbeitstugenden des stahltypischen Wegs seines Vaters in die erste Hitze als wichtige Ressource fürs Durchhalten hilfreich gewesen sein dürfte. Insofern erweist sich der fehlgeschlagene Ausbruchsversuch aus der Montankultur als ein Umweg, der ihn auf mindestens gleicherweise prestigeträchtige Positionen im Stahlwerk führte. An diese malocherkulturelle Deutung von Arbeit, deren hervorstechendste Tugenden in Einsatzbereitschaft, Härte und Ertragen von Entbehrungen bestehen, schließt Leisegang an und verweist damit auf seinen Anteil an seinem Aufstieg zum leitenden Chemietechniker in einem bedeutenden Chemieanlagenunternehmen in Dortmund.

Doch zunächst erfordert die 'Erklärung' seines arbeitermilieutranszendierenden sozialen Aufstiegs - ein Thema, das von zentraler Strukturierungskraft für Leisegangs Welt- und Selbstdeutungen ist - die Darstellung der Bedingungen, die nach seiner Deutung überhaupt den ersten Schritt - den Übertritt in eine weiterführende Schule - möglich machten. Zu diesem Zweck entwickelt Leisegang eine höchst bemerkenswerte Theorie über den Zusammenhang von sozialräumlichen Milieugrenzen in seinem Arbeiterviertel und sozialen Aufstiegsprozessen über den Besuch weiterführender Schulen.

> WL: Gut, beginn' wer ma. Geborn: in der Siedlung von der we vorhin gesprochen ham, aufgewachsen dort bis zur Schule, erst war das die äh Volksschule, die hab ich besucht in Dortmund Schüren, gab zwei Möglichkeiten: - ich sach mal, weil wenn mir das einfach so wichtig erscheint - einmal nach Schüren zur Schule zu gehen und zum andern in Hörde, das war die Weingarten-Schule, und da meine Eltern aus Schüren stammten, sind wir denn nach Schüren zur Schule gegangen. Hatte das wahrscheinlich aber auch den Hintergrund bei meinen Eltern, vermute ich, die Weingarten-Schule lag direkt hinter einem sozialen Brennpunkt, das heißt, da war'ne Asozialen-Siedlung und dementsprechend wurde die Schule auch äh, hat die Schule auch äh wohl keinen guten Ruf und das ganze war nicht ganz so dramatisch in Schüren. Und die Kinder bei uns ausser Siedlung sind, man kann sagen, so zu zwanzig bis dreißig Prozent würd ich sagen, nach Schüren gegangen und die andere Hälfte, viellt d überwiegende Teil, zur Weingarten Schule"

Leisegang teilt das Arbeiterviertel, das sich links und rechts entlang einer Hauptstraße erstreckt und im Süden durch das Werksgelände von Hoesch und im Norden und Osten durch die Hoesch-Werksbahn begrenzt wird, in drei Zonen: Die Asozialen-Siedlung Remberg-Insel im Süden, die in den fünfziger Jahren gebaute Flüchtlingssiedlung im Westen sowie die Hoesch-Werkswohnungssiedlung im Osten des Viertels. Nicht markiert wird in dieser Einteilung die alte Bergbauzechensiedlung "Sommerberg-Winterberg", die zwischen der Flüchtlingssiedlung und der Hoesch-Werkssiedlung liegt und den historischen Kern des Viertels ausmacht.

Die Haupttrennungslinie wird zwischen der Asozialen-Siedlung auf der Remberg-Insel und dem Rest des Viertels eingeführt, um als erste entscheidende Weichenstellung für den Besuch weiterführender Schulen die Wahl der Volksschule herauszuheben. In dem Viertel bestand offensichtlich die

Möglichkeit, zwischen zwei Volksschulen wählen zu können: Nämlich der zum Viertel gehörenden Weingarten-Volksschule unterhalb der Remberg-Insel und der etwas weiter entfernten Volksschule der Nachbargemeinde Schüren, aus der Leisegangs Eltern stammen. Leisegang vermutet aber, daß die Wahl seiner Eltern auf die Volksschule in Schüren nicht nur wegen deren eigener Herkunft fiel, sondern im schlechten Ruf der Weingarten-Volksschule wegen deren räumlicher und sozialer Nähe zur Asozialen-Siedlung begründet liegt (20-30% der Eltern der Hoesch-Siedlung handelten ja ähnlich). Als weiteren Grund nennt Leisegang, daß der Schulweg nach Schüren an den Wohnungen von Oma und Tanten vorbeiführte, so daß im Bedarfsfalle Leisegang den Tag nach Schulschluß dort verbringen konnte. Allerdings wäre der Weg von der Weingartenschule zu Oma und Tanten auch nicht viel weiter gewesen. Will man bei den restlichen 20 bis 30% Elternentscheidungen für Schüren nicht auch Herkunfts- oder Verwandtschaftsgründe unterstellen, muß man annehmen, daß nicht nur für Leisegangs Eltern, sondern auch für die anderen Eltern der schlechte Ruf der Weingartenschule eine entscheidende Rolle bei der Wahl der Volksschule spielte.

Der Besuch der Schürener Volksschule ist selbstverständlich keine hinreichende Bedingung für die Übertrittschancen auf weiterführende Schulen. Dazu kommen muß nach Leisegangs Deutung die Wahl der richtigen Wohnung in der richtigen Straße. Denn die fünf Arbeiterkinder, die überhaupt auf weiterführende Schulen aus dem ganzen Viertel gingen, wohnten alle in der äußersten Straße der Hoesch-Werkswohnungssiedlung in weitest möglicher Entfernung von der Asozialen-Siedlung und der Flüchtlingssiedlung. Die fünf Arbeiterkinder bildeten also den Kern einer Peer-Gruppe der Aufsteiger, deren Bildungsweg gewissermaßen auch schon durch die sozialräumlichen Gegebenheiten vorgezeichnet war. Hinter all diesen segensreichen Entscheidungen seiner Eltern sieht Leisegang das eine grundlegende Aufstiegsmotiv seiner Eltern, die darin nur die Familientradition des: "man will halt das kleine bißchen Mehr" fortsetzten.

Trotz aller wohlerwogenen Entscheidungen von Leisegangs Vater (von seiner Mutter spricht er in diesen Zusammenhängen nie) zur Beförderung der Aufstiegschancen seines Sohnes, drohten diese dann aber am konservativen Weltbild der Lehrerin von Leisegang schon in der Schürener Volksschule zu scheitern. Denn wegen der inzwischen von den sozialdemokratischen Bildungspolitikern abgeschafften Aufnahmeprüfung zur Verbesserung der Bildungschancen für Arbeiterkinder war die Empfehlung der Volksschullehrerin die entscheidende Hürde des Übertritts geworden. Von den Arbeiterkindern sollten aber nach Meinung der Lehrerin "die Männer später bei Hoesch arbeiten und die Mädchen Verkäuferinnen werden und dann sowieso heiraten, und alle sollten fromme Christen sein". Der Wunsch von Leisegangs Vater, seinen Jungen auf eine weiterführende Schule zu schicken, führte also - wie Leisegang sich ausdrückt - zur "Verärgerung bei der Lehrerin". Denn der in sozialdemokratischer Tradition großgewordene Meister auf Hoesch gab nicht kleinlaut und autoritätshörig - unterwürfig nach, sondern handelte mit dem Direktor der Schule den Kompromiß aus, daß Leisegang nach dem fünften Volksschuljahr dann auf die Realschule gehen sollte. Das heißt also, er hatte ein Lebensjahr als Preis seines Bildungsbegehrens zu zahlen. Nach dem durch Kampf erstrittenen Übertritt auf die Realschule stand Leisegang nun unter besonderem Erfolgszwang, um die negative Prognose seiner Lehrerin als falsch zu widerlegen und die Ehre des aufstiegswilligen Teils des Arbeitermilieus zu retten. So arbeitete er sich auch von der Durchschnittsnote Drei auf Zwei herauf und erwarb die Berechtigung zum Abitur auf dem Aufbaugymnasium, um dann studieren zu können.

Seinen Weg von der Volksschule zum Studium deutet er als einen Prozeß, in dem sein Anteil an der Bestimmung seines Erfolgs immer größer wird. In Anknüpfung an die malochertypischen Arbeitstugenden seines Großvaters und Vaters beweist er, daß Härte, Einsatz und Bereitschaft zu Entbehrungen zum Erfolg durch eigene Leistung führen. Schließlich bewältigt Leisegang das sehr arbeitsaufwendige Studium der Chemietechnik in der kürzest möglichen Studienzeit an drei verschiedenen Universitäten - zuletzt an der ETH Zürich für die Erstellung einer Diplomarbeit. Trotz oder auch gerade wegen seiner - fast könnte man sagen - Erfolgsgetriebenheit wählt Leisegang keineswegs die leichten Wege und dünnen Bretter, um einen schnellen Studienerfolg zustande zu bringen. Er studiert Chemietechnik, gerade weil er ein breit angelegtes Studium mit vielfältigen Anschluß- und Überwechselmöglichkeiten zu anderen technischen Disziplinen suchte, um so seiner wissenschaftlichen Neugier und seinen umfassenden Bildungsabsichten einen möglichst breiten Raum geben zu können.

Auf eine Formel gebracht, kann man sagen, Leisegang entfaltet in dem gleichen Maße, in dem sein Erfolg von seinen Leistungen abhängig wird - und nicht von Bedingungen, die er gar nicht beeinflussen kann, wie zum Beispiel die weltbildabhängigen Vorurteile seiner Volksschullehrerin gegen Arbeiterkinder -, vielfältiger werdende Bildungsinteressen, über die er sich noch besser präpariert, um seinen vom Vater übernommenen Aufstiegsambitionen gerecht zu werden. Sicher ist solch ein "Leben auf der Überholspur", wie er es treffend charakterisiert, sehr entbehrungsreich und entsagungsvoll. Doch nach der Bewältigung der letzten Streßphase, in der die Erziehung seiner drei kleinen Kinder, das Medizinstudium seiner Frau und seine eigene Promotion auf einer Assistentenstelle bei der Bergbauforschung in Essen unter einen Hut gebracht werden mußte, befindet er sich nun auf einer Leitungsposition in einem Chemieanlagenunternehmen in Dortmund, in dem alle vergleichbaren Positionsinhaber erst zehn Jahre später da standen, wo Leisegang heute steht. Diese bislang, vielleicht auch auf Dauer, letzte Streßphase konnte allerdings nur bewältigt werden unter der umfassenden Einbeziehung seiner Eltern in die Kinderbetreuungsnotwendigkeiten der jungen Familie, als diese ihre zugleich doppelt vollzogene Qualifizierungsphase durchmachte. Damit schließt sich der Kreis eines vielleicht auch letztmaligen Rückgriffs auf Ressourcen, die so selbstverständlich vielleicht nur noch in alten Arbeitermilieus zur Verfügung stehen, um einen Aufstieg zu bewältigen, der ihm ja gleichfalls aus einer spezifisch montankulturellen Milieutradition, die sich 'in erster Hitze' und 'vor Ort' herausgebildet hatte, als Gepäck auferlegt worden war.

Leisegang ist zwar nicht Betriebsleiter auf Hoesch geworden, wie es sein Vater gern gesehen hätte, aber die Nähe und Distanz zu seinem Herkunftsmilieu in *Hörde*, von dem er sich durch seinen milieutranszendierenden Aufstieg sozial entfernt hat, demonstriert er unübersehbar dadurch, daß er in *Kirchhörde*, dem vornehmsten Villenviertel im Süden Dortmunds, seßhaft geworden ist und mit seiner Gattin auf ihre drei Kinder als "unsere drei Hoffnungsträger" blickt.

3   Werner Nowitzki - abweichender Fall eines Aufsteigers aus dem Arbeitermilieu

Werner Nowitzki, ebenfalls Aufsteiger aus dem Hörder Arbeitermilieu ist der ideale Vergleichs- und Kontrastfall für die Konturierung der Deutungen und Lebensprogrammatik, die uns in Leisegang begegnet sind.

Nowitzki charakterisiert sich zu Beginn des Interviews gleich zweifach in hochstilisierter Selbstidentifikation als "Alt Hörder" und als Sproß einer "Bergarbeiterfamilie in der vierten Generation", deren Vorfahren um 1900 aus Pommern ins Ruhrgebiet eingewandert sind und dem Namen nach offensichtlich slawischer Herkunft sind. Hörder ist Werner zwar von Geburt an, doch sein Vater ist erst Anfang der 50er Jahre von Mengede, der Gemeinde im Norden Dortmunds, in der auch seine Zeche lag, nach Hörde gezogen, um in der Stahlindustrie zu arbeiten. Den angesehenen Beruf des gelernten Bergmanns - und in dieser Hinsicht steht er ebenbürtig neben dem Großvater und Vater von Leisegang - gab er auf, als neben ihm sein bester Kumpel durch einen Steinschlagunfall zu Tode kam. Als Berufsfremder - und das ist fast jeder, der von außen in die Stahlindustrie kommt - fängt man fast immer als Ungelernter unten auf den am wenigsten angesehenen Arbeitsplätzen an, um sich dann durch Arbeitseinsatz und Geschick in die innerbetrieblichen Mobilitätsketten nach oben einzufädeln, so wie wir es bei Leisegangs Vater und Großvater schon gesehen haben. Nowitzkis Vater geht aber gar nicht in einen typischen Stahlbetrieb, in dem die stahltypischen Aufstiegsprozesse möglich sind, sondern zieht die

Tätigkeit als Gleiswerker bei den Hoesch-Bahnbetrieben in frischer Luft und unter geringer Kontrolldichte durch Vorgesetzte möglichen Aufstiegsprozessen im Arbeitermilieu auf Hoesch vor. Zwar macht er später noch die Prüfung zum Vorarbeiter, aber zu diesem Zeitpunkt ist er schon über 50 Jahre alt, und sein unerwarteter Tod (wegen Darmkrebs) verhindert eine nun erst mögliche Position als Vorarbeiter. Zumindest seit dem Wechsel zu Hoesch (also über 25 Jahre) lassen sich bei Nowitzkis Vater keine Aufstiegsambitionen auf prestige- und verdienstträchtige Positionen im Arbeitermilieu mehr ausmachen. (Werner gibt diesem Sachverhalt eine arbeitermilieutypische Deutung, indem er die in der Arbeiterschaft gängige Formel anführt, daß die Eltern die Wünsche und Hoffnungen, die sie selbst nicht verwirklichen konnten, auf ihre Kinder projizieren. Mit dieser Formel vollzieht Nowitzki aber nur eine Rückprojektion seines gelungenen Aufstiegs auf die Wünsche und Hoffnungen seiner Eltern, ohne für deren Aufstiegsambitionen stichhaltige Belege anzuführen).

Nowitzkis Deutungen, seine sozialen Kategorisierungen und Grenzziehungen im Hörder Arbeitermilieu, das Leisegang und Nowitzki gleichsam Haus an Haus "gemeinsam" bewohnen und "gleichzeitig" erfahren - zumindest über weite Strecken ihrer frühen Kindheit und Jugend hinweg -, zeigen uns eine andere Struktur des Hörder Milieus, als wir sie bei Leisegang fanden. Sicher gibt es Überschneidungen in der Topographie der Milieus beider, und in ihnen zeigen sich dann auch die gemeinsamen bzw. gleichartigen Elemente in ihren Deutungen über die "Wirklichkeiten" des Milieus. Solch ein gemeinsamer Topos ist die Remberg-Insel mit Wohnungen für die Asozialen, die keiner geregelten Arbeit nachgehen und denen deshalb nach den malochertypischen Kriterien für Ehre auch keine Achtung gebührt. Außer dieser klar abgegrenzten Zone in ihrem Viertel, die man aus Gründen der Selbstachtung umgeht und meidet - allerdings auch, um nicht in Kämpfe verwickelt zu werden, in denen die ehrbaren Arbeiterkinder in der Regel unterliegen -, 'kennt' Nowitzki aber keine weiteren sozialräumlichen Differenzierungen in seinem Arbeiterviertel. Auch von der Möglichkeit der Wahl der beiden Volksschulen weiß er nichts, weil es für ihn nicht relevant wurde. Denn offensichtlich dachten auch seine Eltern nicht in diesen Kategorien. Denn ganz selbstverständlich ging er zusammen mit seinem Zwillingsbruder, wie auch schon sein älterer Halbbruder, zur Weingarten-Volksschule im Hörder Viertel. Dort konnte er dann mit eigenen Augen wahrnehmen, daß die Kinder von der Remberg-Insel alle ganz schnell durchs "Sieb" der Weingartenschule fielen und auf der Sonderschule landeten, wodurch zwar nicht die Angst vor Begegnungen mit ihnen schwand, aber die geltende Geringschätzung noch einmal gerechtfertigt wurde.

Auf der Weingarten-Volksschule fand sich Nowitzki unter seinesgleichen, denn alle waren Malocherkinder. Doch er hatte eine Sonderstellung in der

Klasse inne, weil er der Klügste war und immer alles so gut konnte. Dies trug ihm die Bewunderung seiner Klassenkameraden ein, denn er distanzierte sich nicht als etwas besseres von ihnen, und sie grenzten ihn auch nicht aus ihren Cliquen aus. Als der Stolz seiner Lehrerin erfuhr Nowitzki auch deren besondere Zuwendung. Schon nach dem dritten Schuljahr sollte er nach ihrem Urteil aufs Gymnasium wechseln. Doch aus Verbundenheit mit seinem Zwillingsbruder Wolli, der nicht so gut lernen konnte und deutliche Rechtschreibschwächen zeigte, blieb er sogar fünf Jahre auf der Volksschule und wechselte dann auf die ausdrückliche Empfehlung seiner Lehrerin hin auf das vornehmste Gymnasium in Dortmund, das humanistische Stadtgymnasium. Sein Zwillingsbruder Wolli, wie ein Jahr zuvor schon sein Halbbruder Hanno, wechselte hingegen auf die Realschule, wo er wieder mit Leisegang in einer Klasse zusammentraf.

Nowitzkis Mutter erlebte bei seiner Anmeldung für das Stadtgymnasium zwar die abweisende Mahnung, daß dies doch wohl kaum die richtige Schule für ihren Sohn sein könne. Aber nicht sie hatte die Entscheidung zu vertreten, sondern die empfehlende Volksschullehrerin. Diese hatte Nowitzki mit der Mahnung: "Da mußt Du Dich durchbeißen" nachdrücklich darauf hingewiesen, daß es für ihn nicht leicht werde auf dem Gymnasium. Zugleich hatte sie ihm aber auch die Gewißheit mit auf den Weg gegeben, daß er es schon schaffen werde. Nowitzki mangelte es auch nicht an Zuversicht, denn schließlich hatte man ihm "immer schon Großes prophezeit", und auch sein Vater hatte nach dem Übertritt aufs Gymnasium bei den sonntäglichen Spaziergängen im nahegelegenen bürgerlichen Villenviertel in der Gartenstadt ihm versichert, daß er einst auch in so einem Haus wohnen werde. (Übrigens fungiert hier die 'Villa' in den Reden des Vaters nicht als Motiv der Aufstiegswünsche, die er auf seinen Sohn projiziert, sondern als zusätzliche Versicherung von seiten des Vaters, daß auch er die Prognosen teilt, die in der Verwandtschaft (wo er als der Professor oder der Supertyp galt) und im Arbeiterviertel über Nowitzkis Zukunft im Umlauf waren.

Im Gegensatz zu den Deutungen von Leisegang über seinen Aufstiegsweg sind in Nowitzkis Deutungen nicht die Eltern, sondern die Lehrerin die treibende Kraft hinter seinem Übertritt auf das Gymnasium. Offensichtlich nahm sie den durch die sozialdemokratische Bildungspolitik in Gang gesetzten Emanzipationsauftrag für die Arbeiterkinder sehr ernst. Sicher findet seine Familie diesen Weg auch richtig und unterstützt ihn, wie die Prophezeihungen über die Villa zeigen, aber sie verfolgt mit der Wahrnehmung der Bildungschancen, die ihren Kindern eröffnet werden, nicht ein gleichsam in der Familienkultur verankertes Aufstiegsprogramm (durch Arbeitseinsatz und/oder Bildung), wie es für die Familie Leisegang typisch ist. Gerade dieser Unterschied hat Konsequenzen für die Art und Weise, wie Nowitzki im Unterschied zu Leisegang mit

Milieuressourcen umgeht und die Sozialitätsstruktur des Arbeitermilieus mit den neuen Sozialitätsformen verbindet, die er in der bürgerlichen Lebenswelt auf dem Stadtgymnasium kennenlernt.

Nowitzki konnte schon immer gut lernen, und insofern bereiten ihm die höheren/vielleicht auch höchsten kognitiven Lernanforderungen auf dem Stadtgymnasium keine Schwierigkeiten. Probleme resultieren vor allem aus den sozialen Anpassungsleistungen und Eingewöhnungsnotwendigkeiten in die bürgerliche Lebenswelt auf dem Stadtgymnasium (Sprachgewohnheiten, materielle Ausstattungsdinge etc.).

Um die Regeln der bürgerlichen Welt zu lernen und mit ihr umgehen zu können, dürfte das Stadtgymnasium ein besonders günstiges Lernfeld gewesen sein. Denn auf ihm war die bürgerliche Lebenswelt von ähnlich homogenem und klar strukturiertem Zuschnitt, wie die Lebenswelt des Arbeitermilieus sich auf der Weingarten-Volksschule unvermischt und klar strukturiert dargestellt hatte. In der Volksschule war er der "King" gewesen, hier erhielt er den Status eines Fremdlings mit ausländischem Namen und fremd klingenden Sprachgewohnheiten, die Gelächter bei den "Einheimischen" hervorriefen. Nowitzki reagierte darauf mit Rückzugsstrategien, indem er sich am mündlichen Unterricht nach Möglichkeit nicht beteiligte und sich statt dessen auf gute Leistungen im Schriftlichen konzentrierte. Dabei kaprizierte er sich besonders auf die alten Sprachen als der prestigeträchtigsten Leistungssparte auf humanistischen Gymnasien. Und so, wie er sich über den Umweg der Grammatik der alten Sprachen ein reflektiertes Verhältnis zur eigenen Muttersprache erwarb, entwickelte er über die distanzierte Betrachtung und Reflexion der Interaktionsregeln und Weltsichten seiner bürgerlichen Mitschüler die Fähigkeit, Situationen sehr schnell richtig einzuschätzen, um situationsspezifisch angemessen handeln zu können. Gerade die klar konturierte Gestalt der bürgerlichen Lebenswelt auf dem Stadtgymnasium dürfte - in Analogie zur Entschlüsselung von Regeln an 'clear cases' - besonders hilfreich für diesen Kompetenzerwerb gewesen sein. So kehrt Nowitzki den vermeintlichen Nachteil, als einziges Arbeiterkind der belächelte Exot unter lauter Bürgerkindern zu sein, in den Vorteil um, diese Welt schnell verstehen lernen zu müssen, um sich in ihr (dem neuen, erweiterten Planeten) zurechtfinden zu können.

Weil Nowitzki der einzige "Fremdling" in dieser Bürgerwelt gewesen ist und die Bürgersöhne sich auch kaum durch ihn bedroht fühlten, wird man ihm auch nicht mit Ab- und Ausgrenzungsstrategien begegnet sein, mit denen größere Kontingente von Arbeiterkindern sehr wahrscheinlich konfrontiert worden wären, wie es in den siebziger Jahren mit den größeren Übertrittsquoten von Arbeiterkindern auf Gymnasien häufig zu beobachten war. So überrascht es nicht, daß Nowitzki schon bald Freunde unter den Bürgersöhnen findet und auch in deren Häuser eingeladen wird. Das führt aber auf der anderen Seite nicht dazu, daß ihn jetzt seine alten Kumpel und Spielkameraden aus dem Hörder Arbeiterviertel ausgrenzen, wie es Grenzgängern zwischen verschiedenen Milieus oft widerfährt. Seine bis heute andauernde Verankerung im alten Herkunftsmilieu verdankt sich dem engen Zusammenhalt der drei Geschwister Nowitzki, wobei der Zwillingskonstellation von Werner und Wolli eine besondere Bedeutung zukommt. Die Zwillingskonstellation (zweieiig) erlaubte es Nowitzki, dem Älteren (15 Minuten), sich besonders stark individuieren und seine Fähigkeiten entfalten zu können und doch wegen der engen symbiotischen Beziehung zwischen Zwillingen sich immer wieder in die Geborgenheit und Gemeinschaftlichkeit der Zwillingsbeziehung zurückfallen zu lassen.

Er brauchte sich nicht zwanghaft von seinem Herkunftsmilieu zu distanzieren - wie es tendenziell immer schon durch die Familientradition des "Ein-bißchen-mehr-Wollens" bei Leisegangs nahegelegt wird -, sondern dieses unterstützt und stimuliert seine Individuation auf der Basis eines umfassenden Verbundenheitsgefühls, das sich durch Nowitzkis Aufstieg und Verkehr in der bürgerlichen Welt nie bedroht fühlt. Nowitzkis Brüder anerkennen neidlos seinen Aufstieg, und er kann problemlos die Gemeinsamkeiten mit seinen Brüdern betonen und pflegen. Über die Brüder bleibt auch die Verbindung mit den nachbarschaftlichen Beziehungsnetzen erhalten. Von einem Bruch mit dem alten Hörder Milieu berichtet Nowitzki zum ersten Mal während seiner Zeit als Oberstufenschüler: "Und da kommt auch der Bruch da mit den Hördern also direkt in der Nachbarschaft. Die spielen denn halt viel Fußball und machen, und ich lese halt". Bruch heißt aber nur, daß er in der Freizeit nicht mehr immer das gleiche macht, wie die alten Kumpel aus der unmittelbaren Nachbarschaft. Die Verbundenheit mit dem Milieu bleibt aber nicht nur durch die besondere Verbundenheit mit seinem Zwillingsbruder weiter bestehen, sondern Nowitzki gelingt es auch, seine neuen Freunde aus dem Bürgertum mit seinen Kumpels aus Hörde zusammenzubringen.

Die von der Jugendarbeit der evangelischen Kirchengemeinde im Hörder Arbeiterviertel ausgerichteten Tanzveranstaltungen im Zeitgeist der 68er waren nämlich für die Söhne des Bürgertums aus dem Stadtgymnasium eine überaus attraktive Alternative zu der üblichen bürgerlichen Tanzstundenkultur des gepflegten gesellschaftlichen Umgangs mit dem anderen Geschlecht. Denn hier kam man wirklich mit den Mädchen zusammen, und Werner entwickelte sich zum "Führer" in Fragen der befreiten Lebensfreuden, die ganz im Geiste der 68er die Proletarierkinder und Bürgersöhne auf einer wogenden Welle von Musik, Mädels, Tanz und Hasch miteinander verband. (Übrigens ist Werner auch heute noch im Kreis seiner Berufskollegen der natürliche "Führer" in Fragen des Lebensgenusses). Über das kirchlich betreute Teilsegment der Hörder

Jugendkultur bewerkstelligte Nowitzki eine Mixtur verschiedener Milieus (nämlich zwischen "der Oberschüler-Kiste" und den "Freaks aus Hörde", die "Supertänzer" waren und "sowas Animalisches" hatten). Damit verändert sich entscheidend seine "Stellung" in der bürgerlichen Welt und seine Selbstwahrnehmung.

Sein anfänglicher "Hinterhauskomplex" auf dem Stadtgymnasium (kein Urlaub in Italien, kein Fahrrad zu Weihnachten und Vater dann noch Arbeiter) und die damit verbundenen Somatisierungen (Bauchschmerzen, Kopfschmerzen) während der ersten Gymnasialjahre verschwinden gleichsam von einem Tag auf den anderen. Jetzt hat auch er den Bürgersöhnen, die er bislang immer nur als die sozial und materiell Bevorteilten gesehen hat, etwas zu bieten, was sie sich aufgrund ihrer Sozialisation und der gleichfalls 'beschränkten' Lebensweisen in ihrem Milieu bislang nicht selbst beschaffen konnten. Nowitzki erkennt dadurch nicht nur ganz praktisch die Vor- und Nachteile der verschiedenen Milieus, sondern erarbeitet sich darüber auch die Fähigkeit, fortan die Stärken und Ressourcen verschiedener Milieus miteinander zu kombinieren. Nowitzki kultiviert nun die besondere soziale Befähigung, sich auf je neue Lebenswelten einstellen zu können, ohne sich von seinen bisherigen vertrauten Lebenswelten distanzieren zu müssen. Doch um Befähigungen auszubilden, bedarf es entsprechender Nährböden. Die finden wir in der Zwillingskonstellation und in den Eigentümlichkeiten der Familien- und Verwandtschaftsstruktur der Nowitzkis, einer Familie, in der sich verschiedene Lebenswelten miteinander verbunden hatten (die Lebenswelt der katholischen Bergarbeitertradition slawischer Herkunft mit der Lebenswelt protestantischer Arbeiterbauern aus Schlesien). Aber auch die besonderen Strukturen in den homogenen Milieus sowohl auf der Weingarten-Volksschule als auch auf dem Stadtgymnasium sind hier zu nennen, denn in beiden Milieus spielte Werner eine Sonderrolle (als King, als Exot), die für seine Entwicklung insgesamt (sozial, kognitiv und emotional) äußerst förderlich war. Im Rahmen derart vielfältig verschränkter günstiger Konstellationen entwickelt und kultiviert das Arbeitermilieukind Nowitzki vor allem soziale Kompetenzen, die ihn befähigen, - ohne ein Aufstiegsprogramm wie bei Leisegang - einen milieutranszendierenden Aufstieg auf gleichsam spielerisch leichte Weise zu vollziehen, der ihn aber wegen seiner Fähigkeit zur Herstellung produktiver Milieusynthesen immer auch weiterhin mit seinem Herkunftsmilieu verbunden sein läßt.

Aus Kontrastierungsgründen gegenüber dem Aufstieg von Leisegang ist bisher bei Nowitzki die Entwicklung und die Bedeutung seiner sozialen Kompetenzen besonders herausgestellt worden. Seine kognitiven Fähigkeiten - ohne die für die Kinder aus dem Arbeitermilieu gar nichts voran ginge - und insbesondere sein "knallhartes Leistungsbewußtsein" wurden bisher nicht thematisiert. In der Betonung des starken Leistungsbewußtseins kann man auf den ersten Blick die größte Gemeinsamkeit zwischen Leisegang und Nowitzki sehen, denn - wie Nowitzki weiß: "wir (aus dem Arbeitermilieu) haben nichts und wissen nichts, also müssen wir uns anstrengen, damit wir mindestens was wissen und dann daraus etwas machen." Durch harte Arbeit Leistungen erbringen ist in den Deutungen des Arbeitermilieus - wie sich schon bei Leisegang zeigte - der höchste normative Standard, denn allein dadurch kann man sich die Autonomie bewahren, durch die man sich sowohl von den Asozialen unterscheidet, die keiner geregelten Arbeit nachgehen, aber auch von den Bürgersöhnen, deren Vorteile aufgrund ihres kulturellen und ökonomischen Kapitals das Arbeiterkind authentisch nur durch Leistungen wettmachen kann. Doch auch hier erscheint es mir wichtiger, die Differenzen im Leistungsbewußtsein von Leisegang und Nowitzki hervorzuheben. Pointiert formuliert: Leisegangs Leistungsbewußtsein wird aus dem als Milieugepäck mitbekommenen und bewußt übernommenen Aufstiegszwang gespeist, während Nowitzkis genauso hartes Leistungsbewußtsein in seiner Erfolgsgewißheit gründet, die ihm zwar einst auch von außen (durch große Prophezeiungen der Lehrerin, Verwandtschaft etc.) versichert wurde, die er aber inzwischen in Form einer permanenten "Selbstcharismatisierung" verinnerlicht hat. Insofern verdankt er, der "nichts hatte", letztlich dann doch alles seinen Leistungen, und deshalb kann er die Früchte seiner Arbeit auch so lustvoll genießen. Denn der Genuß der schönen Dinge des Lebens im Kreis von Freunden und netten Menschen ist für ihn der eigentliche Zweck von effizient erledigter Arbeit. Sein forciertes Leistungsbewußtsein droht sich nie zu verselbständigen in dem Sinne, daß Arbeit sein Lebensinhalt und er zum workaholic verkümmern könnte: Eher umgekehrt droht ihm "Freizeit-Karoshi" - wie ein Freund einmal über ihn sagte -, denn sein Terminkalender ist voll mit Terminen, die sich auf Freundschaft und Freizeit beziehen. Doch auch das Freizeitleben (die Dominanz der Lebenswelt gegenüber der Arbeit) droht nicht ernsthaft, sein Leistungsbewußtsein anzukratzen, wie sich schon während der wilden Jahre des Genusses von Hasch, Rock und Mädels in der "Durchzieherphase" auf dem Gymnasium zeigte. Gerade deshalb kann sich Werner auch unbekümmerter den Lebensfreuden hingeben als die in dieser Hinsicht gefährdeteren Bürgersöhne.

Im Unterschied zu Leisegang hat Nowitzki kein Programm, oder besser sogar: ein Nichtprogramm zum Strukturierungsprinzip seiner Lebensführung erhoben. Er will sein Leben nie einem Programm unterwerfen, und deshalb hat er auch kein Karriereprogramm, weil er dann seine Freundschaften instrumentalisieren und auf Freuden und Genüsse des Lebens verzichten müßte, die ihm wichtiger sind als Erfolg an sich. Wenn er sagt, daß das einzig Programmatische in seinem Leben die Wahl des Feldes "wenig Arbeit/viel Verdienen" in seiner

"Arbeit/Verdienen-Matrix" sei, so kommt darin wiederum sein forciertes Leistungsbewußtsein zum Ausdruck. Denn wenn er die Arbeit wählt, die viel einbringt, muß er diese Arbeit auch besonders effizient erledigen, um hinreichend Zeit für den Genuß ihrer Früchte zu haben.

Leisegangs Weigerung, sein Leben einem Programm zu unterwerfen, hat eine Parallele in seiner Ablehnung von Denkweisen und Problemlösungen, die durch Ausrichtungen ins Prinzipielle gekennzeichnet sind. Denn das wird immer mit Vereinseitigungen erkauft, die von wesentlichen Zusammenhängen im Leben abstrahieren und in der Konsequenz lebens- und lustfeindlich sind. An diesem Punkt setzt auch Nowitzkis Kritik an den 68ern an: Er will Lebenswelten verbinden, nämlich zugleich Marx lesen, Musik hören und im Stadion Rote Erde für Borussia brüllen.

Mit der Ausrichtung des Lebens auf Genuß und Lebensfreude im Kreise von Freundschaftsnetzen reproduziert Nowitzki - gleichsam auf Yuppi-Niveau, könnte man sagen - die Genuß- und Geselligkeitsformen, die für das Arbeitermilieu typisch waren, bevor seinen Mitgliedern sich die Möglichkeiten und Motivbildungen zu milieutranszendierenden Aufstiegsprozessen eröffneten. Nowitzki stellt als Grenzgänger zwischen den Milieus Mixturen zwischen ihnen her, die gerade die Geselligkeitsformen unter veränderten Bedingungen aufbewahren und weiterentwickeln, welche in der Rückblende von heute als das Schöne und Bewahrenswerte an der Soziokultur des Arbeitermilieus erscheinen, bevor die Moderne dieses Milieu erreichte. Unter diesem Blickwinkel kann man sagen, Nowitzki tradiert unter den Bedingungen der Moderne die schönen Seiten der Sozialitätsformen des vormodernen Arbeitermilieus, während Leisegang sich für seinen milieutranszendierenden Aufstiegsprozeß der Traditionen, Tugenden und Sozialitätsverpflichtungen des Arbeitermilieus in einer Weise bedient, die zur Beschleunigung seiner Erosion beitragen.

4 Zwei Hoescharbeiter. Ulrich Hofmeister: Sässigkeit im Milieu / Michael Schaller: Die Jagd nach dem je Modernsten

Nach den zwei Aufsteigern aus dem Hörder Arbeitermilieu wenden wir uns nun noch mit einigen knappen Skizzenstrichen den Milieubezügen in den Deutungen von Arbeit und Leben bei zwei Hoescharbeitern aus Hörde zu, die keine milieutranszendierenden Aufstiege vollziehen, aber auf markant unterschiedliche Weise ihre erwerbsbiographischen Ziele in den unsicheren Zeiten des Umbruchs in der Stahlindustrie zu verwirklichen suchen. Die Auswahl der beiden Arbeiterfälle wurde so gewählt, daß sich aus ihren Deutungen, erwerbsbiographischen Strategien und Bezugnahmen aufs Milieu einerseits typische Kontraste zwischen ihnen ergeben, die aber andererseits wiederum gewisse Parallelen zu den beiden Aufsteigern aufweisen.

Ulrich Hofmeister wird 1960 in dem durch alten Baubestand geprägten Arbeiterviertel von Hörde geboren, das direkt an das Hochofenwerk des Stahlwerks in Hörde angrenzt. Die Familie Hofmeister wohnt mütterlicher- wie väterlicherseits zumindest schon seit der Großeltern-Generation in Hörde. Beide Großväter haben im ortsansässigen Stahlunternehmen gearbeitet. Hofmeister hat noch vier Geschwister: zwei Brüder (1952 und 1956 geboren) arbeiten, wie er, bei Hoesch (der 1956 Geborene wurde allerdings, nach einem Rückfall im Anschluß an eine Entziehungskur für Alkoholkranke, von Hoesch entlassen); seine beiden Schwestern werden 1954 bzw. 1957 geboren, die älteste Schwester ist seit einem Verkehrsunfall 1968 querschnittgelähmt. Die Eltern von Hofmeister sind krankheitsbedingt relativ früh verstorben: seine Mutter im Alter von 43 Jahren (1977) und sein Vater, nicht ganz zwei Jahre später, im Alter von 45 Jahren.

Im Anschluß an seinen Hauptschulabschluß (1975) beginnt Hofmeister eine Berufsausbildung zum Hüttenfacharbeiter bei Hoesch, die er im Sommer 1978 mit dem Ausbildungsschwerpunkt 'Walzwerker' abschließt. Nach der Bundeswehrzeit (1980) gelangt er in das Block- und Knüppelwalzwerk im Stammbetrieb von Hoesch, unweit des Stadtzentrums von Dortmund (wo er nach der Berufsausbildung einen Einstiegsarbeitsplatz am sogenannten Tief- bzw. Glühofen erhalten hatte), und arbeitet dort für kurze Zeit im Bereich der Blockstraße. Wie schon im Anschluß an seine Lehre, arbeitet er bald darauf wieder am Tiefofen (zuletzt als erster Ofenmann), bis dann im Mai 1984 die Stillegung des Block- und Knüppelwalzwerks erfolgte. Seit September 1984 (nach einem kurzen Aufenthalt mit Null-Kurzarbeit im unternehmenseigenen Arbeitskräftepool) ist er in der Haubenglühe für Stahlbleche des Kaltwalzwerks beschäftigt, das sich ebenfalls im citynahen Stammbetrieb des Unternehmens befindet. Bis heute arbeitet er dort, seit 1987 als Vorarbeiter.

Nach dem Tod seines Vaters übernimmt er die elterliche Wohnung (eine Hoesch-Werkswohnung), in der er auch geboren wurde und die er bis heute bewohnt. Seit 1986 teilt er sich diese Wohnung mit seiner Lebenspartnerin Daniela Rasnic (geboren 1953) aus Mazedonien und deren Kindern. Daniela Rasnic hat aus erster Ehe mit einem Landsmann von ihr zwei Söhne (1974 und 1979 geboren). Diese Ehe ging nach sechs Jahren (1978) in die Brüche; die Scheidung nach jugoslawischem Recht erfolgte aber erst 1984. Kennengelernt haben sich Hofmeister und Daniela Rasnic 1979 auf einer Weihnachtsfeier in seiner Stammkneipe (in unmittelbarer Nähe seiner Wohnung).

Seine Freizeit verbringt Hofmeister nicht selten mit Gartenarbeiten und auf dem Fußballplatz: Wenn es seine Schichtarbeit erlaubt, begleitet er (als Fußballbegeisterter) die fußballspielenden Söhne seiner Partnerin zu deren Spielen.

Auch Michael Schaller ist ein Sprößling einer Familie aus alteingesessenem Hörder (Stahl-)Arbeitermilieu. Er wird 1957 in einer klassischen, in den 50er Jahren gebauten Stahlarbeitersiedlung (höchstwahrscheinlich handelt es sich um die Siedlung, in der auch die beiden Aufsteiger Nowitzki und Leisegang großgeworden sind) geboren, die sich in direkter Nachbarschaft zum stahlerzeugenden Werksteil des heutigen Hoeschkonzerns befindet. Zusammen mit seinem Bruder wächst Schaller in dieser Siedlung auf. Sein Vater, der ebenso wie mindestens einer seiner Großväter und auch sein Onkel in dem Stahlunternehmen in Hörde beschäftigt war, ist früh verstorben. Leider ist von Michael Schaller nicht viel über seine Familie und Verwandtschaft zu erfahren, weil er diesbezügliche Fragen als zu sehr ins Private hineinreichend mit Thematisierungsverboten belegt. Seine Mutter ist eine nichtberufstätige Hausfrau; sein Bruder, ein ehemaliger Schlosser (mit Berufsausbildung bei Hoesch), ist heute als Justizbeamter beschäftigt; seine Schwester ist verheiratet und nicht erwerbstätig.

Im Anschluß an seinen Hauptschulabschluß (1973) beginnt Schaller eine Berufsausbildung zum Betriebsschlosser bei Hoesch. Nach Abschluß der Lehre und der anschließenden Wehrdienstzeit arbeitet er ca. 6 Jahre lang (von 1978 bis 1983) als Betriebsschlosser in der Instandhaltung des Hoesch-Werks in Dortmund Hörde. Gegen Ende des Jahres 1983 wird er auf eigenen Wunsch und eigene Initiative hin Mitglied der Pioniermannschaft der neu installierten hochmodernen Kontiglühe für Stahlbleche im Kaltwalzwerk des Unternehmens. Dort arbeitet er jetzt in räumlicher Nähe zur konventionellen Haubenglühe (dem Arbeitsplatz von Hofmeister) als Kaltwalzwerker an der modernsten Anlage des Kaltwalzwerkes im Rahmen einer Arbeitsorganisation, die durch Gruppenarbeit und Mitarbeiterbeteiligung gleichfalls auf den modernsten Stand gebracht wurde. Sein Herkunftsmilieu im Arbeiterviertel verläßt Schaller im Alter von 22 Jahren; er bezieht mit seiner damaligen Freundin eine gemeinsame Wohnung in Hörde. Diese Partnerschaft geht jedoch in die Brüche. Zur Zeit des Interviews bewohnt er ein kleines Appartement in einem modernen Neubaublock (80er Jahre), in dem auch sein Bruder eine Wohnung hat, im städtebaulich modernisierten Ortskern von Hörde. Seine Freizeit verbringt Schaller mit sportlichen Aktivitäten, insbesondere Joggen und Sqash Spielen; ab und zu, je nach Arbeitsschicht, kegelt er auch. In der Regel macht er zweimal im Jahr Urlaub (denn Kontischichtarbeiter haben 70 Urlaubstage im Jahr): im Sommer z.B. in Griechenland; im Winter fährt er Abfahrtski.

Die biographischen Daten über Arbeiten und Wohnen unserer beiden Hoescharbeiter stellen schon genug Anhaltspunkte zur Verfügung, um die zutreffende Vermutung zu stützen, daß Hofmeister für Milieuverwurzelung und Schaller eher für das Gegenteil steht.

Innerhalb dieses Datengerüsts soll nun für einige biographische Schlüsselstellen die Deutungslogik und die darin enthaltenen Problemlösungsverfahren von Hofmeister und Schaller ein Stück weit exemplizifiert werden, um verständlich zu machen, warum Hofmeister in den Milieustrukturen verbleibt und diese reproduziert, während Schaller seine Lebensweise an Mustern orientiert, die milieuunspezifisch für modernes Leben stehen.

Hofmeister begründet seine Entscheidung, auf Hoesch seine Lehre zu beginnen, mit folgenden Worten: "Ich hab da nur gelernt, weil alle meine Brüder und mein Vater und mein Opa, alle waren bei Hoesch; habe ich gesagt: 'Mensch gehste auch nach Hoesch'".

Mit seiner Berufseinmündung per Lehre bei Hoesch vollzog Hofmeister eine Familientradition, die in dieser Weise für die meisten Familien galt, in denen irgendwann ein erster Vorfahre seine Arbeit auf Hoesch begonnen und verbracht hatte. Ein Montanbetrieb wie Hoesch steht für sichere Arbeitsplätze - wie auch die Post, die in diesem Zusammenhang immer als abstrakte Alternative ins Spiel gebracht wird - und gute Verdienstmöglichkeiten (schon allein wegen des Schichtbetriebs). Hofmeister macht also das gleiche wie alle Männer in seinem Verwandtschaftskreis und geht zu Hoesch. Dabei ist es fast gleichgültig, zumindest nicht primär erwähnenswert und schon gar nicht begründungspflichtig, welchen Lehrberuf man denn nun auf Hoesch ergriffen hat, obgleich doch Hofmeister den Ausbildungsberuf des Hüttenfacharbeiters ergreift, der überhaupt erst Mitte der 70er Jahre in nennenswertem Umfang als Erstausbildungsberuf angeboten wurde und durch den das bisher gültige Qualifizierungssystem der Stahlarbeiter über eine systematische Abfolge von Anlernstationen an verschiedenen Arbeitsplätzen abgelöst werden sollte. Um es überspitzt zu formulieren, er gehört zu den ersten in einem neuen Ausbildungsberuf für Produktionsarbeit und merkt es noch nicht einmal.

Primär wichtig ist also: überhaupt bei Hoesch zu landen, und dafür sind primär die verwandtschaftlichen Beziehungsnetze auf Hoesch entscheidend (obgleich heute das schulische Abschlußniveau und die Noten der Aufnahmeprüfungen ein immer höheres, fast allein ausschlaggebendes Gewicht gewonnen haben). Demgegenüber ist die konkrete Tätigkeit oder die Art des Lehrberufs von sekundärer Bedeutung. Allerdings gibt es für die traditionellen Lehrberufe in der Stahlindustrie - nämlich die für Reparatur und Instandhaltung der Produktionsanlagen ausgebildeten Facharbeiter - eine klar abgestufte Prestigeskala mit dem Elektriker an der Spitze und dem Betriebsschlosser am Ende.

Aus der prestigeträchtigen Bedeutung von 'Beruflichkeit' für die Facharbeiter erklärt sich auch die gleichrangige Thematisierung von Hoesch und der

Betriebsschlosserlehre bei Schaller, der zwar auch von der Familie her: "schon von vornherein so festgelegt war", bei Hoesch anzufangen, dem es aber auch darum ging, eine "vernünftige Berufsausbildung", und das hieß für ihn eine "bessere Lehre", mit Entwicklungschancen zu machen. Um so erstaunlicher erscheint es auf den ersten Blick, daß Schaller nach sechs Jahren als Betriebsschlosser in der Instandhaltung des Hoesch-Stahlwerks in Hörde sich aus eigener Initiative als Interessent bei der Zusammenstellung der Pioniermannschaft für die damals modernste Kontiglühe in Europa auf der Westfalenhütte in Dortmund meldet. Denn ein gestandener Instandhaltungsfacharbeiter (selbst der untersten Kategorie) begibt sich nach tradierten Regeln unter sein Niveau, wenn er in der Produktion einen Arbeitsplatz annimmt. Ein zweiter Blick offenbart jedoch, daß die Arbeitsorganisation und das Arbeitseinsatzkonzept für die Kontiglühe darauf basierte, im Bruch mit bisherigen Traditionen aus Qualitäts- und Effizienzgründen gemischte Belegschaftsgruppen aus traditionellen Produktionsarbeitern und Instandhaltungsfacharbeitern zu bilden. Das ganze Projekt Kontiglühe erforderte zu seinem Gelingen also geradezu die Bereitschaft einiger Instandhaltungsarbeiter, sich über ihre alten Traditionen hinwegzusetzen. Bei Schaller war aber nicht die Geringschätzung des Facharbeiterdünkels der Instandhaltungsfacharbeiter das entscheidende Motiv, sich für die Kontiglühebelegschaft zu melden, sondern das im Arbeitermilieu tradierte zentrale Interesse an Arbeitsplatzsicherheit und angemessener Bezahlung, worin das gemeinsame Kernelement aller in anderen Hinsichten durchaus verschiedenartigen Wirklichkeitsdeutungen der verschiedenen Arbeitermilieus zu sehen ist. Diese Grundorientierung spielt übrigens auch bei der akademischen Berufswahl von Arbeiterkindern nach wie vor eine entscheidende Rolle: Nowitzki wählte aus Arbeitsmarktgründen den Abschluß Diplom-Kaufmann, statt Diplom-Sozialökonom, obgleich seine Interessen im Studium vorrangig der Soziologie galten, und Leisegang würde seinen Kindern nur ein zukunftsträchtiges Studium - und nicht "irgend so nen Scheiß" finanzieren.

Aus dem arbeitermilieutypischen Interesse an einem sicheren Arbeitsplatz beobachtet Schaller sehr genau die Umbrüche, die sich im Zuge der Modernisierung und Rationalisierung im System Hoesch vollziehen: Er kam zu dem Schluß, daß es wohl "mit einem Schlosser an sich" in der Zukunft "nicht mehr getan" sei und meldete sich gemäß dem Grundsatz "so n sicheren Posten wie möglich zu bekommen" für die Kontiglühe, die nicht nur in der regionalen Presse, sondern weit über das Ruhrgebiet hinaus, fast könnte man sagen europaweit, als zukunftsicherndes Projekt gefeiert wurde, an dem das Gelingen des Strukturwandels in der altindustriellen Montanregion symbolträchtig Gestalt gewonnen hatte.

Schallers Strategie, sich eines sicheren Arbeitsplatzes zu versichern, läuft in der Konsequenz darauf hinaus, sich jeweils um die modernsten Arbeitsplätze zu bewerben, unter weitgehender Einklammerung von Kriterien, die sich auf die Ausbildungsadäquanz der neuen Arbeitsanforderungen richten. Insofern repräsentiert der gelernte Facharbeiter Schaller den von den Unternehmen und der Wirtschaftspolitik gewünschten neuen Typus des modernen flexibilisierten Arbeitnehmers, der in fast kriterienloser Anpassungsbereitschaft an das je Modernste das arbeitermilieutypische Basisinteresse an einem sicheren Arbeitsplatz durch Schritthalten mit der technischen Entwicklung zu sichern sucht. Denn das folgt als Handlungsmaxime aus Schallers Grundeinsicht: "Irgendwie ist das ja so, daß (.) bevor das Neueste, neh und das Modernste kaputt geht, alles andere herum kaputt geht."

Eine ganz andere Weise, in unsicheren Umbruchzeiten sich einen Arbeitsplatz zu sichern und damit eine gültige Lösungsform für das zentrale Grundproblem der Arbeitsplatzsicherheit zu finden, zeigt uns Hofmeister, der über verschiedene Arbeitsplatzstationen in Betriebsteilen, die inzwischen wegrationalisiert worden sind, in der durch die Kontiglühe unmodern gewordenen, alt ehrwürdigen Haubenglühe landet und dort heute als Vorarbeiter tätig ist.

Obwohl auch er aus täglichem Augenschein weiß, daß die nagelneue Kontiglühe das von der Automobilindustrie "gefragte Blech" produziert, berührt ihn das offensichtliche Modernitätsgefälle zwischen der Kontiglühe und seiner Haubenglühe nicht. Denn - so sein Argument für die Haubenglühe - : "Nen besseren Arbeitsplatz gibt es nicht". Dasselbe hatte Hofmeister auch schon über seinen ersten Arbeitsplatz am Tiefofen im Block- und Knüppelwalzwerk gesagt: "Hier möchte ich nie weg - das ist wirklich 'n gutes Arbeiten gewesen." Ob Hofmeister nicht dereinst auch wieder aus der Haubenglühe weg muß, weil sie dicht gemacht wird, kümmert ihn heute noch nicht, denn seine Grundmaxime lautet: "Abwarten, was kommt". Ergänzt wird sie durch eine sehr spezifische Zusatzregel: "Man guckt immer da, wo schon Ältere sind".

Im Zusammenhang mit der Berufswahl von Hofmeister wurde schon kurz auf die Besonderheit des über Anlernprozesse laufenden Qualifizierungssystems der Produktionsarbeiter in der Stahlindustrie verwiesen. Solche Qualifizierungssysteme, die in Prozeßindustrien, aber auch in den Montagebereichen vieler anderer Industrien verbreitet sind, führen gleichsam funktionsnotwendig zur Entwicklung von Senioritätsregeln, nach denen die älteren Arbeitnehmer in der Regel wegen ihrer längeren Betriebszeit mehr Qualifikationen erworben haben und deshalb auch zu einer achtunggebietenden Vorrangstellung und Anweisungsbefugnis gegenüber den jüngeren, weil weniger qualifizierten und erfahrenen Arbeitern berechtigt sind. Die informell geltenden Senioritätsregeln und Rechte sind mit einer normativen Kraft ausgestattet, die der von formal gesetzten

Regeln und Anweisungsbefugnissen kaum nachsteht. Wenn Jüngere, insbesondere Anfänger in der Stahlindustrie das nicht wissen, werden sie es sehr schnell zu spüren bekommen. Denn die Älteren können mit Leichtigkeit sie ins Leere oder vor die Wand laufen lassen, indem sie ihnen genau die kleinen und sehr wichtigen Kniffe und Tricks vorenthalten, die man kennen muß, wenn man die Tücken der Produktionsanlagen und die Besonderheiten bestimmter Abläufe überspielen und umfahren muß, um eine gute Produktion zustande zu bringen. Wer aber von vornherein bereit ist, den Älteren die gebührende Achtung entgegenzubringen und damit ihre Senioritätsrechte anzuerkennen, wird von ihnen bereitwillig mit dem notwendigen Wissen versorgt und kann auf diese Weise schnell zu einem fähigen und geschickten Arbeiter, nämlich dem 'Nachrücker in spe' avancieren.

Die Einführung des neuen Lehrberufs des Hüttenfacharbeiters, einer Unternehmensstrategie zur generellen Qualifikationserhöhung von Produktionsarbeit, um zukünftigen technisch und marktbedingten Qualitäts- und Flexibilitätsanforderungen gerecht zu werden, implizierte notwendigerweise einen Bruch mit dem tradierten Anlernsystem und den in ihm fundierten und es zugleich stützenden Senioritätsregeln. Die gerade "ausgelernten" Jungfacharbeiter sollten sich einerseits den älteren Angelernten unterwerfen, andererseits glaubten sie aber, durch ihre Lehre über mehr - vor allem theoretisches - Wissen zu verfügen, aus dem der Anspruch auf höhere, anforderungsreichere Arbeitsplätze abgeleitet wurde. (Denn wofür hatten sie schließlich drei Jahre lang gelernt). Jungfacharbeiter, die mit dieser objektiv widersprüchlichen Situation gut zu Rande kommen wollten, mußten ein vernünftiges Verhältnis zu den statushöheren, älteren Produktionsarbeitern entwickeln, um einerseits deren Kniffe und Tricks kennenzulernen und andererseits mit ihnen Vereinbarungen - gleichsam informelle Kontrakte - zu treffen, die ihren qualifikationsbegründeten und nicht senioritätsbedingten Aufstiegsambitionen gerecht wurden, ohne die Loyalitätspflichten gegenüber den Älteren zu verletzen. Um dieses, je nach technischer Anlage, Struktur der Arbeitsgruppe und Vorgesetztenverhältnissen nur auf höchst unterschiedliche Weise lösbare Problem in den Griff zu bekommen, brauchte man vor allem einen guten Riecher und ein geschicktes Händchen - in soziologischer Terminologie gesprochen: viel soziale Kompetenz.

Aus unseren Kontrastfällen wissen wir, daß einige der hinreichend sozial kompetenten Jungfacharbeiter diese in sich widersprüchliche Situation, vornehmlich durch eigene Initiativen zur Beförderung ihres Aufstiegs einfallsreich gestalteten, während andere - und dazu gehört Hofmeister - eher abwarteten, um im richtigen Augenblick die Vorschläge aufzugreifen, die die Älteren an die Jüngeren herantrugen. "Abwarten" als Maxime heißt in diesem Kontext also keineswegs "nichts tun", sondern sich jeweils klug in die bestehenden

Arbeitszusammenhänge und Beziehungsstrukturen eingliedern lassen, gewissenhaft seine Arbeit erledigen und die bestehenden Loyalitätsverpflichtungen erfüllen.

Wo immer sich aus diesem Bedingungsgeflecht von Beziehungsstrukturen, arbeitsinhaltlicher Aufgabenerfüllung und Loyalitätsverpflichtungen eine harmonische Einheit ergibt, liegt für Hofmeister "ein gutes Arbeiten" vor, von dem er nie weg will. Denn es "is was Schönes, wenn man ne Einheit ist", "ein Ei, wie das andere arbeitet" und "dann wir alle an einem Strang ziehen". Mit solchen Arbeitsauffassungen wird man dann - fast ohne eigenes Zutun - sehr schnell in die bestehenden Gruppen und ihre Beziehungsnetze eingebaut, und wenn man dann wie Hofmeister noch über einiges theoretische Wissen zusätzlich verfügt und gern mit Schreibern und Reglern zur Überwachung und Einstellung der Produktionsprozesse umgeht, verzichten die Älteren auch schon mal von sich aus auf eine ihnen zustehende Position (etwa als Vorarbeiter), weil sie die Verantwortung angesichts ihres Alters und der in Aussicht stehenden Frühverrentung nicht mehr übernehmen wollen.

Auf diese Weise ist Hofmeister ohne eigene Initiative recht bald erster Mann im Block- und Knüppelwalzwerk geworden. Dann riet ihm ein älterer Kollege, während des wenig erfreulichen halben Jahres im Arbeitskräftepool doch einmal auf der Westfalenhütte wegen eines Arbeitsplatzes in der Haubenglühe nachzufragen. Und auch hier stand er als einziger Jüngerer unter lauter älteren Kollegen jenseits der 45 bald wieder "praktisch vor der letzten Stufe. Denn da wurde mir gesagt (nicht ich wurde gefragt): Wen sollen wir jetzt da als Vorarbeiter einbauen?" Und dann "hat man mich praktisch so in das lauwarme Wasser also reingeschmissen." Deshalb die zweite Regel: "Guck immer da, wo schon Ältere sind", denn "die legen Dir schon irgendwann die Zügel in die Hand".

Die Strategie, sich in bestehende Beziehungsstrukturen von Arbeitsgruppen mit vielen Älteren loyal und einheitsfördernd einzufädeln, erweist sich also als eine gleicherweise erfolgreiche Strategie der Arbeitsplatzsicherung, gerade auch in Zeiten grassierender Betriebsstillegungen mit ihren vielfältigen Arbeitskräfteumschichtungen in einem Großbetrieb. Auf jeden Fall ist sie frei von der Hektik und dem Streß, dem sich die modern-flexibel individualisierten Jäger nach dem je modernsten Arbeitsplatz aussetzen. Hofmeister erledigt seine Arbeit, die dem Typus nach an älteren Anlagen immer sehr viel Ähnlichkeiten aufweist, nach ihm vertrauten Mustern und Routinen und pflegt dabei vor allem das gemeinschaftliche Beisammensein unter Kollegen während der Arbeit und mit deren Familien auch außerhalb der Arbeit. Auf diese Weise reproduziert er Beziehungsmuster und Sozialitätsformen älterer Arbeitsmilieus, die gerade auf der

Schattenseite des Rationalisierungsprozesses offenbar zumindest vorübergehend neue Lebenskraft entfalten.

Heimat Hörde - Wohnort Hörde

Die deutlichen Unterschiede zwischen den sozialitätsbezogenen Arbeitsdeutungen im Arbeitsmilieu der Haubenglühe einerseits und den auf individuelle Leistungserbringung zentrierten Arbeitsdeutungen im Arbeitsmilieu der Kontiglühe andererseits finden ihre Entsprechung in den außerbetrieblichen Lebensformen und Sozialitätsmustern unserer beiden Kontrastfälle.

Schaller verläßt im Alter von 22 Jahren sein Herkunftsmilieu in der Stahlarbeitersiedlung der 50er Jahre und bezieht mit seiner Freundin in Hörde eine gemeinsame Neubauwohnung. Die Partnerschaft mit seiner gleichfalls berufstätigen Freundin zerbricht nicht zuletzt an den schwierigen Zeitabstimmungsproblemen, die mit vollkontinuierlicher Schichtarbeit verbunden sind. Als unfreiwilliger Single bezieht Schaller eine kleine, aber feine Appartementwohnung im modernisierten Innenstadtkern von Hörde. Der einzige ihm bekannte Mensch im modernen Appartementblock ist sein gleichfalls dort wohnender Bruder. Alle anderen Sozialkontakte von früher (aus der Schule und Arbeit) brechen nach und nach weg, weil die meisten dieser Alterskollegen inzwischen verheiratet sind und Kinder haben. Neue Beziehungen aufzubauen ist aber sehr schwierig für vereinzelte Kontischichtarbeiter, wenn sie nicht in schon vorhandenen Beziehungsnetzen eingebunden sind. Hoch signifikant für seine "Einsamkeit" sind seine Sportaktivitäten: Joggen, Squash und Abfahrtsski, für deren Ausübung man keinen Partner und keine Vereinszugehörigkeit braucht. So hält er sich und seinen Körper fit, um für die nächste Anforderung im Modernisierungsprozeß schon vorweg gewappnet zu sein, denn weniger nervenaufreibend als die Arbeit in der Olympiamannschaft an der Kontiglühe wird das dann wiederum Modernste kaum sein.

Hofmeister hingegen verbleibt im vertrauten Milieu. Mehr Sässigkeit, als er durch die komplette Übernahme der elterlichen Wohnung mit allem Zubehör praktiziert, ist nicht vorstellbar. Alles in der Wohnung und der Wohnumgebung ist ihm vertraut, und die gewohnten Beziehungsformen und Interaktionsmuster helfen über Krisen - wie den Tod der Eltern und die Alkoholprobleme seines Bruders - hinweg, so daß man nicht das Gleichgewicht verliert. In seiner schwersten Zeit, unmittelbar nach dem Tod seines Vaters, lernt er 1979 auf einer Weihnachtsfeier in seiner Stammkneipe gegenüber seiner Wohnung seine Lebenspartnerin Daniela Rasnic aus Mazedonien kennen. Zwar zieht sie nicht gleich in seine Wohnung, sondern erst nach dem einige Jahre dauernden

Scheidungsprozeß von ihrem jugoslawischen Ehemann. Die eheähnliche Partnerschaft bewahrt sie als geschiedene Ausländerin und Mutter von zwei Kindern vor einer im Prinzip immer drohenden Zwangsausweisung, weil sie einer Erwerbstätigkeit nachgehen kann und zugleich doch die Aufsichtspflicht über ihre Kinder nicht verletzt. Ihm beschert diese Partnerschaft ein Familienleben mit zwei Kindern, die schon alt genug sind, um mit ihnen etwas anfangen zu können, für die er aber andererseits nicht so umfassend die Erziehungsverantwortung hat wie für eigene bzw. adoptierte Kinder. Wenn er wie ein Vater und Kumpel ihre Söhne zum Fußball begleitet - einem Mannschaftssport, der auch sein Hobby war und ist -, bewegt er sich im altvertrauten Kreis seiner Nachbarn, deren Söhne gleichfalls Fußball spielen. Selbst für das Zentralproblem des Zeitarrangements in Gemeinschaften mit einem Partner in Kontischicht ließ sich eine optimale Lösung für die Teilzeitbeschäftigung von Daniela Rasnic finden. Sie arbeitet nachts von drei bis sieben beim Bäcker um die Ecke, bringt dann gleich die frischen Brötchen mit nach Hause und macht die Kinder für die Schule fertig. Trotz Erwerbstätigkeit kann also Daniela Rasnic tagsüber umfassend alle Haushalts- und Erziehungsangelegenheiten in einer Weise erledigen, wie sie sonst höchstens ein Alleinernährer erwarten kann.

Alles regelt sich auch hier im Wohngebiet fast von selbst zum Besten, und so lautet Hofmeisters Sässigkeitsregel: "Dableiben, wo man sich gut auskennt". In ihr ist die vollkommene Entsprechung zu seiner Verhaltensmaxime im Arbeitsbereich zu erkennen: "Abwarten, was kommt".

Diese beiden, zunächst recht schlicht erscheinenden Regeln, denen man keine große Strukturierungskraft für die deutende Bewältigung schwieriger Probleme in sich beschleunigenden Zeitumbrüchen zutrauen möchte, erweisen bei genauerer Betrachtung eine erstaunliche Produktivität, wenn sie in bestimmten Arbeits- und Wohnmilieus praktiziert werden, die sich wiederum durch die Anwendung dieser Regeln vielleicht ein wenig dauerhafter, als oft vermutet, zu reproduzieren vermögen.

Die Rolle der Milieus in der Stadt- und Regionalentwicklung – zwischen Raumplanung und Sozialpolitik

Renate Fritz-Haendeler

Flüchten oder Stadt-Halten
Stadtentwicklungspolitik und Milieu-Wahrnehmung am Beispiel der Stadt Brandenburg

Vorbemerkung

Der kulturgeschichtlich gebildete Mensch assoziiert mit Städtenamen vielfach vorindustrielle Bildsequenzen von mittelalterlichen Stadtsilhouetten, barocken Stadtanlagen, von buntem Marktgeschehen im Schatten von berühmten Baudenkmälern. Diese stehenden Bilder im Kopf lassen Stadt zur historischen Metapher einer vormals "intakten Welt" gefrieren. Anerzogene Fiktionen lassen sich nur schwerlich brechen. Sie werden politikbestimmend und Prioritäten setzend, wenn sie gesellschaftlich anerkannt sind. Gelebte Erfahrung von Stadt steht oftmals im Widerspruch zu den historischen Farbabzügen.

"Das Leben und Schaffen in der Gegenwärtigkeit gibt Tradition. Das Schauen nach rückwärts zerstört die Tradition genauso wie das Schauen in die blaue Zukunft. Tradition ist eben nicht Antiquarismus" behauptet Adolph Behne, 1921 (BEHNE 1994, S. 71). Stadtentwicklungs- und Städtebaupolitik verlangen nach Lebensentsprechung, nicht nach Fiktion, wenn sie sich politisch glaubwürdig in der Kommune verankern wollen.

H. Bodenschatz, Seifert, u.a. haben in ihrem wichtigen "Plädoyer für eine kulturelle Stadterneuerung" (BODENSCHATZ, SEIFERT 1992, S. 13ff.) der Stadt Brandenburg auf den schwierigen Prozeß von kultureller Entwertung und Neubewertung vorauslaufender Prägestrukturen der Stadt hingewiesen und einer "öffentlichen Neubewertung" der überkommenen Stadt das Wort geredet.

> "Denn die Anwesenheit der Geschichte, die in unseren Städten allenthalben vernehmlich ist, ist möglicherweise im Begriff, sich zu ästhetisieren, während sie sich gleichzeitig entsozialisiert und artifiziell wird", schreibt der Anthropologe M. Augé 1994 (AUGÉ 1994, S. 88).

Seiner Beobachtung nach spielt heute weniger die Authentizität der Stadt als durch Zeit, Raum und Sprache lokalisierte Kultur eine Rolle, sondern vielmehr die Stadt als Museum.

Demgegenüber steht die These des Soziologen A. Touraine (TOURAINE 1996, S. 18ff.) vom "Verschwinden der Stadt" und der "Zerstörung städtischen Lebens" durch die Industriegesellschaft. Sie trug zur sozialen Segregation und zum Bau von Vorstädten bei, ein Prozeß der heute durch Globalisierung und fortschreitende Entsozialisierung verstärkt wird. "Stadt ist", nach Touraine, "keine Einheit mehr". Die städtische Gesellschaft zerfällt in Interessengruppen und Gemeinschaftsformen (Verbände, Vereine, Religionsgemeinschaften ...). Folglich hält er den Wiederaufbau der Städte für "eines der reaktionärsten Themen des heutigen Lebens".

Für den amerikanischen Soziologen Robert Fishman zeichnet sich ein neuer Stadttypus ab. "Die neue Stadt ist weder städtisch noch ländlich noch vorstädtisch - sie besitzt alle diese Elemente gleichzeitig und entzieht sich damit der konventionellen Terminologie der Stadtplaner wie der Historiker" (FISHMAN 1991, S. 79ff.).

> "In der neuen Stadt ... gibt es kein "singuläres" Zentrum. Stattdessen wird jedes Einfamilienhaus - ... - für die Mitglieder der Familie zum Mittelpunkt. Jede Familie schafft sich ihre eigene "Stadt" aus den Zielen, die sie innerhalb einer zumutbaren Zeit erreichen kann (in der Regel mit dem Auto)."

Als gesellschaftsbestimmend in einer internationalisierten Welt erweist sich heute, dem Soziologen Touraine zufolge, "die Mittelklasse" (TOURAINE 1996, S. 26) mit Tendenzen zur Abgrenzung und Homogenisierung der "oberen Mittelklasse". Die Prägekraft der Sozialstruktur spielt für das Leben in Städten eine entscheidende Rolle. Vor diesem Hintergrund macht es stadtentwicklungspolitisch Sinn, sich die Strukturierung des sozialen Raums in den neuen Bundesländern im Vergleich zu Westdeutschland zu vergegenwärtigen.

Wenn Michael Vesters Untersuchungen zum Milieuprofil in Ostdeutschland (ALHEIT 1995, S. 268 a) Gültigkeit haben, wenn folgende Sozialstruktur-Merkmale vorherrschen:
- Arbeiterhabitus 40% (West 22%)
- Mittelklassenhabitus 28% (West 69%)
- Oberklassenhabitus 32% (West 19%)

und wenn der Strukturwandel in der Wirtschaft keine sozialen Anpassungsturbulenzen auslöst, weil die Ware Arbeitskraft an Bedeutung verliert, dann er-

scheinen diese soziostrukturellen Gegebenheiten weiterhin als ein bestimmender Faktor für die Stadtentwicklung im Land und in der Stadt Brandenburg. Sie definieren städtische Lebensansprüche, Differenzierung, Existenzängste, Obrigkeitsfixierung, Denkstile und Spielräume. Der ostdeutschen Gesellschaft fehlt die "moderne Mitte" mit der "riskanten Perspektive sozialer Desintegration großer Bevölkerungsteile", prognostiziert der Soziologe Peter Alheit (ALHEIT 1995, S. 268 b).
Wie wirken sich importierte Stadtentwicklungsleitbilder und Ziele vor Ort aus? Entspricht ein global orientiertes Stadtmarketing der soziostrukturellen örtlichen Bedingungslage? Sind die Importeure - Planer, Architekten, Stadtverwaltung - sensibel für ein lokales Frage- und Antwortspiel nach der Lebensbedeutung von Stadt? Kann die Stadtentwicklungspolitik von einer sozialen Angleichung der Strukturen an Westniveau ausgehen? Gibt es die Wahlfreiheit für eine selbstgewählte Differenz? (SEGERT, ZIERKE 1995, S. 412ff.)

Stadtentwicklung und Milieuwahrnehmung

1 Rahmenbedingungen der Stadtentwicklungspolitik im Land Brandenburg

Das Land Brandenburg ist ein Land der kleinen Städte. Von insgesamt 116 Städten zählen 89 zu den Klein- und Landstädten mit bis zu 15.000 Einwohnern. Nur Potsdam und Cottbus verfügen über mehr als 100.000 Einwohner und lediglich fünf Städte sind in der Kategorie 50.000 - 100.000 Einwohner vertreten. Dazu gehört auch die Stadt Brandenburg mit ca. 86.000 Einwohnern.

1.1 Stadtentwicklung in Brandenburg stellt sich überwiegend als ein investives *Städtebau*-Problem mit zwei Themenschwerpunkten dar:
Stadterneuerung als "Rundum-Erneuerung"
Im Unterschied zu den alten Bundesländern, die in 40 Jahren ihre Altbausubstanz schrittweise erneuert oder auch abgebrochen haben, stehen die Städte in den neuen Bundesländern vor dem schwierigen Problem der totalen Rundumerneuerung. Der Investitionsbedarf ist riesig, eine zügige Sanierung im Zusammenhang ist vielerorts wegen ungeklärter Restitutionsansprüche nicht möglich. Die organisatorischen, fachlichen und personellen Voraussetzungen zur Bewältigung der Aufgabenfülle und die geringe kommunale Finanzkraft sowie die übergroße Erwartung der Bevölkerung auf einen schnellen Wohlstand machten die Aufbauarbeit nicht eben leicht.

Stadterweiterung - Expansion als Fortschrittsindikator
Die Stadtentwicklungspolitik agierte angebotsorientiert mit Gewerbe- und Wohngebietsausweisungen am Stadtrand. Die Maxime Rückgabe vor Entschädigung beschleunigte das Bauen auf der grünen Wiese. Ohne landes- und regionalplanerische Vorgaben kam es vielerorts zu ungezügeltem Ausleben der neuen Planungshoheit, vielfach angefacht von privaten Investoren. In Unkenntnis der tatsächlich verfügbaren Spielmengen an Bevölkerung und Kapital vor dem Hintergrund des europäischen Strukturwandels in der Wirtschaft setzten kleine wie große Kommunen in der Flächenausweisung aufs Große und Ganze. Vor diesem Hintergrund veröffentlichte das Ministerium für Stadtentwicklung, Wohnen und Verkehr Anfang 1994 elf Leitsätze zur Stadtentwicklung in Brandenburg, um verständlich zu machen, daß Stadtentwicklung mehr bedeutet als Städtebau.

1.2 Die Kommunen sind wegen ihrer geringen Finanzkraft abhängig von Transferzahlungen. Transferzahlungen sind an staatliche Förderprogramme gebunden, d.h. an "fremdbestimmte" Ziele und Spielregeln. Die Förderprogramme sind einer Kameralistik unterworfen, die in Jahresscheiben denkt. Die finanzielle Handlungsfähigkeit der Kommunen hängt folglich vom Zeitpunkt des Parlamentsbeschlusses über den Haushaltsplan ab. Fällt er im Frühjahr, erfolgt die Programmaufstellung im Sommer, so daß erst im Herbst die Mittel zur Verfügung stehen, die im Winter verbaut werden sollen.
Die Kommunen können auf diese Haushaltszwänge nur atemlos reagieren. Mit einer Versuchs- und Irrtumspolitik versuchen sie alle Fördermittelstrohhalme des Landes zu ergreifen, um Stadterneuerung *und* großmaßstäbliche Stadterweiterung, Konversion von Militärliegenschaften *und* Qualitätsverbesserung der Plattensiedlungen *gleichzeitig* zu bewegen. Räumlich, zeitlich und finanziell abgestimmte Maßnahmenkonzepte, eingebunden in eine Gesamtentwicklungsstrategie, fehlen vielerorts.

1.3 Es mangelt an interkulturellem Erfahrungswissen, Denken in Alternativen in Kenntnis der europäischen Konkurrenz. Die Alltagsprobleme überwältigen die Verantwortlichen in der Stadt, so daß kaum Zeit bleibt für Erfahrungsaustausch mit anderen Städten in Westdeutschland oder Europa, d.h. mit gleichen Partnern. Neue Vorstellungswelten und Leitbilder für eine "wettbewerbsfähige" Stadt werden bei "Stadtmarketingexperten" eingekauft, oftmals ohne eigene Anschauung und Urteilskraft.

1.4 Es fehlt eine Stadtöffentlichkeit als Impulsgeber - Die Bürgerbeteiligung bei der Bauleitplanung in Brandenburg wird vorschriftsmäßig durchgeführt und nicht mehr. Öffentlichkeit ist eine neue Herausforderung, der man noch nicht traut, vielleicht wegen manches Personenkontinuums. Das Thema "zivile Stadtbürgerschaft", eine demokratiebeseelte Wohl-standskonfiguration, erscheint bei "Notstandsbehebungsstrategien" als keine faßbare Größe.
Stadtentwicklung verläuft vielfach unkoordiniert über Einzelentscheidungen, ohne visionäre Kraft, nach Förderprogrammvorgaben. Fragen nach dem sozialen Milieu, nach den "lebendigen Menschen, die ein Recht auf die Erfüllung ihrer sei es auch falschen Bedürfnisse haben" (ADORNO 1973, S. 121), spielten in der 1. Legislaturperiode kaum eine Rolle. Die Städte-*Bau*-Aufgabe war evident, für Geldgeber und Macher klar, und den kommunalpolitisch Unerfahrenen wurde sie förderprogrammatisch klar gemacht.

2 Milieuwahrnehmung

Nach einer Auswertung der Städtebaufördereffekte der 1. Legislaturperiode zeichneten sich deutlich sichtbare Unterschiede bei den vier Oberzentren des Landes ab. Von Landesseite stellte man sich deshalb die Frage: "Warum wurde in Cottbus bei einem Landesfördersatz von insgesamt 3.000 DM pro Einwohner anschaulich und qualitätsverbessernd in die Stadt investiert, während in der Modellstadt Brandenburg mit einer maximalen Landesförderquote von 5.000 DM pro Einwohner, dieser Effekt nicht erreicht wurde? Dieses Ergebnis ist um so unverständlicher, als die Stadt Brandenburg von allen vier Städten die hervorragendsten Standortbedingungen aufweist. Sie verfügt über eine ausgezeichnete Verkehrserschließung durch Schiene, Wasserstraße und Autobahn mit Anbindung an die wichtige Ost-West-Transitstrecke Polen-Berlin-Westeuropa. Ihre attraktive Havelseenlandschaft mit drei historischen Stadtkernen aus dem Mittelalter - Altstadt, Neustadt und Dominsel - ist stadtbildprägend. Der Erholungs- und Freizeitwert, die namhaften Baudenkmäler, die Infrastruktur, Fachhochschule, Theater, ... zeugen von dem großen Standortpotential.
Cottbus dagegen hat mit einem zielbewußten Oberbürgermeister, einer programmatischen Stadtentwicklungspolitik (BUGA 1995), unterstützt von einer neuen Landesuniversität, begleitet durch eine wache impulsgebende Theater- und Kunstszene, Investoren in den südöstlichsten Winkel des Landes Brandenburg angezogen.

Warum war der Stadt Brandenburg nach fünfjähriger intensiver Städtebau- und nachhaltiger Arbeitsplatzförderung kein ähnlicher Erfolg beschieden? Teilnehmenden Beobachtern, wie dem wissenschaftlichen Beirat des Ministeriums für Stadtentwicklung, Wohnen und Verkehr, vermittelte die Stadt nach zwei Besuchen im Jahr 1992 und 1995 den Eindruck von Kraftlosigkeit und kraftloser Führung, mit einer Bevölkerung, die "ihre alte Stadt nicht mag", so ein Beiratsmitglied. Auffällig ist nach wie vor der große Leerstand in der Innenstadt, der Verfall der Bausubstanz, die dürftige Ladenausstattung, eine wenig attraktive Gastronomie. Ein innerstädtisches Kaufhaus schloß, als vor den Toren der Stadt zwei große Einkaufszentren die Kaufkraft abzogen. Das Selbstvertrauen der Bevölkerung hat Schaden erlitten, nachdem das existenzbegründende Stahlwerk geschlossen und abgerissen wurde. Die Jugendlichen verlassen die Stadt. Das Sanierungsprogramm greift nur langsam.

Der städdtebauliche Problemkomplex umfaßt:
- drei historische Stadtkerne aus dem Mittelalter;
- einen beispielhaften Denkmalbestand;
- ein Bahnhofsumfeld, welches das Aussteigen verleidet, obwohl der Regionalexpress die Stadt im Stundentakt mit Berlin-Zoo nunmehr in 35 Minuten verbindet;
- eine unansehnliche heruntergekommene Bahnhofsvorstadt aus der Gründerzeit;
- drei riesige Stahl- und Walzwerksgelände in Konversion, mit dem verzweifelten Versuch der Denkmalpflege, den einzigen Siemens-Martin-Ofen in Westeuropa vor Ort noch zu erhalten. Doch weder der Investor noch der Stadtrat bekundeten Interesse noch die Imaginationskraft, mit dieser wichtigen Spurensicherung "Adresse zu machen" für den "größten Recyclingpark Ostdeutschlands" nach dem Vorbild der IBA-Emscher- Park.

Der neue Mittelstand zieht in das Einfamilienhaus auf die Dörfer des Umlands. Die Stadtverwaltung zieht an den Altstadtrand. Die Fördermittel wurden auf Festgeldkonten angelegt. Symptomatisch für die Umgangsformen mit der alten Stadt war die Absicht, den beliebten volkstümlichen "Fritze-Bollmann-Brunnen" von einem kleinen Platz aus der Hauptfußgängerzone zu entfernen. Nach Plänen eines Münchener Architekturbüros zur Neugestaltung des Bereichs sollte der Brunnen einer Feuerwehrzufahrt für die neue Sparkasse weichen. Erst ein nachhaltiger Protest der AG Innenstadt konnte dies zum Glück verhindern.

Ist die "Idee der europäischen Stadt als Ort des Austausches von Waren und Dienstleistungen, als Ort des kulturellen und sozialen Lebens, als Ort, Vielfalt zu erleben und als Ort, der vielfältige Lebensstile ermöglicht sowie als Ort der ökonomischen und sozialen Chancen" (- so der Wortlaut des EU-Antrages der Stadt für das Förderprogramm URBAN -) für die Stadtbevölkerung ein erstrebenswertes Leitbild? Die zentrifugalen Tendenzen sprechen dagegen, unterstützt durch die Bauleitplanung der Stadt. Erfolg und Mißerfolg städtebaulicher Erneuerung hängen offensichtlich nicht allein von der finanziellen Zuwendung ab, sondern sind zugleich eine Funktion des lokalen Selbstbewußtseins und der sozialen Zuwendung, abhängig vom Milieuprofil der Stadt.

Brandenburg entwickelte sich seit der zweiten Hälfte des 19. Jahrhunderts von einer Garnisonsstadt zur Industriestadt, unterstützt von Wasserstraßen- und Eisenbahnbau. Fahrräderproduktion, Blechspielzeug und das Stahl- und Walzwerk prägten die Stadt. Stadterweiterungs- und Vorstadtprojekte für den Arbeitermassenwohnungsbau erfolgten schon damals unkoordiniert und unplanmäßig. So verliert die alte Stadt bereits Ende des 19. Jahrhunderts ihre Bedeutung. Drei historische Stadtkerne bleiben zurück. In den 20er Jahren wird die Wohnungsfrage politisch ernst genommen. Weitere Vorortsiedlungen entstehen im Südwesten und Westen der Stadt. Der Verfall der Häuser in den historischen Zentren schreitet fort. In der nationalsozialistischen Zeit bestimmt die Rüstungsindustrie und der nationalsozialistische Großsiedlungsbau, gefolgt von Dauererwerbslosen-Siedlungen die Städtebaupolitik. Die Stadtkernsanierung wird politisch nachrangig behandelt. Im zweiten Weltkrieg wurden die Industriestandorte zu 70% durch Bombenangriffe der Alliierten zerstört, der Rest durch die Sowjetarmee nach dem Krieg demontiert. Mit dem Aufbau eines neuen Stahlwerks 1950/1951 erhält die Stadt ihre herausragende Funktionsbestimmung in der DDR als "Stadt der Aktivisten". Ende der 60er Jahre beschloß man einen durchgreifenden maßstabssprengenden Umbau der Neustadt zu einem "sozialistischen Stadtzentrum", zusammen mit dem Bau eines neuen Stadtteils Brandenburg-Nord für ca. 16.500 Menschen. In den 70er Jahren setzt sich diese Siedlungspolitik fort in dem neuen Stadtteil Hohenstücken in Plattenbauweise für 20.000 Einwohner. Erst Ende der 80er Jahre nimmt sich eine kleine Bürgerbewegung der alten Stadt an. Im Jahr 1990 wird Brandenburg von insgesamt 13 Städten zur Modellstadt des Bundes für Stadterneuerungsstrategien ausgewählt.

Dieser komprimierte Geschichtsabriß, ausführlicher nachzulesen bei Harald Bodenschatz, Carsten Seifert (1992, S. 118ff.), verdeutlicht, daß sich in Brandenburg, ähnlich wie bei anderen DDR-Städten eine "Umverteilung der Wohnbevölkerung von innen nach außen, von den nicht sanierten Altbauwohnungen in den sogenannten Wohnkomfort" (DOEHLER, USBECK 1996, S. 691ff.) der Neubausiedlungen am Stadtrand vollzog. Die alte Stadt ließ man zurück. Die historischen Zentren symbolisierten Mittelalter, d.h. Rückständigkeit, nicht gesellschaftlichen Fortschritt.

Den sozialwissenschaftlichen Untersuchungen der Forschungsgruppe M. Vester zu sozialen Milieus in Ostdeutschland zufolge (VESTER, HOFMANN, ZIERKE 1995) läßt sich die Sozialstruktur in der Stadt Brandenburg heute noch kennzeichnen durch eine sehr breite Arbeiterschicht, sozusagen die 'gesellschaftliche Mitte' der Stadt, gegenüber einer sehr dünnen Intelligenzschicht (Mediziner, Techniker) und einer wenig ausgeprägten kulturellen Szene. Das Stahlwerk bestimmte Arbeits- und Lebenswelt. Die Forschungsgruppe M. Vester weist auf Brandenburger "Herkunftsbindungen" (HONDRICH 1995, S. 508ff.) hin, die bei Erneuerungsstrategien berücksichtigt werden sollten:

- "Das Selbstverständnis einer traditionellen Industrieregion begrenzt den Blickwinkel der Bewohner, wodurch andere Zukunftsperspektiven leicht vernachlässigt werden" (SCHWARZER, SCHWEIGEL 1995, S. 277).
- "In und über den Betrieb organisierten sich zentrale Felder des Alltagslebens, von der Versorgung über die Erholung zur Gesellung" (SEGERT 1995, S. 294). Arbeit und Leben waren betriebszentriert, Stadtöffentlichkeit kein Thema. Gemeinschaftsformen spielten eine größere Rolle.
- "Das Selbstbild des traditionellen Arbeitermilieus als gut ausgebildete, leistungsgerecht bezahlte gesellschaftliche Mitte ... der Gesellschaft, wird gegenwärtig durch Massenarbeitslosigkeit grundsätzlicher untergraben als bereits in der Zeit der DDR-Stagnation" (SEGERT 1995, S. 320) mit den Folgen von Deklassierung und Orientierungslosigkeit der Arbeiterelite und dem Rückzug ins Private.
- Dem Zerfall der gesellschaftlichen Mitte entgegen steht das "Ausbleiben eines tiefgreifenden Elitewechsels in der Stadt" durch die "Rotation" der technokratischen Funktionselite in neue Tätigkeitsbereiche von Verwaltung und Wirtschaft (SCHWARZER 1995, S. 279).

Der Bedeutungsverlust der alten Stadt wurde nicht zuletzt unterstützt von dem Siedlungsbau der 20er, 30er Jahre und der Nachkriegszeit. Das Alltagsleben verlagerte sich in die Siedlungen. Etwa 40% des Wohnungsbestandes der Stadt entstand nach 1945 (SEGERT 1995, S. 304). 85% des Wohnungsbestandes umfaßt Geschoßwohnungsbau (FNP-Entwurf 1995).

Zu den drei wichtigsten Lebenssäulen zählen in Brandenburg "Garten, Sport, Wasser" (SEGERT 1995, S. 325). Eine vielfältige Vereinsstruktur zeichnet das Alltagsleben der Stadt. Die Freizeitaktivitäten konzentrierten sich traditonsgemäß auf die Schrebergartenkultur. Mit Kleingartenflächen von ca. 537 ha, d.h. 60 m^2 pro Einwohner, hält die Stadt laut Entwurf des Flächennutzungsplans vom September 1995 nicht nur im Land Brandenburg eine Spitzenposition.

(Neue Bundesländer im Durchschnitt 10-15 m² pro Einwohner, Münster - 6 m² pro Einwohner) (STADT BRANDENBURG Vorentwurf Flächennutzungsplan September 1995). Der Verband der Kleingärtner in der Stadt Brandenburg wird getragen von 15.000 Mitgliedern (SEGERT 1995, S. 308f.).
Freizeit und Erholung außerhalb der Stadt sind populär. Das Auto erfüllt die Mobilitätswünsche. Deshalb nimmt es nicht Wunder, daß nach der Wende auch das Einkaufserlebnis draußen vor der Stadt im großflächigen Einkaufszentrum Wust mehr Anziehungskraft als die historischen Stadtkerne ausübt mit den beschriebenen Folgen für den Geschäftsbesatz in der Innenstadt. "Die City liegt vor den Toren der Stadt", lautet die Überschrift eines Zeitungsartikels der Märkischen Allgemeinen Zeitung vom 12. Dezember 1995.

Stadt legitimiert sich nicht durch das Alter, sondern durch den subjektiven Tauschwert, gemessen am individuellen Kosten- und Zeitaufwand sowie an dem sozialen Beziehungsgefüge in der Freizeit.

Strategiefragen

Der globale wirtschaftliche und gesellschaftliche Strukturwandel fordert die neuen Bundesländer viel früher heraus, nach grundlegenden Alternativen zu suchen als ihn der Westen gewahr wird. Abseits der wirtschaftlichen Kraftfelder Europas hat sich das Gewicht der sozialen Fragen der Stadtentwicklung verstärkt.

Wenn vor diesem Hintergrund trotz Beschwörungsformeln die europäische Stadt als ökonomisches Gefüge an Bedeutung verliert, dann sind die Kommunen gezwungen, über ihre herkömmlichen Ziele und Strategien nachzudenken.

Dann ist eine Stadtentwicklungspolitik der kleinen Schritte gefordert, Lebensqualität und den sozialen Gebrauchswert der baulich-räumlichen Umwelt zu sichern und vernünftig zu stabilisieren. Das schließt einen zukunftsfähigen Umgang mit Natur und Umwelt ein.

Stadtentwicklung verlangt heute im großen wie im kleinen strategisches Denken und Handeln, querschnittsorientiert:
1. Herkömmliche Strategien und Leitbilder fruchten nicht, wenn sie nicht das soziale Milieu, die ortsspezifischen Bedingungen, Sozial-, Wirtschaft- und Verwaltungsstrukturen und die sozialpsychologischen Herkunftsbindungen mit einbeziehen.
2. "Wir müssen uns befreien von unserer Fixierung auf die alte Stadt. Der alte Stadtkern ist zwar ein besonderer, weil nicht reproduzierbarer, aber im Prinzip gleichberechtigter Stadtteil unter anderen Stadtteilen (SIEVERTS 1996, S. 162)." Die Stadt wird sich immer stärker zu einem Gefüge von

Stadtteilen und Stadtfeldern entwickeln, lautet seine plausible Prognose. Für die Stadtentwicklung von Brandenburg hiessedas, aktive verstärkte Projektarbeit in den Stadtteilen bzw. Siedlungen, am Lebensort.
3. Eine illusionslose "Neubewertung" der Innenstadt als ein Wohnstandort unter vielen scheint erforderlich, wenn es nicht gelingt, Zentrumsfunktionen zu halten. Die Stadt Brandenburg hat nach einem städtebaulichen Ideenwettbewerb noch einmal versucht, Investoraufmerksamkeit auf die Innenstadt, den Neustädtischen Markt zu lenken. Viele Investoren haben wegen Unrentierlichkeit, fehlender Parkplätze, zu geringer Verkaufsfläche, der Kleinteiligkeit des Entwurfs, der hohen Kostenübernahme der Bodendenkmalpflege bei Tiefgaragenlösung und der geringen Kaufkraft der Bevölkerung Abstand genommen.
4. Aktionsgemeinschaften von engagierten Menschen aus Verwaltung, Wirtschaft, Einzelhandel, Schulen, Kirchen und Kultur sind für eine Qualifizierungsoffensive zugunsten der Stadt unverzichtbar. Soziale und räumliche Netzwerke leben vom persönlichen, freiwilligen Engagement. Anstöße für derartige Initiativen geben Stadt- und Regionalforen als Informations- und Kontaktbörse.
5. Intelligente Förderprogramme, wie das neue EU-Programm 'URBAN', eine Kombination von EFFRE- und ESF-Mitteln, setzen auf eine operative Verknüpfung von ökonomischen mit sozialen Stadterneuerungsprojekten. Die Stadt Brandenburg hat sich als eines von 10 bundesdeutschen URBAN-Projekten erfolgreich in Brüssel beworben mit dem Projekt 'Bahnhofsvorstadt'. Zur Zeit läuft ein bundesweiter Studentenwettbewerb für den Trauerberg/Bahnhofsvorstadt.
6. Eine querschnittsorientierte Stadtverwaltung mit einer charismatischen, kosmopolitisch denkenden Stadtspitze, offen für Anregungen von außen, ist unabdingbar.
7. Eine anschauliche, augenscheinliche Politik, die mit Rücksicht auf die Sozialstruktur Vermittlungsformen sucht, die örtliche Einbildungs- und Antriebskräfte mobilisieren und in die Planung einbinden, ein schwieriger Prozeß, weil Eigeninitiative weitgehend unterentwickelt ist und Daseinsfürsorge von der Obrigkeit erwartet wird.
8. Gewitzte weitsichtige Strategien sind vonnöten, die Nebeneffekte mitdenken, wie beim Bahnhofsvorstadt-Projekt. Es gilt, mit europäischer URBAN-Aufmerksamkeit einen Stadtteil zu entwickeln, der zugleich als Tor zum historischen Stadtkern fungiert wie auch als Passage nach Berlin. Die Bundeshauptstadt ist mit dem Regionalexpress in 35 Minuten erreichbar, ein Standortvorteil, den die Immobilienbranche zu entdecken beginnt.

Vor diesem Hintergrund erscheint mir Stadtentwicklung in Brandenburg vor allem als das Problem, "wie organisiert man Innovation in nicht-innovativen Milieus?" (SIEBEL 1997), ein Prozeß, der Vertrauensarbeit und langen Mut abverlangt.

Werner Zühlke

Soziale Netze - zentrale Akteure in Stadtteilen mit besonderem Erneuerungsbedarf

1 Soziales Milieu und soziale Netze

In der Stadtentwicklungspolitik ist die Bedeutung des Milieubegriffs relativ unbestimmt geblieben. Das Wort Milieu wird meistens in Begriffszusammensetzungen benutzt, bei denen das erste Glied das zweite näher bestimmt. Beispiele sind: Arbeitermilieu, kleinbürgerliches Milieu, soziales Milieu, kulturelles Milieu, sozialmoralisches Milieu, Gruppenmilieu, Wohnmilieu, Standortmilieu usw. Aber gleichgültig, welche Bedeutungseingrenzungen benutzt werden, immer scheinen die individuellen Lebensbezüge bzw. die lebensweltlichen Strukturen der Lebensführung gemeint zu sein. "Sozialmilieu im speziellsten Sinn ist jeder einzelne Vergesellschaftungskreis. Der Mensch bewegt sich im Turnus durch Gruppenmilieus verschiedener Prägung" (GEIGER 1962, S. 283). Damit werden zugleich die komplizierten Verflechtungsstrukturen oder Figurationen thematisch, in denen die Menschen sich befinden und an denen sie sich orientieren, nicht gerecht (ELIAS 1971, S. 103). Trotzdem bleibt der Begriff des Milieus eigenartig undeutlich, insbesondere spreizt er sich zunächst gegen eine umstandslose Implementation in die praktische Politik. Im folgenden ist daher von sozialen Netzen bzw. Netzwerken die Rede, die als Strukturelemente des Milieus gelten können. "Soziale Netzwerke bilden sich durch verkettete (im einfachsten Fall: bilaterale oder paarweise) Beziehungen oder reguläre Interaktionen" (PETERS 1993, S. 169). Soziale Netze oder Netzwerke haben gegenüber dem Begriff Milieu den Vorteil, daß sie Ziel und Instrument praktischer Politik, insbesondere der sozialen Arbeit, sind (DEWE, WOHLFAHRT 1991).

Für die Stadtentwicklungspolitik haben soziale Netze aufgrund negativer Entwicklungen in vielen Stadtteilen eine besondere Bedeutung bekommen. In den Städten verschärfen sich die Gegensätze zwischen den "Gewinnern" und den "Verlierern" der ökonomischen Modernisierung. Zunehmend macht sich die Trennung zwischen Reich und Arm auch räumlich bemerkbar. In allen Großstädten und Ballungsräumen innerhalb und außerhalb Europas sind solche Prozesse der sozialräumlichen Aufspaltung zu beobachten. Die Tendenzen in Richtung auf eine "zweigeteilte Stadt" verstärken sich.

Dessen ungeachtet müssen Gegenstrategien entwickelt werden, die in der Lage sind, soziale Ausgrenzungs- und räumliche Aufspaltungsprozesse abzumildern. Es gilt, gefährdete Stadtteile zu stabilisieren, bevor sie sich zu sozialen Brennpunkten entwickeln. Dabei können soziale Netze als Zusammenhangsformen zwischen Einzelpersonen, Gruppen, Vereinen, Verbänden, Kirchen, Verwaltungsstellen usw. sowohl Ausgangspunkt der Stadt(teil)erneuerung sein als auch zu den Zielen der Erneuerung gehören.

2   Stadtviertel in der Krise

Die Kommunen befinden sich in einem Dilemma: Bei immer weniger Geld im städtischen Haushalt stellen sich immer größere gesellschaftliche Aufgaben. Das Manifest deutscher Oberbürgermeister aus dem Jahre 1994 führt dies drastisch vor Augen: "In vielen Metropolen der Welt sind Horrorvisionen Wirklichkeit geworden. So weit darf es in unseren Großstädten nicht kommen. Das lassen wir nicht zu! Wir wollen nicht: daß Slums aus Wellblech, Holz und Karton in den Außenbereichen entstehen, daß sich Arme-Leute-Siedlungen wie ein Gürtel um unsere Innenstädte legen und die Villenviertel der Begüterten abgeriegelt und von der Privatpolizei streng bewacht werden, daß pflegebedürftige Alte, Schwerbehinderte und Schwerkranke einsam und allein in ihren Zimmern vergebens auf Hilfe warten" (KRONAWITTER 1994, S. 7).

Es wird hier vor der sozialen und räumlichen Ausgrenzung einer Unterklasse in deutschen Städten gewarnt. Wir haben zwar noch keine Armutsquartiere und Slums, wie sie etwa in den USA vorkommen. Unsere Städte kennen noch keine Bronx wie in New York, sie haben bisher auch nicht die militanten Krawalle wie die Trabantenstädte von Paris oder Lyon erlebt (vgl. DUBET, LAPEYRONNIE 1994). Soziale Not hat bei uns noch keinen Stadtteil explodieren lassen. Die Gefahr jedoch - und davor warnt das Manifest auch -, ganze Stadtteile könnten in Zukunft ins Abseits rutschen, diese Gefahr besteht.

Das Manifest weist deutlich darauf hin, daß die Stadtgesellschaft auseinanderdriftet. Mit der sozialen Polarisierung ist auch eine räumliche Segregation verbunden. Soziale Problemlagen werden sich in bestimmten Stadtteilen konzentrieren.

Die Oberbürgermeister machen in ihrem Manifest deutlich, daß bei zunehmend enger werdenden Finanzspielräumen sie letztendlich zu kontraproduktiven Maßnahmen greifen müssen: Zum Beispiel zu Kürzungen im Jugendbereich, die schnell die Erziehungsprobleme verschärfen, zum Abbau städtischer Dienstleistungen, der die Ärmsten am stärksten trifft.

"Eine gewaltige Kraftanstrengung von Gesellschaft und Politik - Stadt, Land und Bund - ist nötig, um diesen schleichenden Trend zu immer unbefriedigenderen Verhältnissen in unseren Großstädten zu stoppen und wieder umzukehren. Das Motto 'Rettet unsere Städte jetzt!' ist aktueller denn je!" (KRONAWITTER

1994, S. 10). Mit diesem Hilferuf wird eine präventive, eine vorbeugende Politik eingefordert.

3 Politik für Stadtteile mit besonderem Erneuerungsbedarf: Das Beispiel Nordrhein-Westfalen

3.1 Integriertes Handlungskonzept

Ein Beispiel präventiver Politik ist das integrierte Handlungskonzept "Stadtteile mit besonderem Erneuerungsbedarf" der Landesregierung Nordrhein-Westfalen. Die vorrangig als Stadtprobleme in Erscheinung tretenden sozialen Probleme waren schon seit Anfang der 90er Jahre Gegenstand von Überlegungen im Ministerium für Stadtentwicklung und Verkehr des Landes Nordrhein-Westfalen (heute: Ministerium für Stadtentwicklung, Kultur und Sport) (vgl. SIERAU 1993, S. 38). Sie haben im Jahr 1993 zu einem Kabinettsbeschluß geführt, durch den eine integrierte Politik für Stadtteile mit besonderem Erneuerungsbedarf zu einem herausgehobenen Handlungsschwerpunkt der Förderpolitik der Landesregierung gemacht wird. In einer Rede des damaligen nordrhein-westfälischen Städtebauministers heißt es: "Die weltweit zu verzeichnenden Prozesse der sozialen Polarisierung, der sozialen Erosion, der Brennpunktbildung und Ghettoisierung halten nach wie vor an. Sie werden auch vor den Städten und Gemeinden Nordrhein-Westfalens ohne Gegenoffensive nicht halt machen. Die Herausforderung für die Stadtentwicklungspolitik aller Großstädte und Ballungsräume ist daher, nicht nachzulassen, das Absinken ganzer Stadtteile zu verhindern" (KNIOLA 1994, S. 3).

Da aus Landessicht die Städtebaupolitik alleine mit der Behebung der Mißstände überfordert ist und auch eine landesseitig gestützte kommunale Sozialpolitik alleine bzw. gegebenenfalls in Kombination mit der Städtebaupolitik nicht ausreicht, komplexe Verbesserungsprozesse zu initiieren, ist ein koordiniertes Vorgehen aller betroffenen Ressorts der Landesregierung erforderlich.

Die Landesregierung hat den Minister für Stadtentwicklung, Kultur und Sport beauftragt, mit den betroffenen Städten und Gemeinden des Landes gemeinsame Handlungsansätze für Stadtteile mit besonderem Erneuerungsbedarf in enger Abstimmung mit den fachlich beteiligten Ressorts zu konkretisieren.

Um eine flexible ressortübergreifende Förderpraxis sicherzustellen, hat die Landesregierung eine interministerielle Arbeitsgruppe unter Federführung des Ministeriums für Stadtentwicklung, Kultur und Sport unter Beteiligung aller berührten Ressorts gebildet. Die Grundsätze der Vergabe sowie generelle zuwendungs- und haushaltsrechtliche Fragen werden in der interministeriellen Arbeitsgruppe erörtert.

3.2 Stadtteiltypen

Gegenstand des Konzeptes der Landesregierung sind Stadtteile, die im Hinblick auf ihre Sozialstruktur, den Bestand und die Qualität der Wohnungen sowie des Wohnumfeldes und im Hinblick auf das Arbeitsplatzangebot Merkmale zunehmender Instabilität aufweisen.

Als Brennpunkte sozialer Probleme sind vor allem zwei Gebietstypen zu sehen:

Hochverdichtete Innenstadtlagen oder Innenstadtrandlagen, die häufig unter Emissionen von Gewerbe- bzw. Industriegebieten leiden, ökologische Defizite aufweisen und durch eine einseitige Sozialstruktur geprägt sind, zum Beispiel Duisburg-Marxloh, Duisburg-Bruckhausen, Dortmund-Nördliche Innenstadt, Essen-Katernberg, Hamm-Nord, Köln-Kalk usw. Diese Gebiete sind oft traditionelle Arbeitergebiete mit mittelständischen Einsprengseln (Kaufleute, Kleingewerbetreibende). Sie verfügen über ein lebendiges Vereinsleben und eine gewerkschaftlich geprägte politische Kultur. Die gemeinschaftlichen Bindungen sind über die Arbeit entstanden und zerbrechen nun nach Schließung der ansässigen Zeche oder anderer Großbetriebe (z. B. in Essen-Katernberg oder Köln-Kalk). Der sozioökonomische und damit verbundene sozialstrukturelle Wandel führt zur Auflösung traditioneller Sozialmilieus und zum Abbau intakter Sozialbeziehungen. Die sozialen Probleme verschärfen sich.

Hochverdichtete Wohnsiedlungen der 60er und 70er Jahre, die in der Regel am Stadtrand als "Schlafstädte" mit begrenzter öffentlicher Infrastruktur und wenigen privaten Versorgungseinrichtungen ausgestattet sind. Sowohl das häufig triste Wohnumfeld als auch das geringe Freizeitangebot und die Entfernung zu anderen städtischen Einrichtungen bzw. Nutzungen haben zu einem schlechten Image dieser sogenannten "Trabantenstädte" geführt. Beispiele sind: Köln-Chorweiler, Dortmund-Scharnhorst, Monheim-Berliner Viertel, Solingen-Fuhr usw. In diesen Stadtteilen konnte oft nur in Ansätzen das miteinander vernetzte soziale Milieu entstehen, das in den traditionellen Gebieten existierte. Mit wachsenden Unsicherheiten in der Lebensführung (Arbeitslosigkeit, Armut) nimmt hier die soziale Desintegration zu.

Die Stadtteile mit besonderem Erneuerungsbedarf sind meistens gekennzeichnet durch hohe Arbeitslosigkeit, durch einen hohen Anteil einkommensschwacher Haushalte, durch einen hohen Ausländeranteil, durch soziale und ökologische Defizite, oft auch durch Verwahrlosung und Kriminalität. Zunehmende Perspektivlosigkeit der Menschen kann zu einer Verschärfung der Probleme führen. Gerade in diesen Stadtteilen muß verhindert werden, daß die Menschen dauerhaft aus dem Arbeits- und Wohnungsmarkt und aus dem Sozialleben ausgegrenzt werden.

Auf das Angebot der Landesregierung sind gegenwärtig 21 Stadtteile eingegangen. Hier ist mit der Entwicklung und Umsetzung integrierter Stadtteilkonzepte begonnen worden. Der Kreis der Stadtteile kann sich erweitern, da es sich bei dem Handlungskonzept der Landesregierung um ein offenes Programm handelt.

3.3 Stadtteilkonzepte

Voraussetzung der Förderung im Rahmen des Handlungskonzeptes der Landesregierung ist es, daß die Kommunen integrierte Handlungskonzepte für ihre jeweiligen Stadtteile entwickeln. Diese Stadtteilkonzepte oder kommunalen Handlungskonzepte sollen bei den jeweiligen Problemen im Stadtteil ansetzen, und sie sollen die Eigenkräfte und Initiativen im Stadtteil aufnehmen und fortentwickeln. Stadtteilerneuerung soll "Selbsterneuerung von unten" sein. "Die Umsetzung integrierter Handlungskonzepte ist auf die Mitwirkung derer angelegt, die in den Stadtteilen wohnen, arbeiten und produzieren. Die Organisation von Beteiligung, Strategien, Maßnahmen und deren Umsetzung in Projekte ist verbindendes Element und Voraussetzung für die Chance, privates, ökonomisches und nicht-ökonomisches Engagement zu gewinnen und einzubinden" (KNIOLA 1994, S. 6).

Die treibenden Kräfte der Stadtteilerneuerung können unterschiedliche Gruppen oder Einzelpersonen sein, zum Beispiel:
- die Verantwortlichen in Politik und Verwaltung der Stadt selbst,
- eine Gruppe Eltern und Erzieher, denen die Jugendgewalt an Schulen zum Problem geworden ist,
- der Leiter eines Arbeitsamtes, der Stadterneuerung mit Arbeitsbeschaffung und Weiterqualifizierung von Langzeitarbeitslosen kombinieren will,
- Ärzte, denen der niedrige Vorsorgestatus der Bevölkerung zu denken gibt,
- Wohlfahrtsverbände, die mehr für die Probleme chronisch Kranker und alter Menschen tun wollen,
- ein Einzelhandelsverband, der die sinkende Kaufkraft im Stadtteil fürchtet usw.

Derartige Kräfte und Interessen sollten von der Kommunalverwaltung gebündelt und in ein Handlungskonzept für den Stadtteil miteinbezogen werden.

3.4 Handlungsfelder

Welche Handlungsfelder wären Gegenstand in einem Stadtteilkonzept? Da Stadtteilkonzepte bei den jeweiligen Problemen im Stadtteil ansetzen müssen,

dürften sich die Konzepte in ihren inhaltlichen Schwerpunkten von Fall zu Fall unterscheiden. Beispiele für Handlungsfelder und Projekte sind:
- Wirtschafts- und Beschäftigungspolitik: Beratungsinfrastruktur zur Förderung kleinerer und mittlerer Betriebe, Verknüpfung von investiven Maßnahmen mit Arbeitsbeschaffungsmaßnahmen (Beschäftigungs- und Qualifizierungsprojekte), Errichtung eines Handwerkerhofes (mit Handwerksbetrieben, einer Beschäftigungsgesellschaft, sozialen Beratungseinrichtungen, Weiterbildungseinrichtungen).
- Wohnungspolitik: Städtebauliche Nachbesserungen, Sicherung des Bestandes an Sozialwohnungen, ergänzender Wohnungsneubau, insbesondere freifinanzierter Wohnungsbau mit dem Ziel der sozialen Durchmischung.
- Sozial- und Gesundheitspolitik: Unterstützung sozialer Netze und Selbsthilfegruppen, Drogenberatung, Gesundheitszentren, Kindertagesstätten, Sozialberatung für ausländische und deutsche Mitbürger, stationärer Mittagstisch für alte Menschen.
- Ökologie: Verminderung betrieblicher oder verkehrlicher Emissionen, Renaturierung von versiegelten Flächen und Vorflutern.
- Wohnumfeldverbesserung: Schaffung von Spiel- und Sportmöglichkeiten, Verbesserung der Aufenthaltsqualität öffentlicher Räume.
- Kulturpolitik: Einrichtung örtlicher Begegnungsstätten (Bürgerhäuser, Öffnung von Schulen), neue Formen interkulturellen Zusammenlebens ethnischer und religiöser Gruppen.
- Initiativen/Vereine: Unterstützung vorhandener Initiativen, die dazu beitragen, den sozialen Zusammenhalt und die kulturelle Vielfalt in einem Stadtteil zu stärken (Elterninitiativen, Gruppen zur Betreuung von Kindern und älteren Menschen, Nachbarschaftshilfe usw.); Förderung der Eigeninitiative der Bewohner im Rahmen von Selbsthilfeprojekten; Förderung der Aktivitäten vorhandener Vereine mit sozialem, kulturellem oder sportlichem Angebot (z.B. Caritas, AWO, freie Träger, Kunstvereine usw.).
- Zusammenleben/Identität: Schaffung örtlicher Begegnungsstätten oder ähnliches zur Förderung des interkulturellen Zusammenlebens; Förderung der Beteiligung und Entwicklung neuer Beteiligungsformen der dort lebenden Bevölkerung an allen Planungen.
- Projektsteuerung: Innovative (Um-)Organisation der städtischen Verwaltung bzw. Gründung eines qualifizierten Projektmanagements (z.B. Gründung von Entwicklungsgesellschaften o.ä.) zur Beratung sowie Steuerung und Koordination der Umsetzung der Maßnahmebündel.

Die sozialen Probleme der gefährdeten Stadtteile lassen sich mit den klassischen Stadterneuerungsmaßnahmen (Fußgängerzonen, Grüngestaltung usw.)

kaum lösen. Soziale Initiativen und soziale Innovationen sind gefragt, die Eigeninitiative der Bewohner im Rahmen von Selbsthilfeprojekten sowie die Leistungsbereitschaft von Vereinen und Verbänden zur Verbesserung des sozialen, kulturellen und wirtschaftlichen Angebots.

3.5 Integrationsaufgaben

Kern der integrierten Stadtteilerneuerung ist das ressortübergreifende Zusammenwirken aller Beteiligten. Das bedeutet, es müssen auf Landesebene wie auf Kommunalebene bestimmte Aufgaben der Integration gelöst werden.

Auf Landesebene gibt es zwar eine funktionierende sachbezogene Förderung von Einzelmaßnahmen nach den jeweiligen Ressortrichtlinien. Da jetzt jedoch nicht mehr Einzelmaßnahmen zu fördern sind, sondern integrierte Stadtteilkonzepte der Kommunen, ist angesichts der Unterschiede in den Förderrichtlinien und in der Förderpraxis eine intensive Abstimmung zwischen den Landesressorts notwendig, um ein einheitliches Vorgehen zu erreichen. Da die Finanzmittel auch für innovative Maßnahmen der Kommunen bereitgestellt werden sollen, ist in vielen Fällen auch eine Überwindung des engen Rahmens der Ressortrichtlinien, d.h. mehr Flexibilität beim Ressourceneinsatz, erforderlich. Denn auch die mit den Fördergegenständen verknüpften sozialen, organisatorischen und institutionellen Erneuerungsnotwendigkeiten (z.B. neue Formen der Bürgerbeteiligung) müssen bei der Förderung Beachtung finden können.

Auf Kommunalebene müssen bei der Konzeptionierung und Umsetzung von Stadtteilkonzepten vor allem die Ämter besser zusammenarbeiten, zum Beispiel das Planungsamt mit dem Sozialamt und Wirtschaftsförderungsamt. Hier empfiehlt sich z. B. die Einrichtung einer ämterübergreifenden Arbeitsgruppe.

Wichtig vor allem ist die Zusammenarbeit mit Bürgerinnen und Bürgern, privaten Investoren und sozialen Netzen im Stadtteil. Stadtteilerneuerung sollte eine Gemeinschaftsinitiative von Verwaltung, Rat, Vereinen, Verbänden, Initiativen, Selbsthilfegruppen, Unternehmen, Handwerksbetrieben, Einzelpersonen usw. sein. Für diese Gemeinschaftsinitiative müssen Formen der Zusammenarbeit gefunden werden, zum Beispiel eine Entwicklungsgesellschaft oder ein Stadtteilmanager (community organizer) als organisatorischer Kristallisationspunkt, eine Stadtteilkonferenz zur Beteiligung der Bürger und Gruppen oder andere fließende Zusammenarbeitsformen verschiedener Akteure. Mit der Aktivierung dieser Kräfte lassen sich Synergieeffekte für den Stadtteil erzielen.

4 Soziale Netze in Stadtteilen mit besonderem Erneuerungsbedarf

Trotz des zunehmenden Individualismus und des Desinteresses an gemeinwohlorientierten Angelegenheiten existiert in Stadtteilen mit besonderem Erneuerungsbedarf eine Vielzahl von sozialen Netzen, die ein beachtliches Selbsthilfepotential darstellen. Das ist nicht nur in den innenstadtnahen traditionellen Vierteln der Fall, sondern auch in den Trabantenstädten der Peripherie, die in den 60er und 70er Jahren gebaut wurden.

Die Bereitschaft der Menschen, selbst für ihre lebensweltlichen Interessen und für ihren Stadtteil aktiv zu werden, setzt voraus, daß die Bewohner an Entscheidungen teilhaben können und in Aktionen einbezogen werden. Neben der sinnvollen Kombination von öffentlichen Ressourcen ist das eine Voraussetzung dafür, daß eine Stabilisierung von Stadtteilen mit besonderem Erneuerungsbedarf gelingt. Eckpfeiler der integrierten Stadterneuerungspolitik ist daher die Erschließung und Stärkung von Selbsthilfepotentialen sowie die Beteiligung der Menschen. Das wird auch deutlich von den Kommunen so gesehen und kommt in den bisher vorliegenden kommunalen Handlungskonzepten zum Ausdruck. In diesem Zusammenhang sollen drei Beispiele kurz skizziert werden (s. im einzelnen KÜRPICK 1995):

(a) Im Stadtteil Hamm-Norden kamen Anfang 1992 engagierte Bürgerinnen und Bürger des Stadtteils sowie Fachleute zu einem Arbeitskreis für präventive Jugendarbeit (kurz: Präventivkreis) zusammen, um Lösungsansätze für eine verstärkt auftretende Problematik des Stadtteils zu finden, nämlich die steigende Gewaltbereitschaft und Kriminalität von Jugendlichen. Dem Präventivkreis gehörten Vertreterinnen und Vertreter aus den Schulen, Vereinen, Verbänden, Kirchen, Wohnungsbaugesellschaften, Polizei, Jugend-, Sozial- und Planungsamt, Bezirksvertretung und Rat an. Zentrale Forderung dieser Arbeitsgruppe wurde die Einrichtung eines gemeinwesenorientierten Stadtteilbüros als erster Baustein zur Verbesserung der sozialen und kulturellen Infrastruktur, da die Defizite in diesem Bereich als einer der Hauptgründe für das "Absinken" des Stadtteils wahrgenommen wurde. Parallel laufende Ansätze der Verwaltung der Stadt (Regionalisierung der sozialen Dienste, Erarbeitung eines städtebaulichen Rahmenplans) wurden mit den Ansätzen des Präventivkreises gebündelt und in eine Projektkonzeption eingebettet (vgl. KÜRPICK 1995).

Mit dem Präventivkreis begann die Herstellung eines kooperativen Milieus im Hammer Norden. Heute gibt es weitere Bausteine zur Beteiligung der Bürger und zur Vernetzung der verschiedenen Akteure. Von besonderer Bedeutung sind die von der Stadtverwaltung einberufenen Stadtteilkonferenzen, in denen sich die Bewohner des Stadtteils versammeln. An der

Vorbereitung der Stadtteilkonferenzen ist auch der Präventivkreis beteiligt. Ferner stellt ein Stadtteilbüro für die Bewohnerinnen und Bewohner eine wichtige Anlaufstelle vor Ort dar (s. Abb. 1).

Abbildung 1:
Organisations- und Kooperationsstruktur Hamm-Nord

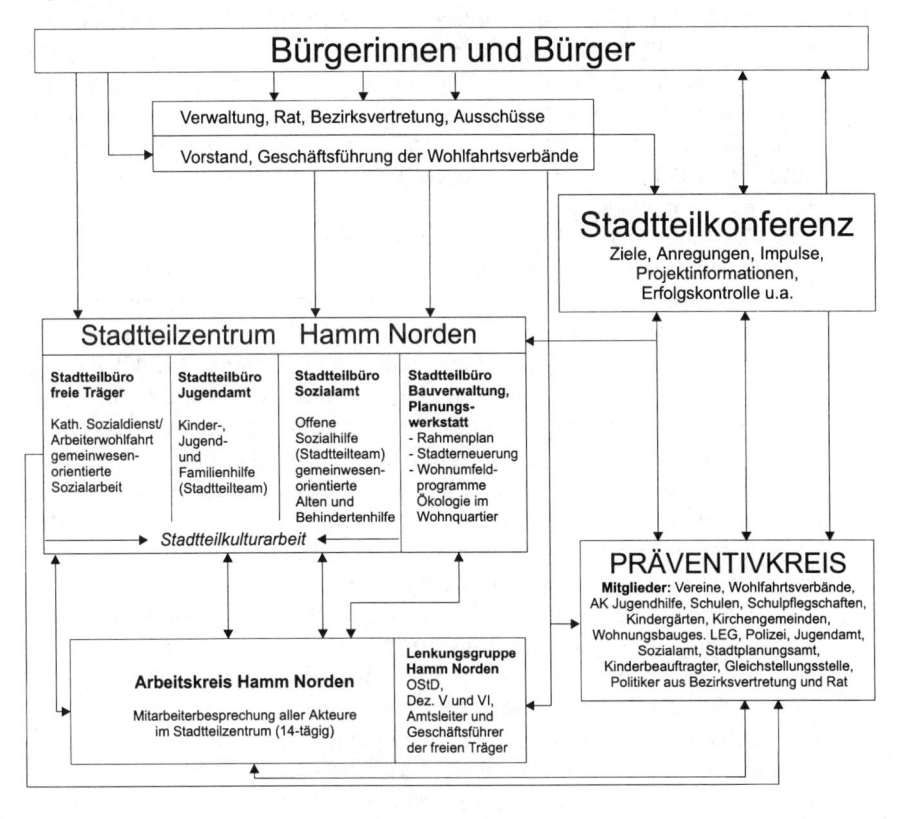

Bürgerinnen und Bürger

Verwaltung, Rat, Bezirksvertretung, Ausschüsse

Vorstand, Geschäftsführung der Wohlfahrtsverbände

Stadtteilkonferenz
Ziele, Anregungen, Impulse, Projektinformationen, Erfolgskontrolle u.a.

Stadtteilzentrum Hamm Norden

Stadtteilbüro freie Träger	Stadtteilbüro Jugendamt	Stadtteilbüro Sozialamt	Stadtteilbüro Bauverwaltung, Planungswerkstatt
Kath. Sozialdienst/ Arbeiterwohlfahrt gemeinwesenorientierte Sozialarbeit	Kinder-, Jugend- und Familienhilfe (Stadtteilteam)	Offene Sozialhilfe (Stadtteilteam) gemeinwesenorientierte Alten- und Behindertenhilfe	- Rahmenplan - Stadterneuerung - Wohnumfeldprogramme Ökologie im Wohnquartier

Stadtteilkulturarbeit

Arbeitskreis Hamm Norden
Mitarbeiterbesprechung aller Akteure im Stadtteilzentrum (14-tägig)

Lenkungsgruppe Hamm Norden
OStD, Dez. V und VI, Amtsleiter und Geschäftsführer der freien Träger

PRÄVENTIVKREIS
Mitglieder: Vereine, Wohlfahrtsverbände, AK Jugendhilfe, Schulen, Schulpflegschaften, Kindergärten, Kirchengemeinden, Wohnungsbauges. LEG, Polizei, Jugendamt, Sozialamt, Stadtplanungsamt, Kinderbeauftragter, Gleichstellungsstelle, Politiker aus Bezirksvertretung und Rat

Quelle: Institut für Landes- und Stadtentwicklungsforschung 1995 a

Die Entwicklung und Umsetzung von Maßnahmen der Stadtteilerneuerung werden im Hammer Norden mit Erfolg durch zwei Verwaltungsgremien, durch die ressortübergreifende Lenkungsgruppe und den interdisziplinären Arbeitskreis Hamm-Norden, koordiniert. Im Arbeitskreis findet eine laufende Kommunikation und Kooperation der Beteiligten zu allen den Stadtteil betreffenden Fragen statt. Der Arbeitskreis bezieht die Bürgerinnen und Bürger bei geplanten Projekten in Form spezieller Beteiligungsprojekte mit ein. Diese Beteiligungsformen werden im Hinblick auf die jeweilige Zielgruppe entwickelt, z.B. Fotostreifzüge mit Kindern, Workshops mit Frauen zur Wohnumfeldgestaltung (vgl. INSTITUT FÜR LANDES- UND STADTENTWICKLUNGSFORSCHUNG 1995 a).

(b) Kein Stadtteil und kein stadtteilorientiertes Handlungskonzept ähnelt dem anderen, weil die Ausgangsbedingungen jeweils andere sind. In Essen-Katernberg besteht schon seit einigen Jahren ein kooperativer Verbund, ein Netz zwischen der Stadt Essen, dem Institut für Stadtteilbezogene Soziale Arbeit und Beratung (ISSAB) der Universität Essen, der Evangelischen Kirche und der Arbeiterwohlfahrt (AWO) (s. Abb. 2). Innerhalb dieses Verbundes von engagierten Fachleuten sowie sonstiger Verflechtungen im Stadtteil kommt dem ISSAB eine wichtige Funktion zu. Es fungiert in enger Zusammenarbeit mit der Stadt Essen als Stadtteilmoderator bzw. -koordinator. Die ständige Präsenz des Stadtteilmoderators vor Ort ermöglicht, daß den Bewohnerinnen und Bewohnern jederzeit Ansprechpartner für ihre Probleme und Ideen zur Verfügung stehen. Die Ziele des ISSAB konzentrieren sich dabei vor allem auf die Unterstützung von Bewohnergruppen und die Kooperation und Koordination der sozialen Dienste. Es werden neue Formen der Bewohnerbeteiligung angewandt. So finden z.B. in regelmäßigen Abständen wohnbereichsbezogene Versammlungen statt, in denen die verschiedenen Probleme der Bewohner angesprochen werden. Kleinräumige Aktivitäten werden entwickelt, die sich jeweils am Bedarf und an den Notwendigkeiten der Bewohner orientieren.

Einen wichtigen Stellenwert im Hinblick auf die Vernetzung in Katernberg nehmen auch die "Katernbergkonferenzen" ein. Anlaß für die Einrichtung der Katernbergkonferenz war die Schließung der Kokerei Zollverein im Jahre 1993. Die hieraus resultierenden Arbeitsplatzverluste führten zu Kaufkraftverlusten und damit zur Schädigung der Klein- und Mittelbetriebe. Dies veranlaßte den Katernberger Werbering, ein öffentliches Diskussionsforum ins Leben zu rufen. Ziel ist es, über Probleme wie Verkehrsanbindung des Stadtteils, Zukunft des Wohnungsneubaus, soziale und kulturelle Infrastruktur usw. zu diskutieren und nach Lösungen zu suchen. Wesentlich an den Katernbergkonferenzen ist die Beteiligung eines breiten Personenkreises aus ortsansässiger Politik und Verwaltung, aus Kirchengemeinden, Wohlfahrtsverbänden, Vereinen und Organisationen des Stadtteils und der Bewohnerschaft (vgl. INSTITUT FÜR LANDES- UND STADTENTWICKLUNGSFORSCHUNG 1995 b).

Abbildung 2:
Organisations- und Kooperationsstrukturen der Projektgruppe Katernberg

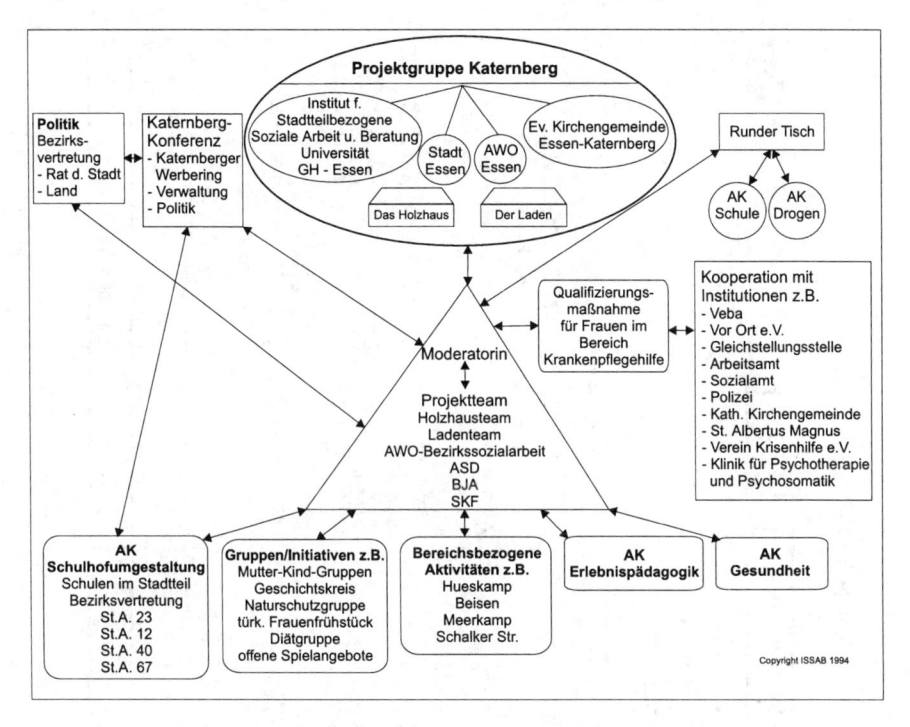

```
┌─────────────────────────────────────────────────────────────────────────────────────┐
│                           Projektgruppe Katernberg                                  │
│                    Institut f.                                                      │
│  Politik         Katernberg-      Stadtteilbezogene      Ev. Kirchengemeinde        │
│  Bezirks-        Konferenz        Soziale Arbeit u.      Essen-Katernberg     Runder Tisch │
│  vertretung      - Katernberger   Beratung                                          │
│  - Rat d. Stadt  Werbering        Universität    Stadt   AWO                        │
│  - Land          - Verwaltung     GH - Essen     Essen   Essen                      │
│                  - Politik                                                    AK    AK  │
│                                   Das Holzhaus   Der Laden                  Schule Drogen│
└─────────────────────────────────────────────────────────────────────────────────────┘

                                          Qualifizierungs-        Kooperation mit
                                          maßnahme                Institutionen z.B.
                                          für Frauen im           - Veba
                              Moderatorin Bereich                 - Vor Ort e.v.
                                          Krankenpflegehilfe      - Gleichstellungsstelle
                                                                  - Arbeitsamt
                              Projektteam                         - Sozialamt
                              Holzhausteam                        - Polizei
                              Ladenteam                           - Kath. Kirchengemeinde
                              AWO-Bezirkssozialarbeit             - St. Albertus Magnus
                              ASD                                 - Verein Krisenhilfe e.V.
                              BJA                                 - Klinik für Psychotherapie
                              SKF                                   und Psychosomatik

  AK              Gruppen/Initiativen z.B.  Bereichsbezogene       AK              AK
  Schulhofumgestaltung Mutter-Kind-Gruppen  Aktivitäten z.B.       Erlebnispädagogik Gesundheit
  Schulen im Stadtteil Geschichtskreis      Hueskamp
  Bezirksvertretung    Naturschutzgruppe    Beisen
  St.A. 23             türk. Frauenfrühstück Meerkamp
  St.A. 12             Diätgruppe           Schalker Str.
  St.A. 40             offene Spielangebote
  St.A. 67
                                                              Copyright ISSAB 1994
```

Quelle: Institut für Landes- und Stadtentwicklungsforschung 1995 b

(c) Die Stadtteilerneuerung in Duisburg-Bruckhausen ist einerseits durch eine starke Institutionalisierung charakterisiert, andererseits durch eine Fülle von mehr oder weniger formalisierten Einrichtungen und Aktivitäten. Das Gemeinschaftsprojekt Bruckhausen umfaßt drei Organisationseinheiten: Die Entwicklungsgesellschaft Duisburg-Bruckhausen mbH als Entwicklungsträger, das Beschäftigungs- und Qualifizierungsprojekt Bruckhausen und die Geschäftsstelle (vgl. Abb. 3). Die Tätigkeitsschwerpunkte der Geschäftsstelle liegen bei der Koordination und bei der sozialen, pädagogischen und interkulturellen Ortsteilarbeit.

Abbildung 3:
Organisationsstruktur des Stadtteilprojektes Duisburg-Bruckhausen

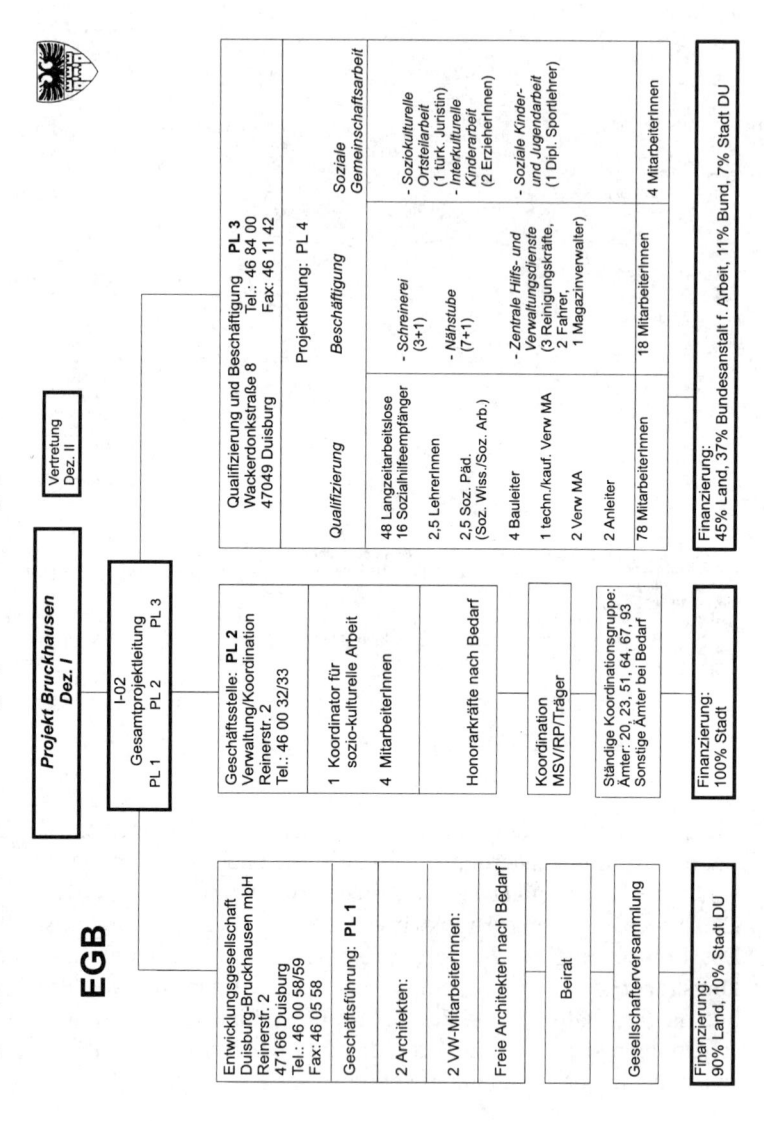

Projekt Bruckhausen Dez. I — Vertretung Dez. II

I-02 Gesamtprojektleitung
PL 1   PL 2   PL 3

EGB

Entwicklungsgesellschaft Duisburg-Bruckhausen mbH
Reinerstr. 2
47166 Duisburg
Tel.: 46 00 58/59
Fax: 46 05 58

Geschäftsführung: **PL 1**

- 2 Architekten
- 2 VW-MitarbeiterInnen
- Freie Architekten nach Bedarf
- Beirat
- Gesellschafterversammlung

Finanzierung: 90% Land, 10% Stadt DU

Geschäftsstelle: **PL 2**
Verwaltung/Koordination
Reinerstr. 2
Tel.: 46 00 32/33

- 1 Koordinator für sozio-kulturelle Arbeit
- 4 MitarbeiterInnen
- Honorarkräfte nach Bedarf
- Koordination MSV/RP/Träger
- Ständige Koordinationsgruppe: Ämter: 20, 23, 51, 64, 67, 93 Sonstige Ämter bei Bedarf

Finanzierung: 100% Stadt

Qualifizierung und Beschäftigung **PL 3**
Wackerdonkstraße 8   Tel.: 46 84 00
47049 Duisburg   Fax: 46 11 42

Projektleitung: **PL 4**

Qualifizierung	Beschäftigung	Soziale Gemeinschaftsarbeit
48 Langzeitarbeitslose	- Schreinerei (3+1)	- Soziokulturelle Ortsteilarbeit (1 türk. Juristin)
16 Sozialhilfeempfänger	- Nähstube (7+1)	- Interkulturelle Kinderarbeit (2 ErzieherInnen)
2,5 LehrerInnen	- Zentrale Hilfs- und Verwaltungsdienste (3 Reinigungskräfte, 2 Fahrer, 1 Magazinverwalter)	- Soziale Kinder- und Jugendarbeit (1 Dipl. Sportlehrer)
2,5 Soz. Päd. (Soz. Wiss./Soz. Arb.)		
4 Bauleiter		
1 techn./kauf. Verw MA		
2 Verw MA		
2 Anleiter		
78 MitarbeiterInnen	18 MitarbeiterInnen	4 MitarbeiterInnen

Finanzierung: 45% Land, 37% Bundesanstalt f. Arbeit, 11% Bund, 7% Stadt DU

Quelle: Entwicklungsgesellschaft Duisburg-Bruckhausen mbH 1993

Im Stadtteil Bruckhausen hat sich vor dem Hintergrund vielfältiger Probleme - der Ausländeranteil beträgt rd. 57% - eine interkulturelle Arbeit entwickelt, die beispielgebend wirken kann. Es ist eine sozialkulturelle Infrastruktur entstanden - nationalitätenspezifisch und nationalitätenübergreifend -, die das Zusammenleben in diesem Stadtteil geprägt hat. In Eigeninitiative wurden vom ausländischen Bevölkerungsteil Moschee- und Kulturvereine gegründet, viele Teestuben und Geschäfte, ein Fußballclub, Reisebüros usw. Das kommerzielle und kulturelle Angebot ist vielfältig.

Für deutsche und ausländische Bewohner gibt es verschiedene Berührungspunkte. Diese ergeben sich durch soziale und kulturelle Einrichtungen, die gemeinsam genutzt werden. Dazu gehören beispielsweise ein Nachbarschaftstreff mit Café/Küche, eine Nähstube, ein Jugendheim, Kindergärten, Schulen, verschiedene Beratungsdienste usw. Das Angebot dieser Einrichtungen reicht von Krabbelgruppen für Kleinkinder über Prävention zur Verhinderung von Sonderschulbedürftigkeit, Hausaufgabenbetreuung, Mädchenprojekte, Beratung über Arbeitslosigkeit, Wohnungssuche, Schulden usw. bis hin zu Freizeitangeboten für Jugendliche, Frauen, Senioren usw.

Die verschiedenen Träger in Bruckhausen haben sich zu einem ca. zweimonatlich tagenden Trägertreff zusammengeschlossen (s. Abb. 4). An dem Trägertreff beteiligen sich rd. 30 Einrichtungen, Vereine und Institutionen. Sie versuchen, Einfluß auf die weitere Entwicklung des Stadtteils zu nehmen, die Interessenvertretung für die Stadtteilbewohner wahrzunehmen sowie den Dialog zwischen der ausländischen und der deutschen Bevölkerung zu aktivieren. Eine positive Zusammenarbeit hat sich auch durch gemeinsame Arbeitskreise, Feste, Sportturniere, Fahrten usw. ergeben.

Die drei Beispiele zeigen, daß die Vernetzung der Akteure auf verschiedenen Grundlagen und in verschiedenen Formen erfolgen kann. Ein Kooperationsverbund kann sich ohne jegliche Verbindlichkeiten wie in Hamm (Präventivkreis) entwickeln, er kann in Form eines Kooperationsvertrages wie z.B. in Essen (Projektgruppe) zustandekommen oder von der Kommune mit einem fest installierten Rahmen versehen werden wie in Duisburg-Bruckhausen. In allen Formen sind sowohl die Stadt als auch der intermediäre Bereich präsent. Es zeigt sich in diesen Formen der Kooperation eine querschnittsorientierte Vernetzung von Akteuren, die unterschiedliche Ebenen und Interessen vertreten.

Als bedeutsames Instrument der Vernetzung können die Stadtteilkonferenzen gelten. Auf sie ist besonders hinzuweisen. Stadtteilkonferenzen dienen als Plattform für Information und Kommunikation, sie produzieren aus der Versammlung heraus neue Ideen und neue Kontakte zwischen den zahlreichen Akteuren im Stadtteil.

Abbildung 4:
Kooperation in Duisburg-Bruckhausen

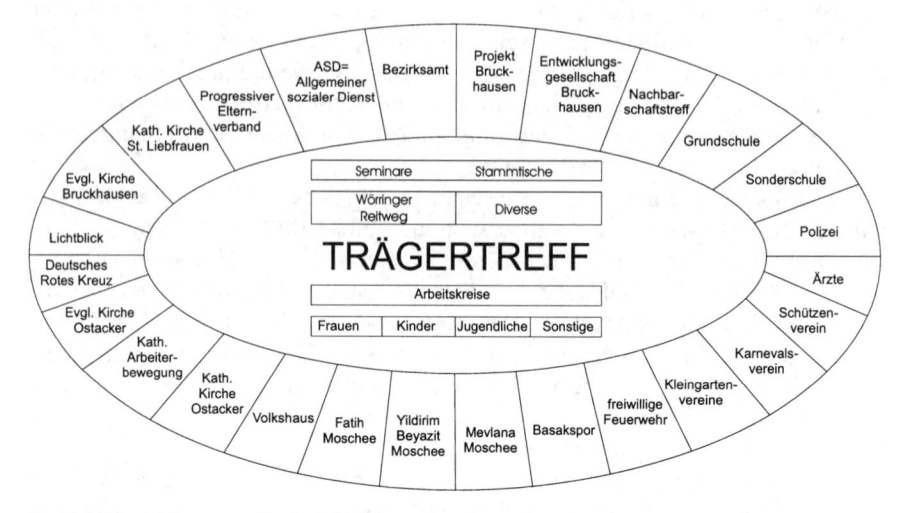

Quelle: Entwicklungsgesellschaft Duisburg-Bruckhausen mbH 1993

Wichtig bei der Stadtteilerneuerung sind die "Beteiligungsprojekte". "Die Beteiligung der Menschen im Stadtteil wird gefördert durch kurze direkt erlebbare Erfolge ihrer Beteiligung. Nur so sind sie zu motivieren, sich aus ihrer Abkopplung wieder ankoppeln zu lassen in das soziale Gebilde Stadt. Das bedeutet projektorientiertes Arbeiten, möglichst parallel kurze kleinteilige Projekte neben längerfristigen Projekten, bei denen immer wieder ein Sachstand gegeben wird und sehr starke öffentliche Beteiligung der Menschen im Stadtteil durch kurzfristige Informationen. Auch dazu muß es Strukturen geben, die unabhängig von Personen solche Beteiligungsformen möglich machen." (GRAEBSCH-WAGENER 1995, S. 14)

Nicht selten wird die Auffassung vertreten, daß für die Bildung von sozialen Netzen zumindest Reste eines traditionellen Arbeitermilieus oder mittelständischen Milieus als Basis vorhanden sein müßten. Diese These läßt sich kaum belegen. In allen Stadtteilen mit besonderem Erneuerungsbedarf gibt es mehr oder weniger aktive soziale Netze. Ihre Aktivierung für die Stadtteilerneuerung ist allerdings in hohem Maße vom persönlichen Einsatz engagierter Personen abhängig, die als "Motoren" eine Sache in Gang setzen. Sie thematisieren die im Stadtteil vorherrschenden Probleme und versuchen, entsprechende Projekte zu initiieren. Oft sind die Bewohner aufgrund ihrer schlechten sozialen Situation selbst nicht in der Lage, ihre Bedürfnisse und Interessen adäquat zu vermitteln. Dies führt zu der Notwendigkeit, zusammen mit den Menschen vor Ort und für sie eine Umwandlung des Stadtteils einzuleiten und umzusetzen.

Ferner ist die Aktivierung sozialer Netze für die Stadtteilerneuerung abhängig von dem Ingangkommen eines iterativen Prozesses zwischen Verwaltung, Politik und den handelnden Personen. Hilfestellungen seitens der Kommune, sei es organisatorischer, finanzieller oder personeller Art, sind meistenteils notwendig. Sicherlich ist einerseits eine eigenaktive, sich selbst steuernde Erneuerung aus dem Stadtteil heraus zu fordern, andererseits bedingt das oft einen organisatorischen, professionellen Rahmen, der den Bewohnern die Fähigkeit vermittelt, mit der Zeit Eigenaktivitäten zu entwickeln (vgl. KÜRPICK 1995).

5 Fazit

Bei der Unterstützung sozialer Netze in Stadtteilen mit besonderem Erneuerungsbedarf geht es nicht um die Konstruktion idyllischer Stadtteilgemeinschaften, sondern um den Abbau von Gefährdungen in der Lebensführung der einzelnen und um die Schaffung partizipativer Lebensformen.

Die in weiten Teilen mit dem sozialstrukturellen Wandel verbundene Zunahme von Individualisierung bedeutet für benachteiligte Bevölkerungsgruppen gerade keinen Zugewinn an Handlungsmöglichkeiten, sondern die Vergrößerung von Unsicherheit, Angst und Orientierungslosigkeit. Gerade deswegen ist die Stabilisierung der bestehenden sozialen Netze in benachteiligten Stadtteilen eine Grundvoraussetzung für die weitergehende Partizipation und Aktivität der Menschen für ihren Stadtteil.

Um die Menschen für ihren Stadtteil zu aktivieren, muß sich die Blickrichtung von Verwaltungshandeln und Politik ändern. Die Beteiligungsformen müssen sich nach den Bedürfnissen, Interessen und Möglichkeiten der Menschen in den benachteiligten Stadtteilen richten. Von großer Bedeutung ist dabei die Einbeziehung der bestehenden sozialen Netze in den Erneuerungsprozeß.

Die Menschen müssen Beteiligung lernen (Menschen da abholen, wo sie stehen). Daher muß die Beteiligung kleinteilig, in den gewohnten unmittelbaren und kleinräumigen Lebenszusammenhängen der Menschen erfolgen. Dabei kann es keinen "Königsweg" der Beteiligung geben. Verschiedenste Formen und Ebenen sind denkbar. Wichtig ist die nötige Flexibilität und Orientierung an den Bedürfnissen und Interessen der Menschen vor Ort. Es darf nicht über die Köpfe der Menschen hinweg geplant werden. Nur wenn über die unterschiedlichen Beteiligungsformen und -ebenen eine Identifikation der Menschen vor Ort mit dem Erneuerungsprozeß erreicht werden kann, erscheint eine dauerhafte Stabilisierung eines Stadtteils möglich.

Friedemann Kunst

Milieu als Planungsbegriff
Konzeptionelle Überlegungen am Beispiel der Planungsräume des Berliner Nord-Ostens und des Süd-Ostens

Vorklärungen

1. Häufig ist es möglich, von der städtebaulichen Ausprägung eines bestimmten Stadtquartiers Schlüsse auf die spezifische Bewohnerschaft und ihre sozialen Verhältnisse in diesem Quartier zu ziehen. Fast regelhafte Entsprechungen solcher Art sind im Falle typischer Siedlungen der 20er Jahre anzutreffen: In diesen Quartieren mit ihrem ausgeprägten, gleichwohl geschlossenen städtebaulichen Formenkanon ist häufig eine sozial recht homogene, wenig mobile Bewohnerschaft anzutreffen, deren eher konservative Orientierung in gewissem Kontrast zur Programmatik der "Moderne" steht, die die städtebauliche Ausformung ihres Wohnquartiers doch geprägt hat. Entsprechungen zwischen städtebaulicher Gestalt und sozialen Lebensverhältnissen lassen sich auch bei Gartenstädten und Villenvororten oder bei den durch "Mietskasernen" geprägten Innenstadtquartieren des 19. Jahrhunderts finden.
2. In der städtebaulichen Planungspraxis ist zur Kennzeichnung solcher Zusammenhänge der Milieubegriff gängig. Seit vielen Jahren gibt es beispielsweise im Baugesetzbuch eine Rechtsnorm, die es den Gemeinden unter bestimmten Voraussetzungen ermöglicht, die Erhaltung bestehender städtebaulicher Strukturen und Gebäude vorzuschreiben, um beispielsweise sozial-stabile, aber ökonomisch gering belastbare "Milieus" zu schützen. Gleichwohl ist der Milieubegriff nicht von vornherein positiv besetzt.[1] Manche Großsiedlung an der städtischen Peripherie eignet sich als Anschauungsbeispiel für instabile, sozial desintegrierte Milieus. Die Planungsaufgabe kann sowohl in der Milieustabilisierung wie in der Milieuveränderung liegen. Im Zusammenhang dieses Beitrages soll Milieu als neutraler Arbeitsbegriff zur Kennzeichnung spezifischer territorial gebundener Lebenssituationen verstanden werden. Diese Lebenssituationen erge-

---

1 Im planungspraktischen Zusammenhang schwingt auch keine Negativ-Assoziation im Sinne von "Rückständigkeit" mit; vgl. Karl-Dieter Keim: "Sozial-räumliche Milieus in der zweiten Moderne" in diesem Band, S. 81ff.

ben sich aus dem komplexen Zusammenwirken verschiedener Faktoren, wobei besonders die (städte)-baulich gestaltete Umwelt, die dort vorhandenen sozialen Verhältnisse und schließlich die Entwicklungsgeschichte dieses Ortes von Bedeutung sind.

3. Aus dem Vorgesagten wurde bereits deutlich, daß räumliche Planung (Stadtplanung, Städtebau) in vielfacher Weise, beabsichtigt oder unbeabsichtigt, vorhandene Milieus beeinflussen kann und Voraussetzungen und Rahmenbedingungen für die Entwicklung veränderter oder neu entstehender Milieus schafft. Während es ein grundsätzliches Anliegen der Stadterneuerung sein muß, stabile, integrierte Milieus zu erhalten und labile Milieus zu stabilisieren oder ggf. zu transformieren, muß bei "Stadtumbau" und Stadterweiterung das ehrgeizige Ziel verfolgt werden, günstige Voraussetzungen für die Entwicklung neuer, stabiler und sozial differenzierter Milieus zu schaffen.

Das Instrumentarium der Stadtplanung zur Gestaltung milieurelevanter Rahmenbedingungen ist relativ breit. An vorderer Stelle zu nennen ist die städtebaulich-architektonische Gestaltung selbst. Die Wahl des städtebaulichen Vokabulars, die Bestimmung der Nutzungsmischung und -dichte und die Bezugnahme oder bewußte Ausblendung des bestehenden städtebaulichen Kontextes entscheiden über die "Anmutung" der neuen räumlichen Lebensumwelt.

Der Blick auf einige vieldiskutierte jüngere Stadterweiterungsprojekte zeigt ein kalkuliertes Spielen von Architekten und Städtebauern mit Versatzstücken aus der Städtebaugeschichte, die zugleich soziale Stimmungsträger sind. Im Fall des Projektes "Kirchsteigfeld" in Potsdam (Rob Krier) wird das Imitat bürgerlicher Wohnmilieus der Stadt des beginnenden 20. Jahrhunderts bewußt als Marketingstrategie eingesetzt, um eine bestimmte Nachfrage auszulösen. Unter zusätzlichen Bedingungen mag dies tatsächlich zur Ausbildung einer entsprechenden Sozialstruktur (und eines gemäßen Milieus) in dem neuen Quartier führen.

Neben der städtebaulichen Gestaltung sind eine Reihe weiterer Randbedingungen für die Milieuentwicklung entscheidend, wie z.B. die Preisgestaltung bzw. -differenzierung des angebotenen Wohnraums, ggf. auch der für Arbeiten angebotenen Flächen sowie die Organisation des Planungs- und Entscheidungsprozesses. Ob eine "Gemeinwesenarbeit" unter Einbeziehung der vorhandenen Wohn- und Arbeitsbevölkerung bereits den Aufbau neuer Quartiere begleitet, ist für die Akzeptanz dieser Quartiere von entscheidender Bedeutung.

4. Im Umgang mit vorhandenen Milieus stellen sich je nach Umfang der beabsichtigten städtebaulichen Veränderung unterschiedliche Aufgaben, und es sind unterschiedliche planerische Handlungsstrategien erforderlich:
   - In modernisierungsbedürftigen innerstädtischen Altbau-Bestandsquartieren besteht beispielsweise häufig die Aufgabe, vorhandene Milieus zu stabilisieren und gegen soziale Erosion oder ökonomische Verdrängung zu schützen;
   - in städtischen Räumen, in denen Bestandsergänzung oder Nachverdichtung (z.b: in kleingarten- oder kleinsiedlungsähnlichen Gebieten) im Vordergrund steht, geraten die dort oft stark ausgeprägten Milieus in Konflikt mit veränderten Interessenlagen der Neubewohner. Durch Planung wird eine Milieuveränderung angestoßen; es stellt sich die Aufgabe einer möglichst verträglichen sozialstrukturellen Integration und Milieudifferenzierung;
   - in städtischen "Transformationsräumen" mit einem starken Übergewicht des Stadtwachstums gegenüber oft heterogenen und dispersen Bestandsstrukturen, die dennoch ausgeprägte Milieuinseln sein können; hier steht die Aufgabe im Vordergrund, geeignete Rahmenbedingungen für die Entwicklung neuer differenzierter Milieus zu schaffen. Die Integration vorhandener Milieuinseln und die Suche nach historischen Themen und Motiven als Anknüpfungspunkte für neue Entwicklungen haben angesichts der Neugestaltungsaufgabe um so höhere Bedeutung.

Milieu als Planungsbegriff am Beispiel der Berliner Entwicklungsräume in Nord-Ost und Süd-Ost

1. Nach dem Berliner Flächennutzungsplan sind der Nordost-Raum und der Südost-Raum, gemessen an den Entwicklungspotentialen, die Schwerpunkträume der Stadtentwicklung. Im Süd-Osten, d.h. in Treptow, Köpenick und angrenzenden Gebieten Lichtenbergs und Neuköllns, sind Flächenpotentiale für bis zu 90.000 zusätzliche Einwohner und bis zu 35.000 zusätzliche Arbeitsplätze vorhanden. Für den Nord-Osten, d.h. im wesentlichen die Bezirke Pankow und Weißensee, betragen die möglichen Zuwächse 120.000 Einwohner und bis zu 50.000 Arbeitsplätze.
   Bei in der Größenordnung vergleichbaren Entwicklungspotentialen bestehen jedoch große Unterschiede zwischen den Entwicklungsräumen in der Struktur des Stadt-Bestandes.

2. Im Süd-Osten ist als Ergebnis von Stadt-Wachstumsprozessen am Ende des 19. und am Beginn des 20. Jahrhunderts mit den Stadtteilen und städtischen Orten wie Baumschulenweg, Schöneweide, Johannisthal, Adlershof, Köpenick, Friedrichshagen, Grünau, Alt-Glienicke und weiteren Orten ein stabiles Stadtgerüst mit ausgeprägten und unterschiedlichen Milieus vorhanden. Die institutionellen und wirtschaftsstrukturellen Änderungen und Umbrüche der vergangenen Jahre haben den "Arbeitsort Süd-Ost" zwar schwer getroffen und zum Verlust mehrerer 10.000 Arbeitsplätze geführt. Dennoch bieten sich für die Stadtentwicklungsplanung eine große Zahl von Anknüpfungspunkten, die vorhandenen, meist mehrdimensionalen "Stadtpartikel" zu ergänzen, zu erweitern und miteinander zu verbinden. Die Kartierung der Projektgebiete im Süd-Osten zeigt eine große Zahl von räumlich verteilten Vorhaben, die sich in aller Regel an vorhandene, durch eigene Milieus geprägte Ortslagen anlagern und dort integrierbar sind. Im Falle des größten Entwicklungsvorhabens des Süd-Ostens, der "Wissenschaftsstadt Adlershof", bei dem auf rund 450 ha eine komplexe "innere Stadterweiterung" teils durch Reorganisation von Bestandsstrukturen, teils durch Stadtneubau realisiert wird, ist gleichwohl ein Anknüpfen an das Milieu eines der größten Wissenschaftsstandorte der ehemaligen DDR möglich. Kern der Planung für die neue Wissenschaftsstadt ist die Aufnahme der langen Technologie- und Wissenschaftstradition dieses Standorts, die auch in der städtebaulichen Integration relevanter vorhandener Gebäude und städtebaulicher Ensembles ihren Ausdruck finden wird.

Der Berliner Süd-Osten besitzt also gute Entwicklungsvoraussetzungen, weil seine großen Entwicklungspotentiale in einem strukturell differenzierten Stadtraum mit bereits ausgeprägten Milieustrukturen realisiert werden können.

Als Folge seiner ca. 100 Jahre währenden Nutzung zur Verrieselung städtischer Abwässer ist der Berliner Nord-Osten wesentlich dünner besiedelt als der Süd-Osten. Mit Ausnahme der "Krankenhausstadt" Buch trägt er in vielen Teilbereichen die Merkmale großstädtischer Peripherie mit deren typischer Gemengelage aus alten Dorfkernen, die in Kleinsiedlungs- und Kleingartenbereiche ausufern. Mit diesem eher kargen Profil ist der Nord-Ost-Raum der "Newcomer" und zugleich der schwierigste unter den Berliner Entwicklungsräumen, auch deshalb, weil hier das längerfristig mögliche Stadtwachstum ein vielfaches des heutigen Bestandes ausmachen wird.

Wie im Süd-Osten wird das übergeordnete Planungsziel verfolgt, das Gesamtraumprofil aus einem Mosaik unterschiedlicher örtlicher Themen und "Images" zu entwickeln. Im Unterschied zum Süd-Osten sind im Nord-Osten solche Themen und Milieustrukturen weit weniger deutlich und weniger dicht ausgeprägt. Um so wichtiger ist es, die vorhandenen Milieus zu untersuchen, ihre Stärken zu identifizieren und thematische Anknüpfungspunkte für neue Entwicklungen ausfindig zu machen.

Die "Entwicklungskommission Nord-Ost"[2] hat im Rahmen eines Innovationskonzeptes für den Nord-Osten Vorschläge unterbreitet, wie Milieus und Images einiger Teilräume des Nordostens aus dem Bestand heraus entwickelt werden könnten. Einige Beispiele sollen abschließend das Konzept verdeutlichen:

- Die bereits erwähnte *Vorstadt Buch* bietet die besten Voraussetzungen für das Anknüpfen an ein bereits ausgeprägtes Profil des Ortes: Ein "Schloß"-Park und die Reste eines Gutshofes belegen sichtbar geschichtliche Wurzeln des Ortes. Entscheidend ist die Entwicklung des Ortes im 19. und frühen 20. Jahrhundert zur größten Krankenhausstadt Berlins mit Raumstrukturen von "Oxford-Qualität" und zu einem wichtigen Standort der Akademie der Wissenschaften der DDR. Der Ort ist umgeben bzw. teilweise eingebettet in den einzigen größeren Waldbestand des Nord-Ostens. Aus Buch kann sich ein Ort entwickeln, der für die Einheit von Gesundheit und Natur, von Forschung und Erholung steht. Mit dem Ausbau der medizinischen Forschung und privater Gesundheitsdienstleistungen bietet sich die Chance, neuen Wohnungsbau in Buch in den Zusammenhang von betreutem Wohnen und Wohnen und Arbeiten für Wissenschaftler einzuordnen und in die vorhandenen Wohn- und Arbeitsmilieus zu integrieren.
- Die *Ortslage Buchholz* geht auf eine Hugenottengründung zurück. Die von den Hugenotten begründete Gartenbautradition lebt noch heute fort und ist im übrigen in der Parzellenstruktur des Ortes ablesbar. Buchholz soll als "Vorstadt und Garten" entwickelt werden. Die Tradition kann in Buchholz mit innovativen Ideen des Wohnens und der Gartenkultur fortgeführt werden. Bei der Suche nach ortstypischen Wohnmilieus sollten Themen des gesunden Wohnens, gärtnerisch nutzbare Grundstücke und Selbstversorgungs- und Selbstbaukonzepte eine Rolle spielen.
- Der Teilraum *Karow-Blankenburg* liegt zwischen dem Rand der inneren Stadt und Buch. Im Rhythmus von alten Ortslagen, kleingartenähnlichen und dünnbesiedelten Einfamilienhausgebieten mit ihren spezifischen Milieus, freien Feldern und neuen "Vorstädten" bildet sich ein Siedlungsband, dessen potentielle Qualitäten die rasche Erreichbarkeit der Stadt und der

---

2   Die Entwicklungskommission Nord-Ost ist ein unabhängiges Fachgremium, das den Senat in allen Fragen der Entwicklung des Nordost-Raumes berät. Der Titel des inhaltlich zitierten Konzepts lautet: "Innovatives Bauen im Berliner Nordost-Raum, Rahmenkonzept", Berlin, September 1995 (Arbeitspapier).

angrenzenden freien Landschaft gleichermaßen sind. Die Heterogenität der Ausgangslage läßt die Ausprägung einer Orts-Identität nur kleinräumig zu. Zwischen den vorhandenen Siedlungsräumen mit ihren eigenen Milieus bietet sich die Siedlungsachse als Experimentierfeld für das Thema "Wohnen mit vielen Gesichtern" an, das ein Mosaik ergänzender innovativer Wohnmilieus zum Ziel hat, die aus einer konkreten Bedürfnisanalyse noch abzuleiten sind.

Heike Pfeiffer

Erfahrungen mit der Anwendung von Milieuschutzsatzungen gemäß § 172 BauGB in Berlin

Im Bezirk Tiergarten gibt es die ersten beiden Milieuschutzsatzungen in Berlin (hier: -verordnungen). Im Stephankiez, einem geschlossenen gründerzeitlichen Quartier mit ca. 11.000 Einwohnern ist sie seit November 1991 in Kraft, im Huttenkiez, einem kleineren Gebiet mit ca. 2.000 Einwohnern, seit Oktober 1993. Die S.T.E.R.N. ist seit fünf Jahren für einige Gebiete in Tiergarten vom Land Berlin als Entwicklungsbeauftragte eingesetzt und hat in diesem Zusammenhang das Verfahren von der Aufstellung bis zur Anwendung der Milieuschutzverordnung begleitet. Nach anfänglich zögerlicher Haltung haben sich mittler- weile viele Berliner Bezirke dazu entschlossen, für eine beträchtliche Anzahl an Quartieren eine Milieuschutzverordnung aufzustellen oder zumindest ihre Anwendung zu prüfen.

Im folgenden Beitrag sollen die Grundlagen der Anwendung dieses Instruments erläutert und die Anwendungsvoraussetzungen sowie -praxis am Beispiel Berlin-Tiergarten dargestellt werden.

1 Grundlagen der Anwendung

Gemäß § 172 BauGB kann die Gemeinde Gebiete bezeichnen, in denen zur Erhaltung der Zusammensetzung der Wohnbevölkerung der Abbruch, die Änderung oder die Nutzungsänderung baulicher Anlagen der Genehmigung bedürfen. Eine Genehmigung darf in diesem Fall nur versagt werden, wenn die Zusammensetzung der Wohnbevölkerung aus besonderen städtebaulichen Gründen erhalten werden soll.

Diese Begrifflichkeiten haben bereits in den ersten Jahren der Einführung dieses Instruments Mitte der 70er Jahre zu grundlegenden Unsicherheiten und Kontroversen geführt über die Fragen: Was ist denn unter 'erhaltenswerter Zusammensetzung der Wohnbevölkerung' und 'besonderen städtebaulichen Gründen' zu verstehen? Oft herrschte dabei das fundamentale Mißverständnis vor, daß es einer besonderen Bevölkerungsstruktur bedürfe, die eine besondere Schutzwürdigkeit in sich trägt, um das Instrument überhaupt anwenden zu können. Gerade in Berlin war dabei oft die Fehleinschätzung entstanden, eine Milieuschutzverordnung müsse etwas mit dem Begriff des 'Zilleschen Milljöhs' zu tun haben.

Dies ist jedoch ganz und gar nicht der Fall. Ganz abgesehen davon, daß es Probleme aufwirft, bestimmte Bevölkerungsgruppen zu definieren, für die eine solche Verordnung festgesetzt werden soll, ist es zudem schwierig nachzuweisen, daß in einem bestimmten Gebiet eine solche spezielle Bevölkerungsstruktur vorhanden ist. Zudem entfachten diese Argumentationen kommunalpolitische Debatten mit dem Tenor: Wie kommen wir dazu, Gebiete, die eine spezifische, nämlich problematische Bevölkerungsstruktur aufweisen, durch eine öffentlich-rechtliche Verordnung als besonders erhaltenswert zu deklarieren, wo wir doch alles tun müßten, um die problematischen Aspekte dieser Gebiete aufzuarbeiten und zu beseitigen?

Inzwischen ist - auch durch die Rechtsprechung - geklärt, daß mit dem Erhalt der Zusammensetzung der Wohnbevölkerung nicht gemeint ist, daß eine durch besondere strukturelle Merkmale qualifizierte Bevölkerung vorhanden sein muß, also z.B. ein hoher Ausländeranteil oder vielleicht eine spezielle ethnische Gruppe oder ein hoher Anteil Sozialhilfeempfänger. Es kann auch jede völlig unauffällige, im sonstigen Stadtgebiet genau so vorhandene Bevölkerung von ihrer Struktur her Schutzobjekt einer Milieuschutzverordnung sein.

Das spezifische Schutzobjekt ist nicht die Bevölkerungsstruktur in ihrer Besonderheit als solche, sondern die *Beziehung* zwischen der Wohnbevölkerung des Gebiets und bestimmten städtebaulichen Gegebenheiten und Gründen, die es erfordern, daß diese Struktur erhalten bleiben muß. Zwischen einem Gebiet und der in ihm wohnenden Bevölkerung müssen insofern Zusammenhänge bestehen, als die Gebietsbevölkerung in einer bestimmten Weise auf das Gebiet angewiesen ist und das Auflösen dieser Zusammenhänge die Gemeinde vor städtebauliche Probleme stellen würde.

Besondere städtebauliche Gründe für den Erhalt der Wohnbevölkerung liegen z.B. dann vor, wenn es in der Gemeinde generell Probleme mit der Wohnversorgung und der Baulandbereitstellung gibt. Die Bevölkerung eines bestimmten Gebiets könnte dann ja nicht hinreichend mit Wohnraum an anderer Stelle - zumindest nicht in absehbarer Zeit - versorgt werden. Ein weiterer Grund sind Probleme mit der Infrastrukturversorgung, die dann drohen, wenn durch die Verdrängung der angestammten Bevölkerung zum einen die vorhandene Infrastruktur nicht mehr angemessen genutzt wird und zum anderen die Gemeinde an anderer Stelle mit öffentlichen Mitteln wiederum neue Infrastruktur erstellen muß. Auch die Vermeidung von Verlustreaktionen der gebietlichen Bevölkerung, die bei Auflösung der Gebietsstruktur und der Zugehörigkeit zum Gebiet entstehen, können Gegenstand und Intention der Milieuschutzverordnung sein. Nicht zuletzt soll der Schutz der angestammten Bevölkerung vor

Verdrängung auch negative Folgen für andere Stadtquartiere vermeiden, die dann entstehen können, wenn bestimmte Bevölkerungsgruppen oder Haushalte den Problemdruck in anderen Stadtteilen vergrößern.

2 Voraussetzungen zum Erlaß einer Milieuschutzverordnung

Ob die Voraussetzungen für die Anwendung dieses Instruments vorliegen, sollte insbesondere in solchen Gebieten geprüft werden, die einem gewissen Entwicklungsdruck ausgesetzt sind. Anzeichen dafür sind beispielsweise eine Häufung deutlich erkennbarer spekulativer Grundstücksverkäufe oder immer stärker um sich greifende Umwandlungstätigkeit von Miet- in Eigentumswohnungen, die zu massiver Verdrängung von Bewohnern zu führen droht. Für den Stephankiez waren Auslöser für einen enormen Entwicklungsdruck vor allem die Veränderungen, die aus dem Mauerfall resultierten und die Planungen für das künftige Regierungsviertel. Dadurch ist der sich früher in randstädtischer Lage befindende, eher unauffällige Kiez in das Zentrum des Geschehens gerückt. Entsprechend formulierte Zeitungsannoncen im Immobilienteil ('Wohnen am Regierungsviertel') belegen dies.

Ist ein für eine Milieuschutzverordnung in Frage kommendes Gebiet erst einmal ermittelt, wird in einer Art Sozialstudie einerseits die Angewiesenheit der ansässigen Bevölkerung auf das Wohngebiet geprüft und andererseits der Veränderungsdruck für das Gebiet untersucht.

Eckdaten zum ErhaltVO-Gebiet Stephankiez
- geschlossenes gründerzeitliches Quartier
- ca. 5.300 WE, davon ca. 800 im Neubau
- ca. 11.000 Einwohner, davon ca. 25% ausländische Bewohner
- Standard 1993: Vollstandard 58% (in Westberlin ca. 80%)
  Teilmodernisiert 23%, nur Innentoilette 13%, Außentoilette 6%
- überdurchschnittlich: Größe der Haushalte, Gebietsbindung, Inanspruchnahme sozialer Dienste, Verdrängung der Bewohner nach Privatmodernisierung
- unterdurchschnittlich: Einkommen
- hoher Umwandlungsdruck von Miet- in Eigentumswohnungen

Für den Stephankiez wurden dafür u.a. folgende Daten erhoben:
- Anzahl der Einwohner und Haushalte, sowie deren Größe
- Bewohnerstruktur nach Alter, Nationalität etc.
- Einkommen

- Fluktuation
- nachbarschaftliche Beziehungen und Gebietsbindung (Freizeit-, Einkaufsverhalten, Nutzung der sozialen Infrastruktur etc.)

Hier wurde festgestellt, daß die Größe der Haushalte, der Ausländeranteil, die Anzahl der Alten und Kinder sowie die Beziehungen zum und innerhalb des Gebiets überdurchschnittlich waren, während die Einkommen unterdurchschnittlich ausfielen. Diese Strukturdaten ließen die Schlußfolgerung zu, daß es sich bei den Bewohnern des Stephankiezes um Menschen handelt, die eine weniger ausgeprägte Mobilität und dafür ein hohes Maß an vielfältigen Bindungen zum Quartier aufwiesen.

Der Aufwertungsdruck wurde anhand folgender Indikatoren nachgewiesen:
- Mietenentwicklung mit und ohne Modernisierungstätigkeit
- Ausstattungsstandard der Wohnungen
- Änderung der Bewohnerstruktur in modernisierten Wohnungen

Hier waren die unterdurchschnittliche Ausstattung der Wohnungen (Vollstandard: 58% im Vergleich zu 80% in West-Berlin), die rasant ansteigenden Mieten und die hohe Fluktuation von Mietern in privatmodernisierten Wohnungen auffällig.

Diese Untersuchungsergebnisse haben dazu geführt, daß im November 1991 die erste Milieuschutzverordnung in Berlin erlassen wurde.

Die Sozialstudie mündet dann in die Ermittlung gebietsspezifischer Mietobergrenzen, die bezogen auf den Ausstattungsstandard und die Wohnungsgrößen die durchschnittlichen Bestandsmieten für den voll- oder teilmodernisierten Wohnraum widerspiegeln. Analog dem Berliner Mietspiegel werden diese Werte alle zwei Jahre aktualisiert. Diese Mietobergrenzen stellen dann die Grenze dessen dar, was im Rahmen einer Modernisierungsmaßnahme als sozialverträglich eingestuft werden kann und deshalb genehmigungsfähig ist.

Das kann im Einzelfall natürlich immer noch eine außerordentliche Härte für die betroffenen Mietparteien bedeuten. Es muß in diesem Zusammenhang betont werden, daß die Milieuschutzverordnung keinen individuellen Mieterschutz gewähren darf, sondern eine abstrakte Bewohnerschaft eines Gebiets aus städtebaulichen Gründen vor Verdrängung schützen soll. Um jedoch die Mieter bei der Durchsetzung ihrer Rechte zu unterstützen, wurde für die Bewohner der Milieuschutzgebiete vom Bezirk eine unabhängige Mieterberatungsgesellschaft eingesetzt, die die Mieter in allen mietrechtlichen Fragen und zu Fragen der Erhaltungsverordnung berät.

Karte Erhaltungsgebiet Stephanskiez

3 Anwendungspraxis

Wie eingangs erwähnt, bedarf in einem ErhaltVO-Gebiet der Abbruch, die Änderung oder die Nutzungsänderung baulicher Anlagen der Genehmigung. Insbesondere Privatmodernisierungen sollen durch dieses Instrument für die Bewohner sozialverträglich gesteuert werden. Dies geschieht durch die Beschränkung der Umlage der Modernisierungskosten bis zur Höhe gebietsspezifischer Mietobergrenzen.

Die Mietobergrenzen im Stephankiez (wie sie vom Büro TOPOS im Rahmen der Untersuchung "Gebietsmieten im Stephankiez 1993" ermittelt wurden)

Mietobergrenzen Stephankiez 1993 (DM)	ohne SH, mit Bad und WC oder mit SH und WC ohne Bad	mit SH, Bad und WC
Ausstattungsstufe	3	4
unter 40 m²	7,40[1]	9,00[2]
40 m² bis unter 60 m²	7,31	8,86
60 m² bis unter 90 m²	6,56	8,71
90 m² und mehr	5,64	7,66

[1] Für diese Kategorie gab es zu wenig Fälle in der Stichprobe, so daß eine Aussage über die gegenwärtige Gebietsmiete nicht mit der notwendigen Sicherheit gemacht werden kann. Die Mietobergrenze sollte sich daher am 'Sozialen Wohnungsbau' orientieren, abzüglich 1,60 DM für das fehlende Ausstattungsmerkmal Heizung.

[2] Kappungsgrenze entsprechend Sozialer Wohnungsbau, Einstiegsmiete in einfacher Wohnlage

Werden in einem Antrag diese gebietsspezifischen Mietobergrenzen überschritten, kommt es zu einem Aushandlungsprozeß zwischen dem Antragsteller, dem Stadtplanungsamt und der S.T.E.R.N., bei dem durch gezielte Förderangebote, durch eine Reduzierung zu kostenintensiver, auf die Miete umlagefähiger Maßnahmen und mitunter auch durch Umlageverzichtserklärungen seitens des Eigentümers erreicht werden konnte, daß die Mietobergrenzen eingehalten wurden.

Trotz dieser Auflagen entwickelte sich die Milieuschutz-VO in den ersten Jahren ihrer Anwendung im Stephankiez keineswegs zu einem Ablehnungsinstrument, vielmehr konnte sie dazu beitragen, den gewünschten Modernisierungs- und Erneuerungsprozeß im Altbaubestand sozialverträglicher zu gestalten. Der hohe Anteil der genehmigten Modernisierungsmaßnahmen (83%) belegt dies.

4 Einschätzung des Instruments

Die Milieuschutzverordnung hat sich als probates Mittel erwiesen, dem Schutz der Bevölkerung vor Verdrängung gerecht zu werden. Dabei haben sich auch etwaige Befürchtungen, die Milieuschutzverordnung könnte als Investitionshemmnis fungieren, als nicht stichhaltig erwiesen.

Es darf von diesem Instrument des Städtebaurechts allerdings nicht erwartet werden, daß es Regelungs- und Handlungsdefizite in anderen Bereichen (z.b. Mietpreis- und Wohnungsbaupolitik) kompensiert. Die Möglichkeit dieses Instruments, den Prozeß der Stadterneuerung zu beeinflussen, ist letztlich auf einen Genehmigungsvorbehalt für eine geplante bauliche Veränderung und die Nutzungsänderung baulicher Anlagen beschränkt. Die Erhaltungsverordnung kann deswegen nicht eine soziale Wohnungspolitik ersetzen, sie wohl aber wirkungsvoll flankieren. Sie greift als passives, reaktives Instrument aber erst, wenn etwas passiert im Gebiet. Die Wirkung entfaltet sich z.B. nicht auf die potentielle Verdrängung durch Umwandlung von Miet- in Eigentumswohnungen bzw. nicht direkt auf die längerfristige Entwicklung der Mieten im Gebiet. Der § 172 BauGB als Instrument des 'Besonderen Städtebaurechts' berührt Mieterhöhungen auf der Basis der ortsüblichen Vergleichsmieten (MHG) nicht.

Andererseits konnte aber im Bezirk Tiergarten die Erfahrung gemacht werden, daß die Milieuschutz-VO ein geeignetes Instrument ist, um Privatmodernisierungen sozialverträglich zu steuern und der Zweckentfremdung sowie dem Abbruch von Wohnraum wirkungsvoll entgegenzutreten.

Diese positiven Erfahrungen haben dazu geführt, daß nunmehr - wie eingangs erwähnt - in vielen Bezirken dieses Instrument angewendet werden soll. Ein weiterer Grund für das große Interesse ist sicherlich auch die Tatsache, daß angesichts leerer Kassen der öffentlichen Haushalte die Milieuschutzverordnung oft als möglicher kostengünstiger Ersatz für den Einsatz öffentlicher Mittel betrachtet wird. Vor diesem einfachen Strickmuster sei aber gewarnt: das Instrument kann sicherlich vieles leisten, aber nicht den Ausgleich für die restriktive Ausweisung von Sanierungsgebieten oder die Reduktion von Förderprogrammen. Es gibt nach wie vor Gebiete, die man mit dem Einsatz eines aktiven Instrumentariums vor dem 'Abrutschen' bewahren muß.

Joachim Becker

Wohnmilieus in der Stadtplanung

Städte vereinen die unterschiedlichsten Orte und vielfältige Lebenswelten. Im Laufe der Zeit ist in unseren Städten ein komplexes, buntes Gewebe von Quartieren entstanden, mit unterschiedlichen stadträumlichen Lagen, morphologischen Strukturen, funktionalen Verflechtungen usw. Infolge vieler großer und kleiner sozialer und ökonomischer Prozesse unterliegt dieses Geflecht von Quartieren einem stetigen Umformungsprozeß. Insgesamt ist diese Vielfalt von Situationen, Qualitäten und räumlichen Identitäten die zentrale Basis für die Attraktivität des Lebens in der Stadt. Jede Disziplin, die an der Entwicklung der Städte beteiligt ist, allen voran die Stadtplanung, muß sich dieser Vielfalt stellen, d.h. an und mit ihr arbeiten, um die spezifische Charakteristik einer Stadt zu bewahren.

Ich möchte im folgenden Diskussionsansätze skizzieren, wie Konzepte und Begriffe des Milieus, im Sinne der analytischen Berücksichtigung und Vernetzung einer möglichst großen Bandbreite von Umfeldfaktoren, geeignet sind, als stadtplanerisch relevante Kategorien die komplexe Vielfalt städtischer Quartiere in die planerische Arbeit einzubeziehen.[1]

Milieu als Schutzobjekt

In der bundesdeutschen Stadtplanung hat die Verwendung des Begriffes "Milieu" zumeist einen Aspekt des Schutzes und der Erhaltung. Der "Milieuschutz" der planerischen Umgangssprache hat seine rechtliche Basis im Baugesetzbuch. Dort enthält § 172 die rechtlichen Rahmenbedingungen für ein Instrument, mit Hilfe dessen "... zur Erhaltung der Zusammensetzung der Wohnbevölkerung" (Abs. 1, S. 1, Nr. 2) eine Veränderung der baulichen Strukturen in einem bestimmten Gebiet verhindert werden kann.

---

1   Die folgenden Überlegungen entstammen im wesentlichen dem Forschungsprogramm "Gebietsmilieu als Planungskategorie", das im Arbeitsbereich Städtebau I der Technischen Universität Hamburg-Harburg unter der Leitung von Prof. Dr. Helga Fassbinder durchgeführt wird. Im Rahmen des Forschungsprogramms wird in einem interdisziplinären Team, dem ich bis Anfang des Jahres angehören durfte, der Themenbereich der Wohn- und Gebietsmilieus hinsichtlich theoretischer, planungspraktischer und informationstechnologischer Aspekte bearbeitet.

Die Tatsache ist unbestritten, daß bestimmte Gebiete einen besonderen rechtlichen Schutz gegen die Mechanismen des freien Marktes dringend benötigen. Darüber hinaus ist aber die (rhetorische) Frage zu stellen, ob nicht jedes Stadtquartier letztlich charakteristische Eigenarten und Qualitäten hat, die es - im Rahmen der Möglichkeiten in den einzelnen Quartieren und der jeweiligen Anforderungen der BewohnerInnen und anderer NutzerInnen - bei der planerischen Arbeit nicht nur zu schützen, sondern gegebenenfalls auch zu fördern und/oder zu entwickeln gilt.

Die Betrachtung der komplexen historisch-genetischen, sozialen und baulich-räumlichen Entwicklungen und Beziehungen in einzelnen, bestimmten Quartieren ist dabei nur eine Seite der Medaille, wenn es um städtische Milieus geht. Hierzu gibt es unter dem Rubrum des Milieus eine Reihe von beachtlichen Arbeiten (z.b. KEIM 1979, STAUFENBIEL et al. 1987, HERLYN, HUNGER 1994, NUISSL 1994 u.a.). Der Einblick in die "Tiefe" des charakteristischen "Genius Loci" ausgewählter Quartiere ist im Einzelfall notwendig, birgt aber die Gefahr, darüber viele andere Stadtgebiete zu vergessen und gesamtstädtische Relationen außer Acht zu lassen.

Milieus im Rahmen systematisch-vergleichender Quartiersbetrachtung

Für den planerischen Überblick auf gesamtstädtische Systeme ist es ebenso erforderlich, "flächendeckend" Kategorien der systematischen Vergleichbarkeit, letztlich also Typen von Milieus, zu finden. Für die Bewältigung dieser Aufgabe ist weiterhin eine möglichst genaue Kenntnis der Konstituenten der unterschiedlichen Milieus in der Stadt erforderlich und muß die Bandbreite der betrachteten Umfeldfaktoren möglichst hoch sein. Gleichzeitig aber - da dies in extenso eine kaum zu bewältigende analytische Aufgabe wäre - ist eine Generalisierung erforderlich. Es gilt, die Komplexität der Zusammenhänge in den betrachteten Gebieten handhabbar zu machen, quasi zu dekomponieren, um so den Beitrag einzelner Komponenten und deren Wechselbeziehungen zur spezifischen Charakteristik der Quartiere sichtbar zu machen.

"Typisierung" und "Generalisierung" mag im Zusammenhang mit der Kategorie des "Milieus", mit der oftmals die differenzierte Betrachtung und Beschreibung komplexer und individueller Vielschichtigkeit verbunden ist, paradox klingen. Es ist aber die einzige Chance, diese Kategorie für eine Stadtplanung verwendbar zu machen, die sich nicht in der liebevollen Betrachtung einzelner Milieus verliert und dafür andere Quartiere einer Stadt unbeachtet läßt. Die Reduktion der Komplexität der städtischen Milieus ist darüber hinaus erforderlich, um die Kategorie des Milieus im Rahmen kooperativer Planungsprozesse verwendbar zu machen, die sich ja gerade nicht zwischen Fachleuten einer oder verwandter Disziplinen abspielen, sondern Akteure auf einer breiten Basis einbeziehen sollen.

In jedem Fall muß eine stadtplanerische Typologie von Stadtquartieren, mit der sich an die städtischen Wohnmilieus angenähert werden soll, milieubildende Faktoren aller relevanten Dimensionen berücksichtigen.

Bevor ich Beispiele für derartige Konzepte vorstelle, möchte ich zur Annäherung an den Problemkreis der systematischen vergleichenden Quartiersanalyse einen kurzen Überblick auf einige vorhandene theoretische und methodische Konzepte von Typologien städtischer Teilräume geben.

Quartierstypologien in der Stadtforschung

Es gibt seit Jahrzehnten eine ganze Reihe von Ansätzen unterschiedlicher Disziplinen, mit denen versucht wird, die Vielfalt städtischer Quartiere in ein gesamtstädtisch flächendeckendes Analyse- und Bewertungsraster zu bringen. Fast alle diese Ansätze zeichnen sich aber durch eine gewisse Starrheit und Eindimensionalität aus.

So gibt es Typologien der baulich-räumlichen Struktur und des funktionalen Zusammenhangs, die das soziale Gefüge in den Quartieren kaum berücksichtigen und bestenfalls einige soziale Indikatoren integrieren. Schlimmstenfalls kommt es zu grobschlächtigen Dreiteilungen der städtischen Vielfalt in "gute", "mittlere" und "einfache" Wohnumgebungen, wie sie in den Mietspiegeln der Kommunen Anwendung finden.

In vergleichenden Beschreibungen sozio-ökonomischer und/oder demographischer Strukturen werden meist mit hochkomplizierten und für Nicht-Fachleute kaum mehr zu durchschauenden Methoden Indizes der sozialen Struktur innerhalb einer Stadt gebildet. Oftmals ist das Stadtgebiet dabei in statistische Gebiete unterteilt, deren Abgrenzung nicht das Geringste mit baulich-räumlichen Faktoren zu tun hat. Diese Arbeiten mögen für einzelne Fachplanungen, vor allem im sozialen Bereich, unverzichtbar sein, für eine umfassende Abbildung und Vernetzung der Umfeldfaktoren, die zum Eindruck von Milieus führen, reichen sie nicht aus. Vor allem fehlen hier diejenigen morphologischen Faktoren, die die "städtebauliche Eigenart" ausmachen; neben den originär städtebaulichen Merkmalen betrifft dieses auch landschaftliche und topographische Gegebenheiten. Diese oftmals beklagte "Raumblindheit" der Sozialwissenschaften setzt sich in neueren Betrachtungen sozialer Milieus und Lebensstilgruppen leider fort (s.u.).

Interessante Ansätze integraler stadträumlicher Typologien sind in den letzten Jahren von der Landschaftsplanung vorgelegt worden, wo landschaftsökologische Merkmale mit baulich-räumlichen Merkmalen gekoppelt wurden, um einen Überblick über städtische Biotopformen zu gewinnen. Beispiele hierfür sind Landschaftsprogramme in Berlin und Hamburg. Vom Erkenntnisinteresse der Landschaftsplanung her nachvollziehbar, enthalten diese Konzepte aber keine Angaben zur sozialen Struktur in den beschriebenen Teilräumen.

Letztlich besteht auch das Rüstzeug des Stadtplaners, die Baunutzungsverordnung, aus einer Typologie. Obwohl diese im Laufe der Zeit weiterentwickelt und flexibilisiert wurde, erweist auch sie sich im Umgang mit den komplexen Prozessen, die mit "Milieus" assoziiert werden, vielfach als zu grobkörnig und starr.

Viele aktuelle, meist sozialwissenschaftlich geprägte Theorie- und Analyseansätze zur Komplexität von Raum- und Gesellschaftsstrukturen, die mit dem Begriff des Milieus assoziiert sind, fanden in systematischen, großräumig vergleichenden Untersuchungen von Stadtquartieren hierzulande bislang kaum Zugang.

Sozialer Raum und physischer Raum

Nicht erst seit kurzem wird in den Sozialwissenschaften diskutiert, daß mit einfachen Indikatoren des sozialen Status die Komplexität einer immer heterogener werdenden Gesellschaft nicht mehr zu durchdringen ist und soziale Gruppen nicht mehr sinnvoll differenziert werden können. Notwendig sei vielmehr auch eine Betrachtung der sozio-kulturellen Gegebenheiten, der eher subjektiven und individuellen Lebensführungen. Es kommt seit etwa 15 Jahren zu einer Renaissance von Begriffen wie "Lebensstil" und "Milieu", mit deren Hilfe einzelne Bevölkerungsgruppen abgegrenzt werden (vgl. u.a. HRADIL 1993)

In den bereits weiter oben erwähnten Arbeiten zu einzelnen Wohnmilieus wurden Portraits des Zusammenhangs von sozialen Milieus der Wohnbevölkerung und dem Wohnquartier geschaffen, in denen die komplexen Entwicklungsprozesse und Wechselwirkungen zwischen physischen und sozialen Räumen beschrieben werden (vgl. auch BOURDIEU 1991, s.u.).

Leider gibt es aber bis heute in der deutschen Stadtsoziologie kaum systematische Darstellungen der räumlichen Verteilung von Lebensstil-Gruppen oder sozialen Milieus über gesamtstädtische bzw. stadtregionale Räume. Einzig Markt- und Meinungsforschungsinstitute haben mit sehr großem empirischem Aufwand Zusammenhänge zwischen Wohnorten und Lebensstilen flächendeckend dargestellt. Hier aber geht es weniger um die integrative Beschreibung von Wohnquartieren, sondern meist um die Erhebung der ökonomischen Aktivitäten der BewohnerInnen, z.B. zur Gewinnung erfolgsträchtiger Adressen für Telefonmarketing und Werbesendungen.

Die Stadtplanung kann nur dann mit Milieus arbeiten, wenn diese nicht als ein rein soziales Phänomen gesehen werden, das von der Betrachtung von Raumeinheiten und deren baulich-räumlichen Gegebenheiten entkoppelt ist. Daß auf der anderen Seite "Raum" keine absolute, quasi gottgegebene Größe ist, die nur über eine materiell-physische Dimension verfügt, sondern durch vielfältige soziale Prozesse determiniert und relativiert wird, ist dabei unbestritten (vgl. hierzu LÄPPLE 1991).

Aber auch wenn Stadtquartiere letztlich als physisch verdinglichte soziale Räume anzusehen sind (BOURDIEU 1991) und damit langfristig gesehen ein Milieu eher sozial und nicht baulich begründet wird, ändert dies doch nichts daran, daß die räumlich-morphologische Ebene der Wohnmilieus von zentraler Wichtigkeit ist, da die einmal entstandenen gebauten Raumstrukturen von großer Persistenz sind und so die Entwicklungsprozesse in Milieus in hohem Maße beeinflussen.

Hinzu kommt, daß die gebauten Raumstrukturen in erheblicher Weise die Wahrnehmung von Raumeinheiten prägen und so bestimmend für die Bilder sind, die von den einzelnen Stadtquartieren existieren. Die Verwendung von Bildern als ein Medium der Kommunikation und der Kooperation ist aber wiederum ein zentrales Instrument der Stadtplanung.

Eine Schnittstelle zwischen physischen und sozialen Raumdimensionen ist das jeweilige Interesse sozialer Gruppen an bestimmten Raumstrukturen, die spezifische Qualität, die einzelne städtische Teilräume für die Verwirklichung bestimmter Lebensbedürfnisse bieten.

"Qualität" als Schnittstelle

Die einzelnen sozialen Gruppen besitzen z.T. vollkommen unterschiedliche Bewertungshorizonte darüber, was stadträumliche Qualität ist. Dies betrifft Funktion und Gestaltung der Gebäude und des direkten Wohnumfeldes, aber auch die Ausstattung der Gebiete mit sozialer Infrastruktur, Versorgungseinrichtungen, Freizeit- und Kulturangeboten und Grünflächen sowie die stadträumliche Lage und Anbindung. Es wird wohl kaum allgemeine Einigkeit darüber zu erzielen sein, wann ein Quartier "schlecht" und wann es "gut" ist. Die Bewertungshorizonte, die Bedürfnisse und Ansprüche einzelner sozialer Gruppen an ihr Wohnquartier sind zu unterschiedlich. Was die einen als unverzichtbar für ihre Lebensgestaltung empfinden, finden andere äußerst störend, wo es den einen hinzieht (und wo er dann meist irgendwann auch hingezogen ist), möchten andere nicht begraben liegen (vgl. FASSBINDER 1993 a).

Dabei werden gerade jene, die aufgrund ökonomisch und biographisch determinierter Benachteiligungen keine oder nur sehr beschränkte Möglichkeiten haben, sich ein bestimmtes Wohnmilieu frei zu wählen, unter Umständen mehr oder weniger wahllos in bestimmte Quartiere eingewiesen, wo sie ein - Wohnmilieu, das ihren Bedürfnissen gerecht wird, oftmals nicht vorfinden. Im besten Falle sind sie dann mobil genug, andere Bereiche der Stadt aufsuchen zu können, im schlimmsten Fall resignieren sie an - und in - ihrer Wohnumgebung.

Schon die als stadtplanerische Zielgruppe beliebten Familien mit den zwei kleinen Kindern verhalten sich hinsichtlich ihrer Wohnwünsche keineswegs einheitlich; da gibt es diejenigen, die "klassisch" im Häuschen im Grünen leben wollen, andere schätzen eine urbane Wohnumgebung in der Nähe stadtzentraler Funktionen, andere wiederum wünschen sich zwar ein wenig mehr Ruhe, aber eben doch die Nähe zur inneren Stadt usw. Und dann ist diese Kleinfamilie - sei sie nun "bürgerlich" oder nicht - angesichts der wachsenden Differenzierung biographischer Möglichkeiten keineswegs mehr eine dominante Lebensform in der Stadt. "Es ist nicht mehr klar, ob man heiratet, wann man heiratet, ob man zusammenlebt und nicht heiratet, heiratet und nicht zusammenlebt, ob man das Kind innerhalb oder außerhalb der Familie empfängt oder aufzieht ..." (BECK 1986).

Angesichts des immensen empirischen Aufwandes, den eine flächendeckende Analyse und Vernetzung der baulichen, funktionalen und sozialen Dimensionen städtischer Milieus mit sich brächte (soweit dies überhaupt möglich ist), ist die Frage zu stellen, wie anstelle dessen praktikable systematische Betrachtungen von Milieus in der Stadtplanung aussehen könnten. Ich möchte im folgenden Beispiele hierfür vorstellen, die in die niederländische Planungspraxis Eingang gefunden haben.

Ansätze aus den Niederlanden

In der Sozialgeographie in den Niederlanden werden seit einiger Zeit nicht nur unterschiedliche Haushaltstypen und Lebenslauf-Modelle sowie unterschiedliche Erwerbsstrukturen formuliert, sondern auch Dimensionen eines die Raumnutzung bestimmenden Lebensstils berücksichtigt, der sich z.B. in einer urbanen oder naturgerichteten Lebensweise ausdrückt, in einem lokal orientierten oder mobilen aktionsräumlichen Verhalten, in traditionellen oder modernen Lebensführungen etc. Parallel dazu werden Raumstrukturen benannt, deren spezifische Austattungs- und Lagemerkmale den Lebensbedürfnissen der einzelnen

Lebensstil-Gruppen jeweils in besonderer Weise entgegenkommen und daher besonders attraktiv für diese sind (vgl. MEY 1994, KETELAAR 1994 sowie den Beitrag von H. NUISSL in diesem Band).

In einigen Städten der Niederlande arbeiten StadtplanerInnen bereits mit solcherart begründeten "woonmilieus", die teilweise einfachen Wohnumfeldtypologien ähneln (es gibt dort einen direkten alltagssprachlichen Zugang: im Niederländischen hat "milieu" die Bedeutung von "Umwelt"), teilweise aber auch zu komplexeren Planungskategorien entwickelt wurden. Dabei kam es weniger auf wissenschaftlich-analytische Exaktheit im Sinne möglichst komplexer Indikatorengerüste und Methoden an, sondern darauf, sich einen planerischen Überblick über die Qualitätspotentiale unterschiedlicher Quartiere in der Stadt und damit über die Aktionshorizonte der Stadtplanung - sei es für die Arbeit im Bestand, sei es für die Planung neuer Gebiete - zu verschaffen (vgl. FASSBINDER 1993 b).

So wurde das Stadtgebiet Rotterdams im Rahmen einer Strategie zur qualitativen Verbesserung der Stadterneuerung und Wohnungsversorgung einer typologischen Untersuchung unterzogen, im Rahmen derer nicht nur baulich-räumliche Faktoren betrachtet wurden, sondern auch die Ausstattung der Quartiere mit den unterschiedlichen Infrastruktur- und Versorgungseinrichtungen sowie mit Grünanlagen und Freizeiteinrichtungen. Auch Faktoren der Lage im Stadtraum wurden in die Typisierung einbezogen.

Auf diese Weise wurden in Rotterdam 11 unterschiedliche Wohnmilieus differenziert. Vom "Zentrumsmilieu" als einem belebten, zentralen Quartier mit vielen Hochhäusern über "Stadtviertel mit überwiegend mittelhoher Bebauung und diversen städtischen Funktionen" und "Stadtrandmilieus" bis hin zu "Gartenstädten" und "Subzentren" (Trabantenstädten) wurde eine Vielfalt von Siedlungsformen erfaßt (GEMEENTE ROTTERDAM 1988).

Die so entstandenen Kategorien lesen sich beispielsweise wie folgt:

Zentrumsrand
In der Nähe stadtzentraler Einrichtungen, relativ ruhig. Blockrandbebauung. Gutes Angebot an öffentlichen Grünflächen. Angebot an großen Wohnungen. Attraktiv für urban orientierte Haushalte und Wohngemeinschaften.

Urbanes Quartier mit überwiegend mittleren Bauhöhen und gemischten Nutzungen
In der Nähe stadtzentraler Funktionen, wenig Grün. Geschlossene Baublöcke mittlerer Höhe. Hohe Nutzungsmischung und preiswerte Mietwohnungen. Attraktiv für kleine Haushalte, die eine urbane Wohnlage schätzen.

Gartenstädte mit überwiegendem Flachbau
Grün, Möglichkeiten der Naherholung, ruhig, weit entfernt vom Stadtzentrum. Großzügige Bebauung mit 20-30 Wohnungen je Hektar, überwiegend Einfamilienhäuser.
Anziehend für Familienhaushalte mit kleinen Kindern ... usw.

Diese Bezeichnungen werden mit Fotografien ergänzt, und auf einer Karte wird die stadträumliche Verteilung der Milieus dargestellt. Eingebettet ist diese Darstellung in Untersuchungen über Wohnbedürfnisse, soziale, ökonomische und städtebauliche Aspekte der Wohnungsversorgung.

In einer einfachen, bildhaften Beschreibung sind hier komplexe Umgebungsfaktoren verarbeitet worden. Überraschend an der Rotterdamer Differenzierung von Wohnmilieus ist, wie die soziale Komponente einbezogen wurde. Dies geschah nicht in Form einer Analyse der vorhandenen Sozialstruktur, sondern durch die Benennung sozialer Gruppen, für die die jeweiligen Milieus aufgrund ihrer Lage und Ausstattung attraktiv erscheinen.

Es wird deutlich, daß hier versucht wurde, sich mit einfachen, transparenten und bildhaften Kategorien an die unterschiedlichen Milieus in der Stadt anzunähern, ohne eine empirisch-mathematische Analyse von Milieus vorzutäuschen.

Diese Betrachtungsweise mag den Soziologen angesichts differenzierter Sozialraumanalysen befremden, ist aber für Stadtplaner sehr interessant. Denn stadträumliche Qualität wird hier nicht als "gut" oder "schlecht" bezeichnet, sondern als "für wen attraktiv". Dabei werden die Bedürfnisse der Bevölkerung und deren Qualitätsvorstellungen auch schon in der groben, stichwortartigen Annäherung an die Stadtstruktur als Richtschnur planerischen Handelns angedeutet.

Ein weiteres, interessantes Beispiel für das Planen mit der Kategorie des "woonmilieus" findet sich in der niederländischen Stadt Almere. Diese Stadt entsteht seit Mitte der siebziger Jahre auf einem Polder östlich von Amsterdam. Mittlerweile leben 100.000 Menschen dort; wenn die Planung vollständig realisiert wird, werden es 250.000 sein. Angesichts von Erfahrungen, die dort in Stadtgründungen der sechziger Jahre gemacht wurden, wo vor allem Wohnungsbau für eine bestimmte Zielgruppe (Familien mit Kindern) betrieben wurde und dadurch monostrukturierte Schlafstädte oder -dörfer entstanden sind, versucht man in Almere ein differenziertes Angebot von Wohnumgebungen vorzustrukturieren, um möglichst viele Lebensstil- und Altersgruppen anzuziehen und so ein ausgeglichenes, gemischtes soziales Gefüge in der Stadt zu bekommen. Besonders schwierig wird dies dadurch, daß Almere auf der einen Seite mit Amsterdam und seiner Anziehungskraft für jüngere Menschen, auf der anderen Seite mit der Gooi-Region und ihren begehrten Wohnstandorten in ländlicher Zurückgezogenheit konkurrieren muß. Im Zuge der 1992 erfolgten Neufassung des Stadtentwicklungsplans, der die weitere Entwicklung der Stadt bis zum Jahr 2005 sicherstellen soll, wurde ein Katalog von fünf verschiedenen Wohnmilieutypen als Basisformen für städtische Quartiere skizziert (GEMEENTE ALMERE 1992).

Die Milieus werden hinsichtlich ihrer stadträumlichen Lage und Zentralität und damit auch ihrer Dichte und ggf. funktionaler Mischung unterschieden. Sie haben jeweils ein charakteristisches Profil städtebaulicher Grundformen und eine spezifische Mischung jeweils unterschiedlicher Wohnungstypen im Einfamilienhaus- und Geschoßwohnungsbau.

Auch hier sind für die einzelnen Milieus Haushaltstypen skizziert, deren Zusammensetzung (z.B. mit oder ohne Kinder) und Lebensstil (z.B. urban oder nicht urban) vermuten lassen, daß sie an dem jeweiligen Wohnmilieu besonders interessiert sein könnten (GEMEENTE ALMERE 1992).

Beispiele sind:

Das zentrale Milieu
mit vielfältigen Einkaufsmöglichkeiten, Kneipen, Restaurants, kulturellen und administrativen Funktionen sowie Büroflächen. Gemischt mit Wohnungsbau aller Finanzierungsformen. Nur Mehrfamilienhäuser hoher Dichte. Attraktiv für Zweipersonenhaushalte mit einem städtischen Lebensstil oder alleinwohnende Berufstätige mit einem mittleren bis hohen Einkommen.

Das subzentrale Milieu (in den Stadtteilzentren von Almere oder am Rand des Hauptzentrums)
mit Wohnungsbau in Mischung mit kleinmaßstäblichen Ladengeschäften des täglichen und nichttäglichen Bedarfs, Mehrfamilienhäuser und (am Rand der Milieus) auch Einfamilienhäuser. Anziehend für alle Haushalte, vornehmlich für (alleinstehende) junge und alte Menschen.

Das Randmilieu
Wohnen im Zusammenhang mit Naherholungsmöglichkeiten, eingebettet in landschaftliche Strukturen. Niedrige Dichte. Einfamilienhäuser oder Geschoßwohnungen in Villenform. Attraktiv für "gesettelte" Zweipersonenhaushalte oder Familien mit höheren Einkommen.

Auch hier werden die textlichen Darstellungen durch Bilder ergänzt sowie in einem Plan die geplante räumliche Verteilung der Wohnmilieus dargestellt.

Eingebunden in ein Konzept zur weiteren Entwicklung der Stadt, das sich auch abstrakteren räumlichen und sozioökomischen Fragen widmet, ist hier ein

Kompendium planerischer Zielvorstellungen von hoher Bildhaftigkeit entstanden, in dem die zugrundeliegenden Planungskategorien nicht nebulös im Hintergrund bleiben, sondern in transparenter und somit diskutabler Form vorgestellt werden.

Natürlich ist es auch auf diese Weise nicht möglich, "Milieus" im Sinne gewachsener Wohnumgebungen mit einer starken soziokulturellen Identität gleichsam aus der Retorte zu ziehen. Aber dieses Beispiel zeigt, wie es möglich ist, komplexe städtebauliche und funktionale Gegebenheiten und bildhafte Identitäten von Quartieren differenziert vorzustrukturieren und in einem planerischen Gesamtkonzept zusammenzufassen. In Almere wird versucht, jedes Quartier im Rahmen der strukturellen Vorgaben als planerischen Einzelfall zu sehen, was sich z.B. in sehr individuellen und avancierten architektonischen und städtebaulichen Lösungen niederschlägt. So ist in Almere ein Gewebe von Quartieren mit z.T. hohen Identitätspotentialen entstanden.

Fazit

Die Stadtplanung leistet einen wichtigen Beitrag bei der räumlichen Organisation menschlicher Lebenswelten. Diese Aufgabe kann sie ohne ein ausreichendes Maß an Kenntnis über die Prozesse und Strukturen in den Siedlungsräumen nicht erfüllen.

Die Formulierung von Wohn- oder Gebietsmilieus ist eine geeignete Grundlage für planerisches Arbeiten, wenn es darum geht, eine Planungskategorie zu finden, die ein hohes Maß an Integration und Vernetzung raumrelevanter Dimensionen aufweist.

Dies gilt nicht nur für die intensive Betrachtung einzelner individueller Milieus, sondern gerade auch für eine generalisierte typologische Bestimmung unterschiedlicher Wohnmilieus im gesamtstädtischen oder stadtregionalen Gefüge.

Dabei sind auch planerisch-heuristische Untersuchungen von Milieus durchaus sinnvoll, wenn sie transparent und diskursoffen sind und so Raum, ja Anstoß zur Diskussion geben und zu einem kooperativen Planungsprozeß beitragen.

Es entsteht dabei eine Schnittstelle zwischen der eher abstrakten Betrachtung städtischer (oder stadtregionaler) Gesamtzusammenhänge und der detaillierten Betrachtung des einzelnen Quartiers. Die Vielfalt städtischer Lebenswelten wird durch transparente, systematische Kategorien für alle, die an und in der Stadt arbeiten und leben, ein wenig faßbarer gemacht.

Dadurch kann die Stadtplanung eine Hilfestellung bei der Analyse der spezifischen Potentiale, Defizite und Entwicklungsmöglichkeiten (und -empfindlichkeiten) des einzelnen Quartiers, dessen Einordnung in den Gesamtzusammenhang und bei der Annäherung an die unterschiedlichen Bedürfnisse und Anforderungen der einzelnen Gruppen von Stadtbewohnerinnen und Stadtbewohnern erhalten.

Die intensive planerische Beschäftigung mit dem Einzelfall - sei dieser jetzt ein bestehendes Quartier oder eine Neubaumaßnahme - bleibt auch angesichts einer generalisierten Betrachtung von Wohnmilieus unverzichtbar. Es geht nicht darum, aus einem Katalog von Umgebungsfaktoren oder mit einem "Milieubaukasten" standardisierte Wohnmilieus zu erzeugen.

Milieus kann man nicht planen, aber man muß von Milieus lernen, über Milieus reden, mit dem Milieu planen. Dazu ist es notwendig, bildhafte Kategorien der jeweiligen Milieus und ihrer Qualitätspotentiale zu entwickeln, die es im Rahmen der planerischen Arbeit zu schützen, zu fördern und zu entwickeln gilt.

Henning Nuissl

Probleme der Operationalisierung räumlich-sozialer Milieus (mit quantitativen Methoden)

1 Die milieuorientierte Gebietsanalyse
Milieu in den Raumwissenschaften

An der disziplinenübergreifenden Renaissance des Milieubegriffs haben jene Begriffskonzepte, die ihn auch mit einer räumlichen Komponente belegen, großen Anteil. Sie finden sich vor allem in den Geo- und Planungswissenschaften sowie in der Stadt- und Regionalsoziologie. Die Aufmerksamkeit, die der Milieubegriff hier genießt, scheint wiederum ganz entscheidend mit der wachsenden Bedeutung zusammenzuhängen, die ihm im wohl wichtigsten Anwendungsfeld dieser Disziplinen - im administrativ-planerischen Umgang mit räumlichen Strukturen - zumindest mancherorts zugemessen wird (vgl. z.B. HERLYN, HUNGER 1994). Dabei liegt der besondere Reiz des "Milieus" wohl darin, daß es einen Ansatzpunkt bietet, die Komplexität und Vielschichtigkeit der Zusammenhänge, mit denen räumliche Planung faktisch zu tun hat, aufzugreifen und damit die nach den inkrementalistischen 80er Jahren wiederentdeckte Perspektive integrierter Planung zu untersetzen. Und noch darüber hinaus verspricht das "Milieu" als Kategorie der räumlichen Planung auch, den Blick auf latente Entwicklungsimpulse zu lenken.

Es liegt auf der Hand, daß im Planungskontext der Rückgriff auf einen enträumlichten sozialwissenschaftlichen Milieubegriff, wie er tendenziell die sozialstrukturellen Lebensstil-Milieus prägt (vgl. Einleitung von U. MATTHIESEN), nicht sinnvoll ist. Vielmehr erfordern die instrumentellen Vorgaben der Planung geradezu eine Gleichsetzung von Milieu und Raumeinheit, sofern Milieu als planerisch handhabbare oder sogar erzeugbare Kategorie entwickelt werden soll. Unter einer anwendungsorientierten Perspektive wird "Milieu" also in der Regel verstanden als "städtische Einheit, in der sozialstrukturelle und raumstrukturelle Eigenschaften dauerhaft in wechselseitiger Beziehung stehen" (KEIM 1979, S. 47). Den eingangs genannten Disziplinen (möglicherweise aber - soweit sie unter den Druck von Anwendungspraktiken gerät - darüber hinaus auch der sozialwissenschaftlichen "Milieuforschung" generell) obliegt es nun, den milieuhaften, räumlich-sozialen Zusammenhängen in konkreten räumlichen

Einheiten (Quartieren) nachzugehen, um solche Einheiten zu identifizieren. Ob dabei von einem jeweils beschriebenen Gebiet in jedem Fall als Milieu gesprochen werden kann, ist nicht unumstritten: einmal ist es abhängig von der Differenziertheit, mit der ein bestimmtes Gebiet analysiert wird, dann vor allem von der dieser Analyse zugrundeliegenden Milieukonzeption. Schließlich ist es aber auch eine empirische Frage, ob ein Raumgebilde Zusammenhangskonstellationen aufweist, die als Milieu gelten können. Im folgenden geht es nun um einige grundsätzliche Charakteristika der Untersuchung räumlich-sozialer Konstellationen auf der Grundlage eindeutig definierter räumlicher Einheiten, unabhängig davon, wie die - (wie es Joachim Becker in seinem Beitrag zu diesem Band angedeutet hat) aus einer eigensinnigen Anwendungsperspektive letztlich akademisch erscheinende - Frage beantwortet wird, ob diese Konstellationen etwa als Milieukonstituenten oder bereits selbst als Milieu beschrieben werden. Es geht also um Verfahren der *milieuorientierten Gebietsbeschreibung,* worunter alle Formen der mehrdimensionalen Beschreibung räumlicher Einheiten fallen können, die Beobachtungen räumlicher Strukturen bzw. der Verteilung von Merkmalen im Raum mit Aussagen über die Organisation anderer Gegenstandsfelder in diesem Raum verbinden.

Die milieuorientierte Gebietsbeschreibung als quantitatives Verfahren

Auch die skizzierte, anwendungsbezogene Variante von "Milieu" verweist über das Interesse an räumlich-sozialen Zusammenhängen auf der Ebene konkreter räumlicher Einheiten auf eine Mesoebene, wo (gesamtgesellschaftliche) Makrostrukturen und konkrete Handlungsmuster und Gestaltausprägungen einander "begegnen", sich gegenseitig beeinflussen und individuelle Fallkonstellationen konstituieren. Für die Operationalisierung solcher komplizierten milieuhaften Mesostrukturen auf der Ebene konkreter Räume erscheinen quantitative Verfahren einer milieuorientierten Gebietsbeschreibung zunächst wenig probat. Denn die Stärke dieser Verfahren liegt ja gerade in der Reduktion von Komplexität: Sie beruhen auf der Erhebung einer begrenzten Zahl quantitativ meßbarer Variablen. (Stadt-) Räumliche Eigenschaften werden als Konglomerat individueller Merkmale auf der Basis bestimmter räumlicher Einheiten verstanden - etwa als Lebensraum einer Menge von Personen mit bestimmten demographischen Eigenschaften oder als die aus dem Zustand vieler Einzelgebäude resultierende Bausubstanz eines Quartiers - und als Aggregatdaten dargestellt. Auch milieuhafte Zusammenhänge in den einzelnen Raumeinheiten werden somit über eine bestimmte (in der Regel nicht allzuhohe) Zahl von Merkmalsbereichen gemessen. Die Komplexität dieser Zusammenhänge wird damit auf statistische Kovariationen von Indikatoren eingegrenzt. Gerade aufgrund dieser prozeduralen Vereinfachung sind quantitative Verfahren der beschriebenen Art auf der anderen Seite für eine anwendungsbezogene Operationalisierung von "Milieu" ohne Alternative. Weithin ermöglichen erst sie eine direkt anwendungsbezogene Erforschung räumlicher Milieus, da sie auch unter den engen Zeit- und Ressourcenlimits, unter denen die planerisch-praktische Beschäftigung mit räumlich-sozialen Strukturen nun einmal stattfinden muß, durchführbar sind (wohingegen eine aufwendige Strukturrekonstruktion aller zur Planung anstehenden Milieus undenkbar wäre). Über ihre forschungsökonomische Unentbehrlichkeit hinaus bieten quantitative Verfahren der Analyse räumlicher Einheiten aufgrund ihrer im Gegensatz zu qualitativen Methoden unbestritten hohen Reliabilität einen weiteren, unter Anwendungsgesichtspunkten entscheidenden Vorzug: Auf der Grundlage statistischer Variablen kann nach einheitlichen Kriterien ein Klassifikationsraster entwickelt werden, das eine vollständige Typisierung einer Gesamtheit von Raumeinheiten sowie die statistische Vergleichbarkeit dieser "Milieus" untereinander erlaubt. Wo immer nun das in der Praxis häufige Untersuchungsziel die klassifizierende Beschreibung einer gegebenen Grundgesamtheit räumlicher Einheiten ist, ist daher der Rückgriff auf quantitative Verfahren der Gebietsbeschreibung mehr oder minder selbstverständlich (vgl. HAUCK 1994, S. 19).

Die Aufgabe, die sich bei einer milieuorientierten Gebietsbeschreibung mit quantitativen Methoden stellt, lautet daher, einen praktikablen Ansatz zu wählen, der sowohl die Gefahren übermäßiger Simplifizierung räumlicher Gegebenheiten als auch zu großer Komplexität in Untersuchung und Darstellung milieuhafter Zusammenhänge minimiert. Es gilt - wie Joachim Becker aus der Perspektive der anwendungsbezogenen Planungswissenschaft dargestellt hat -, die Komplexität des Milieus auf ein bestimmtes, hinreichend differenziertes Niveau zu dekomponieren und zu typischen Zusammenhangsgestalten zu generalisieren, dabei aber möglichst viele Aspekte und Informationen, die für das Milieuhafte des Ortes von Bedeutung sein können, zu beachten. Mit dem Konzept der Gebietsmilieus wird der aus der (planerischen) Anwendungsperspektive wohl interessanteste Ansatz einer milieuorientierten Gebietsanalyse (deren Ziel obendrein eine Generalisierung ihrer Befunde ist) auch in diesem Band vorgestellt. Die Methode der Gebietsmilieuanalyse ist eng verbunden mit der stadtsoziologischen Sozialraumanalyse, die aufgegriffen und mit anderen Ansätzen und Diskursen verbunden wird. Der Zusammenhang von Sozialraum- und Gebietsmilieuanalyse soll als engerer Referenzrahmen des vorliegenden Beitrags unter der Methodenperspektive knapp rekapituliert werden, bevor dann einige generellere, möglicherweise sogar transdisziplinär relevante Überlegungen zur statistikbasierten Beschreibung räumlicher Einheiten als komplexe Zusammenhangsgestalten angestellt werden:

Anknüpfend an die Humanökologie der Chicagoer Schule entwickelte die Stadtsoziologie (in Deutschland in den späten siebziger und frühen achtziger Jahren) vergleichsweise ausgefallene Techniken, auf der Basis gegebener Datensätze (hinsichtlich bestimmter Kriterien) möglichst homogene Stadtgebiete abzugrenzen und zu beschreiben. Die Sozialraumanalyse sollte eine Abbildung sozialökologischer Zusammenhänge im Stadtgefüge leisten, in die durchaus auch individuelle Wert- und Normorientierungen eingehen (HAMM 1977, S. 136ff.). Das theoretische Konzept, das hinter den in der Regel faktoranalytisch gefundenen und beschriebenen Gebietseinheiten steht, ist das der *natural area* (SHEVKY, BELL 1974). Der Milieubegriff findet in diesem Zusammenhang allerdings nur selten explizit Verwendung (z.B. ELLWEIN, MEINECKE 1984, S. 3f.), ist aber mehr oder weniger implizit enthalten. Der Gebietsmilieuansatz geht nun von humanökologischen Überlegungen zum Verhältnis von Individuum und Umwelt aus, wenn er durch die Einbeziehung auch baulich-morphologischer und geographischer Variablen räumliche Einheiten mittels Aggregatdaten beschreibt und Gebietsmilieus definiert, in denen diese Variablen in typischer Ausprägung anzutreffen sind. Um Zusammenhänge zwischen den verschiedenen Variablen herzustellen, bedient er sich darüber hinaus unter anderem der Anleihen bei der Sozial- und Wahrnehmungspsychologie, der Aktionsraumforschung und vor allem der Entscheidungstheorie (vgl. KETELAAR 1993). Das Gebietsmilieu trägt damit unverkennbar synkretistische Züge; beschrieben wird das gemeinsame Auftreten einzelner räumlicher Merkmale, das unter Rückgriff auf bestimmte sozialwissenschaftliche Erklärungsangebote interpretiert wird.[1] Da kein eigener sozialwissenschaftlicher Milieubegriff entwickelt

---

1   Ziel der Gebietsmilieuanalyse ist es, von der realen oder potentiellen demographischen Struktur eines Gebiets über die (empirisch überprüfbaren) Wohnbedürfnisse der "Milieubevölkerung" (die mit einem bestimmten "Lebensstil" untersetzt werden können) ein bestimmtes, in physischen Kategorien beschreibbares und damit administrativ operationalisierbares Planungsziel, die Schaffung eines Gebietsmilieus mit bestimmten Qualitäten, abzuleiten. Von dieser stadtentwicklungsplanerisch bedeutsamen Milieukonzeption (vgl. DE JONG 1978, S. 19-35) weitgehend unberührt, wurde in Deutschland der Milieubegriff vor allem in den siebziger Jahren im Zusammenhang mit dem Sozialplan nach dem Städtebauförderungsgesetz planerisch diskutiert. *Milieu* blieb eng an die Beseitigung sogenannter städtebaulicher Mißstände gebunden. Die wissenschaftliche Aufwertung des Milieus zielte in erster Linie auf die Vermeidung kurzsichtiger, technokratischer Planungsstrategien, die lediglich morphologisch-technische Probleme angehen und gewachsene soziale Strukturen zerstören (vgl. KEIM 1979, HERLIN, HUNGER 1994). Wegen der Ausrichtung auf konkrete Sanierungsfälle fehlte in Deutschland das Bestreben einer flächendeckenden Milieubeschreibung und damit auch die enge Bindung anwendungsnaher Milieuforschung an quantitative Analyseverfahren.

wird, bleibt das Gebietsmilieu jedoch letztlich dem sozialökologischen Konzept der natural area theoretisch eng verbunden (vgl. MINISTERIE VAN VOLKSHUISVESTING 1994). Als sozusagen paradigmatischer Anwendungsfall einer milieuorientierten Gebietsbeschreibung ist das Konzept der Gebietsmilieus prädestiniertes Beispiel für die allgemeineren Probleme jeder milieuorientierten Gebietscharakterisierung mit quantitativen Methoden. Diese Probleme liegen in einer gewissen, systematischen Begrenzung des Untersuchungshorizontes und werden im folgenden als fünf das Analyseergebnis zumindest teilweise präformierende Ex-Ante-Entscheidungen im Forschungsprozeß charakterisiert.

2 Fünf Entscheidungen bei der milieuorientierten Gebietsanalyse mit qualitativen Methoden

2.1 Milieukonzept

Bevor es mit statistischem Datenmaterial charakterisiert werden kann, ist zunächst zu klären, mit welchem Erkenntnisinteresse ein bestimmtes Gebiet beschrieben werden soll. Ein räumliches Milieu integriert immer Merkmale aus unterschiedlichen Gegenstandsbereichen, die - abhängig von Blickwinkel und Fragestellung - von Untersuchung zu Untersuchung differieren können. Je nachdem, welche Art von Milieu gesucht und/oder analysiert wird, ist zu entscheiden, für welche Dimensionen des Raumes überhaupt Informationen gewonnen werden sollen.

Da sie die Steuerung konkreter Vorgänge intendiert, ist für die räumliche Planung ebenso wie für eine quantitativ-explanative Sozialwissenschaft eine Charakterisierung räumlicher Einheiten als Milieu nur dann sinnvoll, wenn sie mit Aussagen über Ursachen und Wirkungen einer Koinzidenz von als milieurelevant erachteten räumlichen Eigenschaften verbunden ist. Erst dann bietet sie planerischem Handeln Ansatzpunkte. Das aber bedeutet, daß bereits vor der Gebietsbeschreibung anhand quantitativer Daten Aussagen bzw. Hypothesen über Zusammenhänge und Abhängigkeiten zwischen Merkmalen des jeweiligen Gebiets vorhanden sein müssen; es muß ein Milieukonzept existieren, das sich über eine Datenanalyse operationalisieren läßt. Auch falls die genaue Bestimmung des einzelnen Milieus und damit die Entwicklung einer Typologie am Ende einer Datenauswertung steht, wenn die empirische Stärke von Zusammenhängen zwischen Milieudimensionen erwiesen ist, so beruht sie auf solchen Vorannahmen.

2.2 Grenzen

Da der räumliche Bezug der analysierten Daten im Mittelpunkt des Interesses steht, sind bestimmte Gebiete als Erhebungseinheiten zu definieren (DE JONG 1978, S. 8, S. 282). Dadurch ergibt sich die elementare Einschränkung, daß die physischen Grenzen der einzelnen Milieus von vornherein festliegen, obwohl fließende Übergänge für Milieus auch im Alltagsverständnis geradezu konstitutiv sind. So geht es für die der statistischen Aufbereitung bereits vorgegebenen Gebiete nur noch darum, sie mit bestimmten "Milieukategorien" zu belegen. Diesem Manko kann durch einen möglichst kleinteiligen Zuschnitt der Erhebungseinheiten begegnet werden. Diese können dann entsprechend den jeweiligen Merkmalsausprägungen zu größeren Teilräumen bzw. Milieus aggregiert werden. Abgesehen von dem hohen statistischen Aufwand, den ein solches Verfahren mit sich bringt, ist aber auch die Auswahl der Kriterien (der Ähnlichkeit), nach denen die Erhebungseinheiten später zusammengefaßt werden, zunächst offen und immer aus einem spezifischen Forschungsinteresse heraus zu entscheiden (MANHART 1977). Außerdem gilt es zu beachten, daß die Aussagekraft statistisch gewonnener Beobachtungen von Merkmalskombinationen räumlicher Strukturen mit der Größe der jeweiligen Grundgesamtheit zunimmt (vgl. DE JONG 1978, S. 42f.). Nicht zuletzt deshalb sollte die potentielle Größe eines Milieus prinzipiell auch nach oben offen gehalten werden und ausschließlich von der jeweiligen Fragestellung abhängig sein. Schließlich besteht forschungspraktisch überhaupt nur sehr selten die Freiheit auszuwählen, für welche Raumeinheiten, auf welchen räumlichen Ebenen die Datenanalyse stattfinden soll; diese sind in aller Regel administrativ bzw. von der amtlichen Statistik vorgegeben.

Die für die milieuorientierte Gebietsbeschreibung in jedem Fall ex ante gezogenen Grenzen werden sich, auch wenn sie relativ weit gefaßt sind, in den meisten Fällen - wenn nicht theoretisch, doch zumindest forschungspragmatisch - durchaus als angemessen begründen lassen. Die mit der Grenzziehung verbundenen Einschränkungen sind jedoch im Blick zu behalten, und die vorgegebenen, nur noch statistisch beschreibbaren Gebietseinheiten sollten aufgrund struktureller Ähnlichkeiten sozialer, räumlicher und gegebenenfalls weiterer Organisationsformen[2] nicht vorschnell als Milieu interpretiert werden.

---

2   Möglicherweise böte es sich im Falle solcher Ähnlichkeiten an, mit Barker vorsichtig von einer *Synomorphie* zu sprechen.

2.3 Indikatoren

Die wohl wichtigste Frage zumindest jeder quantitativen Datenanalyse ist: Was soll überhaupt gemessen werden? Die Fülle von Daten, die für eine beliebige räumliche Einheit zusammengetragen werden kann, erlaubt im Prinzip auch eine beliebig hohe Zahl unterschiedlicher Gebietscharakterisierungen (mit möglicherweise ganz unterschiedlichen planerischen Implikationen). Für eine Beschreibung von räumlich-sozialen Strukturen, zumal wenn sie planungsrelevant sein soll, ist es daher entscheidend, über Kriterien zu verfügen, anhand derer die Variablen auszuwählen sind, mit denen die verschiedenen Milieus hinreichend präzise dargestellt werden können. Gegebenenfalls können auch mehrere Variablen aufgrund zwischen ihnen feststellbarer statistischer Zusammenhänge zu Indikatorenbündeln zusammengefaßt werden und auf der Grundlage der gewählten Milieukonzeption als Aggregat in die Gesamtcharakterisierung eingehen. Mit der Gültigkeit dieser Indikatoren für die Darstellung eines komplexen räumlichen Gefüges steht und fällt der Wert jeder Gebietsbeschreibung mittels quantitativer Daten. Inwieweit das vorliegende bzw. herangezogene Datenmaterial für die Charakterisierung eines bestimmten Quartiers oder einer vergleichbaren räumlichen Einheit im Lichte eines bestimmten Milieukonzeptes valide ist, läßt sich aber in erster Linie mit qualitativen Methoden beantworten und ist abhängig vom gewählten Milieukonzept. Möglicherweise muß es von anderen Informationen flankiert werden, da das verfügbare Datenmaterial allein häufig eine milieuadäquate Beschreibung von Gebietseinheiten gar nicht zuläßt.[3]

In diesem Zusammenhang sei mit Hinblick auf den Verwendungskontext der räumlichen Planung auf einen weiteren Aspekt der Indikatorenauswahl kursorisch hingewiesen: Ein sogenanntes reflexives Planungsverständnis sollte sich darum bemühen, bei der Auswahl der gebietsbeschreibenden Indikatoren auch die Vorstellungen der Planungsbetroffenen einzubeziehen. Sie schätzen möglicherweise die Relevanz und Irrelevanz der Eigenschaften ihres Quartiers oder ihrer Gemeinde völlig anders ein als die Planer (vgl. RODRIGUEZ-LORES 1989, S. 139).

---

3 Gerade in den neuen Bundesländern wirft das Problem der prekären Datenlage häufig Schwierigkeiten auf. In einem am Institut für Regionalentwicklung und Strukturplanung durchgeführten, von U. Matthiesen geleiteten Forschungsprojekt etwa standen für die gemeinsame, kleinräumig differenzierende Betrachtung von Teilen von Berlin und von Brandenburg (Bezirke bzw. Gemeinden) lediglich Daten zur Demographie, zum Baugeschehen, zur Flächennutzung und zum Planungsstand, für Teilräume darüber hinaus recht dürre Informationen zur Wirtschaftsstruktur und zum Steueraufkommen zur Verfügung. Sozial- und wirtschaftsstatistische Angaben fehlen also weitgehend (NUISSL, JOERK 1997).

2.4 Typologie

Da die räumliche Planung sich mit sehr vielen verschiedenen Gebieten befassen muß, ist sie an generalisierbaren Methoden und Instrumenten interessiert bzw. an Untersuchungsergebnissen von Einzelfällen, die Analogieschlüsse zulassen. Die Beschäftigung mit räumlichen Strukturmerkmalen muß demnach eine Klassifikation entweder verschiedener Milieutypen oder zumindest verschiedener Milieumerkmale zum Ziel haben, die auf den für relevant erachteten Dimensionen aufbaut und die es erlaubt, einzelne Typen von "Milieus" mit bestimmten planerischen Strategien oder Maßnahmen zu verbinden. Dabei wächst die Handhabbarkeit einer solchen Typologie mit einer sinkenden Zahl an Klassen; gleichzeitig wächst aber auch die Gefahr der Verkennung der geradezu "milieukonstitutiven" Individualität des Einzelfalls.

Die Notwendigkeit zur Verallgemeinerung als Stärke quantitativer Methoden hat zumindest im Fall der milieuorientierten Gebietsanalyse jedoch auch einen deutlich deterministischen Aspekt. Sofern diese Analyse von planerischem Interesse ist, wird es sich fast immer anbieten, ein Klassifikationsraster für räumliche Einheiten, *Milieus*, vorzugeben, das auf Voruntersuchungen oder auf Erfahrungswissen beruht (vgl. MINISTERIE VAN VOLKSHUISVESTING 1994, S. 11). Der konkrete Fall wird dann einer bestimmten, bereits definierten Kategorie subsumiert. Auch ein dieser Praxis gegenübergestelltes induktives Vorgehen, das die "Erzeugung" von Milieus durch die regelgeleitete Übereinanderschichtung von Datensätzen beinhaltet, ist nur scheinbar frei von Willkür, da in seinem Fall die Klassifikation weitgehend von der Auswahl der gemessenen Indikatoren vorherbestimmt wird. Ein solches Offenhalten der Grenzen zwischen den einzelnen "Milieuklassen" hat allerdings den Vorteil, daß eine bessere Anpassung der Typologie an die tatsächliche Verteilung von Merkmalen auf die einzelnen Erhebungseinheiten möglich ist und damit eine gleichmäßige Verteilung von Einheiten über die einzelnen Klassen von Milieus gewährleistet werden kann.

Aber auch unabhängig von der jeweils gewählten Methode der Typologisierung räumlicher "Milieus" ist eine Klassifizierung von mit quantitativen Methoden untersuchten Gebieten durch die drei bereits skizzierten notwendigen Vorentscheidungen - die Auswahl der als relevant interessierenden Dimensionen, die räumliche Grenzziehung und die Auswahl der zu messenden Merkmale - in wesentlichen Punkten bereits vorbestimmt. Ohne Bezug zu anderen Verfahren der Typisierung läuft sie Gefahr, an denjenigen Umgebungsbedingungen, die in der Realität individuell wie auch sozial als bedeutsam erfahren werden (und die damit "milieuwirksam" sind), vorbeizuzielen und damit auch in der Art von Forschungsartefakten keine oder eine empirisch nicht ausreichend fundierte systematische Orientierung für planerisches Handeln zu bieten; zumindest nicht für eine Planung, die den Anspruch erheben könnte, die Relevanzstrukturen und Interessen derjenigen tatsächlich zu berücksichtigen, für die geplant wird.

2.5 Zuordnung

Sobald eine feste Typologie milieuhafter Raumeinheiten gebildet wurde, stellt sich schließlich das Problem der Zuordnung der Untersuchungsfälle anhand der gemessenen Indikatoren zu einzelnen Klassen. Es gilt, für die gemessenen Variablen Grenzwerte, Eckwerte oder Schwellenwerte anzugeben und die Variablen untereinander zu gewichten. Auf der Grundlage der einzelnen Merkmalsausprägungen können diese Werte auch statistisch ermittelt werden (z.b. Mittelwertsberechnung, Regression). Erst nach diesen Operationen können dann die einzelnen Milieus eindeutig einem bestimmten Typ (einer Klasse) zugeordnet werden. Fast erübrigt es sich, die weitreichenden Konsequenzen dieses letzten Entscheidungsschrittes für die sich ergebende Systematik verschiedener Gebiets- bzw. Milieutypen hervorzuheben. Andererseits ist darauf hinzuweisen, daß das Problem der Zuordnung von am Einzelfall gemessenen Merkmalen zu einem bestimmten Typ genauso für qualitativ erhobene Daten besteht. Zuordnungsregeln, die dem Gegenstand möglichst angemessen sind, werden daher am ehesten von einem wechselseitigen Vergleich quantitativ und qualitativ erhobener Strukturmerkmale der untersuchten Milieus zu erwarten sein.

3 Methodenmix

Die kritische Diskussion der milieuorientierten Gebietscharakterisierung mit quantitativen Methoden zeigte, daß die Reichweite dieses Verfahrens aufgrund seiner Eigenlogik bestimmten Einschränkungen unterliegt. Auf der anderen Seite bietet es dadurch entscheidende Vorteile gerade für eine anwendungsbezogene Forschung: an erster Stelle wären zu nennen der sparsame Umgang mit Forschungsressourcen, der Alternativen in der Regel gar nicht zuließe, aber auch der faktische Erfolg des Einsatzes statistischer Gebietscharakterisierungen in der räumlichen Planung (insbesondere in den Niederlanden). Die auf der Grundlage quantitativer Verfahren vorgenommene Identifikation typischer Zusammenhangsformen von Quartiersgestalt und Umgebungspräferenzen bestimmter sozialer Gruppen etwa, wird nämlich durch die alltägliche Praxis durchaus plausibilisiert.

Um nun die systematischen Begrenzungen einer rein quantitativen Beschreibung von räumlichen Einheiten bzw. "Milieus" zu umgehen, wird häufig empfohlen, bei der Untersuchung räumlicher Strukturen quantitative Verfahren mit qualitativen zu koppeln (vgl. BULLINGER 1984, S. 193f., KROMREY 1994, NUISSL 1994). Dahinter steht zunächst der Gedanke, daß auch solche "milieuhaften" Phänomene in einer milieuorientierten Gebietscharakterisierung Berücksichtigung finden sollten, die nicht statistisch erfaßbar sind, da sonst allein die Zählbarkeit eines Merkmals über seine planerische Berücksichtigung entscheidet. Dann können in den Fällen, wo kein ausreichendes Datenmaterial existiert, die vorhandenen quantitativ meßbaren Variablen kaum in dem Sinne als Indikatoren gewertet werden, daß sie auf einen komplexen Zusammenhang räumlicher und sozialer Wirkungen direkt schließen ließen. Eine Koppelung mit qualitativen Erhebungsmethoden scheint dann geradezu Voraussetzung für eine milieuadäquate Beschreibung von Gebietseinheiten zu sein. Qualitative Verfahren können desweiteren helfen, die jeweils angemessenen und zu analysierenden Variablen auszuwählen, indem sie erlauben, möglichst "gegenstandsnah" die "milieurelevanten" Dimensionen zu selegieren.

Eine Verbindung der milieuorientierten Gebietsanalyse mit qualitativen Verfahren kann schließlich dazu beitragen, die evidenten Defizite einer subsumtionslogisch (Oevermann) verfahrenden empirischen Forschung (die sich keineswegs auf einen (scheinbaren) Gegensatz qualitativer und quantitativer Methoden reduzieren läßt) wenigstens ein Stück weit auszuräumen. Die Kritik am subsumtionslogischen Vorgehen zieht die Möglichkeit, mit Untersuchungsmethoden, die ihr Kategorienbesteck bereits mitbringen, die Realität angemessen erfassen zu können, prinzipiell in Zweifel und trifft damit natürlich auch alle herkömmlichen Verfahren der Analyse räumlicher Daten. Insbesondere am Problem einer milieuorientierten Klassifikation und Typisierung räumlicher Gebilde zeigte sich, daß diese Kritik auch für die anwendungsbezogene, milieuorientierte Gebietsanalyse virulent ist. In einem strengen Sinn ermöglichen demnach erst exemplarische Einzelfallanalysen ausgewählter Milieus nicht-zirkuläre Typisierungen von räumlich-sozialen Gebilden. Solche exploratorisch angelegten Untersuchungen können vor allem aus folgenden Gründen von Interesse sein:
- Ein Verständnis der handlungslogischen Konstitution für räumliche Milieus typischer Vergesellschaftungsformen ist gegenwärtig allenfalls in Ansätzen vorhanden, so daß über die soziale Bedeutsamkeit beobachtbarer Koinzidenzen physisch-räumlicher und sozialer Merkmale bislang überwiegend spekuliert wird. Deshalb unterliegen milieuorientierte Gebietscharakterisierungen auch typischerweise der Gefahr, in den jeweils analysierten Gegenstand ein Milieu über die Heranziehung bestehender sozialwissenschaftlicher Theorien erst hineinzuinterpretieren (FRIEDRICHS 1988). Weitere Anstrengungen, die milieutypischen Prozesse und die Strukturgenese (räumlicher) Milieus fallspezifisch zu rekonstruieren, versprächen an

dieser Stelle Aufschlüsse über die Milieuhaftigkeit typischer raum-sozialer Konstellationen zu liefern (vgl. HAUCK 1995, S. 12ff.). Und zumindest solange sich noch keine allgemein anerkannte Operationalisierungsvorgabe für die statistische Erfassung von Milieus durchgesetzt hat, sind sie "als flankierende Maßnahme" eigentlich auch notwendig, um der milieuorientierten Gebietsanalyse überhaupt Aussagekraft zu verleihen. Denn wenn die Darstellung der Verteilung von Merkmalen im Raum nicht mit empirisch gewonnenen Aussagen über Wirkungszusammenhänge zwischen diesen Merkmalen unterfüttert werden kann, besteht die Gefahr, daß sie bei einer weitgehend ungerichteten Kartierung verharrt.

- Die methodenplurale Detailuntersuchung einzelner "Milieus" kann sich mit der nötigen Offenheit auf den jeweiligen Gegenstand einlassen und ist nicht an bestimmte Kategorien gebunden, denen die einzelnen Beobachtungen (oder Messungen) zugeordnet werden müssen. So vermag sie auch möglicherweise noch gar nicht bekannte raum-soziale Zusammenhangsformen und Konstellationen aufzudecken, die mit dem herkömmlichen Verfahren schlicht unentdeckt bleiben.
- Die detaillierte Einzelfallanalyse kann schließlich auch zeigen, in welchem Maße die jeweils gefundenen Milieutypen einen zunächst unterstellten räumlichen Bezug auch tatsächlich aufweisen; das hängt, so darf hypothetisch angenommen werden, maßgeblich von der möglicherweise durchaus unterschiedlichen Bedeutung räumlicher Strukturen für das jeweilige Milieu ab.

Bei allen Vorteilen, die der integrierte Einsatz verschiedener Methoden für die milieuorientierte Gebietsbeschreibung im Einzelfall hinsichtlich der genannten Aspekte hätte, werden die verfügbaren Ressourcen in anwendungsnahen Forschungskontexten in den seltensten Fällen ein methodenplurales Vorgehen faktisch ermöglichen. Wenn aber die Ergebnisse der anwendungsnahen, eher geographisch-deskriptiven Verfahren wenigstens von Zeit zu Zeit mit den Befunden von Einzelfallanalysen, die sich um die detaillierte Rekonstruktion räumlicher Milieus bemühen, kontrastiert würden, wäre dies bereits ein vielversprechender Schritt zur Erhöhung ihrer analytischen Kraft. Die ex ante unterstellten raumsozialen Strukturierungslogiken würden einer Plausibilitätsüberprüfung unterzogen, und das auf diesen aufbauende Kategorienarsenal könnte gegebenenfalls modifiziert werden.

Darüber hinaus hätte die konzeptionelle Nähe von grundlagen- und anwendungsorientierter Milieuanalyse auch auf der anderen Seite Vorteile. Die milieuorientierte Gebietsanalyse mit quantitativen Methoden kann als Vorleistung detaillierter Einzelfalluntersuchungen fungieren. Sie vermag auf strukturelle

Zusammenhänge zwischen quantitativ meßbaren Entwicklungen in unterschiedlichen raumbezogenen Bereichen hinzuweisen und die räumliche Dimensionierung überregionaler Trends aufzudecken. Sie kann ferner hilfreich für die Auswahl der einzelfallanalytisch zu untersuchenden Milieus sein. Indem so die "klassische", in den Sozialwissenschaften vielerorts etablierte Arbeitsteilung zwischen "quantitativer" und "qualitativer" Methode umgedreht wird, die quantitativen Methoden also zur Vorstrukturierung des Untersuchungsgegenstandes eingesetzt würden, kann die milieuorientierte Gebietscharakterisierung mittels quantitativer Methoden auch zur weiteren Profilierung eines räumlich dimensionierten Milieubegriffs viel beitragen.

Milieus und Netzwerke in der neueren Debatte um regional-ökonomische Entwicklungskonzepte

Nicole Hoffmann, Katrin Lompscher

Milieus, Netzwerke, Verflechtungen
Ansatzpunkte für die Untersuchung regionalwirtschaftlicher Umbruchprozesse in Deutschlands Osten?
Ideenskizze zu einem Forschungsdesign

1 Hinführung

Auch im Bereich der Forschung, die sich mit den Wechselbeziehungen regionaler und globaler Umbruchprozesse, insbesondere mit den spezifischen Transformationsbedingungen Ostdeutschlands beschäftigt, begegnet man dem Begriff des "Milieus" in den verschiedensten Spielarten. Es entsteht der Eindruck, als könne bzw. solle mit der Wiederentdeckung und Neufassung des Milieu-Begriffs endlich gelingen, was bisher kaum möglich schien: die Verknüpfung verschiedener disziplinärer Sichtweisen innerhalb der Regionalforschung. Konkret wird auch im Kontext einer Analyse von Bestimmungsfaktoren der regionalen Differenzierung sozioökonomischer Prozesse die explanative Kraft dieser Konzepte zum Teil gekoppelt mit netzwerk-theoretischen Überlegungen genutzt, etwa unter den Stichworten "innovative Milieus", "Produktions-" oder "Wirtschaftsmilieus". Dabei stellt der räumliche Bezug des Milieu-Begriffs auch und gerade bei einer Konzentration auf regionalökonomische Aspekte einen zentralen Anknüpfungspunkt dar.

Zugleich wird die Frage nach der Leistungsfähigkeit eines Milieu-Begriffs für praktische Raumplanungs- wie Politikprozesse und regionale Strategiebildung gestellt. Mit dem häufig anzutreffenden Anspruch, Beiträge zur regionalen Stabilisierung zu leisten, wird die Steuerungsrelevanz regionalwissenschaftlicher Ansätze zu einer zentralen Forschungsfrage. Bei der Heranziehung sozialwissenschaftlicher Fachperspektiven kann das dem "Milieu" etwa von Läpple zugeschriebene Kriterium der Nicht-Finalisierbarkeit, im Sinne eines konstitutiven "open end" der Entwicklung, wie auch im Sinne begrenzter externer Steuerungsmöglichkeit, als gegenstandstypisch gewertet werden. Im Spannungsverhältnis von Wissenschaft und Planungspraxis könnte damit ein technisches, auf Ziel- bzw. Endzustände ausgerichtetes Planungsverständnis aufgebrochen und der Weg einer prozeß- und aushandlungsorientierten Planung geebnet werden. Anderseits melden kritische Stimmen Bedenken an hinsichtlich der prognostisch nutzbaren Tragfähigkeit der für die neuen Bundesländer vorliegenden Indizien milieuhafter Verflechtungen (vgl. GENOSKO 1996).

Im folgenden sollen nun - nach einer kurzen Charakterisierung des Problemverständnisses hinsichtlich der spezifischen Situation in den ostdeutschen Regionen - die begrifflichen Grundlagen und eine forschungspraktische Operationalisierungsvariante für ein konkretes Forschungsdesign sondiert werden. Die empirische Bewährung dieser Möglichkeit regionaler Wirtschaftsforschung auf der Basis eines Milieu-Ansatzes steht in ihrem vollen Umfang zwar noch aus. Ansätze hierfür liegen jedoch in verschiedenster Ausprägung vor (vgl. CAMAGNI 1991, LÄPPLE 1994, COLLETIS 1995 und die laufenden Untersuchungen im Rahmen des IRS-Projektes "Neue Wirtschaftsräume und regionale Innovationssysteme").

2 Zum Problemverständnis: Die Überlagerung globaler und regionsspezifischer Veränderungsprozesse in Ostdeutschland

Beim regionalen Wandel in Ostdeutschland überlagern sich spezifisch ostdeutsche mit generellen Umstrukturierungsprozessen und führen so zu besonderen, von westlichen Erfahrungen abweichenden Problemlagen. Im "Schnellverfahren" vollzieht sich hier ein umfassender wirtschaftlicher und politischer Umbau nach westdeutschen Modellvorstellungen, die sich im Westen des Landes über Jahrzehnte entwickelt haben. Allerdings kann hier nicht allein von einer "nachholenden Modernisierung" gesprochen werden - schon wegen einer grundlegend anderen Ausgangssituation, vor allem aufgrund der Nach- und Rückwirkungen früherer Strukturen, Entscheidungen und Erfahrungen (vgl. HOFFMANN 1994).

Ökonomisch ließe sich der *globale* Strukturwandel kurz mit den Stichworten Diversifizierung und Spezialisierung der Produktion, wachsende globale Konkurrenz von Produzenten und Standorten, Wandel von Organisationsstrukturen - kurz: Flexibilisierung auf allen Ebenen - zusammenfassen. Die zunehmend universelle Verfügbarkeit klassischer Standortfaktoren - zumindest in den sog. entwickelten Industrieländern - erhöht die Standortwahlfreiheit von Unternehmen. Damit geht eine Neubewertung lokaler und regionaler Rahmenbedingungen einher (vgl. PORTER 1991). Die politische Steuerung und Begleitung des wirtschaftlichen Strukturwandels ist tendenziell durch zunehmende Deregulierungs- und Liberalisierungsbestrebungen gekennzeichnet. Zugleich ist ein schrittweiser Rückzug des Nationalstaates aus der Steuerung wirtschaftlicher Prozesse zu beobachten, z.T. zugunsten internationaler Gremien und auch regionaler Instanzen.

In den neuen Bundesländern werden diese globalen Prozesse ergänzt und verändert durch die internen Umbrüche des gesellschaftlichen Systems. Es besteht die Notwendigkeit, die Anpassung an neue ökonomische Rahmenbedingungen mit dem Neuaufbau eines Institutionensystems und der Redefinition eigener Identität zu verbinden. Hintergrund des ökonomischen Wandels im Osten bildet eine Koinzidenz von Ab-, Auf- und Umbau der vorgefundenen ökonomischen Strukturen. Die bisher bestehenden Produktionsnetze, Wertschöpfungsketten und Absatzmärkte sind verschüttet, zerrüttet oder zerstört.

Die Zahl der Erwerbstätigen insgesamt ist seit 1990 um ein Drittel zurückgegangen. In Industrie und Landwirtschaft haben sich die Beschäftigtenzahlen auf ein Viertel bis ein Fünftel des Vorwende-Niveaus reduziert. Der Beschäftigungszuwachs im Baugewerbe und vor allem im Dienstleistungsbereich konnte die eingetretenen Arbeitsplatzverluste bei weitem nicht ausgleichen. Entscheidende Schwachpunkte der wirtschaftlichen Restrukturierung sind die zunehmende Entkopplung von Wirtschaftswachstum und Beschäftigungswirksamkeit und das Ungleichgewicht zwischen eigener Wertschöpfung und Verbrauch. So erreichte die Wertschöpfung 1994 nur 60% des Verbrauchs für Konsum und Investitionen.

Als wesentliche Kennzeichen der Industrie in den neuen Bundesländern können genannt werden (vgl. BRENKE 1995):
- im Vergleich zu anderen Wirtschaftsbereichen besteht hier der größte Rückstand zu den alten Bundesländern,
- der Industrialisierungsgrad Ostdeutschlands insgesamt liegt unter dem Niveau des eher ländlich geprägten Schleswig-Holstein,
- der Grad der Außensteuerung ist sehr hoch, da sowohl Privatisierungen ehemaliger Treuhandunternehmen als auch Neugründungen zu einem großen Teil westdeutschen EigentümerInnen zugute kamen,
- in Ostdeutschland sind sehr geringe Innovationskapazitäten von Unternehmen angesiedelt,
- gegenüber Westdeutschland ist ein höherer Anteil kleiner Unternehmen charakteristisch,
- einer der wesentlichen Mängel ist das weitgehende Fehlen von Stammbetrieben großer Unternehmen.

Nachdem zunächst überall in den neuen Bundesländern ähnliche Prozesse mit vergleichbaren Auswirkungen die wirtschaftliche Entwicklung prägten, treten in der beginnenden Aufbau- und Konsolidierungsphase verstärkt regionale Differenzierungen auf. Durch das Ausmaß der Deindustrialisierung besteht für viele ostdeutsche Regionen die Gefahr einer Verschärfung des Kreislaufes Arbeitsplatzabbau - Abwanderung - Verschlechterung der wirtschaftlichen Stabilisierungschancen - Rückgang der sozialen Versorgung - sinkende Lebensqualität - weitere Abwanderung (Vorpommern, Nordbrandenburg, alte Industrieregionen in Sachsen und Sachsen-Anhalt). In anderen Regionen, insbesondere den Verdichtungsräumen Berlin, Dresden, Halle, Leipzig, erwachsen die Probleme hingegen aus dem Veränderungstempo, dem Anpassungsdruck und dem starken Gewicht externer Faktoren. Dadurch kommt es zum einen zu Zielkonflikten, zum anderen zeichnet sich die Gefahr einer innerregionalen Polarisierung ab. Diese beginnenden Polarisierungsprozesse vollziehen sich zudem mit größerer Intensität und in höherem Tempo als in den westlichen Industriestaaten und Regionen.

Auf der regionalen Ebene erfordert diese unterschiedliche Entwicklungsdynamik und -richtung entsprechend angepaßte Handlungskonzepte. Um solche Konzepte entwickeln zu können, ist eine Analyse und In-Wert-Setzung regionaler Besonderheiten im Rahmen einer gleichermaßen regional fundierten und überregional verflochtenen Entwicklung unverzichtbar. Diese Auseinandersetzung mit der Spezifik von Regionen und der Notwendigkeit der Identifikation bzw. Herausbildung besonderer regionaler Qualitäten führt fast zwangsläufig zu den milieutheoretischen Überlegungen aus regionalökonomischer Sicht, wie sie in unterschiedlicher Ausprägung bei Camagni, Läpple etc. zu finden sind.

Das Konzept regionaler (Wirtschafts-)Milieus wird für die wissenschaftliche Auseinandersetzung mit den gesellschaftlichen Umbruchprozessen in ostdeutschen Regionen in der Hoffnung aufgegriffen, zum einen eine eindeutige Prozeß- und Akteursorientierung und zum anderen eine Integration "harter" wie "weicher" Einflußfaktoren, einschließlich historischer und kultureller Aspekte, in die regionale Betrachtung zu erlangen. Wird der Blick dabei auf die regionalen AkteurInnen - u.a. in der Wirtschaft - gerichtet, ist in den neuen Bundesländern unter dieser Perspektive die Entwicklung wirtschaftlicher Beziehungsnetze für die Etablierung von Marktprozessen eine elementare Prämisse. Wesentliche Hemmnisse für eine selbsttragende sozioökonomische Reproduktion werden im weitgehenden Fehlen eines regional verankerten und vernetzten Akteursgefüges gesehen. Das jeweils spezifische regionale Beziehungsgefüge kann gemäß eines entsprechend gefaßten Milieukonzepts - je nach Ausprägung - dann als "endogenes Potential" oder strukturelle Schwäche verstanden werden. Mit traditionellen Analysemethoden (Stärke-Schwäche-Profile, ökonomische und infrastrukturelle Ausstattungsstandards, regionalökonomische Standortanalysen, einzelproblemorientierte Unternehmens- und Sozialstudien usw.) gelingt es nur unzureichend, die Dynamik und die inneren Antriebskräfte des Veränderungsprozesses in den Regionen Ostdeutschlands zu erfassen. Der Status einer Region, ihr an allgemeinen Standards und Parametern gemessener Entwicklungsstand, wird bei einer traditionellen Herangehensweise zumeist als Voraussetzung ihrer weiteren

Profilierung angesehen. Betrachtet man eine Region jedoch als das Resultat eines vielfach rückgekoppelten gesellschaftlichen Entwicklungsprozesses (vgl. COLLETIS 1995), rückt neben dem, was sie war oder ist, insbesondere das, was sie wird bzw. werden kann, in den Vordergrund. Die Entwicklungsmöglichkeiten werden dabei durch frühere oder bestehende Potentiale und/oder Engpässe mitbestimmt, aber nicht allein determiniert.

Betrachtet man also die regionalwirtschaftlichen Verflechtungen insbesondere in der Kopplung mit Ansätzen eigenständiger Regionalentwicklung, stellt sich die Konstitution sog. "handlungsfähiger Regionen" sowohl als Voraussetzung als auch als Ziel dar.

3 Zu den Grundbegriffen und einer Operationalisierungsvariante: Die Region als Interaktionsraum

Wesentliche Begriffe für einen derartigen Forschungszusammenhang stellen neben dem der "Regionalwirtschaft" die Begriffe "(Wirtschafts-)Milieu", "Netzwerk" und "Verflechtungsbeziehungen" dar. Dieses begriffliche Instrumentarium soll nun in den folgenden Abschnitten eine genauere Erläuterung bzw. Konzeptualisierung erfahren.

3.1 "Regionalwirtschaft"

Das Wechselverhältnis von Unternehmen und Regionen ist Gegenstand vielfältiger Standorttheorien. Dabei gehen (neo-)klassische, einzelwirtschaftliche Standorttheorien "von einem idealisierten Unternehmen aus, in dem der Unternehmer vollkommen informiert und Unternehmensentscheidungen autonom und auf die kurzfristige Maximierung seines Gewinns orientiert trifft" (MAIER, TÖDTLING 1992, S. 73). Einzelwirtschaftliche Standorttheorien stellen im Kern Standortbestimmungs- bzw. -wirkungslehren aus der betrieblichen Sicht dar. Mit dem Schlüsselbegriff "Standortfaktor" wird der an einen bestimmten Ort gebundene Kostenvorteil einer Aktivität beschrieben. Diese Standortfaktoren werden als externe Faktoren angesehen; das Unternehmen existiert daneben, wenn auch nicht unabhängig davon. Die Entscheidungen von WirtschaftsakteurInnen sind jedoch von vielfältigen unternehmensinternen und externen Einflußfaktoren abhängig, wie

- Unternehmensgröße und -organisation,
- Bedeutung des jeweiligen Standortes für das Unternehmensgefüge,
- Interaktionsradius des Unternehmens (Mobilität und Reichweite),

- Fähigkeit des Unternehmens, relevante Informationen zu erhalten und zu verarbeiten,
- Flexibilität der Produktionsanpassung,
- Verhältnis zu anderen AkteurInnen aus den Sektoren Wirtschaft, Politik, Kultur etc. (vgl. MAIER, TÖDTLING 1992).

Durch die Wandlung der Märkte (Käuferdominanz und Qualitätsorientierung) sind nach der durch Outsourcing und Rationalisierung ausgelösten Deindustrialisierung Tendenzen der Re-Agglomeration industrieller Fertigung in den entwickelten Ländern zu beobachten. Diese erfolgt vielfach in Form territorial integrierter Produktionskomplexe. Allerdings sind deren Anteil an der Gesamtwirtschaft und die Tatsache, ob es sich hierbei um den bestimmenden Pfad der künftigen wirtschaftsstrukturellen Entwicklung handelt, in der Fachdiskussion umstritten (vgl. KRÄTKE 1995).

Soll eine Region nun nicht reduziert als Standort oder Operationsbasis von Wirtschaftsunternehmen betrachtet werden, werden vielmehr die Unternehmen als Teil der Region begriffen, gewinnen andere Merkmale und dementsprechend andere Zugangsweisen an Bedeutung. So wie in jüngerer Zeit von "embedded firms" (vgl. GRABHER 1993) als miteinander zum gegenseitigen Nutzen vernetzte Systeme mit dem Ziel der Bewältigung wirtschaftlicher und organisatorischer Anpassungsprobleme die Rede ist, kann auch eine "embedded economy" - eine in der Region verankerte Wirtschaft - als Element einer regionalen Stabilisierung betrachtet werden. Art und Intensität regionalwirtschaftlicher Verflechtungen können dabei in verschiedener Hinsicht von Interesse sein:
- als Innovationsimpuls und -voraussetzung zur Steigerung der Exportkraft,
- als Motor für die Entwicklung innerregionaler Wirtschaftskreisläufe zur Reduzierung der Importabhängigkeit,
- als Ausdruck einer spezifischen Arbeits- und Wirtschaftskultur, die das gesellschaftliche Leben in einer Region wesentlich prägt.

Der Wandel in der Wahrnehmung des Verhältnisses von Umwelt und Unternehmen wird mit "No business is an island" (zit. nach BELZER 1991, S. 23) lapidar und treffend zusammengefaßt. Die unterschiedliche Wahrnehmung in den verschiedenen wirtschafts- und regionalwissenschaftlichen Forschungsansätzen soll die folgende Tabelle in überspitzter Form illustrieren (vgl. Abb.1).

Abbildung 1

Die wissenschaftliche Wahrnehmung von "Unternehmen" im Verhältnis zu ihrer "Umwelt"		
	in der klassischen, geographisch fundierten Regionalforschung:	in integrativeren Ansätzen der Regionalforschung:
in den traditionellen, mikroökonomisch fundierten Wirtschaftswissenschaften:	in Branchen gruppierte, internalisierungsorientierte "Solisten" in alten Industrieregionen mit Agglomerationsvorteilen	nomadisierende, externalisierende, globalisierte, "schlanke" Unternehmen in Branchenverbünden
in systemisch orientierten Ansätzen der Wirtschaftswissenschaften:	just-in-time produzierende, vertikal integrierte, global konkurrierende Betriebscluster in "industrial districts"	in multiple Netzwerke horizontal integrierte, kooperierende Unternehmen in regionalen Milieus

3.2 (Wirtschafts-)Milieu

Der Milieubegriff wird in der sozial- und wirtschaftswissenschaftlichen Forschung unterschiedlich gefaßt. Für den angedeuteten Forschungszusammenhang können mehrere Qualitäten bzw. Entwicklungstendenzen des Milieubegriffs aus unterschiedlichen Ansätzen herangezogen werden:
- sein Doppelcharakter als Entwicklungsbedingung und -ergebnis;
- sein ganzheitlicher Anspruch und die integrative Funktion;
- sein räumlicher (Abgrenzung von "Region") und zeitlicher (offener Prozeßcharakter) Bezug;
- der Stellenwert sozialer Umweltfaktoren (sozioökonomisch, politisch-administrativ und soziokulturell);
- die erkennbare Erweiterung und Subjektivierung des Begriffsverständnisses (im Vergleich zu einer früher eher an "objektiven" Faktoren ausgerichteten Bestimmung);
- ein stärker aktives Verständnis des Begriffs - im Sinne von "Umweltgestaltung" - (mit Relevanz für Steuerungsdiskussion) (vgl. HRADIL 1989).

Der Begriff des Milieus wurde Ende der 80er Jahre verstärkt in die Regionalforschung eingeführt - als zugleich analytisches Werkzeug wie theoretisches Konstrukt -, um die wechselseitigen Beeinflussungen und Abhängigkeiten unterschiedlicher Faktoren bzw. die Vielschichtigkeit der gesellschaftlichen Beziehungen im Raum erfassen zu können. Hauptfragen waren die regionalen und

räumlichen Auswirkungen neuer Technologien, die regionalen Bedingungen von Innovation, Flexibilität und Anpassungsfähigkeit der Wirtschaft. Die "Groupe de Recherche Européen sur les Milieux Innovateurs" (GREMI) identifiziert drei mögliche Ausgangspunkte der Forschung (vgl. AYDALOT, KEEBLE 1988):
- ausgehend vom Unternehmen und seinem Standort,
- ausgehend von den Technologien und ihren regionsspezifischen Wirkungsweisen
- ausgehend von den lokalen Milieus und deren Innovationskraft.

Mit dem letztgenannten Ansatzpunkt "lokaler", hier "regionaler" Milieus wird vorausgesetzt, daß innovatives Verhalten weniger auf nationaler Ebene beeinflußt, sondern durch Variablen des lokalen oder regionalen Niveaus mitbestimmt werde (vgl. HANSEN 1992). Bezogen auf wirtschaftliche und technologische Aspekte wird dies durch einige empirisch gestützte Beobachtungen plausibilisiert (vgl. u.a. BADE 1987, GORNIG, HÄUßERMANN 1993):

1. Die Entwicklung innerhalb bestimmter Branchen vollzieht sich trotz vergleichbarer ökonomischer Rahmenbedingungen regional unterschiedlich.
2. Es existieren Tendenzen zur räumlichen Konzentration von wissensintensiven Branchen, obwohl die neuen Technologien immer weniger spezifische räumliche Vorbedingungen benötigen; dies weist auf den Unterschied zwischen Wissen und Information hinsichtlich ihrer Entstehungs- und Ausbreitungsbedingungen hin.
3. Es werden Wachstumsregionen identifiziert, die nicht von einzelnen Großunternehmen dominiert werden, sondern in denen intensive Unternehmensverflechtungen kleiner und mittlerer Betriebe - im Sinne von kooperativer Konkurrenz - bestehen.

Als "regionales Milieu" kann die Zusammenschau regionaler Bedingungen und Vernetzungen bezeichnet werden, in den Worten Läpples als "die Wirkungs- und Rückkopplungszusammenhänge zwischen ökonomischen, technologischen, sozialen und kulturellen Potentialen von Regionen" (1994, S. 7). Bei dieser Sichtweise ist die Region nicht mehr neutraler Wirtschaftsstandort, sondern sie wird durch die vorhandenen und notwendigen Vernetzungen zur Bedingung erfolgreicher ökonomischer Anpassungs- und Modernisierungsstrategien. Das regionale Milieu "konstituiert sich aus Einstellungen und Wissen, die historisch entstanden sind auf einem Hintergrund von gleichen Werten, gemeinsamen Erfahrungen und einheitlicher technologischer Kultur, und es ist abhängig von

verschiedenen Regeln des Wettbewerbs und der Kooperation" (zit. nach HÄUßERMANN 1992, S. 17).
Mit dem Begriff "Produktionsmilieu" (vgl. HÄUßERMANN 1992) werden schließlich die relevanten internen und externen Umfeldbedingungen der (produktionsorientierten) Wirtschaft umschrieben. Die Region wird hier als ökonomische Einheit mit internen Verflechtungen verstanden, deren Qualität für den ökonomischen Erfolg entscheidend ist. Sie ist also keine neutrale Ressource, kein "Behälter-Raum", sondern Resultat eines gesellschaftlichen Prozesses. Die Wandlungs- und Innovationsfähigkeit von Regionen hängt damit zu großen Teilen von eingespielten Beziehungen zwischen regionalen AkteurInnen und deren traditionellen Bindungen ab. Damit besteht ein weiterer wesentlicher Qualitätsfaktor von regionalen Milieus in ihrer Kontinuität, im Sinne der für Entwicklung und Fortbestand von Beziehungen notwendigen Zeit. Horizontal integrierte Milieus "sind das Ergebnis einer spezifischen Entwicklungsgeschichte, einer bestimmten Kultur und räumlicher Ressourcen. Die Vergangenheit wirkt also in die Gegenwart hinein und bestimmt bis zu einem gewissen Grad die Zukunft - sowohl positiv wie negativ" (HÄUßERMANN 1992, S. 19). Dies ist aus der Perspektive der Transformation, d.h. einer zugespitzten Sonderform der Diskon- tinuität, insbesondere für die Betrachtung ostdeutscher Regionen von Bedeutung. Die Qualität des Wirtschaftsmilieus wird zu großen Teilen durch ihre horizontale oder vertikale Form und den Grad der Integration bestimmt; im Sinne von Beziehungen zur organisatorischen und finanziellen Absicherung der Produktion und der insbesondere für Innovationen notwendigen Einbindung in größere Netzwerke. Dabei werden diese Beziehungen hier nicht auf die Güterströme reduziert, sondern als Gesamtheit wirtschaftsbezogener Aktivitäten (Arbeitsmarktbeziehungen, Unternehmensverflechtungen, Zusammenwirken von Politik, Wirtschaft, Wissenschaft usw.) verstanden. Die notwendige Integration erfordert ein hohes Maß an Kommunikation und ist wegen ihrer Akteursbezogenheit an verschiedene außerökonomische Faktoren gebunden (vgl. HANSEN 1992). In diesen Kontext fallen Stichworte wie Lebensqualität, Identität, Engagement oder Vertrauen. Bei vorherrschend horizontaler Integration - d.h. bei einer Vernetzung verschiedener AkteurInnen und Ebenen innerhalb eines bestimmten Gebietes - dominiert ein räumlich abgrenzbares Wirtschaftsmilieu. Im anderen Extremfall, bei überwiegend externer Kontrolle einer Region und dem Vorherrschen vertikaler Integration, ist oftmals eine fragmentierte und räumlich desintegrierte Produktionsstruktur die Folge (vgl. QUÉVIT 1991). Als wesent-liches Kriterium der Qualität eines regionalen Wirtschaftsmilieus wird die Innovationskraft angesehen. In einer Studie mit dem Titel "Archipel Europa" wurden zum Beispiel europäische "Innovationsinseln" nach verschiedenen Kriterien

untersucht (vgl. COLLETIS 1995). Als gemeinsame Merkmale der identifizierten Regionen wurden dabei festgestellt:
- ein hohes Maß an internen Verankerungen und Kooperationsbeziehungen (horizontale Integration)
- ein hohes Maß an externen Verankerungen und Kooperationsbeziehungen (Externalisierung) sowie
- die Lage in einer "alten" Region, d.h. in einem Gebiet mit industrieller Tradition und entsprechender kultureller Prägung.

Im Rahmen einer regionsbezogenen Strategie- und Steuerungsdiskussion gerät deshalb das "Innovative Milieu" als normativ positiv besetzter Entwurf und vor allem dessen Merkmale und Kriterien ins Blickfeld der Forschung (vgl. HANSEN 1992). Faktoren wie "Informationfluß" und "Wissen" ergänzen das klassische Set der Produktionsfaktoren. Entgegen der verbreiteten Beschränkung auf technologische Innovation wäre jedoch gerade in den ostdeutschen Regionen ein umfassenderer Innovationsbegriff notwendig, der kommunikative, administrative, raumstrukturelle und kulturelle Faktoren einschließt. Neben einer deskriptiven Herangehensweise kann dann auch nach der Beeinflußbarkeit der Merkmale "Innovativer Milieus" (wie wirtschaftskulturelle Eigenschaften der regionalen AkteurInnen, institutionelle Organisationsformen und Kooperationsbeziehungen) bzw. nach der Tragfähigkeit dieses Konzeptes für einzelne Regionen gefragt werden.

Allerdings sollten überzogene Erwartungen und eine Überfrachtung des Konzepts vermieden werden, zum einen, da erhebliche Erfassungs- bzw. Operationaliserungsprobleme überwunden werden müssen (vgl. FROMHOLD-EISEBITH 1995), zum anderen, weil der Einfluß externer Effekte auf die Regionsentwicklung nicht ausgeblendet werden darf. Das Konzept der Wirtschaftsmilieus konzentriert sich auf die innerregionalen Bedingungen als Einflußfaktoren der ökonomischen Leistungsfähigkeit einer Region. Das Spannungsfeld zwischen Selbstbestimmung und Fremdbestimmung sowie die sich daraus ergebende Eingrenzung der Handlungsspielräume für die regionalen Akteure kann hier leicht aus dem Blickfeld geraten. Fragen der - wenn auch nur partiellen - Steuerung von Wirtschaftsmilieus, zu denen bislang kaum empirische Befunde vorliegen, werden kontrovers diskutiert. Während einerseits mit Verweis auf die Bedeutung von historischen Kontinuitäten und die Komplexität der Bestimmungsfaktoren die Steuerbarkeit weitgehend in Frage gestellt wird, ist auf der anderen Seite ein pragmatisches Bemühen um die Fundierung von Handlungskonzepten mittels dieses theoretischen Konstruktes zu beobachten. Beispielhaft sei auf eine bewußte oder unbewußte "Vermarktung" eines innovativen Milieus in regionalen Leitbildern verwiesen. Hierbei findet allerdings oft eine einseitige

Konzentration bzw. Beschränkung auf Einzelaspekte statt (z.B. regionale Profilierung durch Aufgreifen historischer Bezüge, Technologieförderung als Schlüssel zu innovativen Regionen u.a.).

3.3 "Netzwerk" und "Verflechtungsbeziehungen"

Mit dem Verflechtungsbegriff werden im allgemeinen meßbare Zusammenhänge beschrieben (im ökonomischen Bereich sind das Güter-, Kapital- und Leistungsverflechtungen), die auch als Netzwerk erfaßt werden können (vgl. BELZER 1991). In der Netzwerkanalyse wird der Aspekt zielbezogenen, meist bilateralen Zusammenwirkens, der den Begriff der Kooperation dominiert, um die Frage nach der weiteren Einbindung der AkteurInnen, nach den Einflüssen der beziehungsmäßigen Verankerung als Strukturelement erweitert. Auch einem Denken in "Einbahnstraßen", das etwa "bottom-up"- oder "top-down"-Ansätze charakterisiert, soll entgegengewirkt werden. Der Begriff "Netzwerk" läßt u.E. darüber hinaus eine weitere und offenere Definition von gemeinsamen bzw. miteinander verknüpften Interessen und Aktivitäten zu. Hier können über die oben genannten Funktionalbeziehungen hinaus Lobbyismus, gegenseitige Information, lockere Zukunftsüberlegungen etc. Gegenstand des Zusammenwirkens sein: Aktivitäten, die für die unmittelbare Zielstellung der Beteiligten kurzfristig nicht erforderlich, aber für Selbstverständnis und Strategiebildung der regionalen Akteursgruppen charakteristisch sind.

Wird das System dieser Beziehungen Ausgangspunkt der Analyse regionaler Prozesse, kann es auch als ein wesentliches Element bzw. als materiale Ausprägung von Milieus angesehen werden. Die Inhalte, Ziele und Intensitäten von Verflechtungsbeziehungen bilden dann wichtige Indikatoren - auch für die Beschaffenheit von Milieus. Die Qualität regionaler Wirtschaftsmilieus ist dabei nicht allein aus der Qualität innerwirtschaftlicher Verflechtungen erklärbar, sondern aus dem Zusammenwirken mit außerwirtschaftlichen Bedingungen und AkteurInnen (vgl. QUÉVIT 1991). Als Bestimmungsfaktoren für die Herausbildung regionsspezifischer Arbeits- und Wirtschaftskulturen werden neben dauerhaften Faktoren wie Klima und geographische Lage vor allem langfristige (ethnische, religiöse, historische, kulturelle Prägungen) und aktuelle Faktoren (Politik und Rechtsordnung, Institutionen und Personen) sowie kollektive Denk- und Anschauungsweisen bzw. Mentalitäten angeführt. Diese werden u.a. anhand von Verhaltensweisen und Neigungen der AkteurInnen rekonstruiert, bezogen auf das Wirtschaftsmilieu anhand ihrer wirtschafts- und beschäftigungsrelevanten Aktivitäten und Strategien (vgl. KRÄTKE 1995).

Die Plausibilität der Verknüpfung von Milieukonzept und Netzwerkansatz ergibt sich unseres Erachtens aus einer veränderten Perspektive auf das

Verhältnis von Unternehmen zu ihrer Umwelt und den sich daraus ergebenden gewandelten Handlungslogiken der Unternehmen (vgl. QUÉVIT 1991). Zwei Handlungslogiken konfligieren dabei:
- Die Logik der Internalisierung zielt auf die Bildung großer Industrie-Gruppen (Fusion, Aufkauf etc.). Sie basiert auf einem hierarchischen Organisationsmodell und ist durch eine global orientierte und vertikal strukturierte Integration gekennzeichnet.
- Die Logik der Externalisierung führt dagegen zu vertraglichen Einigungen zwischen Firmen und anderen Akteuren über Kooperationen für eine bestimmte Zeit und für ein bestimmtes Ziel. Im Ergebnis können die bereits erwähnten territorial integrierten Produktionskomplexe, mit unterschiedlicher externer Verankerung, entstehen.

Es scheint sich generell eine Polarisierung zwischen verstärkter Regionseinbindung (bei Externalisierung) und expliziter Irrelevanz des Raumes (bei Internalisierung) abzuzeichnen. Je stärker die Internalisierungslogik und damit Binnenintegration innerhalb einer Unternehmensgruppe, desto geringer die regionale Einbindung, auch im Sinne des Hervorbringens innovativen Potentials für eine Region. Das lokale Interesse ist dann sehr begrenzt und beschränkt sich weitgehend auf Arbeitsmarkt, Absatzmarkt, Service, Routinekontakte und komparative Transaktionskostenvorteile. Bei Externalisierung wird dagegen die horizontale Achse relevanter und damit die Verbindung zur Region. Es wird eine Multipolarisierung im regionalen Kontext angestrebt. Damit geht eine regionale Verankerung von Betrieben einher, die einen ganzen Produktzyklus abdecken (Cluster), die explizite Nischen beherrschen oder die aufgrund der Einbindung in die Forschungsförderung klein, aber innovativ sind, z.B. relativ kleine Servicebetriebe für Software und Orgware. Es finden sich außerdem multiple Kontaktnetze auch mit wirtschaftsexternen AkteurInnen. Eine Analyse der bestimmenden Handlungslogiken der wichtigsten Unternehmen in einer Region in Verbindung mit der vorherrschenden Art der Integration und Vernetzung ermöglicht die Erfassung eines Milieutyps. In anderen Worten: Erst die Verbindung von Externalisierungslogik und hohem Integrationsgrad erlaubt zum Beispiel die Charakterisierung von innovativen regionalen Milieus (vgl. QUÉVIT 1991).

3.4 Ein forschungspraktischer Operationalisierungsansatz

Zur forschungspraktischen Operationalisierung des Konzepts muß zunächst eine Systematisierung von Beziehungsmerkmalen, Analyseperspektiven und Beziehungstypen vorgenommen werden.

Als relevante Kennzeichen der Beziehungen zwischen Unternehmen - untereinander und mit anderen AkteurInnen - können die folgenden herangezogen werden (in Anlehnung an KAMANN, STRIJKER 1991):
- die Intensität von Beziehungen (z.b. Häufigkeit, Dauer, Direktheit etc.),
- die räumliche Interaktionsnähe ("proximity"),
- der Institutionalisierungsgrad,
- der Grad an Formalisierung, der verschiedene Beziehungsinhalte umfassen kann (Güterströme, Geldtransfer, Informationsfluß etc.),
- die Uni- bzw. Multiplexität bezüglich der Vielfalt der ausgetauschten Inhalte,
- deren Ziel- bzw. Problemorientierung,
- die ggf. zeitliche Beschränkung von Beziehungen,
- die Labilität (Anfälligkeit gegenüber atmosphärischen oder externen Störungen),
- mögliche Kooperations- und Kontaktformen,
- die Offenheit bezüglich des Teilnehmerkreises bzw. der Integrationsgrad,
- die Autonomie der Mitglieder (u.U. inkl. Austrittsoption) sowie
- deren spezifische Interdependenzen bei heterogener Zusammensetzung (z.b. Asymmetrien aufgrund von Macht- oder Informationsgefälle).

Wird nicht das Verhalten selbst, sondern die Beziehung zur Analyseeinheit betrachtet, so bewegen wir uns in einem gemischten Feld von Beziehungstypen. In der Netzwerk-Forschung werden folgende Typen analytisch unterschieden (vgl. SCHENK 1983):
- persönliche Beziehungen,
- kategorielle Beziehungen (Typisierung der Beziehungsmuster nach Rasse, Schicht, Wirtschaftsbereich, Unternehmensgröße, Regionstyp etc.) sowie
- strukturelle Beziehungen (Set von Positionen, Funktionen und Rollen in Organisationen; bezogen auf Unternehmen z.B. Abhängigkeit, Konkurrenz, Komplementarität, Kooperation, Fusion).

Dabei ist - je nach Erkenntnisziel - zudem die Analyseperspektive zu berücksichtigen: entweder eine Innenorientierung ("relationaler Ansatz", entweder ausgehend von einem Akteur oder Erfassung der Beziehungen zwischen allen Akteuren) oder die Außenperspektive ("positionaler Ansatz", Bestimmung von Subgruppen/Netzwerktypen mit intern ähnlichen Beziehungsmustern, multiple Netzwerkanalyse) (vgl. SCHENK 1983).

Handeln, Absichten und Strategien der Unternehmen - mit Blick auf fördernde und hemmende Faktoren für eine horizontale Integration der regionalen Wirtschaft, auf Traditionslinien und Anknüpfungspunkte für regionale

Stabilisierungsstrategien - stehen dann im Zentrum der Betrachtung. Dazu gehören auch wirtschaftsübergreifende Beziehungen, insbesondere das Zusammenwirken von Wirtschaft und Politik sowie außerwirtschaftliche Aktivitäten der Unternehmen (z.B. Sponsoring). Explizit stellen sich die folgenden Fragen:
- In welcher Art und Intensität bestehen primäre Vernetzungen zwischen Unternehmen im Sinne von Zulieferung, Absatz etc.? Welche anderen Formen und Ziele bestehen daneben?
- Dominieren Konkurrenz oder Kooperation in verschiedenen Funktionsbereichen?
- In welcher Art und Intensität bestehen regionale Vernetzungen zwischen Unternehmen und anderen regionalen Institutionen?
- Welche Bedeutung wird der Region sowie der Bildung regionaler Vernetzung aus Unternehmenssicht zugeschrieben?
- Welche Bedingungen hemmen oder fördern die Ausprägung von regionalen Netzwerken?
- Gibt es ein Bewußtsein für die Bedeutung wirtschaftlicher Verflechtungsbeziehungen? Welcher Zusammenhang wird zwischen der Qualität regionaler Wirtschaftsbeziehungen und anderen regionalen Einflußfaktoren hergestellt?

Auf der Basis derartig ermittelter Beziehungsnetze kann dann auch ggf. eine räumliche Abgrenzung einer (Wirtschafts-)Region erfolgen - im Sinne der Überlagerung von "Interaktionsräumen" einzelner Betriebe (vgl. Abb. 2). Der Begriff des Interaktionsraumes wird gewählt, um eine Abgrenzung von der primär mobilitätsorientierten Perspektive der "Aktionsraum"-Forschung zu erreichen.

Die Perspektive der Unternehmen wird jedoch in den seltensten Fällen mit der Sicht anderer regionaler AkteurInnen identisch sein. Für Unternehmen fungiert die Region eher als 'Operationsbasis', regionale Bedingungen und Bindungen sind ausschließlich unter dem Aspekt ihres Beitrages zu wirtschaftlichem Erfolg von Interesse. Für regionalpolitische AkteurInnen bildet die Region als Zuständigkeitsbereich eher den 'Verantwortungsraum', in welchem gesellschaftlich fixierte Entwicklungsziele (wie Verteilungsgerechtigkeit, Eröffnung von Zukunftschancen) umgesetzt werden sollen (vgl. HOFFMANN 1995). Deshalb müssen die Aussagen und Befunde auch zu sozialräumlichen regionalen Standortbedingungen und vorliegenden Planungs- und Entwicklungskonzepten auf der Basis entsprechender Strukturdaten- und Dokumentenanalysen in Beziehung gesetzt werden. In einem umfassenden Forschungskonzept regionaler Milieus müssen diese verschiedenen Perspektiven dann auch miteinander verglichen und verknüpft werden.

Abbildung 2:
Zur Konstitution eines "Interationsraumes" durch das Neztwerk am Beispiel einer relational egozentrierten Analyse de Betriebs X

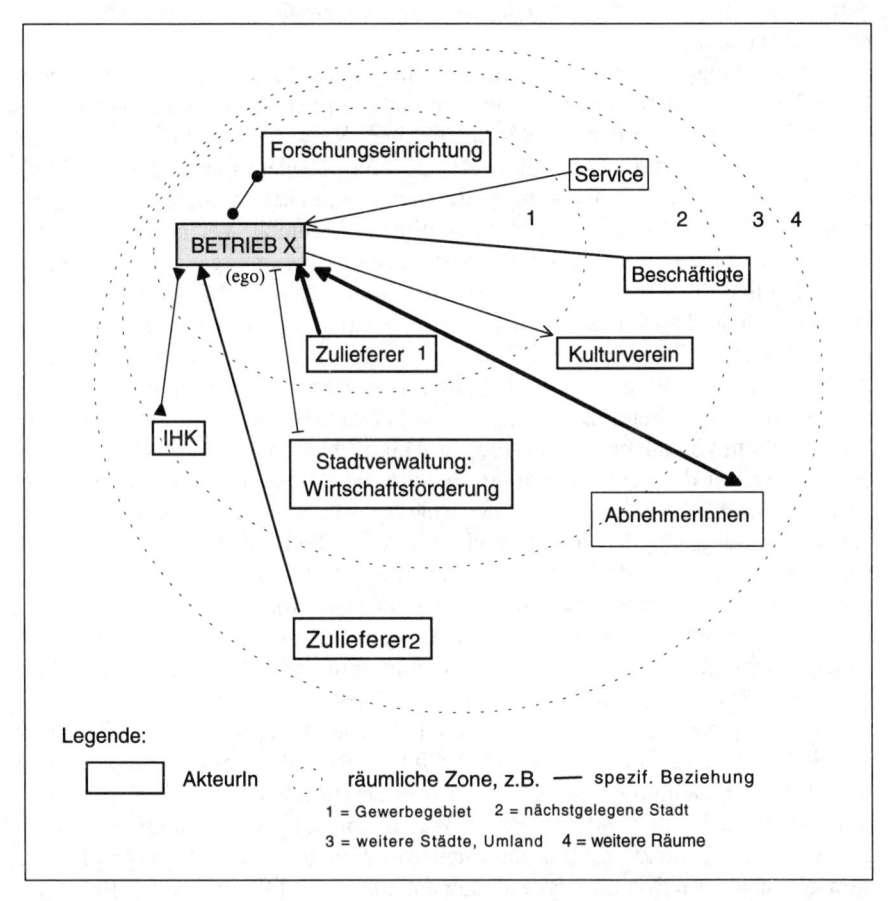

```
Akteure im Netzwerk:
- BETRIEB X (ego)
- Forschungseinrichtung
- Service
- Beschäftigte
- Zulieferer 1
- Kulturverein
- IHK
- Stadtverwaltung: Wirtschaftsförderung
- AbnehmerInnen
- Zulieferer2

Räumliche Zonen: 1, 2, 3, 4

Legende:
☐ AkteurIn    ∙∙∙ räumliche Zone, z.B.    — spezif. Beziehung
1 = Gewerbegebiet   2 = nächstgelegene Stadt
3 = weitere Städte, Umland   4 = weitere Räume
```

4 Hoffnung und Zweifel

Im Zuge des gesellschaftlichen Umbruchs besteht in den ostdeutschen Regionen ein hoher Innovationsbedarf in allen Bereichen. Dies bedeutet, daß unter dem Begriff Innovation ein sehr breites, über technologische und/oder wirtschaftsstrukturelle Erneuerung hinausgehendes Handlungsfeld zu verstehen ist. Wenn der Nachweis gelingt, daß zwischen dem Entwicklungsstand verschiedener regionaler Instanzen - wie Unternehmen, Verbänden, politischen Institutionen, sozialen und kulturellen Einrichtungen etc. - ein Abhängigkeitsverhältnis im Sinne eines innovationsfreundlichen oder -hemmenden Milieus besteht, gewinnt damit auch die Diskussion um die Steuerbarkeit regionaler Entwicklung eine neue Dimension.

Indizien einer ansatzweise bereits vorliegenden Rezeption "milieu-nahen" Gedankengutes können etwa in einem veränderten Selbstverständnis der Regionalpolitik gesehen werden, wie es u.a. in einer Vielzahl von Politikkonzepten zum Ausdruck kommt (z.B. Innovations- und Kooperationsförderung, Städtenetze, integrierte Regionalkonzepte). Diese versuchen zwar, mit der Förderung wesentlicher Milieufaktoren (Tradition, Kontinuität, Verfahrensroutinen), die z.T. im Zuge des Transformationsprozesses verloren gegangen sind, regionaler Stabilisierung im Sinne einer Herausbildung spezifischer Regionalprofile zu dienen. Die Typik ostdeutscher Wirtschaftsregionen besteht jedoch wegen der verbreiteten "Filialökonomie" in der weitgehenden Fremdbestimmung und Außensteuerung der wichtigsten Unternehmen. Bestrebungen, eigene regionale Profile, also im weiteren Sinn Milieus, zu entwickeln oder zu reaktivieren, gehen vor allem von außerwirtschaftlichen AkteurInnen in den Regionen aus. Unter dem Aspekt der notwendigen "Einbettung der Ökonomie in die Region" ist deshalb sowohl die Blickrichtung der Relevanz ökonomischer AkteurInnen für die Entwicklung einer Region als auch umgekehrt die Bedeutung der Region für die wirtschaftlichen AkteurInnen zu verfolgen. Die Qualität regionaler Wirtschaftsmilieus ist dann nicht allein mit dem Grad innerwirtschaftlicher Verflechtungen (Internalisierung - Externalisierung) erklärbar, sondern muß auch an der Ausprägung des Zusammenwirkens mit außerwirtschaftlichen AkteurInnen (horizontale bzw. vertikale Integration) gemessen werden.

Eine adäquate Analyse regionalwirtschaftlicher Umbruchprozesse ist unter dieser Perspektive bei einer Beschränkung auf traditionelle Analyseformen nicht möglich, da hierbei die Veränderungen des Akteurs- und Beziehungsgefüges und deren Einfluß auf den Prozeßverlauf ungenügend berücksichtigt werden. Ein entsprechend profund untermauertes Milieu-Konzept hingegen könnte zum einen als Analysehintergrund dienen, um eine differenziertere Beschreibung und Erklärung des Phänomens regionaler Disparitäten zu erreichen. Unter kontextuell angepaßter Kopplung mit vorliegenden Ergebnissen zu den sog. "Innovativen Milieus" kann es zum anderen auch als Bewertungsfolie regionaler Entwicklung herangezogen werden. Insbesondere für die wirtschaftliche Situation der neuen Bundesländer besteht hier jedoch eine erhebliche Diskrepanz zwischen dem empirisch-theoretischen Stand regionalökonomischer Milieu-Konzepte und der Ableitbarkeit wirtschaftspolitischer Strategien (vgl. GENOSKO

1996). Die Frage der Anschlußfähigkeit von Modellen einer Ausgleichsversus Wachstumsorientierung ist bis dato ungelöst.

Der Wert des Konzepts regionaler (Wirtschafts-)Milieus für eine anwendungsorientierte regionsbezogene Forschung resultiert aus dessen Stärken und Schwächen gleichermaßen. Es kann als der Versuch verstanden werden, Komplexität interdisziplinär zu durchdringen, Innensichten aus der Akteursperspektive mit anderen bezogen auf einen Raum zu verschränken sowie ggf. auch normative Aussagen zu regionalen Entwicklungsprozessen zu ermöglichen. Die Last kurzfristiger Erwartungen seitens der regionalen AkteurInnen und innerwissenschaftlich hoher Ansprüche könnte jedoch auch zum Scheitern verurteilen.

Vera Lessat

Anmerkungen zum Milieu- und Netzwerkbegriff aus ökonomischer Sicht

Auch in die ökonomische, insbesondere die regionalökonomische Theoriebildung hat der Milieubegriff inzwischen, ausgehend von soziologischen Diskursen, Eingang gefunden. Der Stellenwert und die Einordnung des Milieubegriffs in wichtige Konzepte der ökonomischen Theorie werden im folgenden diskutiert.

Begriffliche Einordnung des Milieukonzepts

Der Ökonomie dient der Milieubegriff zur Erklärung von Ursachen und Erfolgen regional vernetzter Produktionsstrukturen. Angeregt durch die Arbeiten von Granovetter (GRANOVETTER 1973, 1985), der die Eingebundenheit - Embeddedness - des ökonomischen Handelns in soziale Beziehungen betont, wird in etlichen sozioökonomischen Untersuchungen[1] der wirtschaftliche Erfolg von Regionen durch die Einbindung der Unternehmen in eine soziale Struktur erklärt (AYDALOT 1988). Mit dem Milieukonzept werden ökonomische Interaktionen erklärt, die in den traditionellen ökonomischen Theorien zwischen der vollkommenen Konkurrenz und der Theorie der Firma (WILLIAMSON 1975) keinen Platz finden.

Die soziologische Annäherung an das Milieu hat ihren Ausgangspunkt beim Konzept der Lebenswelt und deutet damit vor allem Sozialmilieus, in denen Individuen - eingebettet in verschiedene soziale Kontexte bzw. Strukturen - miteinander interagieren. Das Produktionsmilieu ist ein Element des Sozialmilieus, solange man letzteres nicht gänzlich als Freizeitwelt beschreiben will (obwohl natürlich dieser Begriff auch schon immer das Gegenteil der Freizeit, also die Arbeit, voraussetzt). Interessant wird die Übertragung des Milieukonzepts in die ökonomische Sphäre, weil die Soziologie damit wieder einen Bereich thematisiert, um den sie aufgrund der Dominanz der sozial atomisierten ökonomischen Theorie lange Zeit einen Bogen geschlagen hat.

---

1   Diese Ansätze wurden vor allem innerhalb einer Forschergruppe aus 15 überwiegend europäischen Forscherteams entwickelt, die sich seit 1985 in der „Groupe de Recherche Européen sur les Milieux Innovateures" (GREMI) zusammengefunden haben.

Ein zweiter zentraler Begriff, der mit den Produktionsmilieus - zumindest in ökonomischen Debatten - häufig in einem Atemzug genannt wird, ist der Begriff des *Netzwerks*. Beide gehören derzeit in der Regionalökonomie zu den Schlagworten, die sowohl die wissenschaftliche als auch die wirtschaftspolitische Diskussion beherrschen. Darüber hinaus wird die Debatte noch von weiteren Begriffen geprägt, die nicht unabhängig von den oberen zu sehen sind. Milieus werden häufig mit dem Adjektiv "innovative Milieus" erweitert, die wiederum in den sogenannten *"Industrial Districts"* ausgemacht werden, in denen die Orientierung auf "kleine und mittlere Unternehmen" eine zentrale Rolle spielt und sogenannte "post-fordistische Produktionskonzepte" der "flexiblen Spezialisierung" für eine "differenzierte Qualitätsproduktion" eingesetzt werden (SENGENBERGER 1991, PIORE, SABEL 1984).

Eine Klärung der Begriffe und vor allem ihrer Beziehungen untereinander verdeutlicht, weshalb sich Ökonomen für Konzepte wie Milieus und Netzwerke interessieren. Das ökonomische Interesse am Milieubegriff ist zunächst ungewöhnlich, weil er inhaltlich weit über isolierte ökonomische Fragestellungen und über die verhaltenstheoretische Annahme des "rational Choice" hinausgeht. Zudem kann er kaum durch statistisch faßbare, ökonomische Indikatoren eingefangen und gemessen werden. Diese Eigenschaften haben Milieus mit den Netzwerken gemeinsam. Beide Begriffe sind gleichzeitig so populär, wie sie rigorosen ökonomischen Theoretikern suspekt sind.

Netzwerke und Milieus in der Ökonomie

Netzwerke

Die begriffliche Unschärfe der Milieus und Netzwerke liegt in erster Linie am Inhalt selbst, den sie umschreiben sollen. Mit beiden Konzepten werden informelle und kontinuierliche, stabile und flexible Beziehungen zwischen Unternehmen beschrieben. Unternehmensnetzwerke sind inhaltlich zwischen der klassischen vertikalen Integration in einem Großunternehmen und vielen kleinen Unternehmen, die untereinander über anonyme marktmäßige Vorleistungs- und Absatzbeziehungen im Austausch stehen, angesiedelt.

In Netzwerken agieren die Unternehmen im "kooperativen Wettbewerb". Know-how-Transfer über gemeinsame Forschungsinstitutionen, der Austausch von Forschungspersonal, gemeinsame Export- und Messeaktivitäten sowie "strategische Allianzen" gehören zu den kooperativen Elementen in ökonomischen Netzwerken. Da die einzelnen Unternehmen selbständig bleiben und häufig auf gleichen oder ähnlichen Absatzmärkten agieren, ist die Beziehung zwischen ihnen aber in erster Linie ein Konkurrenzverhältnis.

Ferner geht der Netzwerkbegriff über das traditionelle Beziehungsgeflecht der Liefer- und Leistungsverflechtungen zwischen Unternehmen hinaus, das auf Märkten über Preise vermittelt wird. Die informelle Dimension ist für den Erfolg von Netzwerken von zentraler Bedeutung. Eine kooperativ-vertrauensvolle Zusammenarbeit, die durch "weiche" Beziehungen und relativ "offene" Schnittstellen für ein hohes Maß an gemeinsamen Problemlösungen und kooperativem Lernen sorgt, ist ein wesentliches Kennzeichen erfolgreicher Netzwerke. Je nach Blickwinkel gehören zu den Netzwerken auch die Institutionen des Arbeitsmarktes und die lokalen, regionalen oder auch überregionalen sozialen, politischen und kulturellen Akteure und Institutionen.

Anders als der Milieubegriff, mit dem per se eine soziale Interaktionskomponente jenseits des Rationalitätskalküls angesprochen wird, werden Unternehmensnetzwerke jedoch im Rahmen der Institutionenökonomik als Ergebnis rein optimierenden, rationalen Handelns interpretiert. Wesentliche Eigenschaften oder "stylized facts" solcher Netzwerke sind die Redundanz der Beziehungen innerhalb der Netzwerke, relativ ungenaue Ex-ante-Spezifikationen der Austauschverhältnisse und eine eher untergeordnete Bedeutung von hierarchischen Elementen. Die Vorteile von Netzwerken liegen in ihren dynamischen Eigenschaften, ihrer Anpassungsfähigkeit und Innovationsleistung. Die Nähe zum Milieukonzept wird durch folgende Beschreibung deutlich: "Es handelt sich dabei aber um eine Form des Wettbewerbs, die durch langfristige Interessensverschränkungen sowie durch die Eingebundenheit in eine bestimmte 'Kultur' bzw. in ein bestimmtes institutionelles Umfeld domestiziert ist und wenig mit einem 'klassischen' Spot-Markt gemein hat." (FRITSCH 1992, S. 100)

Milieus und Industrial Districts

Der Begriff des Milieus erweitert den Netzwerk-Ansatz um die räumliche Dimension. Das Konzept des Milieus bezieht sich ganz explizit auf einen begrenzten Raum, einen Ort bzw. eine Region, mit dem Ziel, unterschiedliche regionale bzw. lokale Entwicklungsdynamiken zu erklären. Da aber informelle und vertrauensvolle Kooperationsstrukturen räumliche Nähe voraussetzen bzw. durch diese begünstigt werden, wird mit Netzwerken und Milieus häufig ein fast deckungsgleicher Inhalt umschrieben.

Während der Netzwerkbegriff jedoch eher die ökonomischen Interaktionen umschreibt, zielt der Milieubegriff auf ein umfassenderes soziales Handlungssystem. Die wesentlichen neuen theoretischen Elemente dieses sozioökonomisch orientierten Forschungsansatzes bestehen in der Betonung von kollektiven Lernprozessen, in denen lokale Kreativität mit Hilfe von Synergien in Innovationen transformiert wird. Herausgehoben wird darüber hinaus, daß ein lokales Milieu Unsicherheit über die zukünftige Entwicklung reduzieren kann (CAMAGNI 1991).

Einem der Protagonisten des Milieubegriffs folgend, ist ein regionales Milieu ein komplexes System aus ökonomischen und technologischen Interdependenzen, es bezieht sich auf ein umfassendes Ganzes, in dem ein räumliches Produktionssystem, eine technische Kultur und deren Protagonisten zueinander in Beziehung stehen (MAILLAT 1991). Etwas konkreter ist die Beschreibung des Industrial Districts, in dem die Unternehmen in einem relativ kleinen geographischen Raum direkt oder indirekt für den gleichen Endmarkt produzieren. Sie teilen eine Reihe von Werten und Wissen miteinander, die eine kulturelle Umgebung definieren, in der die Unternehmen durch hochspezifische Beziehungen in einem komplexen Mix aus Wettbewerb und Kooperation miteinander in Beziehung stehen (BRUSCO 1990).

Diese Konzepte dienen hauptsächlich der Analyse von Regionen, die sich in den letzten Jahrzehnten erfolgreich entwickelt haben und deren Erfolgsursachen mit den traditionellen Erklärungen von Wachstumspolen und Agglomerationsvorteilen nicht eingefangen werden können. Dies sind insbesondere Regionen, die außerhalb der großen Verdichtungsräume liegen und für die aus traditioneller Sicht nur geringe Entwicklungspotentiale prognostiziert wurden.

Ökonomisch erfolgreiche Milieus und Industrial Districts zeichnen sich durch eine hohe Innovativität aus. Sie stellen ein post-fordistisches industrielles System aus vielen kleinen, unabhängigen Firmen der gleichen Branche dar, die entlang einer Produktionskette miteinander verbunden sind. Die einzelnen Unternehmen sind dabei jeweils im Rahmen der flexiblen Spezialisierung auf bestimmte Phasen des Produktionsprozesses spezialisiert. Das industrielle System des Industrial Districts ist über lokale politische, soziale und kulturelle Institutionen organisiert, in denen wettbewerbliche und kooperative Strukturen nebeneinander existieren. Eine wesentliche Voraussetzung für die Existenz solcher innovativen Milieus in den Industrial Districts ist, daß das regionale Umfeld die Gründung und das Wachstum von kleinen und mittleren Unternehmen fördert.

Beispiele innovativer Milieus

Es existiert inzwischen eine reichhaltige Literatur über erfolgreiche regionale Produktionsstrukturen, die als Industrial District oder als innovatives Milieu bezeichnet werden. Das klassische Beispiel ist das norditalienische "Third Italy", ein Produktionscluster, das beinahe idealtypisch durch kleinbetriebliche Strukturen, die in einem familiären und kulturellen Kontext miteinander verbunden sind, beschrieben wird. Wesentliche Merkmale sind Kleinserienproduktion und kundenspezifische Fertigungen in Kooperation zwischen Hersteller und Kunden, kleinstbetriebliche Größenstrukturen, eine hohe soziale Mobilität und eine hierarchiefreie Kooperation zwischen den Beschäftigten (PYKE, BECANTTINI, SENGENBERGER 1992, BRUSCO 1986, GARAFOLI 1991).

Aber auch in Frankreich (HANSEN 1990, AYDALOT 1986), Großbritannien (STORPER 1993, KEEBLE, KELLY 1986), der Schweiz (MAILLAT u.a. 1995) und in Deutschland (SABEL 1987, MAIER 1987, COOKE, MORGAN 1994) finden sich Beispiele von innovativen regionalen Milieus und Industrial Districts. In Frankreich gilt die Region um die Mittelmeerküste, vor allem die Alpes-Maritimes-Region als ein Beispiel einer technologieorientierten, innovativen und gleichzeitig kleinbetrieblich strukturierten Region, die sich auf die Bereiche Elektronik/Informatik, Medizin/Biotechnologie/Pharmazie und (alternative) Energien spezialisiert hat. In England ist die Region rund um Cambridge mit einem ebenfalls informationstechnologischen Produktionscluster ein solches Beispiel, in der Schweiz die Region Jura mit der Uhren- und Präzisionsmechanischen Industrie. In Deutschland schließlich gilt Baden-Württemberg als erfolgreiches Beispiel eines Industrial Districts, der sich durch ein aufeinander bezogenes Produktionscluster der elektrotechnischen Industrie, des (Werkzeug-)Maschinenbaus und des Straßenfahrzeugbaus auszeichnet.

Ein näherer Blick zeigt jedoch, daß viele dieser Beispiele nur zum Teil die Eigenschaften eines regionalen innovativen Milieus aufweisen. Die Wirtschaftsstruktur Baden-Württembergs beispielsweise wird neben der Mittelstandsorientierung vor allem durch einige wenige Großunternehmen geprägt. Folglich sind die Beziehungen der baden-württembergischen Unternehmen innerhalb des Produktionsnetzwerks durch eher hierarchische Strukturen geprägt (MORGAN 1994), und gerade der deutsche Mittelstand tut sich bisher schwer, kooperative Beziehungen untereinander aufzubauen (COOKE 1994). Die Region Alpes-Maritimes wurde durch eine staatliche, regionalpolitische Initiative, die Sophia Antipolis, zu einer innovativen Region aufgebaut, in der durch die Ansiedlung von Großunternehmen eine regional vernetzte Wirtschaftsstruktur geschaffen werden sollte. Aber gerade für die Schaffung einer regionalen Vernetzung und die Ausnutzung regionaler Synergien fehlen hier bisher empirische Belege. Statt dessen nutzen viele der konzernabhängigen Betriebe die moderne Kommunikationsinfrastruktur für ihren überregionalen, konzerninternen Informationsaustausch (KILPER, REHFELD 1991).

So stellt sich die Frage, inwieweit das Konzept des innovativen Milieus mit seiner Vision einer kleinbetrieblichen, wenig hierarchischen, hoch arbeitsteilig vernetzten und vor allem sehr erfolgreichen Wirtschaftsstruktur tatsächlich zur Erklärung für regionale Entwicklungsdynamiken taugt. Wenn schon die meisten der zitierten Beispiele nur bedingt dem Bild des innovativen Milieus bzw. des Industrial Districts entsprechen, soll im folgenden gefragt werden, ob nicht auch die traditionelle Ökonomie die wesentlichen Aspekte der dortigen Entwicklungsdynamiken erklären kann.

Traditionelle Konzepte der Regionalökonomie

Die räumliche Analyseeinheit der Volkswirtschaftslehre ist traditionell der Nationalstaat; Wachstums- und Konjunkturphänomene werden auf staatlicher Ebene analysiert. Die Behandlung von räumlichen Aspekten und Phänomenen ist innerhalb der Wirtschaftswissenschaften folglich eine Thematik, die in den meisten Lehrbüchern vergeblich gesucht wird.

Dennoch ist die Einbeziehung des Raums für Ökonomen im Grunde nichts Neues. Schon die berühmten Klassiker Alfred Weber (WEBER 1909), Marshall (MARSHALL 1986) und von Thünen (v. THÜNEN 1921) beschäftigten sich mit räumlichen Phänomenen. Und auch im angelsächsischen Raum sind mit den Arbeiten von Isard (ISARD 1956) und Jacobs (JACOBS 1969) wichtige Entwicklungen der regionalökonomischen Theorie geleistet worden. Gerade in jüngster Zeit hat die Regionalökonomie innerhalb der Volkswirtschaftslehre einen unerwarteten Popularitätsgewinn erfahren, der maßgeblich auf die Arbeiten eines der derzeit vielbeachtetsten amerikanischen Ökonomen, Paul Krugman (KRUGMAN 1991, 1995), zurückgeht. Von der Standortentscheidung der Unternehmen und Haushalte über die Allokation von Land bis hin zu der Frage, wie sich daraus eine räumliche Struktur von Agglomerationen und peripheren Regionen über die Zeit entwickelt, werden in der Regionalökonomie Fragestellungen behandelt, in denen der Raum eine zentrale Rolle spielt.

Zur Behandlung dieser Fragen waren jedoch schon immer Ansätze notwendig, die über das neoklassische Grundmodell ökonomischer Entwicklung hinausgehen und die innerhalb des formal eleganten Analyserahmens der traditionellen Neoklassik[2] keinen Platz fanden. In dieser auf Ausgleich ausgerichteten Welt werden Kräfte angenommen, die es attraktiver machen, in armen Regionen mehr zu investieren als in reichen. Genau andersherum reagieren die Arbeitskräfte, da sie in den reichen, zentralen Regionen ein höheres Arbeitseinkommen erzielen als in den armen. Diese beiden, in unterschiedlichen Richtungen wir-

---

2 Zentrale Annahme der Neoklassischen allgemeinen Gleichgewichtstheorie ist die Konvexitätsannahme, die bei der Produktion zu abnehmenden Grenzerträgen der Produktionsfaktoren und in der Haushaltstheorie zu abnehmenden Grenznutzen in der Menge der konsumierten Güter führt.

kenden Kräfte führen langfristig zum Ausgleich jeglicher regionaler und internationaler Ungleichheit. Folglich gibt es in dieser theoretischen Welt langfristig kein Zentrum und auch keine Peripherie. Die traditionelle Ökonomie ist in diesem Sinn raumlos, da ihr Analyserahmen zur Klärung raumbezogener Fragestellungen keinen Beitrag leistet.

Es ist offenkundig, daß dieses Bild weder im internationalen noch im regionalen Kontext reale Entwicklungen beschreiben kann. Zentrale Aspekte, die die Verteilung ökonomischer Aktivitäten im Raum determinieren, bleiben hier unberücksichtigt. Aus diesem Grund werden in die regionalökonomische Theorie Faktoren einbezogen, ohne die eine Thematisierung von Raum zu einer trivialen Angelegenheit wird: Für die Beantwortung räumlicher Fragestellungen sind Transportkosten, die Kosten der Raumüberwindung, ein wesentliches Element. Ein weiterer zentraler Aspekt ist die Berücksichtigung von unternehmerischen Kostenersparnissen bzw. betrieblichen Größenvorteilen, die bei der Produktion großer Herstellungsmengen entstehen. Solche auf Firmenebene realisierten Kostenvorteile werden in der Ökonomie steigende Skalenerträge genannt. Gäbe es solche Kostenvorteile nicht, wäre es immer am günstigsten, direkt am Standort der Nachfrage zu produzieren, um Transportkosten zu vermeiden; eine offensichtlich unrealistische Aussage.

Die Annahme steigender Skalenerträge hat jedoch weitreichende Konsequenzen für die ökonomische Theoriebildung. Eine Welt der vollkommenen Konkurrenz mit einer atomistischen Vielzahl von Produzenten kann bei betrieblichen Größenvorteilen nicht mehr existieren. Marktmacht und unvollkommener Wettbewerb, d.h. monopolistische oder oligopolistische Marktformen, sind die logische Folge von betrieblichen Größenvorteilen. Damit wird der neoklassischen Theorie aber nicht nur ihr eleganter, weil formal einfacher Analyserahmen entzogen, auch die Annahme anonymer Marktbeziehungen gilt nun nicht mehr.

Dennoch sind im Rahmen der Industrieökonomik in den 80er Jahren entscheidende Fortschritte in der Analyse von Märkten mit unvollkommenem Wettbewerb gemacht worden. In einer Vielzahl spieltheoretischer Modelle für monopolistische oder oligopolistische Marktstrukturen wird ein Marktverhalten untersucht, bei dem sich die Unternehmen über die strategischen Reaktionen ihrer Konkurrenten bewußt sind (TIROLE 1995). Diese Modelle basieren dabei weiterhin auf der zentralen Verhaltensannahme über rational optimierende Unternehmen, die in Konkurrenz zueinander stehen. Das Aufgreifen dieser Ansätze für regionalökonomische Fragestellungen ist letztlich für die aktuelle Renaissance der Regionalökonomie, die schließlich zur Formulierung einer "Neuen Regionaltheorie" führte, verantwortlich. Vor allem die Arbeiten Krugmans sind ein Beleg dafür, wie diese modernen ökonomischen Theorien das Entstehen und

Wachstum von Agglomerationen durch die Berücksichtigung von Transportkosten und betrieblichen Größenvorteilen erklären können.

Daneben existieren aber noch weitere Determinanten der Standortwahl und der Regionalentwicklung, die mit Transportkosten und betrieblichen Größenvorteilen nicht hinreichend erfaßt werden können. Was veranlaßt Unternehmen, sich dort niederzulassen, wo bereits andere konkurrierende Unternehmen ihren Standort gewählt haben? Müßte die Konkurrenz nicht gerade ein Grund sein, den eigenen Standort möglichst weit entfernt zu wählen? Die weltweit auf wenige Metropolen verteilten Bankenviertel sind für die Branchenkonzentration nur das augenfälligste Beispiel. Auch die Modebranche in Paris und Mailand, die Mikroelektronik im Silicon Valley und entlang der Boston-Route 128 und die Filmindustrie in Hollywood sind Beispiele für weltweit auf wenige Standorte konzentrierte Branchen.

Die Gründe hierfür werden in der Regionalökonomie *Agglomerationseffekte* genannt, die wiederum in sogenannte Lokalisations- bzw. Urbanisationseffekte unterschieden werden können. Während Lokalisationseffekte erklären, warum sich gleichartige Unternehmen an einem Standort konzentrieren, liefern die Urbanisationseffekte Erklärungen für die Konzentration unterschiedlicher ökonomischer Aktivitäten. Diese Effekte können im wesentlichen als Reaktion auf Marktunvollkommenheiten erklärt werden. Unternehmen, die nicht vollständig über die regionale Verfügbarkeit von Produktionsfaktoren oder über die Höhe der Nachfrage informiert sind, können es attraktiv finden, sich in der Nähe der Konkurrenten anzusiedeln, um den regionalen Markt zu beobachten. Unsicherheiten über die beste Produktionstechnologie wirken in die gleiche Richtung. Bei einer räumlichen Konzentration von Unternehmen, die ähnliche Produkte herstellen, bildet sich dort auch ein großer und differenzierter Arbeitsmarkt, der den Firmen Vorteile bietet. Schließlich kann die Nutzung gemeinsamer Zulieferer von Zwischenprodukten, die ihrerseits mit Größenvorteilen produzieren, eine räumliche Konzentration gleicher oder ähnlicher Firmen erklären (STAHL 1995). Vor allem die Informationsdefizite werden durch persönliche Kommunikationskontakte - face to face - in räumlicher Nähe reduziert. Hier spricht die traditionelle ökonomische Theorie Bereiche des ökonomischen Handelns an, bei der die soziale - idiosynkratische - Beziehung zwischen den Akteuren eine wichtige Rolle spielt. Auch das Konzept der Agglomerationseffekte hat in der ökonomischen Theorie Tradition: Bereits Marshall machte auf solche Effekte in den frühindustriellen Ballungsräumen Englands, die er schon als Industrial Districts bezeichnete, aufmerksam. Die regionalen Wachstumspoltheorien - wichtige ökonomische Theorien zur Erklärung regionaler Wachstumsprozesse - basieren zentral auf den Wirkungen der Agglomerationseffekte (PERROUX 1955, MYRDAL 1957, HIRSCHMAN 1958).

Die Ausnutzung dieser Agglomerationseffekte impliziert die Existenz von Erträgen, die Unternehmen aus der Nähe zu ähnlichen oder auch vor- oder nachgelagerten Unternehmen ziehen und die als "Externe Effekte" oder "Externalitäten" bezeichnet werden. Von diesen profitieren die Unternehmen quasi beiläufig, sie müssen dafür keinen Preis entrichten, und das Unternehmen, von dem der Vorteil ausgeht, erhält dafür keinen Ertrag. Nun liegt die Idee nahe, daß Unternehmen versuchen, solche Vorteile systematisch zu nutzen, und dafür Institutionen gründen. Die oben beschriebenen, mehr oder weniger formalisierten Netzwerke sind Strukturen, die dies ermöglichen (WEDER, GRUBEL 1993). Damit erklärt die ökonomische Theorie das Entstehen von Netzwerken durch das optimierende Handeln rationaler Akteure. Kooperative Strukturen, in denen idiosynkratische Beziehungen und Vertrauen wichtige Bedingungen sind, werden aufgebaut, um Erträge zu internalisieren, die ansonsten eher zufällig anfallen.

Neue Erkenntnisse durch das Milieukonzept?

Wenn somit der Erkenntnisgegenstand des Milieuansatzes, der durch Agglomerationsvorteile zusammengehaltene Industrielle District der Ökonomie nicht neu ist, muß danach gefragt werden, ob das Konzept des Milieus bzw. der "Embeddedness" für die Regionalwissenschaft einen Erkenntnisgewinn liefert.
Dies soll anhand von drei Fragen diskutiert werden:
1. Ist das Konzept des Industrial Districts ein alternatives regionales Entwicklungsmodell?
2. Welche Bedeutung haben kleine und mittlere Unternehmen für die regionale Entwicklung? Schließlich
3. Welche Bedeutung haben soziale Beziehungen für die Wirtschaftsentwicklung?

zu 1. Die ökonomischen Standardtheorien regionaler Entwicklung in der Tradition von Perroux betonen neben der Wirkung der Agglomerationsvorteile die Existenz einer dominierenden, führenden Firma oder Industrie (firme ou industrie motrice), die durch Zulieferverflechtungen (backward- and forward linkages) zu vor- und nachgelagerten Firmen mittels Innovationsschüben das regionale Wachstum anregt. Periphere Regionen erhalten in diesem Modell ihre ökonomische Bedeutung lediglich als Standorte für Zweigbetriebe der führenden Firmen, die hier ausgereifte Produkte in Massenproduktion zu günstigen Produktionskosten herstellen.
Dieses simple Modell regionaler Entwicklung ist von mehreren Seiten

kritisiert worden. Zum einen ist das Bild des Produktlebenszyklus, in dem jedes einst innovative Produkt irgendwann ausgereift ist, nicht ohne weiteres auf Märkte mit spezialisierter Qualitätsproduktion übertragbar. Zum anderen stellt die Wachstumspoltheorie und auch die "Neue Regionaltheorie" zu sehr auf die führende Rolle von Großunternehmen ab. Kleine und mittlere Unternehmen haben hier keine eigenständige Rolle als Motor der Regionalentwicklung. Dagegen setzt das Konzept des Industrial Districts auf das Entwicklungspotential von vielen kleinen und mittleren Firmen, die innerhalb von Netzwerken Größenvorteile realisieren, die die traditionelle Ökonomie eher Großunternehmen zuschreibt. Dies ist - unabhängig von der empirischen Relevanz des Industrial Districts - ein alternatives regionales Entwicklungsmodell, das eher auf die Stärkung sogenannter "endogener Potentiale" setzt als auf die Attraktion von Großunternehmen. Der Industrial District könnte folglich als ein Konzept interpretiert werden, das peripheren Regionen die Chancen eröffnet, aus sich selbst heraus durch die Freisetzung innovativer Potentiale Wachstum zu schaffen.

Neben den Potentialen, die in zahlreichen Beispielen der Industrial-District-Literatur beschrieben werden, verbergen sich in einer regional vernetzten Wirtschaftsstruktur aber auch langfristige Gefahren. Falls diese Netzwerke - ähnlich wie Großunternehmen - zu wenig Flexibilität besitzen, um auf veränderte Rahmenbedingungen zu reagieren, können sie zu "Verhinderungsallianzen" erstarren. Die über mehrere Jahrzehnte etablierten ökonomischen, politischen und sozialen Netzwerke des Ruhrgebietes, die den strukturellen Wandel eher behindert als forciert haben, sind hierfür ein warnendes Beispiel (GRABHER 1993).

zu 2. So attraktiv das Bild des Industrial Districts mit einem innovativen Milieu, einer kleinbetrieblichen, fast familiären Wirtschaftsstrukur und wenig hierarchischen Kooperationsstrukturen ist, so sehr stellt sich auch die Frage nach seinem Realitätsgehalt. Ist das international orientierte Großunternehmen tatsächlich ein Dinosaurier, der in der modernen Welt nicht überleben kann? Ist das regionale Netzwerk kooperierender Kleinunternehmen dem vertikal integrierten Großunternehmen aufgrund von Flexibilitätsvorteilen tatsächlich überlegen? Bei einem erweiterten Blickwinkel von der Region zur Nation bekommt man in der aktuellen Debatte über "Standort und Globalisierung" einen durchaus anderen Eindruck. Hier erscheint es eher so, als ob die international agierenden Konzerne durch ihre Standortentscheidungen über das Wohl ganzer Nationen entscheiden (THUROW 1996). Damit soll nicht etwa die Bedeutung der kleinen und mittleren Unternehmen für die wirtschaftliche Entwicklung in

Frage gestellt werden. Tatsächlich sind diese Unternehmen in vielen Industrieländern der wichtigste Motor für das gesamtwirtschaftliche Beschäftigungswachstum (BIRCH 1987, STOREY, JOHNSON 1987). Auch für Innovationen sind kleine und mittlere Unternehmen ebenso bedeutend wie Großunternehmen (ACS, AUDRETSCH 1990). Die Gründe hierfür liegen jedoch jenseits der Argumentationslinie der Industrial-District-Vertreter. Der säkulare Trend zur Tertiärisierung ist eine wichtige Triebkraft für die Zunahme kleiner Unternehmen. Auch der Trend zur Auslagerung von Unternehmensfunktionen und zur Verringerung der Fertigungstiefe erhöht die Anzahl der kleinen und mittleren Unternehmen. Diese agieren dann jedoch eher in einem hierarchischen Netzwerk mit einem dominierenden Großunternehmen.

zu 3. Schließlich soll der Frage nachgegangen werden, ob mit dem Milieukonzept wesentliche Aspekte des ökonomischen Beziehungsgeflechts erfaßt werden, die in den Agglomerationsökonomien nicht enthalten sind. Nach der traditionellen ökonomischen Lesart nutzen die Unternehmen Agglomerationsvorteile, indem sie - unter anderem - in Netzwerken agieren. Jedes einzelne Unternehmen bleibt dabei selbständig und verfolgt sein Eigeninteresse. Unternehmen gehen kooperative Beziehungen miteinander ein, sobald es für sie wechselseitig von Vorteil ist. Soziale Beziehungen der Unternehmen zueinander, die nicht dem ökonomischen Rationalitätskalkül folgen, sind dafür nicht notwendig.

Der Austausch von Informationen und die Interaktion in Netzwerken setzt jedoch persönliches Vertrauen voraus. An dieser Stelle geht das Industrial- District-Konzept einen Schritt weiter als die traditionelle ökonomische Theorie. "If trust can best be built through learning about idiosyncrasies of the actors, and if this requires repeated interaction, then such interaction is likely to be facilitated by personal contact, and that contact is in turn enhanced by geographical proximity" (HARRISON 1992, S. 477). Die Logik des Industriellen Districts läuft von der räumlichen Nähe über die Erfahrung, das Vertrauen und die Zusammenarbeit zu mehr regionalem ökonomischen Wachstum. Insbesondere die Stabilität der weichen Beziehungen des kooperativen Wettbewerbs in einem innovativen Milieu wird über das Ausmaß an Vertrauen zwischen den Akteuren bestimmt.

Je bedeutender Netzwerke kooperierender Unternehmen werden, desto wichtiger wird der Aufbau von Vertrauen zwischen Wettbewerbern, und um so mehr muß die ökonomische Theorie ihr Bild des atomistisch oder rational strategisch agierenden Unternehmens modifizieren. So wie im Bereich der Unternehmensorganisation Ökonomie und Soziologie verschiedene Aspekte der formalen und informellen Hierarchie aus anderen

Blickwinkeln thematisieren, wird diese Interdisziplinarität für die Analyse der Beziehungen der Unternehmen untereinander von wachsender Bedeutung. Die soziale Atomisierung, die für Adam Smith noch Voraussetzung für einen perfekten Wettbewerb war, wird zunehmend zum Hemmschuh der wirtschaftlichen Entwicklung. Kooperative und vertrauensvolle Beziehungen sind mit der Postulierung eines atomisierten Individuums genauso wenig kompatibel wie Netzwerke und kooperativer Wettbewerb mit dem Ideal der vollkommenen Konkurrenz. Die in dieser Arbeit thematisierten Konzepte repräsentieren eine besondere Marktstruktur mit einem besonderen Unternehmensverhalten, das zwischen strategischem Verhalten bei Konkurrenz und sozial eingebetteter Kooperation angesiedelt ist und von ökonomischer und soziologischer Seite aus analysiert werden muß.

Die Transformationsprozesse seit 1989 im Spiegel neuer Milieustudien

Michael Hofmann, Dieter Rink

Milieu als Form sozialer Kohäsion.
Zur Theorie und Operationalisierung eines Milieukonzepts

Die Transformation der ostdeutschen Gesellschaft brachte viele Verwerfungen und Veränderungen in den Lebenswelten der Ostdeutschen mit sich. Auf ihre Untersuchung konzentrierten sich in den letzten Jahren zahlreiche sozialwissenschaftliche Forschungsprojekte, die ganz verschiedenen Zugängen zum Problem folgten. Während zum Beispiel in den Ergebnissen der Sozialstrukturforschung und auch der Lebensstilforschung der soziale Wandel in Ostdeutschland vor allem die wachsende Differenziertheit und Ungleichheit hervortritt, wird bei der Untersuchung sozialer Milieus das Augenmerk eher auf die soziale Kohäsion und gesellschaftliche Integration sozialer Gruppen im Transformationsprozeß gelegt. Gerade in Zeiten raschen sozialen und politischen Wandels, wie er derzeit paradigmatisch in Ostdeutschland zu beobachten ist, vermögen Milieuanalysen auf diese Weise ein Bild der sozialen Integrationsmechanismen, der Deutung des Wandels und der Bewältigungs- und Verarbeitungsmuster zu zeichnen. Eher als dies zum Beispiel mit einer repräsentativen Sozialstrukturanalyse möglich ist, lassen sich mit der Analyse sozialer Milieus Richtungen und Formen des sozialen Wandels explorativ bestimmen.

Durch die Untersuchung sozialer Milieus scheint es einerseits möglich zu sein, sozialhistorische Entwicklungen auf unterschiedlichen Ebenen (lokal, regional, national) zu rekonstruieren. Andererseits vermögen die Ergebnisse einer Milieuuntersuchung den Zusammenhang zwischen den Mustern sozialer Ungleichheit und den kulturellen Differenzierungen zu erhellen.

Durch diese Vorteile erfuhren die Milieuanalysen in der Sozialforschung der letzten Jahre einen deutlichen Aufschwung. Seit der Wiedereinführung des Milieubegriffes in die soziologischen Analysen in Deutschland durch M. Rainer Lepsius in den 60er Jahren (LEPSIUS 1993) hat er vor allem in der sozialhistorischen Forschung Anwendung gefunden. In den letzten Jahren spielen Milieuanalysen in der Erforschung des Transformationsprozesses eine wichtige Rolle z.B. bei der Erklärung von Bewältigungsmustern (siehe: BECKER, BECKER, RUHLAND 1992, FLAIG, UELTZHÖFFER 1993, BURDA UND SINUS 1993, VESTER, VON OERTZEN, GEILING, HERMANN, MÜLLER 1993, VESTER, HOFMANN, ZIERKE 1995).

Dennoch blieb der Begriff "soziales Milieu" und seine analytische Dimension bisher relativ unscharf. Seine Anziehungskraft scheint er vielmehr "dichten" Beschreibungen (Geertz) neuer Erscheinungen - insbesondere neuer kultureller Differenzierungen - zu verdanken, für die die Soziologie zunächst keine Erklärungen parat hatte.

In einem DFG-Projekt zur "Tertiärisierung und zum Wandel sozialer Milieus in Ostdeutschland" versuchen die Autoren, das Milieukonzept für die Anwendung in der (vorwiegend qualitativen und explorativen) Forschung theoretisch zu entwickeln und empirisch anzuwenden.

Zum einen geht es dabei um die theoretische Einordnung des Milieukonzeptes zwischen Sozialstrukturanalyse und Lebensstilanalysen.

In unserem Forschungsansatz, der neben der neueren Sozialstrukturanalyse auch stärker die Traditionen historischer lebensweltlicher Klassenanalyse einbezieht, ist das Milieukonzept zentral. Es bezeichnet die mittlere Ebene des "sozialen Raumes" (BOURDIEU), die zwischen den "objektiven" Soziallagen und den "subjektiven" Mentalitäten und Lebensstilen der Menschen vermittelt. In Erweiterung einer von Hradil vorgeschlagenen Definition (HRADIL 1987, S. 165) rückt unser Begriff des Milieus das gestaltende Moment der Interaktion in den Vordergrund:

Soziale Milieus sind demnach Gruppen mit gemeinsamen lebens- und arbeitsweltlichen Handlungszusammenhängen. Sie gewinnen und verändern ihren Zusammenhalt in Prozessen sozialer Praxis. Diese gemeinschaftliche Alltagspraxis besteht sowohl aus Praktiken sozialer Kohäsion als auch in wechselseitigen Abgrenzungen, teilweise auch Ausgrenzungen sozialer Milieus. Die Kohäsion beruht darauf, daß man "sich braucht" (VESTER 1995 b).

Der Milieuansatz in dem hier vorgestellten Sinne kann die subjektive Seite, die bewegende Kraft der Sozialstruktur deutlicher machen. Nach unseren Ergebnissen läßt sich der Zusammenhang von Sozialstruktur und Lebensstilen über die Stufenleiter Sozialstruktur - Milieu - Mentalität - Lebensstil erfassen. Milieuanalyse bezieht die sozialen Umwelten und Zusammenhänge, in denen Lebensstile entstehen bzw. existieren, ein und ermöglicht ihre historische Verortung. Die Methode der historischen Milieustudien (Milieubiographien) gestattet es, kurzfristige Moden, Subkulturen und Szenen an längerfristigen Veränderungen der Milieus und der Mentalitäten abzugleichen (siehe dazu: HOFMANN, RINK 1996).

Zum anderen geht es um die Möglichkeit der empirischen Operationalisierung des Milieuansatzes. Strukturell läßt sich die Praxis sozialer Kohäsion auf drei Ebenen, die sich teils widersprechen, teils koinzident durchdringen, erfassen:

1. Auf der Ebene von Mentalitäten und Erfahrungen (Milieu als Erfahrungsgemeinschaft),
2. auf der Ebene der Vergemeinschaftungsformen (Milieu als Kontaktkreis oder Gesellungsgemeinschaft) und
3. auf der Ebene der Vergesellschaftungsformen (Milieu als Konfliktgemeinschaft)

zu 1. Milieu als Erfahrungsgemeinschaft

Durch unterschiedliche Etappen, Rhythmen und Horizonte sozialer Erfahrungsgeschichte unterscheiden sich soziale Milieus voneinander.

Die Milieus schaffen sich durch ihre ähnliche Praxis einen gemeinsamen Erfahrungsraum und damit auch einen gemeinsamen Spielraum für ihre Handlungsalternativen (LEPSIUS) in gesellschaftlichen Konflikt- und Interessenfeldern. Der Erfahrungsraum hat erstens einen physischen, alltagspraktischen Aspekt des Handlungsvollzuges und der Sässigkeit in einem bestimmten Territorium, um dessen Bedeutungswandel gestritten wird (SCHULZE 1992). Zweitens aber verkörpert der Erfahrungsraum das Ergebnis einer meta-physischen, subjektiven Bewußtseinsleistung, das Konzentrat subjektiver Vorstellungsbilder und Identitätskonstrukte. Es ist ein entscheidendes Indiz der Milieukohäsion, Mitglied der gleichen Erfahrungsgemeinschaft zu sein, unabhängig davon, ob die erfahrenen Konflikte und Ereignisse in jedem Fall synchron gedeutet werden. Dieses gemeinsame historische *Repertoire*, das durchaus im Sinne der sozialpsychologischen Milieutheorie prägend wirkt, ist eine entscheidende Basis für die "erhöhte Binnenkommunikation" (SCHULZE) in den sozialen Milieus. Hier bilden sich die unzähligen Geschichten und Mythen des Alltags, die in die Konstruktion der Identität sozialer Milieus einfließen. In der Erfahrungsgemeinschaft erklären sich auch die mentalitätsgeschichtlichen Hintergründe der Milieuentwicklung. Eine "Sozial-Charakterologie" (GEIGER) der Milieus - (bei Geiger sind es schichttypische Mentalitäten (GEIGER 1987, S. 78) - läßt sich über die Struktur und Deutung der (kollektiven) Erfahrungen hermeneutisch erstellen.

Das Konzept der Erfahrungsgemeinschaft trägt dem Rechnung, daß die sozialen Milieus mit den Gruppen der "objektiven Sozialstruktur" - z.B. Klassen oder Schichten - nicht deckungsgleich sind. Denn die gleichen sozialen Positionen und Lagen werden nicht auf die gleiche Weise erfahren. Sie werden vielmehr je nach Mentalität und Milieu verschieden gedeutet und bewältigt.

Die Operationalisierung der erfahrungsgeschichtlichen Dimension der Milieus erfolgt über lebensgeschichtliche Interviews, vor allem über Zwei-Generationen-Interviews (siehe: HOFMANN, RINK 1993 b). Ein zweiter Zugang sind lebensgeschichtlich angelegte Experten-Interviews mit Schlüsselpersonen in den einzelnen Milieus. Solche Personen gibt es im Prinzip in jedem Milieu, sie halten wie Chronisten wichtige Begebenheiten, Anekdoten und Stories fest, interpretieren diese und geben sie weiter. Zusammen mit dem Studium von Dokumenten und Akten sowie zeitgeschichtlichen Artefakten ergibt das ein facettenreiches Bild der Milieugeschichte und lassen sich unterschiedliche Deutungsmuster herauspräparieren.

zu 2. Milieu als Kontaktkreis oder Gesellungsgemeinschaft

Über Familien und Freundeskreise, die Freizeitkultur, soziales oder politisches Engagement und Geselligkeit entstehen eigenständige Vergemeinschaftungskreise mit „erhöhter Wahrscheinlichkeit persönlicher Kontakte" (SCHULZE). Die Gesellungsgemeinschaften der sozialen Milieus sind allerdings nicht gegeneinander abgeschottete Gesellschaften, ihre Relationen zueinander sollten treffender als Netzwerkstruktur verstanden werden.
Bourdieu nennt die Gesellungsgemeinschaft Wahlverwandtschaft: Der Geschmack paart die Dinge und Menschen, die zueinander passen, die aufeinander abgestimmt sind, und macht sie einander verwandt (BOURDIEU 1989, S. 374).
Insofern dieses moderne Netzwerk von Vergemeinschaftungskreisen in der Lage ist, allgemeine soziale Ordnungsmaxime, Interessenausgleich und soziale Integration (Systemintegration) herbeizuführen, erweisen sich die separierten, wiewohl vernetzten Vergemeinschaftungsformen auch als ein Vergesellschaftungsmodus (KLOCKE 1993, S. 170). Die Bedeutung der Vergemeinschaftungsformen für die soziale Kohäsion und gesellschaftliche Integration der Milieus ist durch die Vergesellschaftungsmodi fortgeschrittener Industriegesellschaften gestiegen. Sie scheinen allerdings die Formen sozialer Ungleichheit eher zu reproduzieren als aufzuheben.
Die soziale Kohäsion in den milieuspezifischen Gesellungsgemeinschaften läßt sich auf verschiedenen Ebenen empirisch nachweisen:
Übergreifend wird subjektiv gefühlte Zusammengehörigkeit (Vergemeinschaftung) über den gemeinsamen Lebensstil erreicht (KLOCKE 1993, ebd.). Die Bestimmung von Milieus als Lebensstilgemeinschaften (z.B. HRADIL 1987, BLASIUS 1994) trifft einen zentralen Vergemeinschaftungskern. Denn Lebensstile sind mehr als idealtypische Verdichtungen bestimmter Syndrome. Sie erfassen das gesamte Bezugssystem der Lebenswelt (FLAIG u.a. 1993) und steuern deshalb auch die Distinktion und Ausgrenzung.
Operational können Gesellungsgemeinschaften zum Beispiel durch die Orte und Formen der Geselligkeit charakterisiert werden. Die Beschreibung der in den verschiedenen Milieus anzutreffenden Formen der Geselligkeit (von der Art

familiären Umgangs über den Freundeskreis-Stammtisch bis our Vernissage) zeigt die Vielgestaltigkeit und zugleich die Trennschärfe der Vergemeinschaftungsmuster. Auch die Orte der Geselligkeit werden zu wichtigen Institutionen der Milieuentwicklung. Sie bilden einen räumlichen Kern der Vergemeinschaftung und übernehmen bei Wegfall politischer und wirtschaftlicher Milieu-Institutionen oftmals sogar Vergesellschaftungsfunktionen. Besonders in jüngeren Milieus ist es oftmals schwer, zwischen Institutionen der Vergemeinschaftung und der Vergesellschaftung zu unterscheiden. Die öffentliche Institutionalisierung der Vergemeinschaftungsorte in Szenen, Klubs, Verbänden oder in ganzen Quartieren ergänzt die Vergesellschaftungsmodi über Macht, Arbeit (Beruf) und Status.

Die Operationalisierung der Milieus als Gesellungsgemeinschaften erfolgt vor allem in der Lebensstilforschung durch die Analyse und Beschreibung von kulturellen Szenen, Freizeitgemeinschaften, Familientraditionen etc. (BERKING, NECKEL 1990, SCHULZE 1992, S. 475ff.)

zu 3. Milieu als Konfliktgemeinschaft

Das Innenleben sozialer Milieus ist alles andere als eine homogene Interessenlage oder gar eine "mechanische Solidarität" (Durkheim). Ähnliche soziale Praktiken eliminieren nicht etwa Konflikte, sondern die Nähe der Akteure produziert ständig neue Konfliktfelder. Alltägliche Konflikte müssen aber durchaus nicht zum Zerfall oder zur Schwächung der Kohäsion führen.

Es gibt jedoch gesellschaftliche Konfliktlinien, die auf der Ebene von Macht und Öffentlichkeit, der Verteilung gesellschaftlicher Arbeit und Ressourcen angesiedelt sind. Die gesellschaftliche Organisation der Arbeit, die Machtverhältnisse in Staat und Wirtschaft, das kollektive Interessenhandeln im Sinne der Wahrung und Verteidigung von Status, Einfluß und Anteil an Ressourcen sind keineswegs milieuneutral. Allerdings sind die Milieus selbst keine Institutionen bzw. Organisationen - es gibt in ihnen keine festen Mitgliedschaften, keine ausgearbeiteten Programme oder taktischen Regeln. Milieus sind eben keine Interessengruppen, und ihr Einfluß in Parteien, Verbänden und Organisationen ist heute nicht mehr leicht und eindeutig nachzuweisen. Er wird z.B. mit Begriffen wie "Milieu-Partei" oder "Milieu-Verankerung von Organisationen" zu erfassen versucht.

Die soziale Praxis in den Milieus erschöpft sich jedoch nicht in Erfahrungs- und Gesellungsgemeinschaften. Die Lebenspraxis in den Milieus, besonders die berufliche Integration in die Gesellschaft, findet in einem umkämpften sozialen Raum statt. Daß die berufliche Arbeit und ihr gesellschaftlicher Status auch in einer "Erlebnisgesellschaft" keinen sinkenden, sondern steigenden Stellenwert in der alltäglichen Lebensführung und als zentraler Vergesellschaftungsmodus gewinnen, hat Voß (1991) überzeugend nachgewiesen. Die Veränderung der Milieustruktur und die Entwicklung neuer sozialer Milieus in der Bundesrepublik (zum Beispiel das neue Arbeitnehmermilieu, FLAIG u.a. 1993) vollzog sich u.a. über bestimmte Berufsgruppen und ihren wachsenden Einfluß in der Gesellschaft (siehe auch die "Berufsmilieus" - NOLLER, WERNER 1994).

Die Milieuentwicklung und die Praxis sozialer Kohäsion mit ihren Integrations- und Ausgrenzungskonflikten hängt mit den kollektiven Emanzipations-, Bewältigungs-, Verteidigungs- oder Profilierungskämpfen sowie mit dem Konformitätsdruck (HÖRNING, MICHAILOW 1990), wie wir sie im Kampf um Arbeit, Status, politische Beteiligung und soziale Absicherung täglich öffentlich erleben, zusammen. Die lebensweltlichen Sozialmilieus sind dabei in gesellschaftliche Interessenkonflikte eingebettet. So haben zum Beispiel verschiedene Milieus eine spezifische Affinität zu bereits bestehenden unterschiedlich strukturierten gesellschaftlichen Institutionen: Das traditionelle Arbeitermilieu zu den industriearbeitlich zentrierten, arbeitspolitischen Institutionen (Industriebetrieb, Gewerkschaft), das aufstiegsorientierte Milieu zu den verwaltungszentrierten Institutionen (öffentliche Verwaltungen, Politik), das bildungsbürgerliche Milieu zu den (hoch)kulturzentrierten Institutionen (Musik, Theater, Medien), das konservativ-gehobene Milieu zu den macht- und wirtschaftszentrierten Institutionen (Finanzverwaltung, Wirtschaftsleitung) (siehe auch FLAIG u.a. 1993).

Durch temporäre "Homologien" (Bourdieu) können in spezifischen historischen Situationen Konfliktgemeinschaften entstehen, die zur Ausdifferenzierung (neuer) politischer Interessengruppen führen. Eine solche spezifische Konstellation war zum Beispiel im Transformationsprozeß in Ostdeutschland gegeben. Die gegen die SED-Diktatur gerichtete Konfliktgemeinschaft vieler sozialer Milieus und Szenen in der Wendezeit verschaffte z.B. den Lebenswelten und Anschauungsweisen des alternativen Milieus eine starke Aufwertung und Öffentlichkeitswirkung. Auf der politischen Ebene entstand aus diesen Lebenswelten heraus ein Teil der neuen Elite in Ostdeutschland (und wandelte sich von sozialistischen Kritikern zu Repräsentanten der bürgerlich-demokratischen Grundordnung) (MÜLLER, HOFMANN, RINK 1997).

Henry Krause hat am Beispiel des katholischen Kleinstadtmilieus von Wittichenau in Sachsen beschrieben, wie im Ergebnis der Wende aus den Netzwerken des katholischen Milieus dieser Kleinstadt heraus politische Gruppen entstanden, die später Teil der Institutionen wurden. In einer Freizeitgemeinschaft (dem Karnevalsverein) hatte sich eine Gegenelite gesammelt und erprobt (KRAUSE 1996). Die Dialektik von sozialen Milieus (Lebenswelt) und den gesellschaftlichen Konfliktlinien (System) läßt sich hier sehr anschaulich nachvollziehen. Die Erforschung dieses Zusammenhangs zwischen den Milieus und den gesellschaftlichen Konfliktlinien ist in der Milieuforschung bisher allerdings wenig verankert.

Unterschiedliche Erfahrungen der Abhängigkeit vom Kapital (nach Berufsgruppen, arbeitsprozessualer Autonomie und Branchen) sowie unterschiedliche Chancen zur gesellschaftlichen und politischen Entfaltung lassen eben auch Homologien durchaus verschiedener sozialer Gruppen zu (KLOCKE 1993, ebd.), die dann in politischen Konfliktlagen zur Mobilisierung und später zur Bildung von Institutionen auf der Basis bestimmter Milieuwelten führen können.

Es wäre jedoch ein Fehler, die Explikation des Milieuwandels an diese Vergesellschaftungsprozesse zu binden, denn die verschiedenen Konfliktkonstellationen führen nur in bestimmten historischen Situationen zu systemischer Integration bzw. Ausgrenzung. Zudem sprengt die Beschreibung und Analyse der institutionellen Ausdifferenzierung im politischen oder wirtschaftlichen Feld die Operationalisierung der Milieuforschung.

Die Milieukonzepte haben jedoch gerade in der jüngeren politischen Konfliktgeschichte (etwa bei den neuen sozialen Bewegungen) an Erklärungskraft gewonnen, weil sich die Macht- und Interessenkonstellationen lebensweltlich aufhellen. Nach unserer Hypothese sind soziale Milieus von bestimmten sozialen Lagen oder Positionen (z.B. Klassenlagen) weder völlig determiniert (wie das der Marxismus postuliert) noch durch die freie "Beziehungswahl" völlig losgelöst (SCHULZE). Ihr Zusammenhang ist komplexer. Die verselbständigten Wirtschafts- und Sozialstrukturen wirken als Handlungsbedingungen der Vergesellschaftung (z.B. durch Erwerbs- oder Verbandstätigkeit). Jedes Milieu hat Schwerpunkte in bestimmten sozialen Lagen und orientiert sich an bestimmten gesellschaftlichen Institutionen und Autoritäten, um seine Lebenswelten zu wahren und durchzusetzen.

Deshalb sind die Mittel und Methoden der Sozialstruktur- und Ungleichheitsforschung auch für die Milieuforschung relevant. Die Breite der empirischen Zugangsmöglichkeiten reicht hier von der Berufsstatistik über die Institutionentheorie und der Analyse der Rolle bestimmter Institutionen im Territorium bis zur Konfliktforschung. Die Beschränkung auf einen bestimmten Fokus der Vergesellschaftungsanalyse ist offenbar notwendig und ergibt sich aus den jeweiligen konkreten gesellschaftlichen Verhältnissen. Denn das Verhältnis von Milieu- und Sozialstrukturanalyse muß immer wieder problematisiert werden: bei der Untersuchung sozialer Milieus geht es um die Frage, was die sozialen Gebilde als Gemeinschaft zusammenhält, während bei der Sozialstrukturanalyse die Differenzierungen und Abstufungen, die sozialen Ungleichheiten im Vordergrund stehen.

Offene Fragen und Probleme des Milieukonzeptes

Der Milieuansatz in seiner Konzeptualisierung von Milieus als Erfahrungs-, Gesellungs- und Konfliktgemeinschaften muß in der Operationalisierung der Bestimmungsebenen weiter geschärft werden. Milieuanalysen sind in methodischer Hinsicht mit dem Stigma behaftet, gängigen Standards nicht zu genügen. Folgt man der wiederholten Kritik an der Milieuforschung, so ist es tatsächlich ein Problem, die vorwiegend qualitativen Methoden der Milieuforschung (siehe hierzu: BOHNSACK 1991, S. 108ff., GEERTZ 1983, S. 7ff.) mit den quantitativen der Sozialstrukturanalyse zu kombinieren. Am ehesten sind Milieuanalysen mit ebenfalls qualitativ angelegten Mentalitätsuntersuchungen kompatibel. In dieser Art sind sie zwar gut zur Exploration geeignet, mehr aber auch nicht.

Die Milieuanalysen sollen aber in unserer Konzeptionalisierung den historischen und kulturellen Hintergrund sozialer Wandlungsprozesse und neuer sozialer Ungleichheiten in Ostdeutschland aufklären helfen. Der Fokus der sozialen Kohäsion ist dabei ebenfalls noch problematisch. Die für die regionalen Milieus beschriebenen Kohäsionsformen erklären vor allem die milieuinterne Integration bzw. die Abgrenzung der Milieus voneinander und geben nur ein unvollständiges Bild der gesellschaftlichen Integration. Die Beschreibung sozialer Kohäsionsformen ist immer an die empirische Konkretheit realer Gruppen an realen Orten gebunden. Das macht sie für die Analyse gesellschaftlicher Integration so sperrig. Die im Zuge der sozialstrukturellen Verwerfungen entstandenen Polarisierungs- und Segregationstendenzen zwischen den sozialen Milieus lassen sich mit dem Fokus sozialer Kohäsion aber nicht abbilden.

Ein weiteres Problem der Milieuforschung ist die Frage der inneren Differenzierung der Milieus. Wann kann man von einem eigenen Milieu sprechen, und was sind demgegenüber kurzlebige Szenen? Diese Probleme treten zum einen bei der Analyse neuer sozialer Milieus auf wie z.B. subkultureller Jugendszenen. Während sich die Analysen zum bildungs-bürgerlichen Milieu an identifizierbaren institutionellen Kernen und zahlreichen Mythenbildungen (zum Beispiel den Erzählungen vom schweren Anfang und von entbehrungsreicher Strebsamkeit) in der gleichen Erfahrungsgemeinschaft orientieren können, fehlen bei neuen Szenen diese institutionellen Kerne. Die Frage, ob und wie sich die subkulturellen Szenen zu einem subkulturellen Jugendmilieu (BECKER, BECKER, RUHLAND 1992) verdichten, bleibt eine forschungsleitende Fragestellung.

Zum anderen wächst auch im Prozeß der Auflösung alter sozialer Milieus der Grad innerer Differenzierung, was nicht nur die Zuordnung erschwert, sondern auch die Frage zum Problem werden läßt, wann man von der Auflösung eines Milieus sprechen kann. Unser Befund von der Auflösung der ostdeutschen Arbeitermilieus im Prozeß der Deindustrialisierung Anfang der 90er Jahre (siehe: HOFMANN, RINK 1993 a) erwies sich z.B. als verfrüht. Eine diachrone Analyse der Milieuentwicklung in Ostdeutschland für den Zeitraum seit den 1920/30er Jahren ergab, daß es Phasen der Umstrukturierung des Feldes sozialer Milieus gibt, die allerdings nicht mit den Phasen sozial(strukturell)en Wandels kongruent sind. Es ließen sich zwei solcher Phasen in der Milieuentwicklung Ostdeutschlands identifizieren: die 1950/60er Jahre und die 1970/80er Jahre (MÜLLER, HOFMANN, RINK 1997, S. 250f.).

Auch die Frage nach der Kohäsion zwischen den Sub- bzw. Teilmilieus gehört noch zu den offenen Fragen unserer Arbeit. Zum Beispiel gibt es im bildungsbürgerlichen Milieu verschiedene "Fraktionen", die sich zum Teil scharf gegeneinander abgrenzen (Lehrer, Ärzte, Kulturvermittler), obwohl sie sehr ähnliche Erfahrungen des Bildungsaufstiegs haben und in der Wendezeit eine Konfliktgemeinschaft bildeten.

Schließlich zählt auch das Problem des Raumbezuges sozialer Milieus zu den offenen Fragen der weiteren Arbeit. Ursprünglich stand dieser Zusammenhang gar nicht in Frage, im Gegenteil, der klassischen Fassung des Milieubegriffs war ein enger Zusammenhang zwischen sozialem Milieu und Umgebung inhärent. Durkheim beispielsweise verstand unter Milieu primär die Zahl der Individuen, die ein gemeinschaftliches Leben führen. Davon schied er ein äußeres Milieu, das Einfluß ausübt - allerdings nicht in deterministischer Weise, wie ihm häufig unterstellt wurde. Dies gestattet eine Differenzierung des Milieus in eine Gemeinschaft, der ein äußeres Milieu in Form von Menschen (z.B. anderen Gemeinschaften bzw. der gesamten Gesellschaft) und Dingen (gebaute Umwelt, Technik etc.) gegenübersteht (DURKHEIM 1992, S. 198ff., siehe auch: DURKHEIM 1977, S. 348). Noch deutlicher tritt dies im phänomenologischen Milieubegriff hervor. Richard Grathoff etwa definiert Milieu als "recht dauerhaften (wir sagen 'sässigen') Erlebens- und Handlungszusammenhang" (GRATHOFF 1989, S. 434). Milieuanalyse untersuche "die Sässigkeit, jene Prozesse sozialer Arbeit, in denen das Milieu einer Wohngemeinschaft, einer Familie, eines Altersheims oder eines Franziskaner-Konvents sich als Zentrum räumlicher, zeitlicher und sozialer Orientierung ständig rekonstruiert" (ebd., S. 414).

Teilweise in Anlehnung daran wurde in den Arbeiten zur Stadtsoziologie zunächst von einer weitgehenden Identität zwischen der Bevölkerung eines Stadtviertels einerseits und dessen Ausdehnung und Struktur andererseits ausgegangen (siehe z.B. ZAPF 1969, KEIM 1979, aber auch HERLYN, LAKEMANN, LETTKO 1991, HERLYN, HUNGER 1994). Durch eine solche Ineinssetzung von baulichem und sozialem Milieu konnte jedoch der Raumbezug von sozialen Milieus und dessen Veränderung überhaupt nicht mehr untersucht werden, da er per definitionem schon vorgegeben war.

In der Lebensstilsoziologie demgegenüber wurde genau dies problematisiert. Nach Schulze z.B. wird der sässige Raumbezug sozialer Milieus durch den Wandel von der Beziehungsvorgabe zur Beziehungswahl zunehmend ersetzt. An die Stelle von "Milieu-Umgebungen" treten wechselnde Szenerien, die die Mitglieder sozialer Milieus für die Inszenierung ihrer Lebensstile und -ansprüche sowie ihrer symbolischen Repräsentanz zeitweilig nutzen. Auf der anderen Seite werden immer größere Flächen des Landes zu "milieuneutralen Zonen" (SCHULZE 1994, S. 50). Wir teilen die Auffassung einer Veränderung der Raumbezogenheit sozialer Milieus, wollen jedoch die Differenziertheit und Vielfältigkeit verschiedener Raumbezüge und verschiedenen Raumverhaltens (in Abgrenzung zur Auffassung der Ausbreitung milieuneutraler Räume) in unseren Biographien zum bildungsbürgerlichen und subkulturellen Milieu analysieren. Hier zeigt sich z.b., daß diese Milieus Räume eher symbolisch "besetzen", was sich dann in entsprechenden Images äußert. Tatsächlich haben sie in bestimmten städtischen Räumen auch ihre Gesellungsorte oder spielen Stadtviertel in der Erfahrungsgeschichte eine herausragende Rolle. Dies muß aber nicht heißen, daß ein bestimmtes Milieu auch überwiegend in diesen Vierteln wohnt.

Ungeachtet der offenen Fragen vermag die Milieuforschung die empirische Sozialforschung zu bereichern. Sie ist selbst sehr facettenreich: sozialhistorische Milieustudien stehen neben Bewegungsstudien, Analysen von Wählermilieus, qualitativen Beschreibungen von Lebensstilmilieus sowie Mentalitätsstudien usw. Hier wird vor allem explorative Arbeit geleistet bzw. werden Hintergründe aufgeklärt. Es bedarf aber eines komplexen Untersuchungsdesigns oder interdisziplinärer bzw. fachrichtungsübergreifender Zusammenarbeit, um die Milieuforschung weiter zu qualifizieren. In diese Richtung zielte bereits die übergreifend angelegte Untersuchung zum Wandel sozialer Milieus in Ostdeutschland, die mit dem oben genannten Projekt der Autoren weitergeführt wird.

Michael Thomas

Reglementierung versus Individualisierung? Die lebensweltliche Vielfalt von Passagen in die Selbständigkeit in Ostdeutschland

Einführung: Thematischer Kern und Milieuansatz

Privatwirtschaftliche Selbständigkeit, das heißt die Tatsache, selbst, auf eigene Kosten und eigenes Risiko ein Unternehmen, Gewerbe etc. zu betreiben, verlangt charakteristischerweise besonderen individuellen Einsatz: Man leitet das Unternehmen *selbst*, bringt *selbst* ein erforderliches (Eigen-)Kapital auf und trägt so auch *selbst* das Risiko - von Geschäftsidee über Entwicklung bis Absatz. Hinzu kommen entsprechende Einstellungen, Handlungsmuster und Selbst- wie Fremddeutungen: eine besondere *Kultur der Selbständigkeit*, welche sich nicht auf diese Erwerbsform beschränken muß, hier aber prägnant ihr Zuhause hat. Selbständige sind in hohem Maße Träger gesellschaftlicher Innovationen, was immer wieder zu den bekannten und eher verklärenden Stereotypen wie Klischees führt (vgl. BÖGENHOLD 1987, HODENIUS 1994).

Der Kontrast scheint nicht nur evident zu abhängiger Erwerbsarbeit, sondern vor allem zu Erwerbstätigkeiten bzw. Arbeitswelten, zu Berufsverläufen und Karrieremustern in verplanten, durchstaatlichten realsozialistischen Gesellschaften: Vorschriften, kollektive Einbindungen, Reglementierungen ... Die Implosion des Realsozialismus ist durchaus auch auf soziale Verregelungen und Einengungen zurückzuführen.

Der systemspezifische Unterschied zwischen kapitalistischer Markt- und sozialistischer Planwirtschaft spitzt sich offenbar für die Sozialform privatwirtschaftlicher Selbständigkeit noch einmal zu. Gerade hier dürfte die idealtypische Gegenüberstellung von *Reglementierung*, für sozialistische Prägungen und Formen, und *Individualisierung*, für solche kapitalistisch-privatwirtschaftlicher Art, erheblichen Erklärungswert besitzen. Das wird im deutschen Fall noch dadurch verstärkt, daß in der DDR diese Sozialform seit Anfang der 70er Jahre drastisch reduziert worden war, auf einen Anteil von lediglich 2,1% an den Erwerbstätigen 1989, während sie in der BRD eine leichte Wachstumsphase erfahren hatte (auf ca. 11,2%).

Dies alles besitzt auch außerhalb konjunktureller Opportunitäten und Diskursmentalitäten seinen Erklärungswert. Dennoch bleibt analytisch zweierlei

unbefriedigend: Beobachtung und Außenblick geben selten "die ganze Sache"; selbst wenn der Idealtypus trifft, bleibt noch eine Spanne von abweichenden und erklärungsrelevanten Realphänomenen. Was macht das Innere aus? Was verbirgt sich hinter der Oberfläche?
Dieses unbefriedigte Erkenntnisinteresse der Soziologie ist die eine Seite. Andererseits ist auf der Ebene typologischer Gegenüberstellung überhaupt nicht rational zu erklären, wie eine Metamorphose von dem einen zum anderen Typus möglich sein sollte: Jeder für sich schließt den anderen aus.

Nun sind solche Zuschreibungen sowohl im sozialwissenschaftlichen Systemvergleich wie der Transformationsforschung geläufig; hier sollen sie - wie der zweite Teil der Überschrift andeutet - unterlaufen werden. Die zentrale These läßt sich folgendermaßen umreißen: Es gibt Passagen in die privatwirtschaftliche Selbständigkeit[1] - als besondere Formen des Einstiegs und der Strukturierung eines neuen Handlungsfeldes innerhalb des ostdeutschen Transformationsprozesses -, die sich spezifisch lebensweltlichen Basisstrukturen in der Ausgangsgesellschaft - der der DDR - verdanken. Dispositionsräume, Handlungsmöglichkeiten, nutzbare Handlungsmuster und Interaktionsressourcen, die nachvollziehbar sozial und kulturell solche Passagen in die privatwirtschaftliche Selbständigkeit stützen und formen, hängen mit diesen Strukturen zusammen.

Während vielfach solche Kontexteigenarten und lebensweltlichen Aufschichtungen in der Transformationsforschung keine analytische Rolle spielen und nicht in den Blick genommen werden, erweist sich eine Ausweitung der analytischen Sicht mit solchen Transformationspassagen als zwingend erforderlich. Das wird über einen spezifischen Milieuansatz möglich.

Milieu meint hier einen Kontext, in und an dem Individuen längere Zeit gemeinsam arbeiten, wirken - zum Beispiel einen betrieblichen Zusammenhang, ein kommunales Projekt -, aus dem heraus sich spezifische Erfahrungssysteme erklären lassen, Handlungsmuster, Formen der Interaktion oder der konkreten Vergesellschaftungen. Über einen solchen Milieuzugang, der sich etwas frei aus sozialphänomenologischen Überlegungen herleiten läßt (vgl. GRATHOFF 1989), werden lebensweltliche Aufschichtungen abhebbar, die sich nicht einfach aus systemischen Logiken ergeben, sondern eigensinnigen Milieuzusammenhängen verdanken. Das macht eine lebensweltliche Vielfalt auf. Die Art und Weise der früheren Milieukonstituierung und -beschaffenheit - die konkreten "Wirkens-

---

1 Der Beitrag stützt sich auf ein dreijähriges Forschungsprojekt zu den Wegen Ostdeutscher in die privatwirtschaftliche Selbständigkeit seit 1989. Dieses - von der Volkswagen-Stiftung geförderte Projekt - umfaßte unter anderem zwischen 1992 und 1995 verschiedene repräsentative Erhebungen sowie biographische Analysen. Den Projektmaterialien, Arbeitspapiere sowie Studien am BISS e.V., sind die einzelnen Daten und Interviewsequenzen entnommen. In den Beitrag sind Ergebnisse der gesamten Projektgruppe (Koch, Valerius, Woderich) eingeflossen. Für einen Überblick vgl. THOMAS (1996).

beziehungen" der Individuen - bestimmt in hohem Maße die spezifische Handlungspassage, deren Logik sich dem "Blick von außen" verschließt:[2] Lebensweltliche Vielfalten - statt Reglementierung oder Individualisierung - können die jeweiligen Milieus stabilisieren. Sie können aber auch als "verfügbare Ressourcen" weitergehende Handlungspassagen tragen. So auch die in die privatwirtschaftliche Selbständigkeit.

Zunächst werden einige Eigenarten des transformationsbedingten Übergangs in die privatwirtschaftliche Selbständigkeit skizziert und empirische Beispiele für solche Übergänge gegeben (1). Das umreißt die Problemstellung und liefert Begründungen für die spezifischen Rückfragen auf die Struktur der untergegangenen Sozialordnung. So wird dann der analytische Stellenwert von Milieu- und Lebensweltansätzen plausibel und auch knapp dargestellt (2). Schließlich soll dieser theoretisch-konzeptionelle Teil dadurch untersetzt werden, daß auf die skizzierten empirischen Beispiele von Übergängen in die privatwirtschaftliche Selbständigkeit systematisch zurückgegriffen wird und diese mit dem hier favorisierten Konzept aufgeschlüsselt werden (3). Das kann häufig nur thesenhaft und sehr verkürzt erfolgen, weitere Belege wären anderen Arbeiten zu entnehmen. (KOCH, THOMAS, WODERICH 1993, KOCH, THOMAS 1996, THOMAS 1996 u.a.)

1 Transformation und "neue Selbständigkeit" - ein problematischer Zusammenhang

Blickt man von den Höhen des Transformationsprozesses auf individuelle Handlungsphänomene in Ostdeutschland (oder unterstellt man den Transformationsprozeß hier als "längst abgeschlossen"), so scheinen solche Handlungsphänomene sich angesichts allgemeiner Betroffenheiten, Turbulenzen, umgepolter Chancenstrukturen, spezifischer Hilfestellungen etc. einer differenzierten Analyse zu entziehen oder auf Grund vorgegebener Logiken, strukturellinstitutioneller Gußformen und Leitplanken einer solchen auch nicht bedürftig. Wenigstens hier, auf der Ebene individueller Handlungen und Passagen, schien

---

2 Wichtig für den hier verfolgten Milieuansatz sind die Arbeit am und im Milieu wie die damit verbundenen sozialen und biographischen Muster: Seien es Beziehungsstrukturen und -charakteristika, Erfahrungen, Handlungskompetenzen, -muster. Sie lassen sich zusammengefaßt als "lebensweltliche Aufschichtungen" bezeichnen. Milieus sind also konkrete *Orte des Zusammenwirkens*, sie sind personenzentriert: der einzelne in seinem Milieu. Gelegentlich werden deshalb Milieu und Lebenswelt nicht stringent auseinandergehalten. Milieus, das ist im Unterschied zu sozialstrukturellen Milieuforschungen festzuhalten, definieren sich nicht über bestimmte Vergemeinschaftungs- oder Vergesellschaftungsmodi; Zugehörigkeit zum und Umgang im Milieu bringen solche erst hervor. (vgl. auch: GRATHOFF 1988, MATTHIESEN [1983] 1985, KIWITZ 1986, SRUBAR 1988)

nachholende Einpassung zuzutreffen, waren Rollen und Scripte festgezurrt. Die Differenz zum Bisherigen war offensichtlich, und so ließ sich das Handlungsproblem folgerichtig auf der Subjektseite definieren als Lern-, Adaptions- und Anpassungsproblem. Zeitliche Verzögerung (oder eben: lebensweltliche, habituelle Trägheit) mußte zwar konstatiert und "eingeplant" werden, die gesamte Logik schien sie allerdings nur geringfügig zu tangieren. Damit konnte auch der Grund eventueller Verzögerungen in Transformationsanalysen und -modellen als "black box" behandelt werden. Handlungstheoretische Zugriffe auf die Umbrüche in Ostdeutschland blieben die Ausnahme und selbst weitgehend begrenzt auf die skizzierte Logik (vgl. dazu: KOCH, THOMAS, WODERICH 1993, KOLLMORGEN 1996, REIßIG, THOMAS 1995).

Im hier interessierenden Feld marktwirtschaftlichen Handelns scheint sich dieses Problem allein mit der prinzipiellen Neuartigkeit des Feldes - "vom Plan zum Markt" - und insbesondere mit den hier herrschenden (oder: so unterstellten) "stringent anderen" (als planwirtschaftlichen) Rationalitätsstandards noch zuzuspitzen. Selbst für "alte" Selbständige, Personen also, die schon in der DDR privatwirtschaftlich tätig gewesen sind, gilt im Kern eine solche Neuartigkeit "wirklicher" Marktwirtschaft.

Das Feld (markt)wirtschaftlichen Handelns ist ebenso klar strukturiert, wie diesbezügliche Defizite ostdeutscher Akteure auf der Hand liegen, die hier geltenden Standards, Regeln und Vorstellungen betreffend. Feldspezifisch sozialisierte Akteure (mit der Marktwirtschaft vertraute Manager oder Unternehmer) konnten im Osten Deutschlands kaum erwartet werden, die ökonomischen Voraussetzungen (Eigenkapital, einsetzbares Eigentum) waren eher schlecht, und selbst allgemeine marktwirtschaftliche Dispositionen (entsprechende Habitusformen) dürften bei Ostdeutschen kaum vorhanden gewesen sein. Diese spezifische Akteurslücke ist häufig konstatiert worden. Recht folgerichtig wurde sie weitgehend via Akteursimport geschlossen: Dem "ready-made state" folgte der "ready-made actor", den importierten Institutionen die mit diesen vertrauten Akteure.

Nun sind beide Argumentationen schlüssig und empirisch mit gelingenden beruflichen Passagen einerseits wie mit Defiziten und Blockierungen andererseits zu belegen. Auch die konsequente Akteurssubstituierung scheint plausibel. Selbst viele der Passagen in die privatwirtschaftliche Selbständigkeit lassen sich in einer solchen Logik interpretieren: Im Fall des Erfolgs als "gelingende Lern- und Adaptionsprozesse", im Fall des Scheiterns als gebunden an "fehlende subjektive Voraussetzungen".

Diese Interpretationsmöglichkeiten sollen nicht bestritten werden. Dennoch stellen sie nur einen Ausschnitt möglicher Interpretationen dar, sind sie in ihrer Verabsolutierung verkürzt und bleiben sie insgesamt zirkulär. Ausgeblendet werden handlungsanalytisch und auch für Passagen in die privatwirtschaftliche Selbständigkeit wichtige Probleme.

Gemeint sind all die Probleme, die mit den Eigenarten der Herkünfte und Wege ostdeutscher Akteure zusammenhängen, mit Mustern, Beziehungen, Vergesellschaftungskondensaten. Die besondere Chance liegt hier darin, daß sich mit der Analyse solcher Eigenarten und lebensweltlichen Herkünfte zugleich wesentlich besser aktuelle Handlungsprozesse, Strukturbildungen und Konstitutionsprozesse verstehen lassen.

Gegenüber einer zirkulären Transformationsfolie soll also gezeigt werden, wie lebensweltlich aufzudeckende Handlungspassagen sich institutionellen Verhärtungen und Zumutungen entziehen können, eigensinnige Strukturierungsleistungen vollbringen.[3]

Nun wäre es ein erstes handlungstheoretisches Problem, sich dieser spezifischen Akteursproblematik ("Akteurslücke", "Akteurssubstitution") umfassend zuzuwenden und die skizzierten zirkulären Argumentationen konkret zu unterlaufen. Das kann hier nicht getan werden. Die Darstellung bleibt auf die Selbständigenproblematik konzentriert, die insofern pars pro toto steht.

Im Fall dieser Selbständigen erscheinen - neben den bereits skizzierten idealisierenden Gegenüberstellungen von Plan- und Marktwirtschaft - die für das ökonomische Feld und ökonomisches Handeln unterstellten Rationalitätsannahmen (eben des "perfekten Marktes", des "homo oeconomicus"') als zirkulär und damit als handlungsanalytisch verkürzend oder unfruchtbar.

Nicht nur die Turbulenzen des Transformationsprozesses wecken Zweifel an solchen Homogenitätserwartungen und klar konturierten Logiken. Auch verschiedene ökonomische Theorien, etwa aus der "institutionellen Ökonomie", zum Teil aus phänomenologisch orientierten Ansätzen attackieren diese Vorstellungen. Und eine ganze Reihe von Untersuchungen zu den Zusammenhängen von Tradition, Moderne, Postmoderne (bzw. industrieller und postindustrieller Gesellschaft) wie empirische Forschungen zu "ethnicity and entrepreneurship", zu Netzwerken, Beziehungen, neuen Sozialformen etc. gerade in modernen Marktwirtschaften konnten eine weit größere Unklarheit, Offenheit und Komplexität des ökonomischen Feldes *als dessen konstitutive Eigenart* nachweisen. Das trifft dann ebenso auf ökonomisches Handeln generell wie vor allem auf die Einstiegsphasen bzw. Einstiegskanäle in dieses Feld zu.[4]

---

3   Es mag überraschend sein, diese kreativen oder Veränderungs-Potenzen gerade mit phänomenologischen Konzepten (und allgemein mit dem der Lebenswelt) zu verbinden, unterstellt man hier doch eher Tradition und Beharrung. Auf solche produktiven Öffnungschancen phänomenologischer Ansätze ist aber schon überzeugend hingewiesen worden (vgl. etwa: MATTHIESEN [1983] 1985, KIWITZ 1986, SRUBAR 1988).

4   Auf weitere Quellennachweise wird hier verzichtet (vgl. diesbezüglich: KOCH, THOMAS 1996, KOCH, THOMAS 1997, REIBIG, THOMAS 1995).

Schon allein die Breite des Phänomens "privatwirtschaftliche Selbständigkeit", hinter dem sich eine Heterogenität von Sozialformen, Einstiegskanälen und von permanten Formveränderungen verbergen (BÖGENHOLD 1989), spricht dafür. Und gerade unter den Bedingungen der Transformation lassen sich *die Übergänge* in die privatwirtschaftliche Selbständigkeit nicht auf eine Beherrschung rationaler Logiken (Marktwissen) oder die Ausprägung feldspezifischer Habitusformen reduzieren. Wie sollten es sonst *Übergänge* sein?

Es geht um spezifische Voraussetzungen, die eine spezifische Analyseperspektive verlangen, hier eben die der Milieuanalyse.

Aus unseren Forschungen[5] möchte ich auf drei Beispiele hinweisen, die zunächst nur skizziert werden.

Große Teile der Ingenieure und Teile der qualifizierten Facharbeiter haben berufsspezifische Gründungen vorgenommen. Nur sie besetzten im Grunde Branchen wie Bau und verarbeitendes Gewerbe, die also hochgradig "geschlossen" geblieben sind. Wir finden bei diesen Selbständigengruppen sehr aufgeladene Motivationen, selbstbewußte Einstiege und strategische Gründungsschritte. Diese Gruppen sind es, die berufliche Vertrautheit, Leitungswissen, partiell Marktkenntisse und vor allem häufig hohe Kontexteigenständigkeiten ihrer konkreten Arbeitswelt als relevant reklamieren. Das gibt ihrem Schritt in die privatwirtschaftliche Selbständigkeit oft eine Kontinuitätsunterstellung, bei der die eigentliche "Wende" zum Beiprodukt wird. Es wird zu zeigen sein, warum und inwieweit lebensweltliche Aufschichtungen ("skills"), die sich konkret Arbeit und Beruf in der DDR verdanken, hier die Passage in die privatwirtschaftliche Selbständigkeit abstützen.

Ein zweites Beispiel sollen die auf den Gründungswegen unserer Akteure ablesbaren "dichten sozialen Beziehungen" oder Vertrauensstrukturen sein. Gemeint sind nicht die häufig in Ostdeutschland anzutreffenden Teamgründungen, auch nicht spezifische Unternehmenskulturen oder betriebliche Sozialformen.[6] Vielmehr geht es um die - oft mit der Metapher "Wir sitzen doch alle in einem Boot" untersetzte - konkrete Hilfe und Unterstützung der "neuen Selbständigen" durch ehemalige Kollegen und Freunde. Also um die eigenartige Rolle von solch weiterschwingenden sozialen Beziehungen im unmittelbaren Gründungsprozeß.

Ein letztes Beispiel, das sich gegenüber den bisherigen nicht der institutionalisierten Berufs- oder Arbeitstätigkeit verdankt, sind die in einer jüngeren Generation von Selbständigen häufiger sichtbaren Passagen über ausgebildete

---

5 Hierzu liegen verschiedene Forschungsberichte und Studien auch der anderen Projektbearbeiter (siehe Anmerkung 1) vor.

6 Auch diesbezüglich gäbe es interessante Zusammenhänge. Die sollen hier aber keine Rolle spielen.

"sekundäre Qualifikationen", d.h. über lebensweltliche Aufschichtungen aus dem Freizeitbereich, die dennoch berufliche Fähigkeiten und Fertigkeiten darstellen.

Hier taucht ein für die DDR bereits länger bekanntes Generationsphänomen (der "partielle Ausstieg" der jüngeren Generation) auf, das aber nur am Rande interessiert.

Überhaupt interessiert nicht weiter, wie die einzelnen Beispiele spezifiziert werden können oder auch durch andere "Fälle" wieder relativiert werden. Diese Beispiele sind plausibel, und ihre Gemeinsamkeit besteht darin, daß jeweils milieuspezifisch herausgebildete und geformte lebensweltliche Aufschichtungen nachzuweisen sind, die in erheblichem Maße eine *Brückenfunktion für die Handlungspassage* besitzen und für das erforderliche kulturelle Umbauprogramm geradezu eine *Schlüsselfunktion* einnehmen (vgl. KOCH, THOMAS, WODERICH 1993).

Wie aber sind dann solche Brücken oder Passagen für bzw. in die Selbständigkeit möglich?

2 Widersprüchlichkeiten und Heterogenitäten der DDR-Gesellschaft

Eine solche Analyse kann nur typologisch umrissen werden, um so die Relevanz des Zugriffs auf Milieus, lebensweltliche Zusammenhänge - das "Innere der Gesellschaft" (vgl. JESSEN 1995) - zu zeigen: Wenn es stimmt, daß die Eigenarten von Passagen in die Selbständigkeit sich vor allem den Eigenarten konkreter Vergesellschaftungsprozesse (milieutypischer lebensweltlicher Aufschichtungen) in der untergegangenen Sozialordnung verdanken, dann spitzt sich die Frage eben auf deren Analyse zu. Wie kommt man an die Innenseite oder die konkreten Vergesellschaftungsprozesse?

Für die sozialwissenschaftliche Interpretation der DDR lassen sich idealtypisch und paradigmatisch zwei dominierende Erklärungsansätze ausmachen. Beide verdanken sich dem Vergleich der Gesellschaftssysteme, die DDR wird mit der BRD verglichen ("Messung mit dem Außenblick"). Beide Ansätze werden häufig miteinander kombiniert, sie bleiben mit dieser Blickrichtung aber dennoch einseitig: Weder haben sie das Ziel noch die analytische Kompetenz, ausreichend konkret soziale Praxisformen oder Vergesellschaftungsmodi zu analysieren.[7] Um diese, nur mit einer "Binnenperspektive" abhebbaren, Vergesellschaftungsmodi wie soziokulturellen Eigenheiten geht es aber mit der aufgeworfenen Fragestellung. Die vorliegenden Antworten (Passagen) *erzwingen geradezu* eine solche Forschungsperspektive. Anderseits führt deren Ausblen-

---

7 Ausführlich dazu und mit der entsprechenden Referenzliteratur: Thomas 1994.

dung in den genannten Paradigmen oftmals zur Überdehnung bzw. Überforderung der Erklärungen: Auftretende Forschungslücken werden ableitungstheoretisch oder deduzierend mit "Plausibilitätsannahmen" (LEPSIUS) geschlossen. Es ergibt sich ein eigenartiger Nexus zwischen System und kulturellen wie sozialen Phänomenen, welcher gelegentlich an realsozialistische ideologische Wunschvorstellungen erinnert. Die "vollentwickelte sozialistische Persönlichkeit" entsteht jetzt als Klischee herauszustellender Selbstgewißheit.

Einzig um diese Überspannung oder Leerstelle der genannten Paradigmen geht es, nicht um deren generelle Kritik oder Einschätzung. So soll lediglich der methodologische Platz einer um Milieus oder Lebenswelten zentrierten Perspektive begründet werden.

Eine erste Erklärungsthese hebt für sozialistische Gesellschaftssysteme die politische Strukturiertheit der gesamten Gesellschaft als besonderes Charakteristikum hervor. Politische Herrschafts- und Machtverhältnisse stellen das dominierende und durchgreifende Prinzip dar, weshalb diese Gesellschaftssysteme als umfassend determiniert und gerazu "monozentrisch" aufzufassen seien. Konsequenzen habe das gehabt einerseits für die Ausprägung von Klassenstrukturen (nach dem Kriterium politischer Macht) bzw. andererseits für politisch induzierte soziale Entdifferenzierungsprozesse. Die gesamte Gesellschaft sei "durchherrscht" gewesen und letztlich "abgestorben". Entsprechend umfassend war die kulturelle Verödung der Gesellschaft, ob sie nun "Habitusdeformationen" oder die Allgegenwart von "Gesinnungslaufbahnen" bzw. durchgreifender politischer Reglementierung beträfe. So weit und so grob zu einem ersten Interpretationsmuster, dessen signifikanten Ausdruck die Totalitarismustheorie liefert.

Für die DDR ist dieses politisch-zentralistische Prinzip der Durchherrschung der Gesellschaft in einer Reihe von Arbeiten plausibel nachgewiesen worden. Dennoch läßt sich auf Grund einzelner Schwächen dieses Erklärungsmusters schon seit Anfang der 60er Jahre quasi ein zweites und partiell gegenläufiges ausmachen, das die Rolle politischer Faktoren zumindest deutlich relativiert und demgegenüber auf technisch-technologische oder industriegesellschaftliche abhebt. Der "strukturelle Code" wird hier verlagert, die Kraft von Technologie oder wirtschaftlicher Modernisierung betont. Entsprechend werden industriegesellschaftlich gelagerte Strukturierungen aufgedeckt, soziale Schichtungen oder Milieus und werden weitergehende soziale und kulturelle Charakteristika aus dieser Logik abgeleitet, die jetzt nicht primär den Unterschied zum marktwirtschaftlichen System der Altbundesrepublik betonen (wie aus den Dichotomien "Plan-Markt" oder "Diktatur-Demokratie"), sondern in einem vergleichbaren Typus *einer* Industriegesellschaft den Rückstand, den zeitlichen Abstand in der Entfaltung dieses Musters bzw. damit verbundene Modernisierungsdefizite herausstellen: Sozialität, Kultur, Lebenswelt ... sind nicht "ganz anders", aber deutlich weniger modern.

Auch hier ließen sich eine Reihe sehr interessanter und plausibler Untersuchungen zeigen, von der frühen soziologischen Diskussion um Ludz bis zur aktuellen Transformationsdebatte. Ohne diese beiden Strategien dürfte es nicht gelingen, sich der (untergegangenen) sozialistischen Gesellschaft in der Analyse zu nähern, ihren Bewegungs- und Zusammenbruchsprozeß zu erklären. Dennoch ist auffallend, daß beide Interpretationen sich sehr wenig auf die Innenanalyse der konstitutiven Zusammenhangsformen der DDR-Gesellschaft einlassen (oder: einlassen müssen), daß sie diesbezüglich blinde Flecken besitzen und so eher wieder zu zirkulären Argumentationsmustern tendieren: Die Erklärung liegt in der Andersheit des Systems, weitergehende Fragen erübrigen sich. Die Antwort heißt: tabula rasa.

Die bereits skizzierte Eigenart von Passagen in die Selbständigkeit zeigt eine solche Haltung als sozialwissenschaftlich naiv. Erforderlich ist vielmehr eine detaillierte und eigenständige Analyse von Vergesellschaftungsprozessen, differenzierten Sozialformen etc. Hierfür beansprucht unter anderem die Sozialphänomenologie über den Lebensweltbegriff eine allgemeine Kompetenz (GRATHOFF 1989, S. 113). Die hier unterstrichene analytische Differenz zwischen "Welt als System" und "Welt als Lebenswelt" erweist sich gerade für die Analyse der so eigenartig und vielfach problematisch strukturierten Gesellschaften des sozialistischen Typs als aufschlußreich: Das ausgeprägte Defizit an intermediären Organisationsformen, die Stillstellungen vieler gesellschaftlicher Bereiche, die andersartigen Grenzziehungen für Privatheit und Öffentlichkeit etc. sprechen nicht dafür, das Problem der jeweiligen Übergänge und Grenzziehungen zu relativieren und den (partiellen) Eigensinn sozialer Konstitutionsformen vollständig einzuebnen.[8]

Insofern soll mit dem Milieu- oder Lebensweltkonzept allgemein die Homologievorstellung aufgekündigt werden, die mit der "Durchstaatlichungsthese" quasi ein Determinationsgefüge aufmacht bis zu den sozialen Beziehungen, Kultur- und Handlungsmustern, oder aber in arbeits- und industriegesellschaftlicher Emphase kulturelle Eigenständigkeiten für unwichtig hält. Die Relation wird vielmehr als gebrochen betrachtet: nach spezifischen "Ebenen", Milieus bzw. Kontexten. Dann wird die Vorstellung aufgegeben, daß es sich bei den sozialen Bereichen oder Phänomenen, die sich dieser systemischen Strukturlogik partiell entziehen, um außersystemische oder nur negativ zu bestimmende

---

8   Dieser Gedanke war insgesamt wichtig für unsere Projektanlage. Interessante konzeptionelle Parallelen finden sich bei BUDE (1995), NECKEL (1995), JESSEN (1995). Aufschlußreich sind auch die Analysen in KAELBLE, KOCKA, ZWAHR (1994).

"Reste" handelt (etwa die prominente Nische): Das System ist eigenlich immer *das Ganze*.

Statt dessen geht es um typische soziale Zusammenhangsformen, um *Normalisierungen*, die Herausbildung "unserer *Welt*" (so SCHÜTZ) - gerade etwa spezifischer Arbeits- und Berufsmilieus - im Zentrum des Systems. Diese Milieus stellen eigensinnige Vergesellschaftungskontexte dar. Sie stehen deshalb eben nicht außerhalb des Systems. Vielmehr geht es um einen Zusammenhang, der als "Übersetzung" zwischen System und solchen lebensweltlichen oder Milieukontexten bezeichnet werden kann: Arbeit im Milieu ist keine auf einer Insel der Seligen, sondern immer auch die der Übersetzung, Normalisierung, Veralltäglichung systemisch-politischer Zumutungen. Es handelt sich immer wieder nur um relative Eigensinnigkeiten, und es werden Spannungen zwischen System und Lebenswelt sichtbar, die letztlich auch die Modi der Implosion des Systems ausmachten.[9]

Auszugehen ist von dem, was bei Schütz die "Wirkwelt" ist.[10] Dieser kommt eine ausgezeichnete Rolle für die Konstitution handlungsorientierender Deutungsschemata, sozialer und biographischer Identität zu. Sie ist der "Ort, wo sich Sozialität praktisch vollzieht". Nimmt man dann noch die "Orte", die für den Typus von Gesellschaften eine umgreifende Relevanz besitzen - in der DDR sind das zweifellos Arbeit bzw. Betrieb -, die insofern als "lebensweltliche Vergesellschaftungskerne" zu begreifen sind, dann könnte wohl mit der Binnenanalyse konkreter Wirkwelten Erhebliches für eine Identifizierung biographisch und sozial relevanter lebensweltlicher Aufschichtungen erreicht werden.

Um diese kontextspezifische Ausprägung von Relevanzen und entsprechenden Dispositionen geht es. Hier hat sich die Milieuanalyse zu bewähren. Das soll nun nicht mehr mit allgemeinen theoretisch-konzeptionellen Überlegungen geschehen. Vielmehr soll versucht werden, mit den eingangs aufgeworfenen Beispielen von Passagen in die Selbständigkeit eine hinreichende empirische Plausibilisierung des Gedankengangs zu erreichen.

---

9   Auf diese umfassenderen Konseqenzen für die Sozialanalyse kann hier nicht eingegangen werden, es bleibt bei der Konzentration auf Passagen in die Selbständigkeit.

10 Stellenwert und Inhalt dieses Konzepts bei Schütz hat insbesondere Ilja Srubar systematisch herausgearbeitet (vgl. SRUBAR 1988).

3 DDR-spezifische Milieus und Lebenswelten - Brücken für Passagen in die privatwirtschaftliche Selbständigkeit

In unserem Projekt haben wir versucht, durch die Definition spezifischer "Ausgangskonfigurationen" dem genannten Modellansatz zu folgen: Strukturelle Bestimmungen oder Verortungen nehmen wir weitgehend über ein Berufsstrukturmodell vor, sie sind insofern mit Schichtungs- oder Lagenansätzen kompatibel. Ausgehend von den dominanten strukturbildenden Kriterien "politische Macht" und "kulturelles Kapital" unterscheiden wir Konfigurationen der "Arbeiter und Angestellten" (39% der "neuen Selbständigen"), der "Intelligenz" (15%), der "Ingenieure/Industrieforscher" (14%) und der "Machtelite" (8%) als besonders relevante und markante Ausgangskonfigurationen. Mit diesen strukturbildenden Kriterien sind offenbar die für die DDR-Gesellschaft signifikanten systemspezifischen Differenzierungen und damit verbundene soziokulturelle Prägungen erfaßt: Herrschaftsspezifische Aus- und Einschließungen, Bevorteilungen und Nachteile; berufsstrukturelle und -kulturelle Unterschiede etc.

Im zweiten Schritt der Bestimmung dieser Konfigurationen sind wir dazu übergegangen, sie durch eine Binnenanalyse relevanter institutioneller Zusammenhänge und mittels "dichter Beschreibungen" lebensweltlicher Kontexte weiter zu konkretisieren. Damit war es möglich, Kurzschlüsse - etwa von Struktur- auf Kulturphänomene - zu vermeiden.

Hier ist der Platz der Milieuanalyse im engeren Sinn: Während auf einer "ersten Ebene" der Analyse die Konfigurationen vor allem über statistische und quantitative Fragebogenerhebungen klassifiziert wurden, blieben für die "zweite Ebene" qualitative Verfahren leitend. Das betraf die "dichten Beschreibungen" zu den relevanten institutionellen Kontexten (z.B. die inneren Strukturen und Mechanismen eines konkreten politischen Apparates, ein ingenieurtypisches Produktionsmilieu u.a.). Damit waren die Konfigurationen schon durch lebensweltliche Komponenten "angereichert". Dann wurden Analysen der einzelnen Fallgruppen (die Interviews aus den jeweiligen Ausgangskonfigurationen) hinsichtlich ihrer gemeinsamen Charakteristika herangezogen. Schließlich erfolgte die konkrete berufsbiographische Analyse einzelner Fälle: Berufliche Pfade, Lebensverläufe seit der Schulzeit, die spezifischen Einstiege unserer Probanden in ihr damaliges berufliches Milieu wie die Arbeit in diesem. Aus diesem Analysebereich sollen nun einige der Ergebnisse zur Verdeutlichung skizziert werden. Es geht nur um die bereits angeführten Beispiele.

Ingenieure und Teile der Facharbeiterschaft, so war gesagt worden, vollziehen häufig berufsspezifische Gründungen und reklamieren hier oft berufliche Spezifika als gewichtige Handlungsressource. Auffallend ist nicht nur die "Geschlossenheit" der gewählten Branchen - Bau und verarbeitendes Gewerbe -, sondern beispielsweise auch die Tatsache, daß nahezu drei Viertel (74,2%) der Ingenieure angeben, insbesondere auf frühere berufliche Erfahrungen und Qualifikationen zurückgreifen zu können. Dieses Faktum wird im Gründungsprozeß durchaus selbstbewußt artikuliert. Ob nun mit dem Statement: "Eh, was technische Fragen anbelangt, habe ich überhaupt keine Probleme!" oder noch deutlicher mit dem: "Wir sind doch nicht die, die gefeuert wurden oder gefeuert worden wären!"

Das scheint plausibel und allgemein mit Ausbildung, Qualifikation, dem System der Verberuflichung und speziell den ingenieurspezifischen Traditionen auch belegbar. Dennoch zeigt gerade eine genauere qualitative Analyse dieser Ingenieurpassagen - und das macht sie für den hier anstehenden Zusammenhang so interessant und aufschlußreich -, daß nicht so einfach und schlechthin Beruf und Qualifikation zu den Schlüsselressourcen werden.[11] Eine konkrete Analyse beruflicher Werdegänge und von Eigenheiten entsprechender Berufsmilieus bringt hier differenziertere Ergebnisse.

In unserem Ingenieursample finden wir häufig für die beruflichen Wege in der DDR situativ und reflexiv gesteuerte Biographien - abgebrochene, verlagerte und wieder aufgenommene Karrieren; zweite und sogar dritte Bildungswege; selbstbestimmte Steuerungen nach dem Modus: besser zu sein, gerade weil man es schwieriger hatte oder hat, ... - für die man so begründet unterstellen kann, daß auch "Selbständigkeit" recht früh und fest im Horizont biographisch geprägter Handlungsmöglichkeiten eingezeichnet bzw. der Horizont weit genug war, diese aufzunehmen. Das ist für Ingenieure deshalb besonders aufschlußreich, weil ihre beruflichen Wege und institutionellen Bindungen "eigentlich" weit rigider vorgegeben und festgelegt waren als etwa für Teile der kulturellen Intelligenz. Insofern ist die Häufung solch berufsbiographischer Vielfalt und Mobilität schon markant und kann sie die hier oft anzutreffende geradezu gleitende Passage in die Selbständigkeit erklären: Plausibel wird ein lebensweltlicher *Kontinuitätsmodus*, während ebenso plausibel die systemische Wende und der institutionelle Bruch verdrängt werden.

Hebt man näher auf berufsspezifische Kontexte oder eben konkrete Milieus ab, so zeigen sich weiterhin gerade für Ingenieure *Kontextöffnungen*, die über enge beruflich-technische Rationalitätsstandards hinausgreifen: Teamleitungen, Organisations- und vor allem Improvisationsanforderungen; Aspekte der Marktanalyse und Rechnungsführung ... Das macht erklärbar, weshalb gerade hier vormalige Leitungs- und Managementerfahrungen für den Weg in die Selbständigkeit so positiv "verrechnet" werden, während sie früher oft ungewollt

---

11   Dies wäre sowohl mit der hohen Arbeitslosigkeit unter Ingenieuren schwer vereinbar wie auch damit, daß es innerhalb der Ingenieurberufe in der DDR viele Probleme gegeben hat.

übernommen werden mußten und als Störgröße gegenüber ingenieurspezifischen Rationalitätskriterien empfunden wurden. Diese Eigenarten, die in der DDR zum Teil die Ingenieurtätigkeit belasteten und an den Rändern "ausfransen" ließen, sind nun durchaus relevante soziale Kompetenzen für den Weg in die Selbständigkeit. Es sind Belege für offene Handlungsmöglichkeiten oder "Lebenskonstruktionen", die sich einer reglementierten Laufbahn nicht unterordneten. Man war, wie von einem Gründer-Ingenieur akzentuiert, eben "immer schon 'n bißchen, eh, selbständig". Und wer das war, "hat ooch zum großen Teil die Kurve gekriegt".

Für den Einstiegsmodus in die Selbständigkeit sind die hier knapp und kursorisch angeführten Fakten zweifellos zentral. Betrachtet man das Fehlen marktspezifischer Kenntnisse und Voraussetzungen, so kann diesen milieuspezifischen Eigenheiten und lebensweltlichen Aufschichtungen durchaus eine kompensatorische und Schlüssel-Rolle zugesprochen werden: Sie erlauben diesen Ingenieuren kontextspezifische Öffnungen des neuen marktwirtschaftlichen Handlungsfeldes.[12] Differenzierungen und Eigenarten in der DDR-Gesellschaft, die einer uniformen Systemlogik oder einem deutlichen Modernisierungsgefälle widersprechen, vermögen die Handlungspassagen abzustützen. Ähnlich sieht es für die beiden anderen Beispiele aus.

Die bei den "neuen Selbständigen" anzutreffenden eigenartigen Netzwerkkonstellationen (Unterstützungs- oder Vertrauensstrukturen), die zeitweilig beachtliche Relevanz also gerade alter und sehr dichter sozialer Beziehungen verweist auf die erforderliche Analyse milieuspezifischer Beziehungen und Vergemeinschaftungsformen. Immerhin haben bei unserer Frage nach konkreten, praktischen Unterstützungsleistungen im Gründungsprozeß über 30% der Befragten jeweils auf "frühere Kollegen" oder "Freunde aus dem bisherigen Tätigkeitsbereich" hingewiesen (wobei die Ingenieure wieder einen Spitzenplatz einnahmen). Praktische Unterstützung ist zweifellos ein wichtiger Indikator für die Relevanz sozialer Beziehungen und im vorliegenden Beispiel für das anhaltende Gewicht alter sozialer Beziehungen aus der DDR-Gesellschaft. Insofern erweisen sich wiederum einige Interpretationen zur DDR-Gesellschaft als nicht ausreichend differenziert und als oberflächlich: Die Interpretationen beispielsweise, die eine generelle Instrumentalität solcher Beziehungen und damit deren sofortigen Verschleiß mit der Aufhebung der "Mangelgesellschaft" unterstellt haben, oder aber jene, für die soziale Beziehungen im Sozialismus pauschal einer dumpf-moralischen Gemeinschaftskultur angehörten, jeder progressiven

---

12 Damit ist nichts über Erfolg oder Mißerfolg gesagt, auch nicht über die Rolle solcher milieuspezifischer Prägungen für marktwirtschaftliche Etablierungen und weitergehende Handlungsprozesse. Unsere Wiederholungsuntersuchung von 1995 hat auch für die Ingenieure differenzierte Ergebnisse nach zwei bis drei Jahren Selbständigkeit erbracht. Dies ändert aber nichts an der Rolle solcher Prägungen im Einstiegsprozeß.

Milieutransformation - zweifellos gerade solchen Passagen in die Selbständigkeit - also im Wege sein müßten. Das konkrete Handeln oder Problemlösen "vor Ort" - oder: die Arbeit zur Erhaltung des Milieus, in den "lebensweltlichen Vergesellschaftungskernen" - hat in der DDR-Gesellschaft nicht nur zu individuellen Kompetenzen geführt, sondern zu Formen konkreter Sozialität, für die wir oft die Erklärung bei unseren Probanden finden: Weil sie sich auf mich verlassen konnten! Zu Vertrauensstrukturen also, die in der Initialphase der Gründung bzw. Geschäftseröffnung abrufbar geblieben sind, eine enorme Gründungsressource darstellen. Wenn auch eine Gründungsressource mit erheblichen Ambivalenzen und einem von Fall zu Fall raschen Verschleißtempo. Dennoch bleibt es eine für die Brückenpassagen in die Selbständigkeit relevante lebensweltliche Hinterlassenschaft.

Um das dritte Beispiel noch kurz anzuführen: Die bei den jüngeren "neuen Selbständigen" - Gründern unter dreißig Jahren - häufig aufzuweisenden "sekundären Qualifikationen" erklären sich nicht unwesentlich aus einer DDR-spezifischen Generationenkonstellation, die für unsere Probanden ihre "Wirkwelt" und ihr Arbeitsmilieu *außerhalb* institutionalisierter Beruflichkeit finden bzw. suchen ließ. Reglementierungen wurden von ihnen als zu stark und Aufstiegskanäle als verstopft wahrgenommen. Nur noch locker und über verschiedene Konstruktionen mit diesem "primären Bereich" verbunden (Hilfsarbeit bei der Volkssolidarität), machten sie ihre relevanten Erfahrungen und erwarben sie ihre eigentlichen Qualifikationen in einer schon sehr durchlässigen und gelockerten Freizeitsphäre, aus der sie dann auch "wie selbstverständlich" in die privatwirtschaftliche Selbständigkeit gestartet sind.

Ihr Erklärungsmodus: "Wer früher nix war, wird auch heute nix, und wer früher was gewesen ist, wird auch heute was!" kann abschließend etwas lax für das genommen werden, worum es mit dem Beitrag ging: Transformationspassagen zu zeigen, für die die lebensweltliche Basierung in der Vergangenheit keine Blockade oder Falle darstellt, für die mit der milieuspezifischen Herkunft gerade sehr produktive, eigenartige und oft eigensinnige Einstiegsschneisen in das neue soziale Feld verbunden sind. Das aber verlangt, sich in der Sozialanalyse näher mit diesen kontextuellen Eigenheiten zu befassen: Das Innere der DDR-Gesellschaft nicht als tabula rasa einer aufgesetzten Transformationsforschung, sondern als konstitutiv, um Passagen und Übergänge zu verstehen. Das mag nur für einige Dimensionen des Transformationsprozesses so zutreffen, ist aber für dessen Charakteristik aufschlußreich. Passagen in die "neue Selbständigkeit" sind erst so adäquat zu analysieren; Etiketten wie "Reglementierung versus Individualisierung" verstellen den Zugriff eher. Das kann eben auch eine Chance für Milieuanalysen sein; die Sozialwissenschaft sollte sie sich nicht entgehen lassen.

Dirk Tänzler

Solidarität und Sachlichkeit.
Transformation eines ostdeutschen Arbeitsmilieus[1]

Im Alltag ist der Begriff des Milieus aus der Mode gekommen. Die von den Soziologen als Alternativmilieu klassifizierten Gruppen nennen sich selbst 'Szene' und verweisen damit auf eine durch Selbstinszenierung geprägte Gesellungsform, die sich scheinbar von unhinterfragten Milieutraditionen prinzipiell unterscheidet. Als Fachterminus hat der Ausdruck Milieu noch vor Gericht seinen angestammten Platz und ist hier die soziologische Standarderklärung für die Ätiologie abweichenden Verhaltens. Verbürgt ist seine Verwendung auch zur Bezeichnung zwielichtiger Unterwelten. Milieu ist zum Synonym für Prostitution und Kriminalität geworden. Nur in diesem Kontext ist Milieu als Selbstzuschreibung offensichtlich akzeptabel, signifikanterweise für eine gesellschaftliche Außenseiterposition. Solche stigmatisierenden normativen Untertöne klingen auch in den Fremdzuschreiben an, die Milieus eher an den Rändern, wenn nicht in das Abseits der Gesellschaft verorten. Biologen taugt der Begriff gerade noch zur Bezeichnung synthetischer Lebenswelten von Viren und Bakterien im Reagenzglas; ansonsten spricht man lieber von Umwelt.

In dieses semantische Feld paßt auch die mit zunehmendem Mobilitätsdruck in den Städten an die Politik adressierte Forderung nach 'Milieuschutz'. Dieser Neologismus bringt aber auch eine zweite Bedeutungsschicht von Milieus zum Ausdruck. Milieu wird im Zuge der Modernisierung immer dann thematisch, wenn etwas zu verschwinden droht, was die Betroffenen für bewahrenswert halten. Daher hängt diesem Begriff der Ruch des Fortschrittsfeindlichen und Konservativen an. Milieu ist aber nicht nur die nostalgische Beschwörung bedrohter Geborgenheit, führt nicht nur an den Rand der Gesellschaft, sondern kann auch Resistenz gegen den vermeintlichen *mainstream* der Gesellschaft mobilisieren. Von daher erstaunt auch die Reserve gegen die Renaissance des

---

[1] Die nachfolgenden Überlegungen zum Milieu gehen zurück auf die Zusammenarbeit mit Ulf Matthiesen und ein gemeinsam veranstaltetes Projektseminar "Milieutheoretische Analyseansätze und deren forschungspraktische Anwendungen in regionalkulturellen Gegenstandsfeldern an der Humboldt-Universität zu Berlin im Wintersemester 1995/96 und Sommersemester 1996. Dank schulde ich auch Ilja Srubar für seine profunden Anmerkungen zu einer früheren Fassung meiner Erkundungen im Milieu.

Milieubegriffs in der deutschen Soziologie nicht, kratzt sie doch am Selbstverständnis dieser Selbstbeobachtungsinstanz moderner Gesellschaften.
Das war nicht immer so. In der französischen Soziologie hat der Begriff eine lange Tradition und Emile Durkheim (DURKHEIM 1980 und 1983) machte ihn zu einer Zentralkategorie, die das Verhältnis zwischen allgemeiner gesellschaftlicher Norm und davon abweichendem Verhalten auf originelle Weise bestimmt. Ob Verbrechen oder Selbstmord, das abweichende Verhalten, so seine These, hat eine Funktion, will sagen, ist nicht ein rein individuelles, psychologisch zu erklärendes Ereignis, sondern eine soziale Tatsache. Abweichendes Verhalten wird als funktionale soziale Tatsache und nicht nur pathologische Anomalie erkennbar, wenn nicht die Gesellschaft als Ganze betrachtet wird, sondern das konkrete soziale Milieu. Die Analyse zeigt zum Beispiel eine Korrelation zwischen Selbstmordhäufigkeit und Protestantismus. Der Selbstmord in diesem modernen Sozialmilieu ist eine milieutypische "Problemlösung" im Falle des Scheiterns der sozial obligatorischen Regelung des Geschlechterverhältnisses - fast möchte man sagen: selbst eine Norm in diesem Milieu.[2] Man geht daher wohl nicht zu weit, wenn man behauptet, daß in der Gründungsphase des Fachs 'Milieu' als Inbegriff der Soziologie, der Wissenschaft von der modernen Gesellschaft, galt und der Aufklärung struktureller Zusammenhänge diente.

Daran knüpft die aktuelle Debatte um den Milieubegriff in der deutschen Soziologie aber gerade nicht an. Zwar gibt es auch hier Wurzelstränge in die Gründerzeit. Der in der deutschen Soziologie der zwanziger Jahre gebräuchliche Begriff ist nach dem 2. Weltkrieg in der Disziplin noch vereinzelt präsent (GRATHOFF 1989, LEPSIUS 1990), aber nicht Zeitgeist prägend. Das änderte sich erst in den achtziger Jahren, als über die Rezeption der Bourdieuschen Habitustheorie Begriffe wie Lebensstil und Milieu reimportiert wurden und Furore machten. Nicht zufällig fungiert das sogenannte hedonistische Milieu als Leitbild sowohl in der gesellschaftlichen Wirklichkeit als auch in den wissenschaftlichen Theorien. Mit den alten Begriffen Milieu und Lebensstil will man der Enttraditionalisierung der Gesellschaft und dem umsichgreifenden Selbstverwirklichungshabitus gerecht werden. Den traditionellen Milieus, in die man hineingeboren und die von der Arbeitsteilung determiniert wurden, werden die durch selbstgewählte Formen des persönlichen Zusammenlebens geprägten modernen sozialen Milieus gegenübergestellt.

Die ihrem Wesen nach relativistischen Milieukonzepte nehmen das lebensphilosophische Motiv aus den zwanziger Jahren wieder auf und tragen ebenfalls einen gegenmodernen Akzent. Sie sind Teil der Reflexion auf das kriselnde "Projekt der Moderne" und das Scheitern der mit dem Universalismus

---

2   Dasselbe galt damals auch für den Bankrotteur.

der Moderne verbundenen Hoffnungen. Der Milieubegriff markiert einen Bruch mit der für die Nachkriegssoziologie typischen Vision gesellschaftlicher Entwicklung, ob nun in Gestalt der klassenlosen Gesellschaft oder der nivellierten Mittelstandsgesellschaft. Weder die vier Basisinstitutionen Konkurrenzdemokratie, Marktwirtschaft, Massenkonsum und Wohlfahrtsstaat (ZAPF 1991, S. 34) noch eine repräsentative Kultur (TENBRUCK 1990, BOURDIEU 1979, auch BUDE 1990) können die Integration der Gruppen in die Gegenwartsgesellschaften garantieren. Zumal in Deutschland existiert keine Leitkultur mehr; sie kann angesichts von Massenarbeitslosigkeit, Krise der sozialen Sicherungssysteme und neuen sozialen Differenzierungen aber auch nicht mehr durch Massenkonsum substituiert werden. Der Zusammenbruch des Sozialismus hat diese Entwicklung beschleunigt. Zunächst schien es noch, als könne man den sozialen und kulturellen Unterschied zwischen west- und osteuropäischen Gesellschaften nach dem Modell der "nachholenden Modernisierung" in kurzer Zeit aufheben. Die Transformation wurde vorgestellt als Angleichung der osteuropäischen an westeuropäische Lebensverhältnisse. Aus dieser Sicht kann der Eigensinn der Milieus die Entwicklung nur blockieren.

Aber die Pluralisierung der Kultur, die fortschreitende soziale Differenzierung sowie die Globalisierung der Volkswirtschaften - alle diese Phänomene werfen erneut die Frage nach der Integration der Individuen und Gruppen in die Gesellschaft auf. Wenn eine Integration von oben, sei es durch eine Leitkultur (das französische Modell) oder durch ein Wirtschaftswunder (das Modell Deutschland) historisch überholt ist, wenn komplexe Gesellschaften keine vernünftige(n) Identität(en) mehr stiften können, sondern zur neuen Unübersichtlichkeit tendieren, dann kann der Eigensinn der Milieus nicht mehr übersprungen werden. Der Soziologe kann die Individuen nicht mehr sinnvoll alleine nach dem Prinzip der Arbeitsteilung in funktionale oder nach feinen Unterschieden in ständische Gruppen einer durchorganisierten Gesellschaft zuordnen. Das Gliederungsprinzip selbst ist fraglich geworden. Das bekam ich bei meinen Forschungen in Ostdeutschland am eigenen Leibe zu spüren, als es mir zunächst nicht gelang, die untersuchten neuen Selbständigen nach beruflichen und lebensstilistischen Merkmalen zu unterscheiden und zu typisieren. Erst eine Rekonstruktion der Lebensführungsstile im Weberschen Sinne ließ dann signifikante Unterschiede und die Rekrutierungsmilieus der Neuen Mittelklasse erkennbar werden. Das mindestens seit Marx und Durkheim unter Soziologen vorherrschende Theorem der Arbeitsteilung als Kerngestalt gesellschaftlicher Modernisierung und eine davon funktional abgeleitete Identitätsbildung als Prozeß der Integration des Individuums in einen die Gesellschaft stützenden Normallebensverlauf scheint für ein Verstehen der aktuellen Entwicklungen nicht mehr adäquat. Die Renaissance des Milieubegriffs markiert einen Wechsel von der funktionalistischen Frage der Integration zur konstruktivistischen Sicht auf die innere Differenzierung sozialer Lebenszusammenhänge. Unmittelbar am biographischen Entwurf ansetzend, erscheinen Individualisierung und Vergesellschaftung dann als soziale Konstruktionen im Rahmen eines Beruf und Privatleben übergreifenden Projekts. Eine Hinwendung zu den Milieus und den Selbstdefinitionen ihrer Mitglieder beugt von vornherein auch der Gefahr vor, der Grundangst aller Soziologen vor der sozialen Anomie anheimzufallen, und setzt auf die Resistenz der Lebenswelt. Milieu wird daher hier nicht als ein abgrenzbares Phänomen konzipiert, z.B. mit lebensstilbildender 'Vergemeinschaftung' identifiziert, oder für randständige Gruppen reserviert (Arbeitermilieus, Jugendgangs, Single-Kulturen oder die Alternativszene) - oder gar eindeutig einer Bindestrichsoziologie zugeordnet. Milieu wird als Strukturbegriff gefaßt, der etwas für Sozialität Konstitutives und für moderne Gesellschaften zugleich Typisches bezeichnet, wie es schon bei Durkheim angeklungen hatte.

Als Zentralbegriff kultursoziologischer Analyse hat bereits Lepsius (LEPSIUS 1990) den Milieubegriff für die Sozialstrukturanalyse nutzbar gemacht. Sein Begriff des sozial-moralischen Milieus fungiert als organisatorische und kulturelle Vermittlungskategorie zwischen objektiven Sozialstrukturen (Klassen) und subjektiven Bewußtseinsstrukturen. Außer in der Sozialstruktur- und Ungleichheitsforschung findet der Milieubegriff Anwendung in der Stadt- und Regionalwissenschaft (KEIM 1979, LÄPPLE 1995). Theoretisch steht auch hier das Verhältnis struktureller und kontextueller Faktoren im Mittelpunkt. Es geht darum, einen Milieubegriff zu formulieren, der sich von der Vorstellung freimacht, der Kontext, ob geographischer Raum oder Kultur, stehe in einem additiven Verhältnis zu den 'eigentlich' strukturellen Faktoren der Gesellschaft oder des Ökonomischen. An einem Fall werde ich die Anwendung des Milieubegriffs auf industriesoziologische Fragestellungen versuchen. Dabei geht es um eine Klärung des Verhältnisses von Ökonomie und Kultur. Der Milieubegriff fungiert in dieser Hinsicht als Operationalisierung der kulturellen Dimension sozialer Tatsachen. Die Annahme ist, daß die Erklärung objektiver Zusammenhänge ein Verstehen der subjektiven Sinnzusammenhänge voraussetzt, die ihrerseits milieugebunden sind, also Strukturen der Intersubjektivität implizieren.

Milieu bezeichnet die Lebensform einer raum-zeitlich situierten Gruppe. Die Raumproblematik ist dann auch der Ansatzpunkt von Dieter Läpples regionalwirtschaftlich orientiertem Produktionsmilieuansatz. In der folgenden Analyse wird dagegen nicht allein die regionale Einbettung eines Betriebes, sondern sein Arbeitsmilieu, sein inneres soziales Milieu in der Transformation thematisiert, also auch in der zeitlichen Dimension. Damit wird versucht, zumindest ansatzweise der Forderung von Michael Burawoy (BURAWOY 1995) gerecht zu werden, nicht bloß Ausgangspunkt ("Sozialismus") und Endpunkt ("Kapitalismus"), also zwei Zustände zum Zeitpunkt t_1 und t_2 zu vergleichen, sondern den Prozeß der Transformation selbst zu erfassen; es wird der Anspruch erhoben, daß insbesondere für die diachrone Analyse die Milieuanalyse Vorteile bietet.

Aber weder die zeitliche noch räumliche Dimension ist hinreichend für die Abgrenzung milieutheoretischer Forschungsansätze von konkurrierenden Konzepten. Raum und Zeit lassen sich auch als objektive Bedingungen der Handlungssituation erklären. Man muß sich von einem Begriff objektiver Raum-Zeitlichkeit lösen und dem subjektiven Raum-Zeit-Erleben zuwenden, um den für Milieus konstitutiven subjektiv gemeinten Sinn erfassen zu können. Nur wenn man aus einer solchen kultursoziologischen Perspektive Milieu als Erlebnis- und Erfahrungszusammenhang rekonstruiert, erfaßt man Subjektivität, die ja nicht, wie fälschlicherweise immer wieder angenommen, als normativer Zusammenhang gefaßt werden kann. Normen und Mentalitäten sind Objektivitäten. So analysieren z.B. Peter Noller und Werner Georg (NOLLER, GEORG 1994) auf der Basis standardisierter und halbstandardisierter Fragebögen berufsmilieuspezifische, aber doch allgemeine Mentalitätsstrukturen, die dem einzelnen Subjekt wie eine Objektivität gegenübertreten. Subjektiv ist an dem, was sie beschreiben, eigentlich nur das Moment der Wahlentscheidung. Analysiert man aber diese in der objektiven Analyse wie ein Rest anfallende Subjektivität als Hintergrund von solchen Wahlentscheidungen in konkreten Handlungssituationen, dann treten historische Typen der Lebensführung hervor. In diesem Sinne versuche ich in der folgenden hermeneutischen Fallstudie, die Emergenz eines neuen Modells der Lebensführung aus dem Erlebnis- und Erfahrungszusammenhang eines Neuen Selbständigen in einem ostdeutschen Arbeitsmilieu zu rekonstruieren.

Bei der wirtschaftlichen Transformation zeigen sich auf der Betriebsebene mindestens zwei Formen: ein absoluter Neuanfang oder der Anschluß an vorhandene Strukturen und Potentiale (z.B. Neugründung vs. Übernahme und Restrukturierung). Es sind aber nicht immer nur betriebwirtschaftliche Gründe, welche die Akteure für Bruch oder Kontinuität votieren ließen. Vielfach waren auch Wertentscheidungen ausschlaggebend. So berichtet ein selbständiger Handwerker, ehemals Brigadier, also ein Vorarbeiter, und immer systemablehnend eingestellt gewesen, daß er sich von seinen ehemaligen Kollegen getrennt habe, da diese "Kumpanei" ein vernünftiges Arbeiten verhindert hätte. Leistungskontrollen und Sachentscheidungen hätten nicht durchgesetzt werden können, wo persönliche Beziehungen zu ehemaligen "Kumpels" bestanden. Daher entschied sich dieser Selbständige für den Bruch nicht nur mit seinen alten Kollegen, sondern vor allem auch mit dem alten System der Solidarität.

Viel schwieriger gestaltete sich der Übergang im Falle eines genossenschaftlich organisierten Unternehmens. Schon die Form der Betriebsübernahme als Genossenschaft zeigt das Festhalten an ehemals sozialistischen Solidaritätsvorstellungen. Interessant ist nun zu beobachten, wie sich vor diesem Hintergrund einer aus dem Sozialismus stammenden Solidarität das neue Rollenverhalten zwischen Führung und Belegschaft herausbildet. Interessant aber auch deshalb, weil sich dieser Betrieb nur zwei Jahre nach der Wende[3] zu einem Vorzeigebetrieb in der Branche entwickelt hat und zwar für das gesamte wiedervereinigte Deutschland. Gleich nach der Wende war der Geschäftsführer des Betriebes noch zu einem süddeutschen Unternehmen, zu dem schon zu alten Zeiten Geschäftskontakte bestanden, gefahren, um zu sehen, wie es dort gemacht werde. Er war begeistert, aber auch ernüchtert und hatte sich gesagt: Mit denen vergleiche ich mich erst gar nicht. Zwei Jahre später kommt der süddeutsche Unternehmer, um zu schauen, was er im Osten Neues lernen kann. Diese Ost-West-Vergleicherei hat zwei Aspekte. Einmal betrifft sie das rein sachliche Problem der Betriebsführung, also die Frage, wer das bessere Unternehmenskonzept hat. Zum anderen ist der Vergleich aber auch Ausdruck einer sozialen Konkurrenzsituation zwischen zwei Gruppen einer Gesellschaft. Hier ist der wirtschaftliche Erfolg aus der Sicht der Menschen Indikator für ihre individuelle und soziale Position im Kampf um Anerkennung.

Grundlage des Erfolgs war, daß es "ja einer der guten Betriebe im Osten" war, der mit Gewinn arbeitete.[4] Die guten Startbedingungen waren von dem jetzigen Geschäftsführer und damaligen Direktor für Ökonomie und stellvertretenden Betriebsdirektor selbst geschaffen, d.h. der Planungsbürokratie abgetrotzt worden. An sich waren für diesen - wie für fast alle anderen Betriebe auch - keine Modernisierungsinvestitionen vorgesehen gewesen. Daß er sie dann doch bekam, war sicherlich auch dem Umstand geschuldet, daß der Betrieb in den Westen exportierte und damit Devisenbeschaffer war. Als Stahlbau-Unternehmen gehörte er zur Schlüsselindustrie der Region, fand sich aber nach der Wende in einer durch Überkapazitäten geprägten Branche wieder, in der ein harter Verdrängungswettbewerb im Gange war. Daß dieser Betrieb mit 130 Beschäftigten dem standhalten konnte, war dem beherzten Entschluß zur schnellen Restrukturierung und Modernisierung des Betriebes noch vor der Wiederverei-

---

3   Das Interview mit dem Geschäftsführer wurde im Rahmen des von Frank Heuberger geleiteten Forschungsprojekts "Auf der Suche nach der Zukunft. Zur Entfaltung neuer Lebenschancen in Ostdeutschland unter besonderer Berücksichtigung mittelständischer Existenzgründungen" im Frühjahr 1992 durchgeführt.

4   Dieser Gewinn ist vom sozialistischen Staat gänzlich abgeschöpft worden. Außerdem wurden die Betriebe, auch wenn sie ihrer gar nicht bedurften, zur Kreditaufnahme bei der Staatsbank der DDR gezwungen, die im Grunde eine obligatorische Staatsanleihe war, welche die Westbanken als Rechtsnachfolger nun zurückfordern.

nigung zu verdanken.[5] Technisch ist er mittlerweile einer der bestausgestatteten Betriebe der Branche mit vollautomatisierter Produktion. Die hohen Investitionen insbesondere in CNC-Bearbeitungstechnik und Fördersysteme, die zu einer Verkürzung der Fertigungszeiten um 40% führten, sowie die noch nicht zufriedenstellende Produktivität in der Werkstatt und bei den Ingenieuren erlauben aber nur niedrige Löhne (Facharbeiter West 22 DM, Ost 11 DM). Die Lohnfrage ist auch deshalb brisant, weil die Arbeiter vor der Wende zu den Spitzenverdienern in der Region zählten, jetzt aber z.b. hinter den Arbeitern in der boomenden Bauwirtschaft rangieren. Lohnfragen sind immer auch Status- und Prestigefragen, die den Hintergrund abgegeben, vor dem die folgende Analyse verstanden werden muß. So beklagt der Geschäftsführer eine allgemeine Unzufriedenheit auch bei denen, die Arbeit hätten, die man daher kaum erklären könne. Und tatsächlich besteht ein struktureller Widerspruch zwischen der erbrachten Leistung des Einzelnen (die ja, subjektiv gesehen, nicht geringer ist als die seines westdeutschen Kollegen) und dem niedriger Produktivität und einem erhöhten Bedarf an zu reinvestierendem Kapital geschuldeten niedrigeren Einkommen. Im Vergleich mit seinem westdeutschen Kollegen wird das dann als Ungerechtigkeit erfahren. Statt durch gerechten Lohn Anerkennung für seine außerordentlichen Leistungen zu bekommen, wird er für etwas bestraft, was außerhalb der individuellen Einflußmöglichkeiten liegt. In der Lohnfrage bündeln sich die gesellschaftlichen Probleme der Wiedervereinigung wie unter einem Brennglas.

Das Einkommensproblem ist ein zentrales Thema nicht nur in diesem Interview gewesen. Die wie auch immer verursachten Einkommensunterschiede zwischen Ost und West markieren eine strukturelle Ungleichheit in der wiedervereinigten deutschen Gesellschaft. Die Lohnfrage ist daher unmittelbar verknüpft mit der Identitätsproblematik. Am Beispiel eines innerbetrieblichen Konfliktes über Repräsentationsausgaben will ich die Situationsdefinitionen der Akteure analysieren und zeigen, wie sich im Kontext der betrieblichen Transformation dieses Arbeitsmilieu von innen wandelt. Meine Analyse setzt an einem Sachverhalt an, der an sich relativ belanglos aussieht; irgend so eine alltägliche Banalität, welche die Mühen einer wissenschaftlichen Analyse kaum zu rechtfertigen scheinen. Ich habe aber diese Passage gewählt, weil in ihr nicht nur aller Deutschen liebstes Kind, das Automobil, eine zentrale Rolle spielt, sondern auch der Teppichboden, über den ja in der Nachwendezeit schon Jürgen Habermas und Richard Schröder gestolpert sind. Das belegt vielleicht, daß es sich dabei nicht nur um Akzidenzien des Transformationsprozesses handeln kann.

---

5   In unserer Studie wurde der Zeitpunkt der Unternehmensgründung, zu der wir auch Übernahmen zählten, zu einem Erfolgsindikator (HEUBERGER, TÄNZLER 1996)

Der Geschäftsführer wurde von seiner Belegschaft bedrängt, seinen Opel gegen einen standesgemäßen Wagen, einen Mercedes, einzutauschen. Das erstaunt, wenn man hört, daß die Belegschaft gleichzeitig darüber heftig in Wut geraten war, daß der Geschäftsführer seine Bürobaracke mit einem Teppichboden ausgelegt hatte.

"GF: Fußbodenbelag - Textilien - ist normal. Ich habe aber ganz bewußt darauf geachtet, hier kein Superbüro draus zu machen, aber ein ordentliches Büro. Das bin ich allein schon meinen Kunden schuldig."

An anderer Stelle heißt es:

"GF: Das habe ich für die Mitarbeiter gemacht, aber auch dem Kunden gegenüber.

I: Haben das auch alle so verstanden?

GF: Selbstverständlich kommen die Werktätigen: 'Das kann doch nicht wahr sein! Jetzt fangen wir mit Teppichen an !' - Das kriegt man dann so nebenbei gesagt. - 'Dabei sind wir zusammen aufgewachsen!' - Da sag' ich: Paßt ma' uff Männer! Kommt doch mal rin! Trinken wir eine Tasse Kaffe' zusammen! - Das ist doch gar nicht so. ' Ja. (Zum Interviewer)."

An dieser Stelle bricht etwas auf, zerbricht sogar und muß neu zusammengesetzt werden. Im Konflikt manifestiert sich nicht nur eine Meinungsverschiedenheit, ein Interessengegensatz in einem eingespielten Rahmen geteilten Selbstverständnisses. Dieses hintergründige Selbstverständnis wird selbst thematisch. Es ist aus der Sicht der Belegschaft durch das Verhalten des Geschäftsführers in Frage gestellt worden. Dessen Verhalten wird von der Belegschaft als Aufkündigung der Solidargemeinschaft gewertet, die, wie ich zeigen möchte, wegen der einsetzenden sozialen Differenzierung im Gefolge der betrieblichen Restrukturierung zerfällt bzw. einen Formwandel durchmacht. In der nivellierten ("klassenlosen") Gesellschaft der DDR, in der außerdem die Grenze zwischen Arbeitswelt und Privatsphäre fließend war, teilten Arbeiter und Betriebsleiter eine Lebenswelt. Nicht nur, daß Arbeiter und Betriebsleiter aus einem Milieu stammen ("zusammen aufgewachsen"), auch die berufliche Sozialisation verlief ziemlich ähnlich: Schweißerlehre, Meister und dann erst Studium und Rückkehr in den Betrieb. Die Bindung an das Betriebsmilieu wurde nie gelöst, und der Wechsel in eine Führungsposition hob die Solidaritätsbande zu den alten und neuen Kollegen nicht auf. Die Unterschiede in den Einkommen und bei den verfügbaren Waren[6] z.b. waren so gering, daß sich der Lebensstil des Betriebsleiters von dem eines Arbeiters kaum unterschied. Das bestätigt sich z.b. daran, daß selbst jetzt beide Parteien im Streit das gleiche Deutungsmuster verwenden. Allerdings - und darin kündigt sich der Geist der neuen Zeit an, meint der Geschäftsführer mit den gleichen Worten nicht mehr dasselbe wie seine Belegschaft. Er hat aufgrund der Erfahrungen in seiner neuen Rolle neue Perspektivierungen hinzugewonnen, die er seiner Belegschaft erst vermitteln muß, z.B. von Mann zu Mann bei einer Tasse Kaffee, unter Bedingungen der Gleichheit, die er regelrecht inszenieren muß. Diese und andere Inszenierungen werden nötig, weil die Lebenswelt der Akteure an Evidenz verliert und rekonstruiert werden muß. Ausgehend vom Arbeitsmilieu vollzieht sich eine soziale Differenzierung in eine Klasse von Lohnabhängigen einerseits und eine neue Mittelklasse andererseits. Die Konstitution von Klassen setzt aber das Machen 'feiner Unterschiede', also bestimmte Deutungsmuster voraus.

Die Teppichaffäre ist aus der Sicht der Handelnden ein Symptom für eine neue Wirklichkeit. Sie wird zum Ausgangspunkt der De- und Rekonstruktion ihrer Deutungsmuster. Für die Belegschaft ist der Teppich bloßes Dekor und im Produktionsmilieu eine unnütze Ausgabe. Wenn der Teppich eine rein dekorative Funktion und keine betriebliche Notwendigkeit hat, dann kann er in ihren Augen nur ein persönliches Privileg sein, das sich der Geschäftsführer aufgrund seiner Machtstellung und auf Kosten des Betriebes illegitimerweise herausgenommen hat. Der Geschäftsführer sieht das ganz anders: Der Teppichboden erfüllt aus seiner Sicht eine Minimalpflicht gegenüber den Kunden. Dadurch sei die Anschaffung auch im Sinne der Belegschaft, die außerdem stolz sein könne auf einen ordentlichen und gepflegten Betrieb - um somit auch das Vorurteil zu widerlegen, im Osten sei alles nur heruntergekommen. Der Geschäftsführer weist ausdrücklich darauf hin, daß alle Betriebsteile renoviert worden und in einem ansehnlichen Zustand seien sowie über modernste Ausstattung verfügten.

Aber die Anschaffung des Teppichbodens war auch aus der Sicht des Geschäftsführers ein potentieller Regelverstoß. Die Reaktion seiner Belegschaft kommt für ihn nicht unerwartet. Der Interviewer hatte gefragt, ob die Arbeiter seine Gründe und Motive verstanden hätten. Darauf antwortet der Geschäftsführer: "selbstverständlich *nicht*". Worauf bezieht sich aber dieses "selbstverständlich"? Mindestens zwei Lesarten sind hier möglich: Die Reaktion der Be-

---

6   Das gilt insbesondere für die Ostpodukte. Dagegen waren Westprodukte *das* Kapital auf dem Jahrmarkt der Eitelkeiten. So wurden z.B. bei Westverwandten originale Fiat-Ersatzteile, häufig mit rein dekorativer Funktion wie Zierleisten, Radkappen, Firmenlogo usw. geordert, um aus einem Lada oder Polski-Fiat einen *richtigen* Fiat zu machen.

legschaft ist "selbstverständlich" vor dem Hintergrund der DDR-Erfahrungen, also dem Verhältnis zwischen Arbeitern und Führungskadern zur damaligen Zeit. Dann bedeutet dieses "selbstverständlich", daß die Arbeiter die Anschaffung des Teppichbodens als Privileg eines "Bonzen" auf Kosten der Werktätigen verstehen mußten. Damit drückt sich in der Wut der Belegschaft die Enttäuschung darüber aus, sich jahrelang in der Person des Betriebsleiters getäuscht zu haben, der erst jetzt unter den neuen Bedingungen sein wahres Gesicht als Egoist zeigt. Die zweite Lesart thematisiert dagegen die Erfahrungen unter den neuen Bedingungen nach der Wende. Das "selbstverständlich" würde dann bedeuten, daß die Arbeiter die Motive und Gründe des Geschäftsführers deshalb nicht nachvollziehen konnten, weil sie die Erfahrungen, die der Geschäftsführer auf Grund seiner neuen Rolle machte und macht, nicht mehr teilen. Die Belegschaft reklamiert weiterhin den einst gemeinsamen Erfahrungshintergrund, der für sie bis zum Zeitpunkt der Teppichaffäre noch gar nicht problematisch geworden war, von dem sich der Geschäftsführer auf Grund seiner neuen Rolle aber bereits abgelöst hat. Der Konflikt wäre dann Ausdruck des Auseinandertretens der Erfahrungen und deren Bearbeitung, so daß daraus neue Situationsdefinitionen und neue Beziehungsmuster entstehen könnten.

Aber selbst dem Geschäftsführer als dem mentalen Vorreiter in dem Erlebnismilieu Arbeitswelt stehen zunächst nur die alten Vorstellungen und Begriffe zur Bezeichnung der neuen Erfahrungen zur Verfügung. Er bedient sich weiterhin der gewohnten Deutungen. In dem Dienstwagenstreit etwa dreht der Geschäftsführer nur den Spieß herum und schlägt die Arbeiter mit ihren eigenen Argumenten.

> "GF: Ich bin der Meinung: Och den PKW genauso, wir fahren als Geschäftswagen Opel Vectra. Ich bin der Meinung, das ist doch ein ordentliches Auto. Es muß nicht der Stern sein! Nie im Leben würde ich das machen, weil die Zeit einfach nicht reif ist dafür. Selbstverständlich will man ein gutes Auto, ein sicheres Auto haben. Das ist für mich kein Luxusgegenstand. Aber es muß doch immer angepaßt sein zur Lage des Betriebes, was ... nicht daß wir hier nur zum Reproduzieren ein Fahrzeug brauchen. Ich brauche ein Fahrzeug, um den Kunden zu erreichen. Und nichts anderes. Und da reicht er mir. Auch wenn die anderer Meinung sind und sagen, der Chef muß ein vernünftiges Auto fahren. - Nee, das muß nicht sein. Es muß immer alles ein bißchen passen dazu. Ja! Und da habe ich immer großen Wert drauf gelegt.

Noch ganz befangen im "Notwendigkeitsgeschmack"[7], geht dem Geschäftsführer das Wort 'Repräsentieren' nicht über die Lippen. An seine Stelle setzt sich der besser ins Milieu passende Ausdruck 'Reproduzieren'. 'Produzieren' wird im übertragenen Sinne alltagssprachlich tatsächlich für 'Sich-Aufspielen' gebraucht. Aber die Vorsilbe Re- deutet auf eine Kompromißbildung, so daß der sprachliche Lapsus als Versuch zu verstehen ist, den Dienstwagen (man könnte auch den Teppichboden einsetzen) nicht als Prestigeobjekt und angeberischen Luxus, sondern als Gebrauchsgegenstand auszugeben. Dienstwagen und Teppich werden eingereiht in die Renovierungsmaßnahmen des Betriebes und seine Ausstattung mit Maschinen. Ein Mercedes würde einfach nicht in den Rahmen passen, der durch Sparen - nicht zuletzt an den Löhnen - gekennzeichnet ist. Die Edelkarosse wird abgelehnt als Objekt einer nutzlosen und nicht standesgemäßen Stilisierung.

Soziale Deutungsmuster strukturieren die Erfahrung im Milieu. Andererseits führen Erfahrungen in einer krisenhaften Situation zu Umdeutungen und zur Veränderung des Deutungsmusters. Um die Wechselwirkung von Erleben, Deuten und Handeln erfassen zu können, analysieren wir das zur Krise führende Problem, vergleichen es mit der Problemlösung und versuchen zu erklären, warum sie gelingen konnte. Dabei gehen wir wieder vom Erleben der Situation durch den oder die Beteiligten aus.

Wie schwierig, ja schmerzhaft dieser in der Teppichaffäre zum Ausdruck kommende krisenhafte Prozeß auch für den Geschäftsführer ist, wird ablesbar daran, daß es ihn merklich geärgert hat, die Kritik so "nebenbei" 'unter die Nase gerieben zu bekommen', also nicht mehr (!) in die Meinungsbildung im Betrieb miteingebunden zu werden. Es ist anzunehmen, daß die Teppichaffäre in der Belegschaft heiß debattiert worden ist, bevor der Geschäftsführer davon Kenntnis bekam. Es zeigt sich also eine zunehmende Reserviertheit gegenüber einem Gruppenmitglied, das von der Rolle des primus inter pares in die Position eines Außenstehenden gerät. Nach den im Milieu gängigen Kategorien für einen Außenstehenden gäbe es die wenig schmeichelhafte Alternative zwischen "Bonze" oder "Westdeutscher" bzw. Kopie desselben. Den Geschäftsführer muß eine solche Zurechnung natürlich ärgern, weil er seinem eigenen Selbstverständnis nach weder das eine noch das andere ist, sondern ein integerer Zeitgenosse mit ausgeprägtem sozialem Verantwortungsbewußtsein, das er mit seinem Leben in der DDR verknüpft sieht.

Nicht zufällig kanalisiert der Geschäftsführer den Konflikt dadurch, daß er auf die Kumpelebene umschaltet. Er lädt die nörgelnden Belegschaftsmitglieder spontan auf einen Kaffee ein, um die Sache wie unter Männern zu klären ("Das

---

7   So charakterisiert Pierre Bourdieu die ästhetische Urteilskraft der kleinen Leute (BOURDIEU 1982, S. 585-601).

ist doch gar nicht so"). Das Aufheben der Rollendifferenz auf der Basis milieugebundener Solidarität war ein zentrales Steuerungsinstrument der Betriebsleiter im sozialistischen Betrieb und drückte sich in einem spezifischen Führungsstil aus. Der Widerspruch zwischen sozialer Nähe aller Betriebsangehöriger und Distanz der Autorität, zwischen Gruppenzugehörigkeit und herausgehobener Stellung der Führung war früher im realsozialistischen Paternalismus aufgehoben. Die Reziprozität war dadurch gesichert, daß die Gefolgschaft des Arbeitskollektivs durch die Fürsorgepflicht des Betriebsleiters abgegolten wurde. Die Fürsorgepflicht des Betriebsleiters ergab sich aus seiner Einordnung in ein größeres Ganzes, das durch die Partei dominierte, obrigkeitsstaatliche System. Der Paternalismus in den realsozialistischen Betrieben war von seiner offiziellen Seite her Ausdruck der Bevormundung durch den Staat, dessen Funktionsträger der Betriebsleiter war. Jenseits davon war Paternalismus der Betriebsleiter aber auch Schutz der Belegschaft vor der Obrigkeit und ihren unsinnigen Anordnungen. Von dieser Seite wurzelte der Paternalismus in einer Arbeit und Leben, Arbeiter und Leitung umspannenden "Datschensolidarität", wie sie Hans Georg Soeffner[8] einmal bezeichnet hat. Im Westen dagegen ist ein in Resten bestehender Paternalismus, etwa in mittelständischen Unternehmen, in eine ganz andere Gesellschaft integriert. Hier haben sich nicht nur die Rollen im Arbeitsmilieu ausdifferenziert; Arbeiter und Führungskräfte gehören auch unterschiedlichen sozialen Klassen und 'kleinen Lebenswelten' an. Der Betriebsalltag ist nicht mehr an die Ganzheitlichkeit der Familien- und Nachbarschaftssolidaritäten angedockt, wie das in Osteuropa der Fall war und zum Teil wohl noch ist.

Die Geltung solcher Solidaritätsbande bis ins Arbeitsmilieu ist aber Ausgangspunkt des Konfliktes und zum Teil mindestens noch der seiner Lösung durch den Geschäftsführer. Allerdings haben sich die Kontextbedingungen gewandelt. Außerdem ist die Problemlösung bereits Ausdruck des Wandels der Solidaritätsbeziehungen unter den neuen Kontextbedingungen. Die Datschensolidarität ist durch die genossenschaftliche Rechtsform des Unternehmens überformt, in eine repräsentative Betriebsdemokratie überführt und damit versachlicht worden. Die demokratische Betriebsverfassung wiederum bringt eine spezifische Form legitimierter Betriebsherrschaft hervor. Wegen der neuen

---

8   Statement auf dem Workshop "Transformation und Kultur" im WZB am 24./25.06.94. Die Bezeichnung "Datschensolidarität" spielt auf den Nischencharakter des Nachbarschaftsverhältnisses an, aber auch auf deren materielle Basis. Denn die Datschen konnten nur mit Hilfe illegal beschaffter Materialien errichtet und erhalten werden. Die Beschaffung war selbst ein zentraler Modus der Reproduktion der Solidarität, so daß die Nachbarschaftshilfe ein wesentliches Segment der Schattenwirtschaft bildete, die sowohl subsidiär als auch parasitär vom Volkseigentum lebte.

rechtlichen und Besitzverhältnisse ist die Gefolgschaft und die Fürsorgepflicht nicht mehr staatlicherseits verordnet, so daß sich auch Arbeits- und Führungsstil ändern. Sei es vor der Wende, insbesondere nach dem Zerfall der Arbeitsmoral in den siebziger und achtziger Jahren, als die Menschen vom Staat nichts mehr zu erwarten gehabt hätten, noch preußischer im Betrieb zugegangen, praktiziere man jetzt Teamarbeit. Teamarbeit bedeutet im Milieu (nur hier?) aber zunächst, daß alle hinter der Sache, damit letztlich hinter dem Geschäftsführer stehen und jeder für seinen Part Verantwortung übernimmt, bedeutet also Disziplinierung und Individualisierung. Mit der aus dem Westen übernommenen Bezeichnung Teamarbeit bringen die Akteure die Substitution von Fremdkontrolle durch Selbstkontrolle zum Ausdruck, aber auch den inneren Wandel von Aushandlungsprozessen, die nämlich früher an den Eigeninteressen der Parteien orientiert waren und jetzt an objektiven Sachrationalitäten ausgerichtet werden müssen. Teamarbeit heißt hier: Auflösung der lebensweltlich fundierten "Datschensolidarität" und ihre Transformation in Funktionssolidarität einer vertraglich geregelten Rollenbeziehung. Diese Trennung kann in der Praxis nicht "rein" durchgeführt werden, wie die merkwürdige Geschäftsführerwahl zeigt. Verträgen allein traut man noch nicht. Noch ist - unmittelbar nach der Revolution - ein Plebiszit zur Bestellung der Führungskraft nötig. Die Wahl ist Tribut an die genossenschaftlichen Besitzverhältnisse, gleichzeitig aber auch Ausdruck eines weiterhin paternalistisch strukturierten Verhältnisses zwischen Belegschaft und Führung. Die Gefolgschaft wird nicht durch den Verweis auf Verträge erzwungen, sondern durch Zustimmung legitimiert. Die einsetzende Individualisierung macht sich dagegen als ein Abstrakterwerden, eine Versachlichung und Entpersönlichung sozialer Beziehungen einerseits, als Autonomwerden im Entscheiden und Handeln sowie in dem Zuschreiben von Handlungsfolgen andererseits bemerkbar.

Das wird insbesondere an der Professionalisierung des Geschäftsführers deutlich, der ja dank seiner Rolle treibender Akteur bei der Umwertung der Werte im Milieu ist und die anderen mitzuziehen versucht. Betrachtet man seine Argumente in dem Streit, so stellt man fest, daß er gegen die Belegschaft und deren sich nur bescheiden drapierende Distinktionsversuche, die betriebswirtschaftliche Sachlichkeit als letztendlich gültigen Wertmaßstab ins Felde führt, die ja etwas grundsätzlich anderes ist als das *Lob des Praktischen.*[9]

Was der Geschäftsführer sehr eindrücklich schildert, ist sein allmählicher Wandel vom Betriebsleiter eines sozialistischen Betriebes zu einem Manager eines kapitalistischen Unternehmens. Als Manager oder Unternehmer wird ihm aber qua Rolle etwas abverlangt, was im Realsozialismus nur gegen das System

---

9 "Lob des Praktischen" nennt Wolfgang Engler das ostdeutsche Äquivalent zu Bourdieus Theorie vom "Notwendigkeitsgeschmack" der kleinen Leute (ENGLER 1992, S. 72ff.)

und seine Repräsentanten durchgesetzt werden konnte: unternehmerische Verantwortung. Der Geschäftsführer ist und erlebt sich selbst als Hauptakteur in einem Prozeß, der schließlich auch seine Person erfaßt.

> "GF: Früher war ich nun mal der Boß hier, aber ich habe die Verantwortung für den Menschen nicht gesehen. Denen konnte nichts passieren. Die konnten nicht arbeitslos werden. Klar war ich verantwortlich, aber wenn es mich nicht gegeben hätte, hätte er genauso gut leben können. Aber jetzt sehe ich eine Verantwortung hier drinne, wenn der Betrieb krachen geht, liegen die Leute auf der Straße. Da ist ein Antrieb, das zu verhindern."

Der Geschäftsführer spürt nach der Wende zum ersten Mal autonome Verantwortung und nicht nur systemgestützte paternalistische Fürsorgepflicht für Menschen, die nicht zu seiner Familie gehören. Er interpretiert dies als Pflicht, die ihm aus der Rolle als Geschäftsführer zuwächst. Das Risiko in seiner Position besteht für ihn jetzt u.a. darin, im Falle des Konkurses sich für das Schicksal seiner Mitarbeiter Rechenschaft ablegen zu müssen, ein Umstand, der in der DDR gar nicht hätte eintreten können. Er sieht das Wohl seiner Mitarbeiter viel unmittelbarer von seiner Leistung abhängig.

> "GF: Es stimmt mich schon traurig, wenn ich sehe, daß ordentlich gearbeitet wird und sie verdienen ein ordentliches Stück weniger. Da ist es nun meine Aufgabe, den Anpassungsprozeß noch schneller voranzuziehen. Es hindert mich da keiner dran. Ich muß nur dran arbeiten."

Ein kleiner Versprecher sagt hier alles über sein Selbstverständnis: Er sieht seine Aufgabe nicht darin, den Anpassungsprozeß 'anzutreiben', sondern ihn 'voranzuziehen', sich selbst nicht nur als Motor, sondern Traktor oder gar 'selbstloser Esel', der die Karre aus dem Dreck ziehen müsse. Er fühlt sich aus seinem Preußentum heraus einfach in Pflicht und Schuldigkeit, aber weniger in der Rolle des seines Amtes waltenden Managers (wie auch schon vor der Wende) denn als charismatischer Unternehmer. Was hier auf dem Boden der Erfahrungen im Arbeitsmilieu geschieht, ist die Herausbildung eines Modells unternehmerischer Lebensführung. Die Professionalisierung des Geschäftsführers führt allerdings zu sich zuspitzenden Spannungen in den alten Solidaritätsbanden mit seinen Mitarbeitern.

Das ostdeutsche Arbeitsmilieu in der Transformation ist gekennzeichnet durch einen strukturellen Widerspruch zwischen den traditionellen Solidaritätsvorstellungen einerseits und der zunehmenden Ausdifferenzierung funktionaler Rollen und entsprechender Handlungsstile andererseits, die eine Neudefinition des Verhältnisses von Nähe und sozialer Distanz erzwingt. Daß auch dem Geschäftsführer nicht ganz wohl dabei ist, zeigt seine Klage darüber, daß "alles abgeschotteter geworden" sei. Das betrifft sowohl die beruflichen als auch die privaten Beziehungen, die ärmer, reduzierter werden.

Im sozialistischen Betrieb beruhte die soziale Kompetenz des Betriebsleiters auf seiner persönlichen Nähe zu seinen Mitarbeitern. Außerdem war der Betriebsleiter ein halber Sozialarbeiter mit Erziehungs- und Kontrollpflichten. Die Kompetenz der Führungskräfte in privatwirtschaftlich geführten Betrieben beruht zu einem großen Teil auf sozialer Distanz, die einfach daraus resultiert, daß der Geschäftsführer vertraglich persönliche Verantwortung für das Überleben des Betriebes und nur mittelbar für das Wohl der Mitarbeiter hat. Außerdem gehören Arbeiter und Unternehmer bzw. Manager zwei sozialen Klassen mit getrennten sozialen Milieus an. Im geschilderten ostdeutschen Fall gibt es trotz einsetzender sozialer Differenzierung weiterhin ein gemeinsames Milieu.

Max Weber (WEBER 1976, Kap. II, § 13 und § 14) und János Kornai (KORNAI 1980) nehmen an, daß ein sozialistischer Betrieb nicht betriebswirtschaftlich, sondern gemäß der über Plan gesteuerten sozialen Bedürfnisvorsorge geführt wird. Da die Wirtschaftsplanung aber ein strukturelles Beschaffungsproblem ("Mangelwirtschaft") erzeugte, kam es zur Ausbildung der informellen Tauschnetzwerke und der informellen Pakte zwischen den Betrieben, aber auch zwischen Belegschaft und Betriebsleiter. Daher war eine Orientierung an Marktpreisen und "hard budget constraints" nicht möglich. Entscheidungen wurden von aushändlerischen Sozialprozessen abhängig, damit von den materialen Interessen der Parteien. Diese Händel waren ein Grundstock der Milieusolidarität, welche über die Betriebsgrenzen hinausging. In der Übergangsphase existieren diese Solidaritätsbande noch, aber ihr soziales Substrat hat sich aufgelöst. Aufgrund seiner neuen Rollenerfahrungen (Stichwort: betriebswirtschaftliche Orientierung) bringt der Geschäftsführer eine völlig neue Wertorientierung ins Milieu. Sowohl der Belegschaft als auch dem ehemaligen Betriebsleiter war diese betriebswirtschaftliche Sachrationalität fremd. Priorität hatten materialrationale Wertepräferenzen selbst dann, wenn es um die Produktion ging. Der Erfolg in einer angebotsorientierten Wirtschaft ist primär abhängig von Produktionskapazitäten wie Maschinen usw., fachlichem Können und sich in Motivation umsetzendem Produzentenstolz. Das ist in einer nachfrageorientierten Wirtschaft nicht mehr hinreichend. Aus betrieblichen Kapazitäten werden ökonomische Potentiale erst, wenn die Produkte sich als marktfähig erweisen. Vor diesem Hintergrund spielt sich die Teppichaffäre ab. In einer produktionsorientierten Arbeitswelt, an der die Belegschaft noch habituell festhält, haben Teppichböden keinen betriebswirtschaftlichen Sinn, sondern dienen einfach der Darstellung machtgestützter Privilegien. Es ist daher eine zentrale Aufgabe des Geschäftsführers als Erlebnisavantgardist und Deutungsvirtuose, eine dem Milieu (noch) fremde Perspektive der neuen Arbeitswelt zu vermitteln. Teppichböden können unter den neuen Bedingungen nachfrageorientierter Betriebsführung durchaus einen Betriebszweck erfüllen, dann nämlich, wenn durch die Außendarstellung Kundenbeziehungen geknüpft und gestärkt werden.

Zunächst unsinnig erscheinende Investitionen wie in Teppichböden können sich dann auch zum Vorteil der Belegschaft auszahlen. Die Eigentümlichkeit des Betriebes in der Transformationsphase beruht aber darauf, daß er weder als sozialistischer noch als rein kapitalistischer Betrieb typisiert werden kann. Er ist noch viel stärker soziale Institution als reiner Zweckbetrieb. Der Geschäftsführer ist sich dessen bewußt. Die widersprüchliche Einheit aus materialrationaler Vergemeinschaftung und formalrationaler Vergesellschaftung drückt sich darin aus, daß für den Geschäftsführer einerseits mit absoluter Priorität der Grundsatz gilt:

> "GF: Die ganze Anpassung, die Investitionsfrage muß erstmal erarbeitet werden, bevor sie verteilt wird."

Andererseits empfindet er sich nicht nur als Unternehmer. Im Zusammenhang mit den Sozialleistungen des Betriebes (dem noch ein Feriendomizil an der Ostsee gehört) bekennt der Geschäftsführer:

> "GF: Wir sind noch keine GmbH in dem landläufigen Sinne. Wir sind doch immer noch ein bißchen sozial eingestellt. Ja. Das ist nicht verkehrt, meiner Meinung nach."

Die hier entwickelte These ist, daß der Erfolg des Geschäftsführers in der Übergangsphase gerade darauf beruht, beide 'Logiken' bedienen zu können - weder nur sozialistischer Betriebsleiter noch nur Unternehmer, sondern beides zugleich zu sein. Diesen Spagat faßte ein anderer selbständiger Handwerker treffend in dem Ausdruck "sozialistischer Unternehmer". Mehr oder weniger stark ausgeprägt fanden wir diese Grundeinstellung aber bei sehr vielen neuen Selbständigen und Verantwortung tragenden Managern in Ostdeutschland, und zwar völlig unabhängig von ihrer politischen Einstellung. Der eingangs erwähnte Fall war da gar nicht so repräsentativ, in seiner Rigidität fast schon die Ausnahme.

Der Geschäftsführer unterscheidet sich selbst von einem westdeutschen Kollegen durch eine sozialere Einstellung, die er auf seine DDR-Erfahrungen bezieht. Es erstaunt dann auch nicht, daß derselbe Geschäftsführer in einem anderen Kontext glaubhaft erzählte, daß er ein lukratives Angebot hatte, als Geschäftsführer nach Westdeutschland zu gehen. Er habe aber abgelehnt und es vorgezogen, mit seinen Kollegen zusammen einen eigenen Ostbetrieb aufzubauen und zum Erfolg zu führen. Diese Begründung seiner Entscheidung verdeutlicht wiederum ein weiteres realsozialistisches Verhaltensmuster, das sich in der neuen Situation reproduzierte. Handlungsleitend war das Motiv der Notgemeinschaft: Zusammenhalten und gemeinsam etwas aufbauen, nicht eigentlich, wie er selbst erklärte, zum eigenen Vorteil. Wenn er den gesucht hätte, hätte er das Angebot aus Westdeutschland annehmen müssen. Er wußte, daß ein Geschäftsführer im Westen in einem Betrieb mit vergleichbaren Umsätzen etwa dreimal so viel verdiente wie er selbst. Der wohne dann auch in einer Villa, stellt er klar, und nicht wie er in einer Sozialwohnung. Er war sich ziemlich sicher, daß er persönlich nicht mehr von seinem Erfolg profitieren würde, sondern erst seine Kinder. Er fühlte sich berufen, seinen Mann zu stehen, da, wo er nun mal hingestellt worden sei und den Betrieb, den er über 30 Jahre Sozialismus hinübergerettet habe, nun auch zum Erfolg zu führen und zu beweisen, daß "die Ossis auch was können". Das auch in realsozialistischen Zeiten gepflegte und hier in der Nachwendezeit wiederkehrende Motiv der Notgemeinschaft erfährt zumindest im Verhalten des Geschäftsführers eine signifikante Akzentverschiebung. Da für ihn eine Alternative bestanden hat, beruht seine Teilnahme an der Notgemeinschaft auf einer freien Wahl und Entscheidung. Dadurch wird aus der Not wirklich eine Tugend.

Die neue soziale Rolle des Geschäftsführers ergibt sich, wie wir sehen, nicht nur aus den systemischen Notwendigkeiten kapitalistischer Betriebsführung, sondern auch aus der sozialen Struktur des Milieus. Der Geschäftsführer ist angestellter Manager des Betriebes. Als Genosse ist er gemeinsam mit der Mehrzahl der Belegschaft Miteigentümer. Diese Besitzverhältnisse sind unmittelbar Ausdruck der Transformation, jedenfalls nicht die Regel in 'kapitalistischen Ländern'. Durch die merkwürdigen Besitzverhältnisse ist der Geschäftsführer nämlich seiner Belegschaft formal rechenschaftspflichtig und ihr als der Mehrheit der Eigentümer weisungsgebunden. Wegen der daraus resultierenden Interessenvermischung ist eine rationale Betriebsführung zumindest nicht grundsätzlich gesichert. Der Geschäftsführer hat das antizipiert und die Sache geschickt gelöst: Er hat sich nicht nur als Geschäftsführer berufen, sondern in geheimer Wahl demokratisch legitimieren lassen. Damit existiert hier eine Form der betrieblichen Herrschaftsausübung auf der Basis repräsentativer Demokratie. An sich ist das für Wirtschaftsunternehmen kontraproduktiv, weil dadurch latent immer die Gefahr besteht, daß betriebswirtschaftlich notwendige oder riskante innovative Entscheidungen durch den Abstimmungsprozeß verzögert oder gar verhindert werden. Innovationen sind schöpferische Zerstörungen und stehen damit immer im Gegensatz zu den materialen Interessen der Belegschaft auf Selbstreproduktion, d.h. Erhalt der Arbeitsplätze, Betriebsroutinen und -privilegien usw. Die Dienstwagen- und Teppichaffären können durchaus als ein solcher Wertekonflikt im Arbeitsmilieu verstanden werden.

Dem Geschäftsführer gelang es in diesem Betrieb trotz Mitarbeiterbeteiligung und Kontrolle durch die Belegschaft, unternehmerische Handlungsautonomie zu entwickeln und zu sichern. Der Grund lag darin, daß er trotz aller Differenzierung und Distanzierung weiterhin Mitglied der Belegschaft als Schicksalsgemeinschaft blieb, was wiederum durch die Tatsache der genossenschaftlichen Eigentumsverhältnisse eine materiale Basis hatte und nicht nur Ideologie war. Ebenfalls spielte der beibehaltene paternalistische Führungsstil eine wichtige Rolle. Nicht nur, daß der Geschäftsführer vor dem Hintergrund der eingespielten Rollen wie selbstverständlich für sich die Verantwortung und Entscheidungskompetenz reklamierte

> "GF: Und als die Frage stand: GmbH gründen - war meine Forderung: zweeten Geschäftsführer. Hätte ich nicht nötig gehabt. Wäre auch so Geschäftsführer geworden, muß ich dazusagen, ja. Denn wir haben ja ..."

Er wäre also auch ohne Wahl Geschäftsführer geworden und, wenn er gewollt hätte, ganz allein, da es keinen Gegenkandidaten gab. Er hat das aber abgelehnt und sowohl eine förmliche Wahl als auch einen zweiten Geschäftsführer gefordert. Mit der Teilung der Geschäftsführung knüpft er an eine alte Betriebstradition an.[10] Das war aber nicht das ihn treibende strategische Motiv.

Die Macht des Geschäftsführers beruht auf seiner fachlichen Kompetenz, die er sich durch eine demokratische Wahl hat bestätigen lassen. Es ist daher für die über Eigentums- und Mitbestimmungsrechte verfügende Belegschaft nicht möglich, immer dann, wenn ihr eine Entscheidung nicht paßt, zu behaupten, "die da oben seien unfähig", wie es zu DDR-Zeiten Gepflogenheit war. Auch das hat der Geschäftsführer instinktiv vorausgesehen.

> "GF: Was wir gemacht haben, war ja unmöglich! Wir haben ja eine Wahl gemacht, wo nicht mal am Tisch gewählt werden durfte, sondern nur einzeln."

Jetzt kommt der apokryphe, aber entscheidende Satz

---

10 "I: Die Geschäftsführung liegt in ihren Händen? - GF: Nee! Wir sind zwei Geschäfts- ... Ich war vorher ... Er war Produktionsdirektor, und ich war Direktor für Ökonomie und stellvertretender Betriebsdirektor. Mein Vorgänger war mein Lehrmeister, ein erstklassiger Mann. Wir hatten also zwee führende Leute von 1958 bis heute."

"Ich wollte mir nämlich nicht nachsagen lassen - die alten Direktoren: das war eine Jagd auf die! - Ich habe gesagt: 'Jetzt wird gewählt!' Wir machen zum ersten Mal die Einstellung, die Bestellung des Geschäftsführers durch Wahl. Das war meine Forderung. Jeder einzeln, aber zwei Geschäftsführer. Weil ich es auch leid war, äh, nur immer alleene für (nix ?) (unverständlich) zu rennen."

Gerade weil er es vermeiden wollte, durch die genossenschaftlichen Besitzverhältnisse wieder in die Rolle des Prügelknaben zu geraten, die die Betriebsleiter der sozialistischen, durch starke Arbeitermacht geprägten Betriebe inne hatten,[11] inszenierte er das auch in seinen Augen dubiose Schauspiel einer geheimen Wahl. Durch diese Wahl machte er es den Genossen unmöglich, ihn je nach Laune vorzuführen. Im Gegenteil: Er kann sie nun jedesmal an ihre Entscheidung erinnern und sie ausmanövrieren. Der Geschäftsführer versteht es, diese beschriebene Widersprüchlichkeit des postsozialistischen Betriebes in der Transformation im innerbetrieblichen Interessenkampf geschickt für sich auszunutzen.

Die Belegschaft tritt Verantwortung und Entscheidungskompetenz an ihn ab. Formalrechtlich steht ihr als Besitzer ein Mitspracherecht zu. Das nehmen sie aber gar nicht in Anspruch, was daran zu erkennen ist, daß sie die Teppichaffäre nicht zum Gegenstand einer "öffentlichen" Debatte in einer Eigentümerversammlung gemacht, sondern nur in der betrieblichen Halböffentlichkeit agiert und dann mal 'so beiläufig' dem 'Chef' gegenüber ihre Unzufriedenheit erwähnt haben. Ihren Einspruch legitimieren sie dann auch nicht mit ihren Eigentümerrechten, sondern mit Rekurs auf die Zugehörigkeit zu einer natürlichen Solidargemeinschaft ("wir sind doch zusammen aufgewachsen").

Unser Material zeigt eine Tendenz dahingehend, daß die Erfolgreichen unter den von uns interviewten Neuen Selbständigen in Ostdeutschland an ihrem alten Selbstverständnis als Führungskräfte mit sozialen Verpflichtungen festhielten, während die wilden Manchesterkapitalisten eher vom Pleitegeier verfolgt wurden. Gesinnung allein garantiert aber noch keinen Erfolg. Wie schwierig es ist, an dem Selbstverständnis als 'sozialistischer Unternehmer' festzuhalten, zeigt das Beispiel eines fähigen Mittelständlers, dem es nicht gelang, Gesinnungs- und Verantwortungsethik auszubalancieren.

---

11 Hier muß man die Frage stellen, warum sich diese Personen in diese Rolle haben zwängen lassen. Mein Eindruck ist, daß sie gerade diese kryptounternehmerische Rolle gesucht haben, eine der wenigen Nischen, die sich für Personen mit entsprechenden charakterlichen und moralischen Eigenschaften anboten.

Dieser Unternehmer, auch ein ehemaliger, sehr erfolgreicher Betriebsleiter und überzeugter, aber eigensinniger Kommunist, also alles andere als ein Mitläufer, beklagte den Verlust der paternalistischen Sorgepflicht für seine Arbeiter. Nach der Wende war einem Arbeiter eine Stahlplatte auf die Füße gefallen. Er hätte sich, so die Klage, als Geschäftsführer nicht mehr so um seinen verletzten und arbeitsunfähigen Mitarbeiter kümmern können wie früher als sozialistischer Betriebsleiter. Daß er ihn besuchte und finanziell unterstützte, blieb eine rein private Geste. Was in diesem Fall in seinen Folgen ein persönliches Problem blieb, entwickelte sich in einem anderen Zusammenhang zu einem das Unternehmen gefährdenden Fehlverhalten. Die betriebliche Situation wurde nämlich dramatisch u.a. dadurch, daß er einen unprofitablen Betriebsteil nur deswegen weiterführte, um die darin beschäftigten Frauen, die auf dem Arbeitsmarkt kaum eine Chance gehabt hätten, nicht entlassen zu müssen. Dadurch setzte er die Zukunft des ganzen Unternehmens aufs Spiel. Geradezu verrückt war, daß er sich dessen vollständig bewußt war. Auch der Geschäftsführer aus dem untersuchten Metallbaubetrieb berichtete, daß im Grunde die betriebswirtschaftliche und technische Umstrukturierung relativ problemlos, d.h. kontrollierbar verlaufen sei. Das größte Problem für ihn persönlich seien die Entlassungen gewesen, die er zu verantworten gehabt hätte. Beide verfügten über ein adäquates Situationsverständnis. Aber nicht die Wahrnehmung der Notwendigkeiten, sondern erst das Aushalten auch der Folgen verhinderte Fehlentscheidungen und einen daraus potentiell resultierenden Bankrott. Voraussetzung dafür ist aber die Verinnerlichung verantwortungsethischer Prinzipien als Element eines gewandelten Selbstverständnisses, das, wie das Beispiel aus dem Metallbau zeigt, zwar an traditionelle preußische Tugenden anknüpfen kann, aber aus der Bewältigung neuer Erfahrungen in einer veränderten Welt resultiert.

Milieu und Umwelt werden nicht immer klar unterschieden. Beide Begriffe bezeichnen ein das Individuum umgebendes Erlebnis- und Handlungsfeld, in das es, um einen im sozioökonomischen Neoinstitutionalismus gebräuchlichen Ausdruck aufzugreifen, "eingebettet" (GRANOVETTER 1985, GRABHER 1994) ist. In Anlehnung an Scheler (SCHELER 1975) und Gurwitsch (GURWITSCH 1977) ist das Milieu aber als die Gesamtheit dessen aufzufassen, was subjektiv auf das Individuum einwirkt, im Unterschied zu dem, was objektiv auf es einwirkt im Sinne der Umwelt. Umwelt- wie Milieubeziehung sind jeweils durch ein Passungsverhältnis bestimmt, denn nur das kann auf das Individuum objektiv einwirken, auf das es durch seine organische Triebausstattung, und subjektiv, durch seinen sozialen Habitus reagieren kann. Der Trieb fixiert das Individuum an die Nische, an die es sich im Zuge der Evolution angepaßt hat, während der Habitus dagegen vom Milieu als seinem genetischen Ort ablösbar ist, als milieubedingte Befangenheit aber gegenüber Umweltveränderungen durch Ortswechsel (auch im sozialen Raum) oder im Zeitenverlauf konstant bleibt. Der Mensch schleppt sein Milieu als Habitus mit sich herum, wohl wissend, daß man darin als Person nicht aufgeht, was insbesondere in historischen Umbruchsituationen hervortritt.

In der vorausgegangenen Fallstudie trat das Arbeitsmilieu in Gestalt der Belegschaft in seiner Beharrungstendenz hervor, in Gestalt des Geschäftsführers aber auch als Ort der Emergenz und Innovation. Dieser hat sich unter neuen Umweltbedingungen aus dem Milieu heraus ein Modell unternehmerischer Lebensführung gebildet, das mindestens drei Perspektiven (Ich, anderer, generalisierter anderer) neukonzipieren und ausbalancieren muß. Die Analyse zeigte ja, daß der Geschäftsführer für sich im Grunde schon eine Unternehmerethik entwickelt hat, die mit einem paternalistischen Führungsstil eigentlich nicht zu vereinbaren ist, daß er aber im betrieblichen Handeln (noch) gezwungen ist, ihn in strategischer Weise zu benutzen. Wenn er es strategisch tut, ist aber impliziert, daß er nicht mehr blind in diesem ehemals lebensweltlich verankerten Deutungsmuster befangen ist. Es kann auch gar nicht anders sein, wenn er seiner neuen Berufsrolle gerecht werden will. Denn die zwingt ihn, alte Denk- und Verhaltensmuster, in die seine Mitarbeiter noch viel ungebrochener verstrickt sind, zu überwinden. Paternalismus[12] in der beschriebenen Ausprägung ist eine milieubedingte Option, die man wie der Geschäftsführer in dem Fallbeispiel mit guten Gründen wählen kann, aber nicht muß. Er behält ihn, allerdings mit Abstrichen, bei, weil die Reproduktion des Milieus für ihn von zentraler beruflicher und privater Relevanz ist.

Gleichzeitig scheint das Milieu selbst einen Bedeutungswandel zu erleiden. In seiner ursprünglichen Funktion als Solidargemeinschaft gerät das Milieu durch das Handeln des Geschäftsführers in den Sog einer neuen, dominant werdenden Sachrationalität, welche die schützende Nische durch die einsetzende soziale Differenzierung aufzubrechen droht. Auf der anderen Seite knüpfen die Differenzierungen an subkutane, bislang latente Differenzen im Milieu an. Mit Hansfried Kellner[13] ließe sich sagen, daß aus der Betriebsgemeinschaft als Refugium nach der Wende eine Ressource selbstbestimmten Lebens wird. Die Anpassung an universelle Funktionen einer vermeintlich vorgegebenen, jetzt westlich modernen Weltordnung wäre nur die Reproduktion des realsozialistischen

---

12 Den Begriff hat, glaube ich, Gerd Meyer (MEYER 1989) wieder in die Diskussion gebracht. Eine interessante Variante des Paternalismus, nämlich den zwischen Ost- und Westdeutschen, thematisiert Peter Fuchs (FUCHS 1995, S. 50). Von (Staats-) Paternalismus im Sinne eines idealtypischen Gegenparts zur reinen Marktwirtschaft spricht schon Kornai im letzten Kapitel seines obengenannten Buches.
13 Kellners Statement auf der *IRS*-Milieu-Tagung am 16./17.11.95 zielte allerdings kritisch auf den sich in Vorträgen und Diskussionen vollziehenden postmodernen Perspektivenwechsel auf das Milieu.

Staatspaternalismus. Tatsächlich schafft sich der Geschäftsführer autonom einen Entwurf unternehmerischer Lebensführung: Sein Führungsstil etwa vereint die alte Milieusolidarität mit der aus seiner neuen Rolle resultierenden Sachlichkeit, die von ganz anderer Natur ist als die mit der Belegschaft geteilte Produzentenehre. Der Geschäftsführer kann quasi in natürlicher Einstellung im Milieu ein Potential mobilisieren, das im Westen 'reflexive' Experten durch einen programmatischen Zugriff als Unternehmenskultur künstlich wiederherzustellen versuchen, damit aber immer auch schon instrumentalisieren.

Ingrid Oswald

Alte und neue Milieus in Rußland. Anmerkungen zur Sozialstruktur (post-) sozialistischer Gesellschaften

Im folgenden wird die Frage behandelt, ob und inwieweit Milieu-Konzeptionen für die Erfassung und Beschreibung sozialer Ungleichheiten in der post-sowjetischen Gesellschaft - und darüber hinaus in post-sozialistischen Gesellschaften überhaupt - angemessen sein können.

Milieu-Forschung hatte in der "sozialistischen", also marxistisch-leninistischen Soziologie keinen Platz und wurde seit der Umbruchsphase, zumindest in der ehemaligen Sowjetunion, bislang nicht als ernstzunehmender wissenschaftlicher Ansatz wahrgenommen. Doch auch in der westlichen Forschung zu (post-) sozialistischen Gesellschaften sucht man vergeblich nach solchen Ansätzen, und zwar aus Gründen, die vornehmlich mit der Wahrnehmung einer weitgehend undifferenzierten sozialistischen, das heißt der Verfolgung kollektiver Lebensziele unterworfenen, Massengesellschaft zu erklären sind.

Es stehen daher weder Theorietraditionen oder -neuheiten noch ein Begriffsgerüst zur Verfügung, an die sinnvoll und mit Gewinn angeknüpft werden könnte. Die vorliegenden Ausführungen können also nicht mehr als den ersten Versuch darstellen, einen in der westlichen Forschung erfolgreichen, wenn auch konzeptuell und methodisch sehr fragmentierten Ansatz für den wissenschaftlichen Diskurs über post-sozialistische Gesellschaften, also für die "Transformationsforschung" fruchtbar zu machen. Ich bin jedoch davon überzeugt, daß der heuristische Wert eines solchen Ansatzes ausgesprochen hoch ist und die Aufnahme einschlägiger Forschungen und die Entwicklung eines analytischen Instrumentariums daher nur wünschenswert sein können.

Die vor diesem Hintergrund nur sehr allgemein formulierbare These besteht aus zwei Teilen, wobei ich mich lediglich auf die (post-) sowjetische Gesellschaft beziehen werde:

Der Milieu-Ansatz kann, erstens, Einsichten in die Transformationsbedingungen der ehemaligen Sowjetunion vermitteln, die ansonsten verschüttet blieben; dabei sollten, zweitens, die stabilisierenden Funktionen sozialer Milieus in den Vordergrund gerückt werden, ohne allerdings einer Interpretation dieser Sozialformen als "vormodern" Vorschub zu leisten.

Ich möchte diese These in vier Schritten erläutern:
1. Zunächst sollen einige Anmerkungen zur westlichen Transformationsliteratur und zur zeitgenössischen russischen soziologischen Forschung gemacht werden.
2. Anschließend wird erläutert, weshalb die Diagnose des rapiden sozialen Wandels und der allgemeinen Desintegrationserscheinungen die Diagnose relativ stabiler lebensweltlicher Zusammenhänge - also "Milieus" - bedingt, bedingen muß.
3. Danach erfolgen Anmerkungen zur Konzeption des "Milieu"-Begriffs und zur Übertragbarkeit der an westlichen Gesellschaften entwickelten Theorie-Ansätze.
4. Zum Schluß soll anhand zweier Beispiele die Diskussion der Frage angeregt werden, welchen heuristischen Wert Milieu-Ansätze für die empirische Forschung und die Theoriebildung in der Transformationsforschung haben könnten.

1 Einschlägige Forschungsliteratur

In der westlichen Transformationsliteratur wird übereinstimmend auf die Gefahren für den Aufbau von marktwirtschaftlichen Strukturen und demokratischen Institutionen hingewiesen, falls sich die rapiden sozio-ökonomischen Ausdifferenzierungsprozesse ohne begleitende soziale Schutz- und Sicherungsmaßnahmen fortsetzten (vgl. stellvertretend: OFFE 1994, v. BEYME 1994).

Dabei spielen zwei Theoreme eine prominente Rolle. Das erste ist die Annahme von der "entdifferenzierten Gesellschaft" und bezieht sich auf die staatssozialistische Vergangenheit; das zweite betrifft die post-sowjetische Gegenwart und läßt sich als Annahme einer umfassenden Massenverarmung und Atomisierung der Gesellschaft zusammenfassen.

Wenden wir uns zunächst der ersten Annahme, der "Entdifferenzierungs"-These[1] zu, so war in sozialistischen Gesellschaften und insbesondere in der Sowjetunion tatsächlich ein weitgehender Mangel an prägnanten sozioökonomischen Differenzierungsformen zu konstatieren. An entsprechenden Kriterien (also insbesondere Einkommensunterschiede oder materieller Besitz) orientierte Klassen- und Schichtungstheorien hatten und haben daher keinen Analysewert.

---

1 Diese These wurde von Meuschel in bezug auf die DDR entwickelt, läßt sich aber auf andere sozialistische Gesellschaften, insbesondere auf die Sowjetunion übertragen, da die Nivellierungstendenzen bzw. -absichten dort noch weitergehender durchgesetzt wurden.

Allerdings hat die partielle Modernisierung der sowjetischen Gesellschaft andere Differenzierungsformen hervorgebracht, deren Relevanz für die Bildung bestimmter Konfliktlinien und Ungleichheitslagen sowie für die Aggregation von Gruppeninteressen überprüft werden sollte. Es überwogen in der Sowjetunion meritokratisch-funktionale Differenzierungen, die gegenwärtig von sozioökonomischen überlagert und, allerdings nicht vollständig, abgelöst werden.

"Partielle Modernisierung" (SRUBAR 1991) bedeutet in diesem Zusammenhang vor allem Einseitigkeit und mangelnde Integration des politischen und des ökonomischen Systems.

Modernisierungsschübe größten Ausmaßes erfolgten in der Sowjetgesellschaft hinsichtlich Industrialisierung, Urbanisierung und Ausbau der Bildungsinstitutionen. Marktkapitalismus und liberale Demokratie stellen dagegen ebenso Negativposten dar wie die Erfahrung politischer Wahlfreiheit und rechtsstaatlich geschützten Vertragshandelns, wodurch eine bestimmte Form der Individualisierung verhindert wurde.

Dennoch läßt sich daraus und aus der relativen sozio-ökonomischen Nivellierung nicht auf soziale "Entdifferenzierung" bzw. "Unifizierung" schließen. Bedeutete ein solcher Schluß doch, daß das Sowjetsystem tatsächlich von Minsk bis Wladiwostok, vom höheren Parteifunktionär bis zum Landarbeiter erfolgreich "gleiche Lebensbedingungen für alle" zu schaffen in der Lage und willens war. Solche Annahmen sind jedoch bei näherer Betrachtung schnell zu entkräften und können, wissenssoziologisch interessant, höchstens als unerwartet großer sowjetischer Propaganda-Erfolg gewertet werden.

Die Unifizierungsthese wird meist mit der Annahme einer gegenwärtig sich verschärfenden "Massenverarmung" verknüpft, wodurch die folgende Gedankenfigur bedingt wird: eine ökonomisch nivellierte, sozial entdifferenzierte Bevölkerung fällt bei anhaltendem Produktionsrückgang mehrheitlich in Armut, aus der sie sich aus eigenen Kräften nicht herausarbeiten kann. Aus dieser Situation folgen Massenkriminalität und andere anomische Entwicklungen, die Atomisierung der Gesellschaft, soziale Aufstände, Tribalisierung und Nationalismus. Insgesamt wird so das Bild einer weitgehend archaischen, zumindest "re-archaisierten" - auf keinen Fall jedoch "modernen" - Gesellschaft entworfen (dazu: OSWALD 1995).

Tatsächlich sind beide Annahmen - Entdifferenzierung und Massenverarmung - empirisch nicht haltbar. So gab es auch in der sowjetischen Gesellschaft verteilungs- und einkommensbedingte Differenzierungen, wenn auch relativ geringer ausgeprägte als in westlichen Gesellschaften. Strukturbestimmend wirkten und wirken immer noch die Gegensätze zwischen Stadt und Land sowie zwischen körperlicher und geistiger Arbeit. Ungleichheitsrelevante und -generierende Differenzierungen wurden seit den 70er Jahren untersucht, etwa branchenspezifische Disproportionalitäten, das ausgefeilte Privilegiensystem, die "Feminisierung" ganzer Erwerbsbereiche oder die gezielte Unterprivilegierung bestimmter sozialer Gruppen.

Seriöse, nicht auf Schockwirkung bedachte Armutsforschung oder qualitative Untersuchungen zur Armut in der ehemaligen Sowjetunion stehen noch aus (VORONKOV 1995). Aus den verfügbaren Sozial-Statistiken geht jedoch hervor, daß von der "neuen" Armut insbesondere Alte, kinderreiche und unvollständige Familien, Invalide und zunehmend Frauen betroffen sind - womit sich ein Bild ergibt, das weder neu ist noch sich von dem irgendeiner westlichen Gesellschaft unterscheidet.

Die sozialen Gruppen am anderen Ende der Skala werden dagegen mit dem aufschlußreichen Epitheton "Neureiche" ausgewiesen; darunter werden meist nicht näher bestimmbare "Unternehmer"-Gruppen sowie die sich ökonomisch behauptende alte Politgarde subsumiert und in ihrer Kombination oft als "Mafia" gedeutet. Eine Aussage über sozioökonomische Ausdifferenzierung, die ohne Zweifel stattfindet und von sozialen Verwerfungen begleitet wird, gerät so unversehens zu einer normativ bewertenden Aussage über einen - vermuteten - Vergesellschaftungsmodus.

In der russischen Sozialstrukturforschung regiert eine ähnliche Perspektive; es dominieren Katastrophenszenarien und theoretisch anspruchsloses Modelldenken.

Es handelt sich dabei um Weiterentwicklungen von etablierten Klassen- und Schichtungskonzeptionen, deren Anwendbarkeit jedoch weder theoretisch begründet noch empirisch überprüft ist. Die wenigen interessanten Untersuchungen beziehen sich zudem auf die Großstädte.

Tatsächlich ist die Einsicht angesichts des bisher Gesagten schon fast banal: die vielfältigen Differenzierungsformen und faktischen Ungleichheiten bedeuten natürlich - auch unter post-sowjetischen Bedingungen - unterschiedliche Chancenungleichheiten und Nutzungsmöglichkeiten sehr unterschiedlicher Ressourcen. Vorhandene soziale Ungleichheiten können aufgrund der gegenwärtig sehr starken ökonomischen Ausdifferenzierung verschärft werden, andererseits eröffnen sich nun aber auch für bisher nicht-privilegierte soziale Gruppen ungeahnte Möglichkeiten der ökonomischen Partizipation.

2 Stabilitäten im rapiden sozialen und politischen Wandel

Auch wenn die Gefahren des Transformationsprozesses nicht verharmlost werden sollen, muß zur Kenntnis genommen werden, daß sich die Katastrophenszenarien bislang nicht bewahrheitet haben. Anders ausgedrückt: angesichts des wirklich beängstigenden Produktionsrückgangs und der verschleppten Reformpolitik herrschen eine geradezu erstaunliche Ruhe und relative Stabilität in den sowjetischen Nachfolgestaaten.

Auf der Suche nach dem, was stabilisierende, Explosivkräfte bindende Wirkung haben könnte, scheint eine - zumindest analytische - Unterscheidung zwischen der Ebene der Alltagsroutinen, der "Lebenswelten", und der Ebene der sogenannten "großen Politik", auf der der institutionelle Umbau zur Einsetzung von Marktkapitalismus und Demokratie betrieben wird, notwendig.

Der Aufbau neuer Institutionen geht zwar voran, doch sind die Erfolge noch nicht gesichert; insbesondere die Integrationsmedien Staat und Recht sind bislang nur schwach entwickelt. Trotz der Desintegrationserscheinungen auf der Systemebene muß es aber Bindekräfte geben, die die Auswirkungen der umfassenden Systemveränderungen mildern können. Dies gilt um so mehr, als die staatlichen Versorgungsgarantien zwar weggebrochen sind, aber noch kein neues, umfassend wirksames soziales Sicherungssystem aufgebaut werden konnte.

Mehr im Sinne eines Rückschlusses als einer positiv-analytischen Darstellung sind daher lebensweltliche Zusammenhänge anzunehmen, die alltagskulturell und zur tagtäglichen Routine genügend "Normalität" und gewohnte Praxis ausstrahlen. "Soziale Milieus" und deren sozialintegrative Kräfte sollten daher im Mittelpunkt sozialstruktureller Untersuchungen stehen.

Zwei Phänomene, deren Ursachen und Konsequenzen in der Literatur sehr kontrovers diskutiert werden, sollen kurz angesprochen werden, da sie mithilfe eines - erst im weiteren näher zu exemplifizierenden - Milieu-Ansatzes sofort in einem anderen Licht als bisher erscheinen und anders beurteilt werden können.

Das erste Phänomen ist die ausgeprägte politische Abstinenz und Indifferenz in der Bevölkerung, so daß der derzeit entstehenden Parteienlandschaft nur schwer soziale Trägerschaften zuzuordnen sind. Dies ist mittels Klassen- und Schichtungstheorien, deren Realitätsferne seit dem Zusammenbruch des Realsozialismus nicht mehr unter Beweis gestellt werden muß, auch nicht möglich; zudem bieten solche, auf großräumige und gleichmäßige Verteilungen zielende Ordnungsmodelle insbesondere für die Erklärung von sozialem Wandel in Übergangssituationen von derartigem Ausmaß keine Orientierung.

Es könnte jedoch durchaus sein, daß die gewohnten sozialintegrativen Kräfte noch stark genug sind, als daß unmittelbar auf die schnellen atmosphärischen Wechsel der großen Politik reagiert werden müßte; diese erschiene dann eher als wenig relevant für den alltäglichen Überlebenskampf, der mit anderen, nicht-politischen Mitteln ausgetragen werden muß. Solange es keine dauerhaften Verbindungslinien zwischen rational artikulierbaren Interessen und politischen Strukturen gibt, sind die Menschen gut beraten, sich auf etablierte

Versorgungs- und Informationsnetze zurückzuziehen und so weit wie möglich auf sie zu verlassen.

Bei dem zweiten Phänomen handelt es sich um die Beharrung der betrieblichen Binnenstrukturen; die industriellen Großbetriebe existieren zum großen Teil weiter und haben noch nicht dem Rationalisierungsdruck des ökonomischen Umbaus nachgegeben. Die Gründe dafür sind klar und werden in der Literatur nicht kontrovers diskutiert: solange kein vom Betrieb unabhängiges und allgemein zugängliches soziales Sicherungssystem funktioniert und zudem kaum Überschüsse zu verteilen sind, bietet die betriebliche Infrastruktur die notwendige Rückversicherung der dort Beschäftigten. Dabei spielen Umstände wie niedrige Löhne oder unbezahlte Zwangsurlaube nicht die Rolle, die sie in westlichen Gesellschaften spielen würden, wo der Erwerb von Dienstleistungen direkt einkommensabhängig ist und Versorgungsausfälle nur mit finanziellen Mitteln zu ersetzen sind.

Es erscheint daher sinnvoll, diese Betriebe - tatsächlich "kleine Welten" für sich - als Mittelpunkt von lebensweltlichen Zusammenhängen zu sehen.[2] Dies gilt um so mehr, als sich dort die wichtigsten Schnittstellen befinden zwischen offizieller institutionalisierter Infrastruktur und den eher informellen sozialen Netzwerken, aus denen unter Umständen die zukünftigen (insbesondere Sozial-) Institutionen entstehen werden.

Beide Phänomene lassen sich als Aspekte von Systemintegration und -desintegration und deren Auswirkungen auf soziale Stabilitäten diskutieren: Gerät ein mühsam austariertes "Gleichgewicht" auf der systemischen Ebene ins Wanken, also in den zentralen Aspekten der politischen Partizipation und Verteilungsgerechtigkeit, was durch Eliten und Institutionen bewerkstelligt und garantiert werden müßte, dann kann sich sehr schnell der Konkurrenzdruck zwischen den sozialen Gruppen verschärfen.

Allerdings verwischt der sowjetische Kontext diese klaren Konturen, da eine so verstandene Systemintegration, als Aufgabe von Eliten und Institutionen gefaßt, schon lange vor dem Zerfall der Sowjetunion erodierte, worüber in der Literatur auch keine Uneinigkeit besteht. Die Auflösung der Institutionen, die für die sowjetischen Varianten von Verteilungsgerechtigkeit und politischer Mitwirkung sorgten - also die paternalistische Versorgung auf niedrigem Niveau und die meritokratisch-ständische Logik politischer Teilhabe - betraf weitgehend nur noch deren Hüllen. Darunter bzw. daneben waren schon längst Umgehungs-Strategien entstanden, pragmatische Umorientierungen, mehr oder

---

2 Vgl. dazu: Alheit (1994). Alheit hat überzeugend dargestellt, wie Arbeitszusammenhänge lebensweltlich prägend und milieubildend wirken. Dies muß um so mehr für die Sowjetunion und überhaupt für Osteuropa gelten, wo über den Betrieb nahezu alles geregelt und dieser zum Lebenszentrum neben der Familie wurde.

weniger erfolgreiche Anpassungen an Notwendigkeiten. Im Moment des offensichtlichen Zerfalls und des Aufscheinens neuer Möglichkeiten konnte an diese Ersatzstrategien angeknüpft werden, woran natürlich verschiedene soziale Gruppen sehr unterschiedlich teilhaben wollen oder können.

3 Zur Übertragbarkeit der Grundbegriffe und des Ansatzes

Das konzeptionelle Vorverständnis, mit dem ich hier argumentiere, folgt in großen Linien Vester u.a. (1993, S. 32ff.) in deren Weiterentwicklung des Lepsiusschen Begriffes des "sozial-moralischen Milieus". Besonders bedeutsam sind die Aspekte der Multi-Dimensionalität von Zuordnungsmerkmalen und Ursachenfeldern sowie der Verbindung zu intermediären Gruppen, da damit, über die unterschiedlichen Prädispositionen für politischen Interessensausgleich, eine wichtige Verbindungslinie zwischen Sozial- und Systemintegration deutlich wird. Auch wenn in diesem Stadium der Vorüberlegungen sicherlich noch keine Aussagen etwa über "milieu-spezifische Politikstile" gemacht werden können, so erscheint eine dahingehende konzeptionelle Weiterung doch notwendig, zumal mit einer ausschließlich mesosoziologischen Analyse die Transformationssituation post-sozialistischer Gesellschaften nicht wirklich gefaßt werden kann.

Im folgenden soll ein - zugegebenermaßen stark schematisches - Bild der soziostrukturellen Gliederung der Sowjetgesellschaft gezeichnet werden, wie sie am Vorabend der Perestrojka, also Anfang und Mitte der 80er Jahre, bestanden haben mag. Dabei sollen die verwendeten Begriffe auf ihre Anwendbarkeit und Aussage im sowjetischen Kontext überprüft werden.

Der seit dem Beginn der 90er Jahre erfolgende schnelle Zerfall vieler sowjetischer Institutionen bedingte die entsprechende Auflösung von Statuszuordnungen und damit die unwiederbringliche Zerstörung des typisch "sowjetischen" Sozialaufbaus. Doch auch wenn die neuen Bedingungen, deren wichtigster Aspekt sicherlich die freie ökonomische Betätigung ist, wichtige Verschiebungen zwischen den Statuspositionen und damit auch - notgedrungenermaßen - weitgehende und tief in Alltagsroutinen eingreifende Veränderungen mit sich brachten, so bleiben milieuspezifische Wahrnehmungs- und Verhaltensmuster noch eine Zeitlang erhalten. Von diesen aus entfalten sich dann neue Alltagsroutinen und werden neue, als angemessen erachtete Kommunikations- und Organisationsnetze gespannt. Die Verbindungslinien zwischen alten und neuen Milieus müßten daher besonders beachtet werden, da es nicht einfach zu einer Neustrukturierung kommt, alte Strukturen sich aber auch nicht einfach nur im gewendeten Kleide wieder reproduzieren; die entstehenden Milieu-Strukturen sind nicht der einfache Reflex auf die ökonomischen Rahmenbedingungen, sie entwickeln sich im Gegenteil oft vermittelt durch die früheren Sozialstrukturen und alten Statusgrenzen, wenn auch nicht parallel oder symmetrisch zu ihnen.

In westlichen Ansätzen (z.B. VESTER u.a. 1993) wird oft mit einer Vertikalgliederung in "Oberklassen"-, "Mittelklassen"- und "Arbeiterhabitus" operiert, in der die deutlich oben und unten abgehobenen Extrempositionen von einer sehr breiten Mehrheit in der Mitte getrennt werden. Trotz aller Problematik läßt sich diese dreiteilige Gliederung übernehmen, selbst wenn die Kriterien Eigentum und soziale Souveränität nicht als generell sozialstrukturierende Bestimmungen qualifiziert werden können. Auch in der sowjetischen Gesellschaft wurden Einkommenseliten und insbesondere die sogenannte "Nomenklatura" als "oberste Schicht" - mit scharfen Begrenzungen nach unten - ausgewiesen.

Insgesamt haben sich zumindest drei Status-Kriterien in unterschiedlicher Kombination und Gewichtung zur Beschreibung der vertikalen Gliederung durchgesetzt: Einkommen, formale Bildung und Tauglichkeit zur politisch-funktionalen Rekrutierung. Insbesondere der Mangel an formalen Bildungstiteln und damit der Ausschluß aus der breiten "Mitte" der sowjetischen "Intelligenzija" bedeutete eine niedrige Statuseinordnung und relative gesellschaftliche Marginalisierung.[3]

Weitaus problematischer und begrifflich strittiger ist die Frage, ob eine horizontale Gliederung der Sozialräume wie in westlichen Gesellschaften, nämlich nach der "Modernität" von Grundorientierungen, "Mentalitäten" und Lebensstilen geordnet, auch für die sowjetische Gesellschaft angenommen werden kann. Insbesondere die Abgrenzung zwischen "traditionalen" und "teilmodernisierten" Milieus sowie ihre Bestimmung überhaupt weisen schwerwiegende, für die ganze Transformationsdiskussion relevante Probleme auf. Daß diese Fragen noch klärungsbedürftig sind, zeigt allein der große Unterschied zwischen den Schemata für Ostdeutschland, die die Forschungsgruppe um Vester 1993 und dann im Jahre 1995 skizziert.

Während in der ersten Annäherung 1993 noch eine "Modernisierungslücke" zwischen traditionalen und modernen Milieus klaffte, durch die abgebremste ("blockierte") Mentalitätsanpassung an moderne Berufe und Lebenslagen hervorgerufen (VESTER u.a. 1993, S. 61ff.), so erscheint diese Lücke in der ausgearbeiteten Fassung zwar teilweise gefüllt, jedoch mittels einer Ausweitung und Unterteilung der traditionalen Mentalitätslagen (VESTER u.a. 1995, S. 7ff.). Die mittleren Lagen, die in Westdeutschland "moderne Mitte" genannt werden, sind in Ostdeutschland deutlich ausgedünnter beziehungsweise noch weniger entwickelt und als "traditionale Mitte" qualifiziert. Gerade diese Fragen aber, welche Ausprägung, welches Selbstverständnis und welche Reproduktionskräfte -

---

3   Eine Übersicht über die Sozialstruktur der Sowjetunion bietet unter anderem: Teckenberg (1983).

kurz welche Perspektive - diese mittleren Lagen haben, sind Zentralfragen für die Transformationsforschung auf ihrer Suche nach Modernisierungspotentialen in postsozialistischen Gesellschaften.

Ohne hier diese Zentralaspekte, die die Transformationsliteratur, explizit oder implizit, generell verfolgt, nachzeichnen zu können, möchte ich folgende Vorschläge für die Beschreibung der sowjetischen Gesellschaft machen:

Als "traditionell" könnten Bindungen an frühsowjetische Lebensweisen und Verhaltensmuster bezeichnet werden, die sich jedoch nur noch in agrarischen Gebieten erhalten haben. "Teilmodernisiert" wären in Abgrenzung zu dieser Bestimmung dann Lebensformen, die aufgrund spezifisch sowjetischer - räumlicher, bildungs- und konsumbezogener - Mobilitätsangebote zustandekamen, was dem Theorem der "partiellen Modernisierung" der sozialistischen Gesellschaften entspräche. Diese mittleren Mentalitätslagen der Tendenz nach als modern und nicht als traditional zu bestimmen wird mit der fundamentalen Zerstörung autochthoner Lebensweisen begründet; vorsowjetische Milieus sind unwiederbringlich verloren, woran auch sentimentale und mitunter blutig ausgefochtene Versuche der kulturellen und "ethnischen" Wiedererweckung nichts ändern können.

Als wirklich "modernisiert" in dem Sinne, wie der Begriff bereits extreme Individualisierungs- und Pluralisierungsformen für westliche Gesellschaften umfaßt, können allerdings nur sehr kleine soziale, gewissermaßen "Rand"-Gruppen bezeichnet werden. Es handelt sich dabei um die alternativen und subkulturellen Milieus, die in der sowjetischen Gesellschaft meist stigmatisiert wurden oder in den oberen Rängen - als Künstler etwa oder Kinder von nicht belangbaren Nomenklatura-Kadern - eine Art Narrenfreiheit genossen.

Leider kann in diesem Rahmen keine detaillierte Darstellung der sowjetischen Großmilieus gegeben werden, zumal, wie schon angedeutet, die Wahrscheinlichkeit überhaupt gering ist, daß retrospektiv noch ein einigermaßen kohärentes Bild gezeichnet werden wird. Dennoch kann ein Versuch, die "alte" sowjetische Sozialstruktur als Milieuverteilung zu interpretieren, sinnvoll sein, da dadurch Raum gegeben wird für Fragestellungen, wie insbesondere durch die neuen ökonomischen Teilhabemöglichkeiten diese Großgruppen fragmentiert und "Milieus" auch in ihrer räumlichen Dimension sichtbar gemacht werden.

Neben dem bereits erläuterten Schema liegt meiner Darstellung die Grobeinteilung der sozialen Schichten und Gruppen der sowjetischen Gesellschaft zugrunde, wie sie die sowjetische Soziologin Saslawskaja ausgearbeitet hat und denen sie während der Hochzeit der Perestrojka "typische Einstellungen" zur Reformpolitik zuordnete (SASLAWSKAJA 1988). Andere durchaus vorhandene Versuche einer Zuordnung politischer Standorte zu sozialen oder sozioökonomischen Gruppierungen sind meines Erachtens bislang wenig plausibel, da sie meist nach einem recht groben, keineswegs empirisch gesicherten Verteilungsmuster - Transformations"gewinner" und -"verlierer" - verfahren. Um es nochmals deutlich zu unterstreichen: die neue Milieustruktur kann nicht gänzlich gewandelt sein, die hergebrachte funktional-meritokratische Differenzierung der Sowjetgesellschaft ist noch nicht überwunden und drückt sich reliefartig durch das neue Gesellschaftsgewebe.

Die oberen "Klassen" waren nur schwach besetzt, wobei die wichtigste Gruppe, die Nomenklatura - mentalitätsmäßig - als "teilmodernisiert", nämlich "typisch sowjetisch" bestimmt werden müßte. Aufgrund ihrer scharfen Abgrenzung sowohl nach unten als auch auf der horizontalen Achse gegenüber allem, was als nicht wirklich sowjetisch galt, wurde sie in der Literatur auch als "Stand" dargestellt; tatsächlich hat sich hier eine Lebensweise herausgebildet, die nicht nur nicht kopiert werden konnte, sondern die Betreffenden auch heute noch unverwechselbar macht. In diesen oberen Rängen lassen sich, wenn überhaupt, nur sehr kleine "modernisierte" Milieus ausmachen; es handelte sich dabei um westlich orientierte Enklaven, die nur in den Großstädten eng begrenzte Entfaltungsmöglichkeiten hatten.

Die wichtigsten Großgruppen, die ganz deutlich einen eigenen Lebensstil ausgebildet haben, sind erstens die (insbesondere wissenschaftlich-technische) "Intelligenzija" sowie die Arbeiterschaft. Sozialräumlich sollten sie auf der horizontalen Achse als "teilmodernisiert" verortet werden, da ihr Status auf spezifisch sowjetischen Bildungs-, Ausbildungs- und Mobilitätsmustern basierte, die wiederum dem besonderen, sich über kulturelle, ethnische oder regionale Grenzen hinwegsetzenden Modernisierungspfad folgten.

Insbesondere die Intelligenzija ist auf der vertikalen Achse in der Mittelposition verankert; dies um so mehr, als die typischen Verhaltensformen des "Mittelklasse-Habitus", wie für westliche Gesellschaften beschrieben, vergleichbar scharf ausgeprägt sind. Es handelt sich dabei einerseits um eine vor allem durch Bildungstitel abgesicherte Distanzierung gegen die einfache Arbeiterschaft, andererseits um eine Aufstiegsorientierung mittels Anpassung an politisch gesetzte Verhaltensnormen.

Einkommensunterschiede zur Arbeiterschaft waren dagegen kaum relevant, im Gegenteil konnten Arbeitergehälter - branchenspezifisch - denen der Intelligenzija sogar überlegen sein. Die vertikalen Grenzen waren, in einer Gesellschaft, in der die Anhäufung nennenswerter materieller Werte an sich selten statusverändernde Wirkung hatte, durch das unterschiedliche kulturelle und soziale Kapital gesetzt, weshalb sozialer Status in einem hohen Grade "vererbt" wurde. Aufstiegschancen waren seit den 70er Jahren daher blockiert, und insbesondere die Arbeiterschaft in der Provinz hatte kaum Chancen zu vertikaler und/oder horizontaler Mobilität.

Auf der horizontalen Achse lassen sich relevante moderne Milieus als Ausgliederung aus der Intelligenzija beobachten: intellektuell-alternative Kreise ("Dissidenten"), Künstler sowie religiöse und weltanschauliche Subkulturen aller Art. Als tatsächlich "traditional" dagegen lassen sich, wenn überhaupt, nur einige Milieus in agrarischen (Rand-) Gebieten der Sowjetunion qualifizieren, die von den sowjetischen Modernisierungsvorhaben nur gestreift wurden.

Legt man dieses Interpretationsschema zugrunde, dann sind die Belege sowohl für die von Vester u.a. für Ostdeutschland angenommene "Modernisierungslücke" als auch für die "Unifizierungs"-These schwach. Die sowjetische Gesellschaft zeigte sich im Gegenteil relativ deutlich gegliedert, wobei die Differenzierungsmerkmale allerdings nicht ökonomischer Art waren; und gerade die "teilmodernisierten", nämlich typisch sowjetischen Teile der Gesellschaft waren die numerisch stärksten und politisch und sozial meist relevanten.

Dennoch hat die These der "Modernisierungslücke" einen wichtigen Diskussionswert. Erstens hat die gegenwärtige ökonomische Ausdifferenzierung der Gesellschaft unter Umständen einen starken Polarisierungseffekt, und zweitens wurden die sowjetischen Bildungstitel und Mobilitätsmuster relativ entwertet. Beides könnte dazu führen, daß die ausgeprägten und - sowohl auf der vertikalen als auch auf der horizontalen Achse - stark besetzten mittleren Positionen sich zu einer "Lücke" ausdünnen; welche der bislang eher marginal besetzten Randpositionen zu Lasten der Mitte zusetzen könnten, würde den weiteren Transformationsverlauf erheblich beeinflussen.

Leider kann im folgenden nicht mehr auf die in den ehemaligen sozialistischen Gesellschaften und auch in Rußland breit geführte Debatte eingegangen werden, ob und inwieweit sich eine "neue Mittelklasse" bildet. Anhand zweier empirischer Forschungsprojekte, die wichtige Fragestellungen der Transformationsforschung aufgreifen, möchte ich aber zum Schluß skizzieren, welche Veränderungen hinsichtlich der vertikalen und horizontalen Gliederung der postsowjetischen Gesellschaft gegenwärtig zu beobachten sind. Schlüsse hinsichtlich einer großräumigen Veränderung der Sozialstruktur lassen sich dabei bislang jedoch nur als Hypothesen formulieren.

4 Anmerkungen zur Neugliederung der sowjetischen Sozialstruktur

Anhand zweier Beispiele aus empirischen Forschungsprojekten soll das bisher Gesagte nun konkretisiert werden:

1. Der Markt: vertikale Neugliederung

Aufgrund der ökonomischen Ausdifferenzierung entsteht gegenwärtig eine neue Vertikal-Gliederung, die jedoch aufgrund mangelnder Sozialstatistiken bislang kaum empirisch erforschbar ist. Eine Möglichkeit der Erforschung, wie soziale Unterschiede gegenwärtig produziert und reproduziert werden, bietet die Untersuchung der sozialräumlichen Segregation in Großstädten als Folge der Wohnungsprivatisierung.[4]

Die Wohnungsprivatisierung in Rußland wird kostenlos durchgeführt; jeder legale Nutzer einer Wohnung kann auf Antrag als Besitzer registriert werden. Auf diesem Wege gehen immense Werte in private Hände über, die im Laufe der Durchsetzung von Marktbedingungen auch als Geldwerte realisiert werden können. Es liegt auf der Hand, daß diejenigen, die vor der Privatisierung über guten Wohnraum verfügten, von diesen Maßnahmen relativ begünstigt werden.

Gerade diese Vorteilsstrukturen, ihre Genese und die Überkreuzung von neuen und alten Vorteilsstrategien in der Gegenwart, sind nun von Interesse: Das sozialistische Verteilungssystem sah einerseits, ideologisch abgesichert, eine gleichmäßige Versorgung der Bevölkerung mit Wohnraum vor, andererseits waren die internen Zwänge zur Rekrutierung zuverlässiger Kader ausschlaggebend für die Privilegierung bestimmter sozialer Gruppen. Tatsächlich läßt sich auch für sozialistische Länder eine erstaunlich deutliche sozialräumliche Gliederung der städtischen Wohnbevölkerung schon in sozialistischen Zeiten nachweisen (SZELENYI 1983, TRUSCENKO 1993), die gegenwärtig verstärkt wird.

Tendenziell bilden sich unter den neuen Bedingungen nun zwei extrem polarisierte Milieus aus. Auf der einen Seite sammeln sich die sogenannten "Neuen Reichen", deren Herkunftsmilieus mittels biographischer Interviews recht gut ermittelt werden können. Es handelt sich zum großen Teil um Angehörige der ehemaligen oberen, teilmodernisierten Milieus mit verhältnismäßig großen Nutzungs- und Verfügungsrechten über kollektive Besitztümer oder um Besitzer beträchtlicher Ressourcen, seien es materielle, seien es solche an Bildung oder sozialen Beziehungen. Ganz sicher handelt es sich bei diesen mittleren Soziallagen um Kristallisationskerne für neue, nach Lebensstil und Prestigeniveau deutlich - auch in ihrer räumlichen Verortung - unterscheidbare Milieus.

Auf der anderen Seite stehen Arme und Abstiegsbedrohte, deren Milieu-Bindungen erst mit dem Wegfall von Aufstiegsbarrieren deutlich werden, seien diese nun moralisch oder politisch vermittelt gewesen. Es handelt sich dabei um

---

4 Vorgestellt werden hier Grundlinien eines Forschungsprojekts, das in Kooperation zwischen der Autorin am Osteuropa-Institut der FU Berlin, dem Fakultätsinstitut für Sozialwissenschaften an der Humboldt-Universität unter Leitung von Hartmut Häußermann sowie dem "Centre for Independent Social Research" in St. Petersburg durchgeführt und von der DFG unterstützt wird.

Personen, die in sehr beengten und mangelhaft ausgestatteten, oft mit mehreren Familien belegten Wohnungen leben. Falls sie diese Wohnungen oder auch nur einzelne Zimmer verkaufen, müssen ihnen den gesetzlichen Bestimmungen nach eigene, abgeschlossene Wohnungen vermittelt werden, was angesichts der miserablen gegenwärtigen Wohnsituation nur vorteilhaft erscheint.

Tatsächlich ergibt sich, den bisherigen Forschungsergebnissen zufolge, in den von den Reichen bevorzugten "Prestige"-Gegenden keine solche friedliche, da finanziell und rechtlich gesicherte, Segregierung oder auch "Entmischung" der bisherigen sozial sehr heterogenen Wohnbevölkerung.[5] Die mit der Privatisierung des Wohnraums möglich gewordenen individuellen Mobilitätschancen werden nämlich sehr häufig nicht genutzt; im Gegenteil versucht ein Großteil der Betroffenen, in der gewohnten Umgebung zu bleiben. Da die Ersatzwohnungen in weit abgelegenen Neubaugebieten liegen, befürchten die Betroffenen zu Recht, daß sie von ihren Sozialkontakten abgeschnitten werden; tatsächlich ist aber der Erhalt von sozialen Netzen, die wichtige Versorgungs- und Informationsfunktionen erfüllen, gerade für die einkommensschwächeren Bevölkerungsteile lebensnotwendig. Diese werden nicht gegen ein Mehr an Wohnkomfort aufgewogen, der zudem nur durch beträchtliche Mittel aufrechterhalten werden kann.

Für die Sicherung des sozialen Friedens in den Städten wird es wichtig sein, ob diese Milieus zumindest für eine Übergangszeit noch bestehen bleiben können und/oder ob eine Art Kohabitation mit den Aufstiegsmilieus erreicht werden kann. Der Abgrenzungs- und Segregierungsprozeß als solcher ist aber ausgesprochen interessant und ergiebig für die Erforschung verschiedener Lebensstile und Mentalitäten, die aus der sowjetischen Gesellschaft in die Gegenwart hinüberreichen und sich nun angesichts finanzieller und räumlicher Möglichkeiten gewissermaßen "materialisieren".

2. Ethnische Gemeinden: horizontale Neugliederung

Als Beispiel einer neuen Horizontal-Gliederung der Gesellschaft kann die Bildung von ethnischen beziehungsweise kulturell-religiösen Gemeinden angeführt werden, die zur Zeit vermehrt Gegenstand von Untersuchungen werden.[6]

---

5   In der (auch internationalen) Presse wird häufig von gewaltsamen "Entmietungen" berichtet. In diesem Rahmen kann jedoch nicht das Verhältnis von "mafiösen" und legalen Strukturen auf dem Wohnungsmarkt diskutiert werden, zumal sich die hier angesprochenen Milieuveränderungen in einem anderen Größenmaßstab abspielen, als es mittels der in Einzelfällen durchaus zutreffenden illegalen Maßnahmen möglich sein könnte.
6   Hier werden vorläufige Ergebnisse eines Projektes umrissen, das ebenfalls in Kooperation mit dem "Centre for Independent Social Research" in St. Petersburg, unter Leitung von Viktor Voronkov, durchgeführt und von der VW-Stiftung unterstützt wird.

Diese Sozialformen, die scheinbar aus dem Nichts entstanden, können nur mittels Anknüpfung an Rudimente alter Milieus erklärt werden, deren Vergesellschaftungs- und Integrationskraft erst mit dem Wegfall von Restriktionen entfaltet werden konnte. Allerdings ist es nicht einfach, die besonderen Opportunitäten für einzelne ethnische Gruppen zu bestimmen, da sich politisch-ideologische und sozioökonomische mit ethnisch-kulturellen Konfliktlinien besonders in der postsozialistischen Gesellschaft vielfach überschneiden.

Rückt man jedoch von einer Betrachtungsweise ab, die insbesondere die Konfliktträchtigkeit von neuen Gemeinschaftsbildungen - Milieus? - im Blick hat, dann zeigt sich die innovative und integrative Kraft der ethnischen Gemeindebildung. Während in den Randzonen der ehemaligen Sowjetunion konflikthafte ethnische Auseinandersetzungen zu dominieren scheinen und sozioökonomische "cleavages" als zweitrangig gelten, so ergibt sich für die russischen Großstädte jedoch ein anderes Bild.

Aufgrund der forcierten sowjetischen Urbanisierung haben sich in den Großstädten hochkomplexe poly-ethnische Agglomerate gebildet, allerdings ohne die in westlichen Großstädten beobachtbare räumliche Segregation, da kompakte Siedlungsweisen nach ethnischen Kriterien politisch nicht erwünscht waren und unterbunden wurden. Während der Reformphase und gegenwärtig wurden jedoch ethnische Gemeindestrukturen aufgebaut, die inzwischen auch relevante Teilöffentlichkeiten und soziale "Netzwerke" haben entstehen lassen. Die Intensität politischer Mobilisierung dieser Gruppen ist jedoch gering, da konkurrierende Identitätsangebote bestehen, ethnische Gruppenrechte inzwischen ausgesetzt wurden und keine nennenswerten Ressourcen zur Verfügung stehen.

Es lassen sich daher - und dies gilt nur für den großstädtischen Kontext - Bildungen von Milieus, nämlich die von genügend säkularisierten ethnischen Gemeinden verfolgen, die für den Verlauf der post-sowjetischen Transformationsperiode sehr aufschlußreich sind. Während die Desintegrationserscheinungen auf der Systemebene immer noch nicht aufgehalten werden können, bilden sich in der Gesellschaft mit diesen Milieus oder milieuartigen Sozialformen Inseln der Stabilität. Die formative Übergangszeit scheint bereits abgeschlossen; unter Umständen folgt nun eine Phase, in der die institutionalisierten Elemente der milieueigenen Netzwerke sich in Prototypen neuer, milieu-übergreifender Assoziationen verwandeln.

Literaturüberblick zur neueren Milieuforschung in den Raum- und Sozialwissenschaften

Numerierte Autoren-/Beitragsliste

Um eine Zuordnung der Literaturangaben zu den Beiträgen zu ermöglichen, folgt eine Inhaltsangabe mit Ziffern. Durch die nachgestellten Zahlen in den Klammern lassen sich die Literaturangaben den Beiträgen zuordnen, wobei insbesondere Mehrfachnennungen signifikant sind.

(1) Ulf Matthiesen
 Milieus in Transformationen. Positionen und Anschlüsse

(2) Karl-Dieter Keim
 Sozial-räumliche Milieus in der zweiten Moderne

(3) Richard Grathoff
 Planerisches Handeln in Milieu und Raum

(4) Ralf Bohnsack
 Milieu als konjunktiver Erfahrungsraum. Eine dynamische Konzeption von Milieu in empirischer Analyse

(5) Achim Hahn
 Wohnen, Gewohnheit und Lebensführung

(6) Heinz Böcker/Hartmut Neuendorff/Harald Rüßler
 'Hörder Milieu'. Deutungsmusteranalysen als Zugang zur Rekonstruktion intermediärer Sozialstrukturen - an Fällen

(7) Renate Fritz-Haendeler
 Flüchten oder Stadt-Halten. Stadtentwicklungspolitik und Milieu-Wahrnehmung am Beispiel der Stadt Brandenburg

(8) Werner Zühlke
 Soziale Netze - zentrale Akteure in Stadtteilen mit besonderem Erneuerungsbedarf

(9) Friedemann Kunst
 Milieu als Planungsbegriff
 Konzeptionelle Überlegungen am Beispiel der Planungsräume des Berliner Nord-Ostens und des Süd-Ostens

(10) Heike Pfeiffer
 Erfahrungen mit der Anwendung von Milieuschutzsatzungen gemäß § 172 BauGB in Berlin

(11) Joachim Becker
 Wohnmilieus in der Stadtplanung

(12) Henning Nuissl
 Probleme der Operationalisierung räumlich-sozialer Milieus
 (mit quantitativen Methoden)

(13) Nicole Hoffmann, Katrin Lompscher
Milieus, Netzwerke, Verflechtungen - Ansatzpunkte für die Untersuchung regionalwirtschaftlicher Umbruchprozesse in Deutschlands Osten? Ideenskizze zu einem Forschungsdesign

(14) Vera Lessat
Anmerkungen zum Milieu- und Netzwerkbegriff aus ökonomischer Sicht

(15) Michael Hofmann, Dieter Rink
Milieu als Form sozialer Kohäsion. Zur Theorie und Operationalisierung eines Milieukonzepts

(16) Michael Thomas
Reglementierung versus Individualisierung? - Die lebensweltliche Vielfalt von Passagen in die Selbständigkeit in Ostdeutschland

(17) Dirk Tänzler
Solidarität und Sachlichkeit. Transformation eines ostdeutschen Arbeitsmilieus

(18) Ingrid Oswald
Alte und neue Milieus in Rußland. Anmerkungen zur Sozialstruktur (post-) sozialistischer Gesellschaften

Die in Klammern gesetzten Ziffern ermöglichen eine Zuordnung der Literaturangaben zu den Beiträgen. Ein Liste der Autoren und Beiträge mit den dazugehörigen Ziffern befindet sich auf Seite 340f.

Acs, Zoltan J. ; Audretsch, David B.: *Innovation and Small Firms*. Cambridge : Mass., 1990 (14)

Adorno, Theodor W.: Funktionalismus heute. In: *Ohne Leitbild*. Frankfurt/M. : Suhrkamp, 1973 (7)

Albers, Gerd: Über den Wandel im Planungsverständnis. In: *RaumPlanung* (1993), Nr. 61, S. 97ff. (1)

Albers, Gerd: Stadtplanung. In: Akademie für Raumforschung und Landesplanung: *Handwörterbuch der Raumordnung*. Hannover : Verlag der Akademie für Raumforschung und Landesplanung, 1995, S. 899ff. (1)

Albers, Gerd: Stadtentwicklungsplanung. In: Akademie für Raumforschung und Landesplanung: *Handwörterbuch der Raumordnung*. Hannover : Verlag der Akademie für Raumforschung und Landesplanung, 1995 (1)

Alheit, Peter ; Mühlberg, Dietrich: Arbeiterleben in den 50er Jahren. Konzeption einer "mentalitätsgeschichtlichen" Vergleichsstudie biographischer Verläufe. In: Universität Bremen: *Arbeitermilieus der Bundesrepublik Deutschland und der DDR*. 1990 (Werkstattberichte des Forschungsschwerpunktes "Arbeit und Bildung", Band 11) (1)

Alheit, Peter: *Zivile Kultur. Verlust und Wiederaneignung der Moderne*. Frankfurt/M., New York : Campus, 1994 (1; 7; 18)

Amann, Renate ; von Neumann-Cosel, Barbara: *Kommunikativ Wohnen - Zwang zur Gruppe oder neue Gemeinschaft?* Berlin : Edition Arkadien, 1993 (5)

Arbeitsgruppe Bielefelder Soziologen: *Alltagswissen, Interaktion und gesellschaftliche Wirklichkeit*. Reinbek : Rowohlt, 1973 (1)

Arendt, Hannah: *Vita activa oder Vom tätigen Leben*. München : Beck, 1981 (2)

Aron, Raymond: *Hauptströmungen des soziologischen Denkens*. 2. Bd., Köln : Kiepenheuer & Witsch, 1971, S. 64 (1)

Augé, Marc: *Orte und Nicht-Orte*. Frankfurt/M. : Fischer, 1994 (7)

Aydalot, Philippe: The Location of New Firm Creation: The French Case. In: Keeble, David ; Wever, Egbert (Hrsg.): *New Firms and Regional Development in Europe*. London : Croom Helm, 1986 (14)

AYDALOT, Philippe ; KEEBLE, David (Hrsg.): *High Technology Industry and Innovative Environments: the European experience*. London : Routledge & Reagan, 1988 (13; 14)

BADE, Franz-Josef: *Regionale Beschäftigungsentwicklung und produktionsorientierte Dienstleistungen*. Berlin : Duncker und Humblot, 1987 (Sonderheft/Deutsches Institut für Wirtschaftsforschung 143) (13)

BECK, Ulrich: *Risikogesellschaft. Auf dem Weg in eine andere Moderne*. Frankfurt/M. : Suhrkamp, 1986 (2; 11)

BECK, Ulrich: *Die Erfindung des Politischen*. Frankfurt/M. : Suhrkamp, 1993 (2)

BECK, Ulrich ; GIDDENS, Anthony ; LASH, Scott: *Reflexive Modernisierung*. Frankfurt/M. : Suhrkamp, 1996 (2)

BECKER, Ulrich ; BECKER, Horst ; RUHLAND, Walter: *Zwischen Angst und Aufbruch. Das Lebensgefühl der Deutschen in Ost und West nach der Wiedervereinigung*. Düsseldorf, Wien, New York, Moskau : Econ-Verlag, 1992 (15)

BECKERT, Jens: *Grenzen des Marktes. Die sozialen Grundlagen wirtschaftlicher Effizienz*. Frankfurt/M., New York : Campus, 1997 (1)

BEHNE, Adolf ; OCHS, Haila (Hrsg.): *Architekturkritik in der Zeit über die Zeit hinaus*. Basel : Birkhäuser, 1994 (7)

BELZER, Volker: Unternehmensnetzwerke: Versuch einer Analyse und Kategorisierung. In: HILBERT, Josef ; KLEINALTENKAMP, Michael ; NORDHAUSEN-JANZ, Jürgen ; WIDMAIER, Brigitte (Hrsg.): *Neue Kooperationsformen in der Wirtschaft*. Opladen : Leske + Budrich, 1991 (13)

BERGER, Peter ; LUCKMANN, Thomas: *Die gesellschaftliche Konstruktion der Wirklichkeit. Eine Theorie der Wissenssoziologie*. Frankfurt/M. : Fischer, (1966) 1969 (1)

BERGER, Peter ; BERGER, Brigitte ; KELLNER, Hansfried: *Das Unbehagen in der Modernität*. Frankfurt/M., New York : Campus, 1975

BERGER, Peter, A.: Soziale Ungleichheiten und sozio-kulturelle Milieus. Die neue Sozialstrukturforschung "Zwischen Bewußtsein und Sein". Rezensionsessay. In: *Berliner Journal für Soziologie* 4 (1994), S. 249-264

BERKING, Helmuth ; NECKEL, Sighard: Die Politik der Lebensstile in einem Berliner Bezirk: Zu einigen Formen nachtraditioneller Vergemeinschaftungen. In: *Soziale Welt*. Sonderband 7 (1990), S. 481-500 (2)

BERKING, Helmuth ; NECKEL, Sighard: Die gestörte Gemeinschaft. Machtprozesse und Konfliktpotentiale in einer ostdeutschen Gemeinde. In: HRADIL, Stefan (Hrsg.): *Zwischen Sein und Bewußtsein*. Leverkusen-Opladen : Leske + Budrich, 1992, S. 151-171

BERMAN, Marshall: Why Modernism still Matters. In: LASH, Scott ; FRIEDMAN, Jonathan (eds.): *Modernity and Identity.* Oxford, 1992, S. 33-58 (2)

BERTRAM, Hans: Die drei Revolutionen. Zum Wandel der privaten Lebensführung im Übergang zur postindustriellen Gesellschaft. In: HRADIL, Stefan (Hrsg.): *Die Zukunft moderner Gesellschaften. Verhandlungen des 28. Kongresses der Deutschen Gesellschaft für Soziologie in Dresden 1996.* Frankfurt/M., New York : Campus, 1997, S. 209-323

VON BEYME, Klaus: *Systemwechsel in Osteuropa.* Frankfurt/M. : Suhrkamp, 1994 (1; 18)

BIRCH, David L.: *Job Creation in America. How our Smallest Companies put the Most People to Work.* New York : Free Press, 1987 (14)

BLASIUS, Jörg: Empirische Lebensstilforschung. In: DANGSCHAT, Jens S. ; BLASIUS, Jörg (Hrsg.): *Lebensstile in den Städten. Konzepte und Methoden.* Opladen : Leske + Budrich, 1994 (15)

BLASIUS, Jörg ; DANGSCHAT, Jens S. (Hrsg.): *Gentrification. Die Aufwertung innenstadtnaher Wohnviertel.* Frankfurt/M. : Campus, 1990

BODENSCHATZ, Harald ; SEIFERT, Carsten: *Stadtbaukunst. Brandenburg an der Havel.* Berlin : Transit, 1992 (7)

BÖGENHOLD, Dieter: *Der Gründerboom. Realität und Mythos der neuen Selbständigkeit.* Frankfurt/M., New York : Campus, 1985 (16)

BÖGENHOLD, Dieter: Die Berufspassage in das Unternehmertum. Theoretische und empirische Befunde zum sozialen Prozeß von Firmengründungen. In: *Zeitschrift für Soziologie* 18 (1989), Nr. 4, S. 263-281 (16)

BOHNSACK, Ralf: Authentische und verunsicherte Generation: zwei aufeinanderfolgende Generationsgestalten. In: MANGOLD, Werner ; BOHNSACK, Ralf: *Kollektive Orientierungen in Gruppen Jugendlicher - Forschungsbericht für die Deutsche Forschungsgemeinschaft.* Erlangen, 1988, S. 582-619 (4)

BOHNSACK, Ralf: *Generation, Milieu und Geschlecht - Ergebnisse aus Gruppendiskussionen mit Jugendlichen.* Opladen : Leske + Budrich, 1989 (4)

BOHNSACK, Ralf: Gruppendiskussionsverfahren und Milieuforschung. In: Ders.: *Rekonstruktive Sozialforschung.* Opladen : Leske + Budrich, 1991

BOHNSACK, Ralf: *Rekonstruktive Sozialforschung - Einführung in Methodologie und Praxis qualitativer Forschung.* Opladen : Leske + Budrich, 1993, (2. Aufl.) (4)

BOHNSACK, Ralf: Dokumentarische Methode. In: HITZLER, Ronald ; HONER, Anne (Hrsg.): *Sozialwissenschaftliche Hermeneutik.* Opladen : Leske + Budrich, 1996 a (4)

BOHNSACK, Ralf: Gruppendiskussionsverfahren und Milieuanalyse. In: FRIEBERTSHÄUSER, Barbara ; PRENGEL, Annedore: *Handbuch qualitativer Forschungsmethoden der Erziehungswissenschaft*. Weinheim, München : Juventa, 1996 b (4; 15)

BOHNSACK, Ralf ; LOOS, Peter ; SCHÄFFER, Burkhard ; STÄDTLER, Klaus ; WILD, Bodo: *Die Suche nach Gemeinsamkeit und die Gewalt der Gruppe - Hooligans, Musikgruppen und andere Jugendcliquen*. Opladen : Leske + Budrich, 1995 (4)

BOHNSACK, Ralf ; WILD, Bodo: Cliquen, Banden und Vereine: Die Suche nach Milieuzugehörigkeit. In: BEHNKEN, Imbke ; SCHULZE, Theodor (Hrsg.): *Tatort: Biographie. Spuren. Zugänge. Orte. Ereignisse*. Opladen : Leske + Budrich, 1997

BOLZ, Norbert ; VAN REYEN, Willem (Hrsg.): *Heilsversprechen*. München : Wilhelm Fink, 1998 (1)

BOUDON, Philippe: *Über den architektonischen Raum. Über das Verhältnis von Bauen und Erkennen*. Basel, Berlin, Boston : Birkhäuser, 1991 (5)

BOURDIEU, Pierre: Physischer, sozialer und angeeigneter physischer Raum. In: WENTZ, Martin (Hrsg.): *Stadt-Räume*. Frankfurt/M. : Campus, 1991 (2; 11)

BOURDIEU, Pierre: *Die feinen Unterschiede. Kritik der gesellschaftlichen Urteilskraft*. Frankfurt/M. : Suhrkamp, (1979) 1982 (15; 17)

BRAND, Karin: *Zur Rolle sozialer Beziehungen im Wohngebiet bei der Herausbildung der sozialistischen Lebensweise*. Leipzig : Karl-Marx-Universität, Sek. Wiss. Komm., Diss., 1982

BRENKE, Karl: Strukturen der Industrie in den neuen Bundesländern. In: DEUTSCHES INSTITUT FÜR WIRTSCHAFTSFORSCHUNG: *Vierteljahresbericht*. (1995, 3), Berlin : Deutsches Institut für Wirtschaftsforschung (13)

BROSE, Hans-Georg ; HILDENBRAND, Bruno: Biographisierung von Erleben und Handeln. In: Dies.: *Vom Ende des Individuums zur Individualität ohne Ende*. Opladen : Leske + Budrich, 1988, S. 11-30 (4)

BRUNNER, Otto ; CONZE, Werner ; KOSELLECK, Reinhart (Hrsg.): *Geschichtliche Grundbegriffe. Historisches Lexikon zur politisch-sozialen Sprache in Deutschland*. Stuttgart : Klett-Cotta, (Stichworte: Modern, Modernität, Moderne. Bd. 4), 1978 (2)

BRUSCO, Sebastiano: Small Firms and Industrial Districts: The Experience of Italy. In: KEEBLE, David ; WEVER, Egbert (Hrsg.): *New Firms and Regional Development in Europe*. London : Croom Helm, 1986 (14)

BRUSCO, Sebastiano: The Idea of the Industrial District: It's Genesis. In: PYKE, Frank ; BECATTINI, Giacomo ; SENGENBERGER, Werner (Hrsg.): *Industrial Districts and Inter-Firm Cooperation in Italy*. Genf : International Institute for Labour Studies, 1992 (14)

BUDE, Heinz: Das nervöse Selbst in der geschlossenen Welt des Sinns. Niklas Luhmann und Pierre Bourdieu im Vergleich. In: *Merkur* 495 (1990), S. 429-433 (17)

BUDE, Heinz: Die Differenz nach der Einheit: Deutsch-deutsche Transformationsprozesse. Eine Kolumne. In: *Merkur* 550 (1995), S. 61-66 (16)

BULLINGER, Dieter: Qualitative Untersuchungsmethoden und Forschungsökonomie. Methodenmix zur Erschließung des Forschungsfeldes und zur Vorbereitung von Transferversuchen unter zeitlichen und finanziellen Restriktionen. In: AFHELDT, Heik ; SCHULTES, Wolfgang ; SIEBEL, Walter ; SIEVERTS, Thomas (Hrsg.): *Werkzeuge qualitativer Stadtforschung*. Gerlingen : Bleicher, 1984, S. 173-198 (Beiträge zur Stadtforschung Bd. 3) (12)

BURDA UND SINUS: *Wohnwelten und Gärten in Ostdeutschland*. Offenburg : Burda, 1993 (15)

CAMAGNI, Roberto (Hrsg.): *Innovation Networks: Spatial Perspectives*. London, New York : Belhaven Press, 1991 (13)

CAMAGNI, Roberto: Local 'Milieu'. Uncertainty and Innovation Networks: Towards a New Dynamic Theory of Economic Space. In: CAMAGNI, Roberto (Hrsg.): *Innovation Networks: Spatial Perspectives*. London : Belhaven Press, 1991 (14)

CARMELI, Yoram S. : Text, Traces, and the Reification of Totality: The Case of Popular Circus Literature. In: *New Literary History*. 25 (1994), S. 175-205 (3)

CASTELLS, Manuel: Die Kapitalistische Stadt. Ökonomie und Produkte der Stadtentwicklung. Hamburg : Verlag für das Studium der Arbeiterbewegung, 1977 (1)

CHOMBART DE LAUWE, Paul-Henry: *Paris. Essais de Sociologie 1952-1964*. Paris, 1965 (1; 2)

CHOMBART DE LAUWE, Paul-Henry: Aneignung, Eigentum, Enteignung. Sozialpsychologie der Raumaneignung und Prozesse gesellschaftlicher Veränderung. In: *arch + 34* (1977), S. 2-6

CLARK, John: Stil. In: Ders. (Hrsg.): *Jugendkultur als Widerstand - Milieus, Rituale, Provokationen*. Frankfurt/M. : Syndikat, 1979 (4)

CLAUSEN, Lars (Hrsg.): *Gesellschaften im Umbruch. Verhandlungen des 27. Kongresses der Deutschen Gesellschaft für Soziologie in Halle (Saale)*. Frankfurt/M. : Campus, 1995, S. 141-153 (1)

COLLETIS, Gabriel: Von der Allokation zur Produktion von Ressourcen: die zentrale Rolle regionaler Innovationsnetzwerke. In: LEHNER, Franz (Hrsg.): *Regiovision - neue Strategien für alte Industrieregionen*. München : Mering, 1995 (13)

COOKE, Philip: *The Baden-Württemberg Machine Tool Industry: Regional Responses to Global Threats*. Stuttgart : Akademie für Technikfolgenabschätzung, 1994 (Arbeitsbericht No. 35) (14)

COOKE, Philip ; MORGAN Kevin: Growth Regions under Duress: Renewal Strategies in Baden-Württemberg and Emilia-Romagna. In: AMIN, Ash ; THRIFT, Nigel (Hrsg.): *Globalization,*

Institutions and Regional Development in Europe. Oxford : Oxford University Press, 1994 (14)

DAHRENDORF, Ralf: *Soziale Klassen und Klassenkonflikt in der industriellen Gesellschaft.* Stuttgart : Enke, 1957 (1)

DE JONG, Taeke M.: *Milieudifferentiatie. een fundamenteel onderzoek.* (Rijksplanologische Dienst, studierapporten). s'Gravenhage (Den Haag) : Ministerie van Volkstruisvesting, Ruimtelijke Ordeuing en Milieu Beheer, 1978 (12)

DEWE, Bernd ; WOHLFAHRT, Norbert (Hrsg.) : *Netzwerkförderung und soziale Arbeit. Empirische Analysen in ausgewählten Handlungs- und Politikfeldern.* Bielefeld : Kleine, 1991 (8)

DEWEY, John: *Die Erneuerung der Philosophie.* Hamburg : Junius, 1989 (5)

DIEWALD, Martin: Sozialkontakte und Hilfeleistungen in informellen Netzwerken. In: GLATZER, Wolfgang ; BERGER-SCHMITT, Peter (Hrsg.): *Haushaltsproduktion und Netzwerkhilfe.* Frankfurt/M : Campus, 1986

DILTHEY, Wilhelm: Der Aufbau der geschichtlichen Welt in den Geisteswissenschaften. In: *Gesammelte Schriften Bd. VII.* Leipzig : Teubner, (1910) 1923, S. 79-188 (3)

DOEHLER, Martha ; USBECK, Hartmut: Eine zerrissene Stadt? In: *Stadtbauwelt* (1996), Nr. 12 (7)

DUBET, Francois ; LAPEYRONNIE, Didier: *Im Aus der Vorstädte. Der Zerfall der demokratischen Gesellschaft.* Stuttgart : Klett-Cotta, 1994 (8)

DURKHEIM, Emile: *Die Regeln der Soziologischen Methode.* Neuwied : Luchterhand, 1980 (1; 15; 17)

DURKHEIM, Emile: *Der Selbstmord.* Frankfurt/M. : Suhrkamp, 1983 (17)

DURKHEIM, Emile: *Über soziale Arbeitsteilung.* Frankfurt/M. : Suhrkamp, 1992 (15)

DÜRRSCHMIDT, Jörg: *The 'Delinking' of 'Locale' and 'Milieu': On the 'Situatedness' of 'Extended Milieux' in a Global Environment.* (unveröff. Manuskript), 1995 (1; 2)

DÜRRSCHMIDT, Jörg: *Individual Relevances in the Globalized World City.* Bielefeld, Universität Bielefeld, Diss., 1996 (3)

EINSELE, Matthias : Kann der Planer konkret Milieu schaffen? In: *Der Architekt* (1975) Nr. 9, S. 36ff. (1)

ELIAS, Norbert: *Was ist Soziologie?* München : Beck, 1971 (8)

ELLWEIN, Harriet ; MEINECKE, Bernd: Analytische Konzeption für das Wohnstandortverhalten von Haushalten. Verlaufsmuster und Handlungspotentiale. In: AFHELDT, Heike ; SCHULTES, Wolfgang ; SIEBEL, Walter ; SIEVERTS, Thomas (Hrsg.): *Werkzeuge qualitativer*

Stadtforschung. Gerlingen : Bleicher, 1984, S. 95-123, (Beiträge zur Stadtforschung Bd. 3) (12)

ELWERT, Georg: Nationalismus und Ethnizität. Über die Bildung von Wir-Gruppen. In: *Kölner Zeitschrift für Soziologie und Sozialpsychologie* 41 (1989), S. 441-464 (4)

ENGLER, Wolfgang: *Die zivilisatorische Lücke. Versuche über den Staatssozialismus.* Frankfurt/M. : Suhrkamp, 1992 (17)

ENTWICKLUNGSGESELLSCHAFT DUISBURG-BRUCKHAUSEN/GEMEINSCHAFTSPROJEKT BRUCKHAUSEN. *Zukunft der Stadtentwicklung.* Duisburg, 1993 (8)

FASSBINDER, Helga: Verdichten und Verdünnen. In: SENATSVERWALTUNG FÜR BAU- UND WOHNUNGSWESEN BERLIN (Hrsg.): *Wohnungsbau für Berlin.* Städtebau und Architektur, Bericht 19, Berlin : Selbstverlag, 1993 a (11)

FASSBINDER, Helga: *Stadtforum Berlin. Einübung in kooperative Planung.* Hamburg : Technische Universität Hamburg-Harburg, 1997 (Hamburger Berichte zur Stadtplanung Bd. 8)

ZUM FELDE, Wolfgang ; ALISCH, Monika: Zur Bedeutung des Raumes für Lebensbedingungen und Lebensstile von Bewohnern innenstadtnaher Nachbarschaften in Hamburg. In: HRADIL, Stefan (Hrsg.): *Zwischen Sein und Bewußtsein.* Leverkusen-Opladen : Leske + Budrich, 1992, S. 173-194

FISHMAN, Robert: Die befreite Megalopolis. Amerikas neue Stadt. In: *ARCH+* (1991), Nr. 109/110, S. 73-83 (7)

FLAIG, Bodo B. ; MEYER, Thomas ; UELTZHÖFFER, Jörg: *Alltagsästhetik und politische Kultur.* Bonn : Dietz, 1993 (15)

FOTEV, Georgi: "The Other Ethnos" (MS) Sofia, 1991 (3)

FRICK, Dieter: Zur Entwicklung des Studiengangs und des Instituts für Stadt- und Regionalplanung. In: *Reflexionen. Ein Vierteljahrhundert Studiengang Stadt- und Regionalplanung an der Technischen Universität Berlin.* Berlin : Institut für Stadt- und Regionalplanung, 1997

FRIEDRICHS, Jürgen (Hrsg.): *Soziologische Stadtforschung.* Opladen : Westdeutscher Verlag, 1988 (KZfSS, Sonderheft 29) (12)

FRIEDRICHS, Jürgen: *Stadtsoziologie.* Opladen : Leske + Budrich, 1995 (1)

FRITSCH, Michael: Unternehmens-'Netzwerke' im Lichte der Institutionenökonomik. In: *Jahrbuch für Neue Politische Ökonomie.* Tübingen : J. C. B. Mohr, 1992 (14)

FROESSLER, Rolf: *Stadtviertel in der Krise. Innovative Ansätze zu einer integrierten Quartiersentwicklung in Europa.* Dortmund : Institut für Landes- und Stadtentwicklungsforschung des Landes Nordrhein-Westfalen, 1994 (8)

FROMHOLD-EISEBITH, Martina: Das kreative Milieu als Motor regionalwirtschaftlicher Entwicklung. In: *Geographische Zeitschrift* 83 (1995) (1; 13)

FUCHS, Werner: Jugendliche Statuspassage oder individualisierte Jugendbiographie? In: *Soziale Welt* 34 (1983), S. 341-371 (4)

FUCHS, Peter: *Westöstlicher Divan. Zweischneidige Beobachtungen.* Frankfurt/M. : Suhrkamp, 1995 (17)

FÜRST, Dietrich: Planung. In: AKADEMIE FÜR RAUMFORSCHUNG UND LANDESPLANUNG: *Handwörterbuch der Raumordnung.* Hannover : Verlag der Akademie für Raumforschung und Landesplanung, 1995, S. 708f., S. 710 (1)

GARAFOLI, Gioacchino: Local Networks, Innovation and Policy in Italian Industrial Districts. In: BERGMAN, Edward M. ; MAIER, Gunther ; TÖDLING, Franz (Hrsg.): *Regions Reconsidered. Economic Networks, Innovation, and Local Development in Industrialized Countries.* London : Mansell, 1991 (14)

GEERTZ, Clifford: *Dichte Beschreibung. Beiträge zum Verstehen kultureller Systeme.* Frankfurt/M. : Suhrkamp, 1983 (15)

GEIGER, Theodor: *Arbeiten zur Soziologie.* Neuwied, Berlin : Luchterhand, 1962 (8)

GEIGER, Theodor: *Die soziale Schichtung des deutschen Volkes.* Stuttgart : Enke, (1932) 1987 (15)

GEMEENTE ROTTERDAM: *Nota Het Nieuwe Rotterdam, Deel Woonmilieudifferentatie.* Rotterdam : Selbstverlag, 1988 (11)

GEMEENTE ALMERE: *Stadsplan Almere 2005.* Almere : Selbstverlag, 1992 (11)

GENOSKO, Joachim: Regionale Differenzierung der Wirtschaftsstrukturen. In: STRUBELT, Wendelin ; GENOSKO, Joachim ; BERTRAM, Hans ; FRIEDRICHS, Jürgen ; GANS, Paul ; HÄUßERMANN, Hartmut ; HERLYN, Ulfert ; SAHNER, Heinz: *Städte und Regionen: Räumliche Folgen des Transformationsprozesses.* Opladen : Leske + Budrich, 1996 (1; 13

GIDDENS, Anthony: *The Consequences of Modernity.* Stanford : Suhrkamp, 1993 (2)

GOFFMAN, Erving: *Wir alle spielen Theater. Die Selbstdarstellung im Alltag.* München, (1959) 1969 (1)

GOFFMAN, Erving: *Rahmen-Analyse.* Frankfurt/M. : Suhrkamp, (1974) 1980 (3)

GORE, Al: *Earth in the Balance. Ecology and the Human Spirit.* Boston, Mass : Houghton Mifflin, 1992 (3)

GORNIG, Martin ; HÄUBERMANN, Hartmut: *Vom Süd-Nord- zum West-Ost-Gefälle?: Zum Wandel der Regionalstruktur und des Städtesystems nach der Vereinigung Deutschlands.* Bremen : Universität Bremen, 1993 (Arbeitspapiere der Universität Bremen, Nr. 7) (13)

GÖSCHEL, Albrecht: *Die Ungleichzeitigkeit in der Kultur: Wandel des Kulturbegriffs in vier Generationen.* Essen : Klartext, 1995

GOULDNER, Alvin, W.: Romantisches und klassisches Denken. Tiefenstrukturen in den Sozialwissenschaften. In: *Reziprozität und Autonomie.* Frankfurt/M. : Suhrkamp, (1973) 1984, S. 165-214

GRABHER, Gernot (Hrsg.): *The Embedded Firm: on the Socioeconomics of Industrial Networks.* New York, London : Routledge, 1993 (13; 17)

GRABHER, Gernot: Wachstums-Koalitionen und Verhinderungs-Allianzen. Entwicklungsimpulse und -blockierungen durch regionale Netzwerke. In: *Informationen zur Raumentwicklung* (1993), vol. 11, S. 749-758 (14)

GRABOW, Busso ; HENCKEL, Dietrich ; HOLLBACH-GRÖNING, Beate: *Weiche Standortfaktoren.* Stuttgart : Kohlhammer, 1995

GRAEBSCH-WAGENER, S.: Kooperation und Koordination sozialer Dienste: Das Beispiel "Hammer Norden". In: INSTITUT FÜR LANDES- UND STADTENTWICKLUNGSFORSCHUNG DES LANDES NORDRHEIN-WESTFALEN (Hrsg.): *Handlungskonzept Hammer Norden. Materialien für die weitere Diskussion.* Dortmund : Institut für Landes- und Stadtentwicklungsforschung des Landes Nordrhein-Westfalen, 1995 a (8)

GRANOVETTER, Mark: The Strenght of Weak Ties. In: *American Journal of Sociology* (1973), vol. 78, S. 1360-1380 (14)

GRANOVETTER, Mark: Economic Action and Social Structure. The Problem of Embeddedness. In: *American Journal of Sociology* (1985), vol. 91, S. 481-510 (14; 17)

GRATHOFF, Richard H.: *The Structure of Social Inconsistencies.* The Hague : Nijhoff, 1970 (3)

GRATHOFF, Richard H.: Über Typik und Normalität im alltäglichen Milieu. In: SPRONDEL, Walter, M. ; GRATHOFF, Richard (Hrsg.): *Alfred Schütz und die Idee des Alltags in den Sozialwissenschaften.* Stuttgart : Enke, 1979 (1)

GRATHOFF, Richard H. (Hrsg.): *Alfred Schütz - Aron Gurwitsch: Briefwechsel 1939-1959.* Übergänge. München : Fink, 1985 (3)

GRATHOFF, Richard H.: *Milieu und Lebenswelt. Einführung in die phänomenologische Soziologie und die phänomenologische Forschung.* Frankfurt/M. : Suhrkamp, 1989 (1; 3; 15; 16; 17)

GRATHOFF, Richard H.: Von der Phänomenologie der Nachbarschaft zur Soziologie des Nachbarn. In: SPRONDEL, Walter, M.: *Die Objektivität der Ordnungen und ihre kommunikative Konstruktion. Festschrift für Thomas Luchmann.* Frankfurt/M. : Suhrkamp, 1994, S. 29-55 (1)

GURWITSCH, Aron: *Die mitmenschlichen Begegnungen in der Milieuwelt.* Berlin, New York : de Gruyter, (1931) 1977 (1; 3; 4; 17)

HABERMAS, Jürgen: *Strukturwandel der Öffentlichkeit. Untersuchungen zu einer Kategorie der bürgerlichen Gesellschaft.* Neuwied : Luchterhand (2. durchgesehene Auflage), (1962) 1965 (1)

HABERMAS, Jürgen: Zur Logik der Sozialwissenschaften. In: *Sonderheft der Philosophischen Rundschau.* Beiheft 5. Tübingen : J. C. B. Mohr (Paul Siebeck), 1967 (1)

HABERMAS, Jürgen: *Theorie des kommunikativen Handelns.* 2 Bände. Frankfurt/M. : Suhrkamp, 1981

HABERMAS, Jürgen: *Der philosophische Diskurs der Moderne.* Frankfurt/M. : Suhrkamp, 1985

HAHN, Achim; PEINIGER, Enrique: "Hier kennt jeder jeden". Soziologisch-hermeneutische Untersuchung der Wohn-Situation in einer Berliner Siedlung der 50er Jahre. In: *Jahrbuch Stadterneuerung.* (1993) (5)

HAHN, Achim: *Erfahrung und Begriff. Zur Konzeption einer soziologischen Erfahrungswissenschaft als Beispielhermeneutik.* Frankfurt/M. : Suhrkamp, 1994 (5)

HAHN, Achim: Wohnen und Gemeinschaft. Grundlagen und Erfahrungen mit genossenschaftlichem Mietwohnen im Rahmen des sozialen Wohnungsbaues. In: *Deutsche Bauzeitschrift* (1995 a), Nr. 6 (5)

HAHN, Achim: Architektur und Erfahrung. Unterwegs zum soziologischen Erfahrungswissen vom Umgang mit Architektur. In: MEYER, Sibylle (Hrsg.): *Einsichten, Ansichten und Übersichten. Ein soziologisches Kaleidoskop.* Berlin : Technische Universität, Institut für Soziologie, 1995 b, (Festschrift für Rainer Mackensen) (5)

HAHN, Achim: Begriffe, Konzeptionen und Beispiele. In: *Ethik und Sozialwissenschaften. Streitforum für Erwägungskultur.* (1996), Nr. 1 (5)

HAIN, Simone: Moderne von unten. In: *Der Architekt* (1996), Nr. 1, S. 30-36 (2)

HALBWACHS, Maurice: *Les Cadres Sociaux de la Mémoire.* Paris, 1935

HALBWACHS, Maurice: *Das kollektive Gedächtnis.* Frankfurt/M. : Fischer, (1935) 1991 (3)

HAMM, Bernd: *Die Organisation der städtischen Umwelt. Ein Beitrag zur sozialökologischen Theorie der Stadt.* Frauenfeld, Stuttgart : Huber, 1977 (12)

HAMM, Bernd ; NEUMANN, Ingo: *Siedlungs-, Umwelt- und Planungssoziologie.* Opladen: Leske + Budrich, 1996, S. 310 (1)

HANDELMAN, Don: Charisma, Liminality and Symbolic Types. In: *Comparative Social Dynamics:* (Essays in Honor of S. N. Eisenstadt: ed. by Erik Cohen, Moshe Lissak, and Uri Almayor). Boulder : Colorado Press, 1985, S. 346-59 (3)

HANDELMAN, Don: Symbolic Types, the Body, and Circus. In: *Semiotica.* 85-3/4, (1991), S. 205 (3)

HANSEN, Niles: Competition, Trust and Reciprocity in the Development of Innovative Regional Milieux. In: *Papers in Regional Science:* The Journal of the RSAI, Vol. 71, (1992), No. 2 (13)

HANSEN, Niles: Innovative Regional Milieux, Small Firms, and Regional Development: Evidence from Mediterranean France. In: *The Annals of Regional Science* (1990), vol. 24, S. 107-113 (14)

HARRISON, Bennet: Industrial Districts: Old Wine in New Bottles? In: *Regional Studies* (1992), vol. 26, S. 469-483 (14)

HARTH, Annette : HERLYN, Ulfert ; SCHELLER, Gitta: Soziale Ausdifferenzierung und räumliche Segregation in Städten der neuen Bundesländer - Theoretische Überlegungen und qualitative Befunde. In: *Nachrichtenblatt zur Stadt- und Regionalsoziologie* 10 (1996), Nr. 1/2

HARTMANN, Heinz (Hrsg.): *Moderne amerikanische Soziologie.* Stuttgart : Enke, 1967

HARTMANN, Kristina: *Trotzdem modern. Die wichtigsten Texte zur Architektur in Deutschland 1919-1933.* Braunschweig, Wiesbaden : Vieweg, 1994 (Bauwelt-Fundamente, 99) (2)

HAUCK, Gerhard: Qualitative oder quantitative Sozialforschung - ist das die Frage? In: *Peripherie* (1995), Nr. 57/58, S. 6-22 (12)

HÄUßERMANN, Hartmut ; SIEBEL, Walter: *Urbanität.* Frankfurt/M. : Suhrkamp, 1987 (1)

HÄUßERMANN, Hartmut (Hrsg.): *Ökonomie und Politik in alten Industrieregionen Europas: Probleme der Stadt- und Regionalentwicklung in Deutschland, Frankreich, Großbritannien und Italien.* Basel, Boston, Berlin : Birkhäuser, 1992 (Stadtforschung aktuell, Band 36) (13)

HÄUßERMANN, Hartmut ; SIEBEL, Walter: *Urbanität. Zum Spannungsverhältnis zwischen Stadtkultur und Städtebau.* Bremen, Oldenburg, 1993 (Manuskript)

HÄUßERMANN, Hartmut: Das Erkenntnisinteresse von Gemeindestudien. - Zur De- und Rethematisierung lokaler und regionaler Kulutr. In: DERLIEN, Hans-Ulrich ; GERHARDT, Uta ; SCHARPF, Fritz W. (Hrsg*.): Systemrationalität und Partialinteresse - Festschrift für Renate Mayntz.* Baden-Baden : Nomos-Verlag, 1994, S. 223-245 (1)

HÄUßERMANN, Hartmut ; SIEBEL, Walter: Wie organisiert man Innovation in nicht-innovativen Milieus? In: KREIBICH, Rolf (Hrsg.): *Bauplatz Zukunft.* Essen : Klartext, 1994, S. 37ff.

HÄUßERMANN, Hartmut ; SIEBEL, Walter: Gemeinde- und Stadtsoziologie. In: KERBER, Harald ; SCHMIEDER, Arnold (Hrsg.): *Spezielle Soziologien. Problemfelder, Forschungsbereiche, Anwendungsorientierungen.* Reinbek : Rowohlt, 1994

HERLYN, Ulfert ; HUNGER, Bernd (Hrsg.): *Ostdeutsche Wohnmilieus im Wandel.* Basel : Birkhäuser, 1994 (11; 12; 15)

HERLYN, Ulfert: *Armut und Milieu. Benachteiligte Bewohner in altstädtischen Quartieren.* Basel, Boston, Berlin : Birkhäuser, 1991 (Stadtforschung aktuell, 33) (15)

HERLYN, Ulfert: *Leben in der Stadt. Lebens- und Familienphasen in städtischen Räumen.* Opladen : Leske + Budrich, 1990

HEUBERGER, Frank W. ; TÄNZLER, Dirk: Existenzgründer in Ostdeutschland. Pioniere einer neuen Wirtschaftskultur? In: *Aus Politik und Zeitgeschichte. Beilage zur Wochenzeitung: Das Parlament.* B 15/96 (1996), S. 33-46 (17)

HILDENBRAND, Bruno: *Alltag und Krankheit. Ethnographie einer Familie.* Stuttgart : Klett Cotta, 1983 (1)

HILDENBRAND, Bruno ; BOHLER, Karl F. ; JAHN, Walther ; SCHMITT, Reinhold: *Bauernfamilien im Modernisierungsprozeß.* Frankfurt/M., New York : Campus, 1992 (1)

HIRSCHMAN, Albert O.: *Strategy of Economic Development.* New Haven : Yale University Press, 1958 (14)

HITZLER, Ronald ; HONER, Anne: Lebenswelt - Milieu - Situation. Terminologische Vorschläge zur theoretischen Verständigung. In: *Kölner Zeitschrift für Soziologie und Sozialpsychologie* 36 (1984), S. 56-74 (1; 4)

HITZLER, Ronald ; HONER, Anne (Hrsg.): *Sozialwissenschaftliche Hermeneutik.* Opladen : Leske + Budrich, 1997

HODENIUS, Birgit: *Berufliche Selbständigkeit von Frauen: ein Aufbruch zu neuen Ufern?* Bamberg : Universität Bamberg, Inaugural-Diss., 1994 (16)

HOFFMANN, Nicole: *Die Akteurin/der Akteur in der eigenständigen Regionalentwicklung - Stimmen aus einer Brandenburger Region.* Erkner : Institut für Regionalentwicklung und Strukturplanung, (unveröff. Manuskript) 1995 (13)

HOFFMANN, Reiner (Hrsg.): *Problemstart: politischer und sozialer Wandel in den neuen Bundesländern.* Köln : Bund-Verlag, 1994 (13)

HOFMANN, Michael ; RINK, Dieter: Die Auflösung der ostdeutschen Arbeitermilieus. Bewältigungsmuster und Handlungsspielräume ostdeutscher Industriearbeiter im Transformationsprozeß. In: *Aus Politik und Zeitgeschichte.* B 26-27 (1993 a)

HOFMANN, Michael ; RINK, Dieter: Mütter und Töchter - Väter und Söhne. Mentalitätswandel in zwei DDR-Generationen. In: *BIOS* (1993 b), Nr. 2 (15)

HOFMANN, Michael ; RINK, Dieter: Milieukonzepte zwischen Sozialstrukturanalyse und Lebensstilforschung. Eine Problematisierung. In: SCHWENK, Udo G. (Hrsg.): *Lebensstil zwischen Sozialstrukturanalyse und Kultursoziologie.* Opladen : Leske + Budrich, 1996 (1; 15)

HOMANS, George C.: *Theorie der sozialen Gruppe.* Köln, Opladen : Westdeutscher Verlag, 1960 (1)

HONDRICH, Karl O.: Modernisierung - was bleibt? In: *27. Kongreß Deutsche Gesellschaft für Soziologie.* Frankfurt/M. : Campus, 1996 (Kongreßband II) (7)

HÖRNING, Karl-Heinz ; MICHAILOW, Matthias: Lebensstil als Vergesellschaftungsform. In: BERGER, Peter, A. ; HRADIL, Stefan (Hrsg.): *Lebenslagen, Lebensläufe, Lebensstile.* Göttingen : Otto Schwartz, 1990 (Soziale Welt, Sonderband 7) (15)

HRADIL, Stefan: *Sozialstrukturanalyse in einer fortgeschrittenen Gesellschaft. Von Klassen und Schichten zu Lagen und Milieus.* Opladen : Leske + Budrich, 1987 (1; 15)

HRADIL, Stefan: Soziale Milieus und ihre empirische Untersuchung. In: GLATZER, W. (Hrsg.): *Entwicklungstendenzen der Sozialstruktur. Soziale Indikatoren XV.* Frankfurt/M., New York : Campus, 1992, S. 6-35 (1)

HRADIL, Stefan: Alte Begriffe und neue Strukturen. Die Milieu-, Subkultur- und Lebensstilforschung der 80er Jahre. In: HRADIL, Stefan (Hrsg.): *Zwischen Bewußtsein und Sein.* Opladen : Leske + Budrich, 1992, S. 15-55 (1; 4; 11; 13; 15)

HUNGER, Bernd: *Soziologische Probleme des Wohnmilieus und der Stadtgestaltung am Beispiel der Stadt Sömmerda.* Weimar, Hochschule für Architektur und Bauwesen Weimar, Sektion Gebietsplanung, 1980 (1)

HUSSERL, Edmund: Grundlegende Untersuchungen zum phänomenologischen Ursprung der Räumlichkeit der Natur. In: FARBER, Marvin: *Philosophical Essays in Memory of Edmund Husserl.* Cambrigde : Harvard Univ. Press, 1940 (3)

HUSSERL, Edmund: Cartesianische Meditationen und Pariser Vorträge. In: *Husserliana Bd. I.* Den Haag : Nijhoff, (1929) 1950 (3)

HUSSERL, Edmund: Die Krisis der europäischen Wissenschaften und die transzendentale Phänomenologie. Eine Einleitung in die phänomenologische Philosophie. In: *Husserliana Bd. VI.* Den Haag : Nijhoff, 1954 (1)

INSTITUT FÜR SOZIALWISSENSCHAFTLICHE FORSCHUNG: *Gemeindestudie.* Darmstadt, 1952-1954 (1)

INSTITUT FÜR SOZIALFORSCHUNG: Gemeindestudien. In: *Soziologische Exkurse.* Frankfurt/M. : Europäische Verlagsanstalt, 1956, S. 133-150, dort S. 140 (1)

INSTITUT FÜR LANDES- UND STADTENTWICKLUNGSFORSCHUNG DES LANDES NORDRHEIN-WESTFALEN (Hrsg.): *Handlungskonzept Hammer Norden. Materialien für die weitere Diskussion.* Dortmund : Institut für Landes- und Stadtentwicklungforschung des Landes Nordrhein-Westfalen, 1995 a (8)

INSTITUT FÜR LANDES- UND STADTENTWICKLUNGSFORSCHUNG DES LANDES NORDRHEIN-WESTFALEN (Hrsg.): *Handlungskonzept Essen-Katernberg.* Dortmund : Institut für Landes- und Stadtentwicklungsforschung des Landes Nordrhein-Westfalen, 1995 b, (Materialien) (8)

ISARD, Walter: *Location and Space-Economy: A General Theory Relating to Industrial Location, Market Areas, Land Use, Trade, and Urban Structure.* Cambridge, Mass. : MIT Press, 1956 (14)

JACOBS, Jane: *The Economy of Cities.* New York : Vintage, 1969 (14)

JAMES, William: *Der Pragmatismus: ein neuer Name für alte Denkmethoden. Einleitung von Klaus Oehler.* Hamburg : Beltz Athenäum, 1977 (5)

JESSEN, Ralph: DDR-Geschichte und Totalitarismustheorie. In: *Initial* (1995), Nr. 4/5, S. 17-24 (16)

JOAS, Hans: *Die Kreativität des Handelns.* Frankfurt/M. : Suhrkamp, 1992 (1)

JOERK, Christiane ; MATTHIESEN, Ulf: Protokolle der AG Milieuanalysen und Raumplanung. Erkner : Institut für Regionalentwicklung und Strukturplanung, (22.05.1996; 06.12.1996) (1)

KAELBLE, Hartmut ; KOCKA, Jürgen ; ZWAHR, Hartmut: *Sozialgeschichte der DDR.* Stuttgart : Klett-Cotta, 1994 (16)

KAMANN, Dirk-Jan ; STRIJKER, Dirk: The Network Approach: Concepts and Applications. In: CAMAGNI, Roberto (Hrsg.): *Innovation Networks: Spatial Perspectives.* London, New York : Belhaven Press, 1991 (13)

KÄSLER, Dirk: *Die frühe deutsche Soziologie 1909-1934 und ihre Entstehungsmilieus. Eine wissenschaftssoziologische Untersuchung.* Opladen : Westdeutscher Verlag, 1984 (1)

KEEBLE, David ; KELLY, Timothy: New Firms and High-Technology Industry in the United Kingdom: The Case of Computer Electronics. In: KEEBLE, David ; WEVER, Egbert (Hrsg.): *New Firms and Regional Development in Europe.* London : Croom Helm, 1986 (14)

KEIM, Karl-Dieter: *Milieu in der Stadt. Ein Konzept zur Analyse älterer Wohnquartiere.* Stuttgart, Berlin, Köln, Mainz : W. Kohlhammer, 1979 (1; 2; 11; 12; 15; 17)

KEIM, Karl-Dieter: Milieu und Moderne. Zum Gebrauch und Gehalt eines nachtraditionalen sozial-räumlichen Milieubegriffs. In: *Berliner Journal für Soziologie* (1997), Nr. 3, S. 387-399 (1)

KEIM, Karl-Dieter: Vom Zerfall des Urbanen. In: HEITMEYER, Wilhelm (Hrsg.): *Bundesrepublik Deutschland: Eine zerrissene Gesellschaft und die Suche nach Zusammenhalt.* Frankfurt/M. : Suhrkamp, 1997 (2)

KELLNER, Hansfried ; HEUBERGER, Frank: Die Einheit der Handlung als methodologisches Problem. Überlegungen zur Adäquanz wissenschaftlicher Modellbildung in der sinnverstehenden Soziologie. In: LIST, Elisabeth ; SRUBAR, Ilja ; SCHÜTZ, Alfred: *Neue Beiträge zur Rezeption seines Werkes.* Amsterdam : Rodopi, 1988, S. 257-284 (1)

KETELAAR, Jaap: *Het woonmilieu op begrip gebracht.* Bouwstenen, 27 Eindhoven (Technische Universiteit Eindhoven, Fakulteit Bouwkunde) 1994 (11; 12)

KEUPP, Heiner ; RÖHRLE, Bernd (Hrsg.): *Soziale Netzwerke.* Frankfurt/M., New York : Campus, 1987 (13)

KILPER, Heiderose ; REHFELD, Dieter: *Vom Konzept der Agglomerationsvorteile zum Industrial District. Überlegungen zur Bedeutung innerregionaler Verflechtungen und Kooperationsbeziehungen für die Stabilität von Regionen.* Gelsenkirchen : Institut für Arbeit und Technik, 1991 (Arbeitsbericht IAT-PS 03) (14)

KIWITZ, Peter: *Lebenswelt und Lebenskunst. Perspektiven einer kritischen Theorie des sozialen Lebens.* München : Wilhelm Fink, 1986 (1; 16)

KLOCKE, Andreas: *Sozialer Wandel, Sozialstruktur und Lebensstile in der Bundesrepublik Deutschland.* Frankfurt/M. : Peter Lang, 1993 (15)

KNIOLA, Franz-Josef: Rede aus Anlaß der Eröffnung des Symposiums des Instituts für Landes- und Stadtentwicklungsforschung, der UNESCO und der EU zum Thema "Europas kulturelle Vielfalt - Europas kulturelle Identität" am 13.11.1994 in Unna, Manuskript, 1994 (8)

KOCH, Thomas ; THOMAS, Michael ; WODERICH, Rudolf: Akteurgenese und Handlungslogiken - das Beispiel der "neuen Selbständigen" in Ostdeutschland. In: *Berliner Journal für Soziologie* (1993), Nr. 3, S. 275-291 (16)

KOCH, Thomas ; THOMAS, Michael: Soziale Strukturen und Handlungsmuster neuer Selbständiger als endogene Potentiale im Transformationsprozeß. In: KOLLMORGEN, Raj ; REIßIG, Rolf ; WEIß, Johannes (Hrsg.): *Sozialer Wandel und Akteure in Ostdeutschland.* Opladen : Leske + Budrich, 1996, S. 217-241 (16)

KOCH, Thomas ; THOMAS, Michael: The Social and Cultural Embeddedness of Entrepreneurs in Eastern Germany. IN: GRABHER, Gernot ; STARK, David (Eds.): *Restructuring Networks in Post-Socialism.* Oxford : University Press 1997, S. 242-261 (16)

KOHLI, Martin: Die Institutionalisierung des Lebenslaufs - Historische Befunde und theoretische Argumente. In: *Kölner Zeitschrift für Soziologie und Sozialpsychologie* 37 (1985), Nr. 2, S. 1-29 (4)

KOLLMORGEN, Raj: Schöne Aussichten? Eine Kritik integrativer Transformationstheorien. In: KOLLMORGEN, Raj ; REIßIG, Rolf ; WEIß, Johannes (Hrsg.): *Sozialer Wandel und Akteure in Ostdeutschland.* Opladen : Leske + Budrich, 1996, S. 281-331 (16)

KONAU, Elisabeth: *Raum und soziales Handeln. Studien zu einer vernachlässigten Dimension soziologischer Theoriebildung.* Stuttgart : Ferdinand Enke, 1977 (1)

KÖNIG, René: Grundformen der Gesellschaft: In: *Die Gemeinde* (1958), S. 178f. (1)

KORNAI, Janos: *Economics of Shortage.* Amsterdam, New York, Oxford : North-Holland Publishing Company, 1980 (17)

KORTE, Hermann: *Soziologie der Stadt.* München : Juventa, 1974, S. 23 (1)

KORTE, Hermann: *Einführung in die Geschichte der Soziologie.* Opladen : Leske + Budrich, 1992, Lektion XI.I, S. 192ff. (1)

KOSKIAHO, Briitta ; TANNIENEN, Timo ; STAUFENBIEL, Fred ; BRAND, Karin (Hrsg.): *Lebensweise und Lebensniveau. Wohnen und Wohnumwelt.* Tampere : Finnpublishers, 1979

KRÄTKE, Stefan: *Stadt, Raum, Ökonomie: Einführung in aktuelle Problemfelder der Stadtökonomie und Wirtschaftsgeographie.* Basel, Boston, Berlin : Birkhäuser, 1995 (Stadtforschung aktuell Bd. 53) (13)

KRÄTKE, Stefan ; HEEG, Susanne ; STAM, Rolf: *Regionen im Umbruch. Probleme der Regionalentwicklung an den Grenzen zwischen "Ost und West".* Frankfurt/M., New York : Campus, 1997

KROMREY, Helmut: Strategien des Informationsmanagements in der Sozialforschung. Ein Vergleich quantitativer und qualitativer Ansätze. In: *Angewandte Sozialforschung* 18 (1994), Nr. 3, S. 163-184 (12)

KRONAWITTER, Georg (Hrsg.): *Rettet unsere Städte jetzt! Das Manifest der Oberbürgermeister.* Düsseldorf, Wien, New York, Moskau : ECON-Verlag, 1994 (8)

KRUGMAN, Paul: *Geography and Trade.* Cambridge, Mass. : MIT Press, 1991 (14)

KRUGMAN, Paul: Development, Geography, and Economic Theory. *Ohlin Lectures.* (1995), vol. 6, Cambridge, Mass.: MIT Press (14)

KUHN, Rolf: *Lösung der Wohnungsfrage als soziales Problem.* Weimar, Hochschule für Architektur und Bauwesen Weimar, 1985, Diss. B (1)

KÜRPICK, Susanne: *Organisations- und Kooperationsstrukturen in integrierten Stadterneuerungsprozessen.* Bochum, 1995 (Diplomarbeit) (8)

LAMPUGNANI, Vittorio M.: *Die Modernität des Dauerhaften.* Berlin : Wagenbach, 1995 (2)

LÄPPLE, Dieter: Essay über den Raum. In: HÄUBERMANN, Hartmut (Hrsg.): *Stadt und Raum. Soziologische Analysen*. Pfaffenweiler : Centaurus Verlags-Gesellschaft, 1991, S. 157-207 (2; 11)

LÄPPLE, Dieter: Thesen zu einem Konzept gesellschaftlicher Räume. In: INSTITUT FÜR REGIONALENTWICKLUNG UND STRUKTURPLANUNG (Hrsg.): *Vom Eigensinn des Raumes*. Berlin : Institut für Regionalentwicklung und Strukturplanung, 1993 (Graue Reihe 1)

LÄPPLE, Dieter: Zwischen gestern und übermorgen - eine alte Industrieregion im Umbruch. In: KREIBICH, Rolf et. al.: *Bauplatz Zukunft*. Essen : Klartext, 1994 (1; 13)

LASH, Scott: Ästhetische Dimensionen reflexiver Modernisierung In: *Soziale Welt* (1992), Nr. 3, S. 261-277 (2)

LAVIE, Smadar: *The Poetics of Military Occupation: Mzeine Allegories of Bedouine Identity Under Israeli and Egyptian Rule*. Berkeley : Univ. of California Press, 1990 (3)

LEFÈBVRE, Henri: *Die Revolution der Städte*. Frankfurt/M. : Suhrkamp, 1972 (1)

LEPSIUS, M. Rainer: Kulturelle Dimensionen der sozialen Schichtung. In: Ders.: *Interessen, Ideen und Institutionen*. Opladen : Westdeutscher Verlag, 1990 (1; 17)

LEPSIUS, M. Rainer: Parteiensystem und Sozialstruktur: Zum Problem der Demokratisierung der deutschen Gesellschaft. In: Ders.: *Demokratie in Deutschland*. Göttingen : Vandenhoeck & Ruprecht, 1993 (15)

LINDNER, Rolf: *Die Entdeckung der Stadtkultur. Soziologie aus der Erfahrung der Reportage*. Frankfurt/M. : Suhrkamp, 1990, S. 76ff. (1)

LINDNER, Rolf: *Die Wiederkehr des Regionalen. Über neue Formen kultureller Identität*. Frankfurt/M., New York : Campus, 1994 (1)

LUCKMANN, Benita: The Small Life-Worlds of Modern Man. In: *Social Research* Vol. 3 (1970), No. 4, S. 580-596 (1)

LUTZ, Burkart: *Der kurze Traum der immerwährenden Prosperität, eine Neuinterpretation der industriell-kapitalistischen Entwicklung im Europa des 20. Jahrhunderts*. Frankfurt/M., New York : Campus, 1984, S. 58 (1)

LUXEMBURG; Rosa: Die Akkumulation des Kapitals. Nachdruck der Original-Ausgabe Berlin 1913, Amsterdam 1967/68, S. 339 (1)

MAIER, Gunther ; TÖDTLING, Franz: *Regional- und Stadtökonomik: Standorttheorie und Raumstruktur*. Wien, New York : Springer, 1992 (13)

MAIER, Hans E.: *Das Modell Baden-Württemberg. Über institutionelle Voraussetzungen differenzierter Qualitätsproduktion*. Berlin, Wissenschaftszentrum Berlin, 1987 (WZB-Discussion Paper IIM/LMP 87 - 10 a) (14)

MAILLAT, Denis: The Innovation Process and the Role of the Milieu. In: BERGMAN, Edward M. ; MAIER, Gunther ; TÖDTLING, Franz (Hrsg.): *Regions Reconsidered. Economic Networks, Innovation, and Local Development in Industrialised Countries.* London : Mansell, 1991 (14)

MAILLAT, Denis ; LECOQ, Bruno ; NEMETI, Florian ; PFISTER, Marc: Technology District and Innovation: The Case of the Swiss Jura Arc. In: *Regional Studies* (1995), vol. 29, S. 251-263 (14)

MANHART, Michael: *Die Abgrenzung homogener städtischer Teilgebiete. Eine Clusteranalyse der Baublöcke Hamburgs.* Hamburg : Christians, 1977 (12)

MANNHEIM, Karl: Wissenssoziologie. In: VIERKANDT, A. (Hrsg.): *Handwörterbuch der Soziologie.* Stuttgart, 1952 (ursprünglich in: MANNHEIM, Karl: *Ideologie und Utopie.* Frankfurt/M., 1934) (4)

MANNHEIM, Karl: Beiträge zur Theorie der Weltanschauungsinterpretation. In: Ders.: *Wissenssoziologie.* Neuwied : Luchterhand, (1928), 1964 (4)

MANNHEIM, Karl: Das Problem der Generationen. In: Ders.: *Wissenssoziologie.* Neuwied : Luchterhand, (1964 b), S. 509-565 (ursprünglich: 1928. In: Kölner Vierteljahreshefte für Soziologie, 7. Jg. Nr. 2) (4)

MANNHEIM, Karl: *Strukturen des Denkens.* Frankfurt/M. : Suhrkamp, (1922-25) 1980 (4; 5)

MARSHALL, Alfred: *Principles of Economies.* (8th edition, originally published in 1890). Basingstoke : Macmillan, 1986 (14)

MATTHAEI, Joachim: Über die Notwendigkeit von Milieu zu reden. In: *Der Architekt* (1975), Nr. 9, S. 362ff.

MATTHES, Joachim: The Operation Called "Vergleichen". In: MATTHES, Joachim (Hrsg.): *Zwischen den Kulturen? Die Sozialwissenschaften vor dem Problem des Kulturvergleichs.* Göttingen : Schwartz, 1992, (Soziale Welt, Sonderband 8) (4)

MATTHES, Joachim: Karl Mannheims "Das Problem der Generationen", neu gelesen - Generationen - "Gruppen" oder "gesellschaftliche Regelung von Zeitlichkeit"? In: *Zeitschrift für Soziologie* 14 (1985), Nr. 5, S. 363-373 (4)

MATTHIESEN, Ulf: *Das Dickicht der Lebenswelt und die Theorie des kommunikativen Handelns.* München : Wilhelm Fink, (Übergänge Bd. 2), (1983) 1985 (1; 3; 16)

MATTHIESEN, Ulf: Im Schatten einer endlosen großen Zeit. Etappen der intellektuellen Biographie Albert Salomons. In: SRUBAR, Ilja (Hrsg.): *Exil, Wissenschaft, Identität.* Frankfurt/M. : Suhrkamp, 1988, 299-350) (1)

MATTHIESEN, Ulf: Bourdieu und Konopka: Imaginäres Rendezvous zwischen Habitus-Konstruktion und Deutungsmuster-Rekonstruktion. In: EDER, Klaus (Hrsg.): *Klassenlage, Lebensstil und kulturelle Praxis.* Frankfurt/M. : Suhrkamp, 1989, S. 221-299 (3)

MATTHIESEN, Ulf: Weltbilder im Strukturwandel. Deutungsmusteranalysen in der Dormunder Region (1985-1992). In: INSTITUT FÜR EMPIRISCHE KULTURSOZIOLOGIE (Hrsg.): *Umbrüche. Studien des Instituts für Empirische Kultursoziologie,* Band 3. Dortmund : Institut für Empirische Kultursoziologie, 1993 (1)

MATTHIESEN, Ulf: Deutungsmuster und Lebensstile. Die zeitdiagnostische Rekonstruktion kultureller Grundkonfigurationen. In: INSTITUT FÜR EMPIRISCHE KULTURSOZIOLOGIE (Hrsg.): *Umbrüche. Studien des Instituts für Empirische Kultursoziologie,* Band 4. Dortmund : Institut für Empirische Kultursoziologie, 1993 (1)

MATTHIESEN, Ulf: Rezension zu: VOß, Gerd-Günter. Lebensführung als Arbeit. Über die Autonomie der Person im Alltag der Gesellschaft Stuttgart : Enke, 1991. In: *Kölner Zeitschrift für Soziologie und Sozialpsychologie* (1993), Heft 4, S. 814ff. (1)

MATTHIESEN, Ulf: Deutungsmuster und Lebensstile im "problematischen" Konstitutionsprozeß regionaler Identitäten. In: INSTITUT FÜR REGIONALENTWICKLUNG UND STRUKTURPLANUNG (Hrsg.): *Lebensstile und Raumerleben - zur Analyse und Empirie von Strukturveränderungen in der sozialen Raumerfahrung.* Berlin : Institut für Regionalentwicklung und Strukturplanung, 1995 (REGIO 8), S. 33ff. (4)

MATTHIESEN, Ulf: Neue Selbständige im Verflechtungsprozeß von Berlin und Brandenburg - Fallgestützte Argumentskizze zur Persistenz von regionalkulturellen Tiefenstrukturen bei gleichzeitiger Transformation der Oberflächenstrukturen. In: THOMAS, Michael (Hrsg.): *Selbständige - Gründer - Unternehmer. Passagen und Paßformen im Umbruch.* Berlin : Berliner Debatte, 1997 a, S. 253-261 (1)

MATTHIESEN, Ulf: Lebensweltliches Hintergrundwissen. In: WICKE, Michael (Hrsg.): *Konfigurationen lebensweltlicher Strukturphänomene.* Opladen : Leske + Budrich, 1997 b, S. 157-178 (1)

MATTHIESEN, Ulf: 'Gentrifizierung im Märkischen Sand' oder 'Nationalpark DDR'? Nachrichten von den Peripherien der deutschen Hauptstadt. In: PRIGGE, Walter (Hrsg.): *Peripherie ist überall.* Frankfurt/M./New York : Campus (1998) (1)

MAYNTZ, Renate: Gesellschaftliche Umbrüche als Testfall soziologischer Theorie. In: CLAUSEN, Lars (Hrsg.): *Gesellschaften im Umbruch. Verhandlungen des 27. Kongresses der Deutschen Gesellschaft für Soziologie in Halle an der Saale.* Frankfurt/M. : Campus, 1995, S. 141-153 (1)

MERTON, Robert K.: *Social Theory and Social Structure.* Glencoe, Ill., Free Press, 2. Auflage 1957 (1)

MÉTRAUX, Alexandre: Lichtbesessenheit - Zur Archäologie der Wahrnehmung im urbanen Milieu. In: SMUDA, Manfred (Hrsg.): *Die Großstadt als „Text".* München : Wilhelm Fink, 1992, S. 13-35

MEUSCHEL, Sigrid: *Revolution in der DDR. Versuch einer sozialwissenschaftlichen Interpretation*. Frankfurt/M. : Suhrkamp, 1993 (18)

MEY, Margot G.: *Het stedelijke Mozaiek*. Delft (Technische Universiteit Delft, Fakulteit Bouwkunde), 1994 (11)

MEYER, Gerd: Sozialistischer Paternalismus. Strategien konservativen Systemmanagements am Beispiel der Deutschen Demokratischen Republik. In: RYTLEWSKI, Ralf (Hrsg.): *Politik und Gesellschaft in sozialistischen Ländern. Ergebnisse und Probleme der Sozialistische-Länder-Forschung*. Opladen : Westdeutscher Verlag, 1989, S. 427-448, (Politische Vierteljahresschrift, Sonderheft 20) (17)

MINISTERIE VAN VOLKSHUISVESTING ; RUIMTELIJKE ORDENING EN MILIEUBEHEER (Rijksplanologische Dienst) (Hrsg.): *Woonmilieus in Nederland. Een kwantitative analyse*. Den Haag : Ministerie van Volkstruisvesting, Ruimtelijke Ordeuing en Milieu Beheer (1994), Nr. 5 (12)

MITSCHERLICH, Alexander: *Die Unwirtlichkeit unserer Städte. Anstiftung zum Unfrieden.* Frankfurt/M. : Suhrkamp, 1965 (1)

MONTESQUIEU, Charles-Louis de Secondat, Baron de: *Vom Geist der Gesetze*. 2 Bände, Tübingen : J. C. B. Mohr, 1951 (1)

MOOSER, Josef: Auflösung der proletarischen Milieus. In: *Soziale Welt* 34 (1983), S. 270-306 (1)

MORGAN, Kevin: *Reversing Attrition? The Auto Cluster in Baden-Württemberg*. Stuttgart : Akademie für Technikfolgenabschätzung in Baden-Württemberg, 1994 (Arbeitsbericht No. 37) (14)

MÜLLER, Dagmar; HOFMANN, Michael ; RINK, Dieter: Diachrone Analysen von Lebensweisen in den neuen Bundesländern. Zum historischen und transformationsbedingten Wandel der sozialen Milieus in Ostdeutschland. In: HRADIL, Stefan ; PANKOKE, Eckhardt (Hrsg.): *Aufstieg für alle?* Opladen : Leske + Budrich, 1997 (15)

MÜLLER, Hans-Peter: Lebensstile in Sozial- und Raumstruktur - Einige theoretische Anmerkungen. In: INSTITUT FÜR REGIONALENTWICKLUNG UND STRUKTURPLANUNG (Hrsg.): *Lebensstile und Raumerleben - zur Analyse und Empirie von Strukturveränderungen in der sozialen Raumerfahrung*. Berlin : Institut für Regionalentwicklung und Strukturplanung, 1995 (REGIO 8), S. 9-20 (4)

MÜLLER, Klaus: Osteuropaforschung zwischen Neo-Totalitarismus und soziologischer Theorie. In: EGGELING, Tatjana ; VAN MEURS, Wim ; SUNDHAUSEN, Holm (Hrsg.): *Umbruch zur "Moderne"?* Frankfurt/M. : Peter Lang, 1997 (1)

MYRDAL, Gunnar: *Rich Lands and Poor*. New York : Harper, 1957 (14)

NECKEL, Sighard: *Die Macht der Unterscheidung - Beutezüge durch den modernen Alltag*. Frankfurt/M. : Fischer, 1993 (4)

NECKEL, Sighard: Krähwinkel und Kabylei. Mit Pierre Bourdieu durch Deutschlands Kultursoziologie. In: *Merkur* (1995), Sonderheft, S. 935-942 (16)

NECKEL, Sighard: Etablierte und Außenseiter und das vereinigte Deutschland. Eine rekonstruktive Prozeßanalyse mit Elias und Simmel. In: *Berliner Journal für Soziologie* (1997), Nr. 2, S. 205f. (1)

NECKEL, Sighard: Zwischen Robert E. Park und Pierre Bourdieu: Eine dritte „Chicago School"? Soziologische Perspektiven auf neuere Entwicklungen in einer amerikanischen Forschungstradition. In: *Soziale Welt* 47 (1997), S. 71-84 (1)

NOHL, Arnd-Michael: *Jugend in der Migration - Türkische Banden und Cliquen in empirischer Analyse*. Baltmannsweiler : Schneider Hohengehren, 1996 (4)

NOLLER, Peter ; GEORG, Werner: Berufsmilieus - Lebensstile von Angestellten im Dienstleistungssektor in Frankfurt/M. In: DANGSCHAT, Jens S. ; BLASIUS, Jörg (Hrsg.): *Lebensstile in den Städten. Konzepte und Methoden*. Opladen : Leske + Budrich, 1994, S. 79-90 (15; 17)

NUISSL, Henning: *Charlottenburg - Standort oder Lebensraum*. Hamburg : Technische Universität Hamburg-Harburg, 1994 (Harburger Berichte zur Stadtplanung Bd. 3) (1; 11;12)

NUISSL, Henning ; JOERK, Christiane: Meßbarer Wandel an den Rändern der Hauptstadt. In: *Raumforschung und Raumordnung* (1997), Nr. 2 (12)

OFFE, Claus: *Der Tunnel am Ende des Lichts. Erkundungen der politischen Transformation im Neuen Osten*. Frankfurt/M., New York : Campus, 1994 (18)

OSWALD, Ingrid: Kein Tunnel und kein Ende! Claus Offes Analysekonzept politischer Transformation in Osteuropa. In: *Initial - Berliner Debatte* (1995), Nr. 2, S. 106-115

OEVERMANN Ulrich: Zur Analyse der Struktur sozialer Deutungsmuster. Berlin, 1973 (unveröffentliches Manuskript)

OEVERMANN, Ulrich: Genetischer Strukturalismus und das sozialwissenschaftliche Problem der Entstehung des Neuen. In: MÜLLER-DOOHM, Stephan (Hrsg.): *Jenseits der Utopie*. Frankfurt/M. : Suhrkamp, 1991, S. 267-336 (1)

OEVERMANN, Ulrich: Skizze einer revidierten Theorie professionalisierten Handelns. In: COMBE, A. ; HELSPER, W. (Hrsg.): *Pädagogische Professionalität*. Frankfurt/M. : Suhrkamp, 1996, S. 70-182 (1)

PERROUX, Françoise: Note sur la notion de 'polé de croissance'. In: *Economic Appliquée* (1955), vol. 8, S. 307-320 (14)

PETERS, Bernhard.: *Die Integration moderner Gesellschaften*. Frankfurt/M. : Suhrkamp, 1993 (8)

PETERS, P.: Berliner BDA-Milieu. In: *Baumeister* (1974), Nr. 7, S. 740ff.

PIORE, Michael J. ; SABEL, Charles F.: *The Second Industrial Divide: Possibilities for Prosperities*. New York : Basic Books, 1984 (14)

PORTER, Michael E.: *Nationale Wettbewerbsvorteile. Erfolgreich konkurrieren auf dem Weltmarkt*. München : Droemer Knaur, 1991 (13)

PRIGGE, Walter: *Urbanität und Intellektualität im 20. Jahrhundert. Wien 1900, Frankfurt 1930, Paris 1960*. Frankfurt/M., New York : Campus, 1996 (1)

PYKE, Frank ; BECATTINI, Giacomo ; SENGENBERGER, Werner: *Industrial Districts and Inter-Firm Co-Operation in Italy*. Genf : International Institute for Labour Studies, 1992 (14)

QUÉVIT, Michael: Innovative Environments and Local/International Linkages in Enterprise Strategy: a Framework for Analysis. In: CAMAGNI, Roberto (Hrsg.): *Innovation Networks: Spatial Perspectives*. London, New York : Belhaven Press, 1991 (13)

RAHE, Jochen: Milieu und Planung. In: *Baumeister* (1974), Nr. 9, S. 1004ff.

RAPP, Uri: *Handeln und Zuschauen: Untersuchungen über den theatersoziologischen Aspekt in der menschlichen Interaktion*. Darmstadt : Luchterhand, 1973 (3)

RAUKE, Winfried: *Vom Milljöh ins Milieu. Heinrich Zilles Aufstieg in der Berliner Gesellschaft*. Hannover, 1979 (1)

REIßIG, Rolf ; THOMAS, Michael: Entwicklungschancen und Blockaden der Transformation in Ostdeutschland: Das Beispiel der Neuen Selbständigen. In: RUDOLPH, Hedwig (Hrsg.): *Geplanter Wandel, ungeplante Wirkungen*. Berlin : edison sigma, 1995, S. 182-197 (16)

RICOEUR, Paul: Memory - Forgetfulness - History. In: *ZiF-Mitteilungen*. 2/1985, Univ. Bielefeld (3)

RODENSTEIN, Marianne (Hrsg.): Diskussionen zum Stand der Theorie in der Stadt- und Regionalplanung. Technische Unversität Berlin, Institut für Stadt- und Regionalplanung, 1983, (Diskussionsbeiträge Nr. 10) (1)

RODRIGUEZ-LORES, Juan: Begrifflichkeit und Methoden der Stadtanalyse. Reichweite der Disziplin Städtebau zur Erfassung und Bewertung struktureller Gegebenheiten von Stadtentwicklung. In: CURDES, Gerhard et. al. (Hrsg.): *Stadtstruktur. Stabilität und Wandel: Beiträge zur stadtmorphologischen Diskussion*. Köln : Deutscher Gemeindeverlag, 1989, S. 96-118 (12)

SABEL, Charles et al.: *Regional Prosperities Compared: Massachusetts and Baden-Württemberg in the 1980's*. Berlin : Wissenschaftszentrum Berlin, 1987 (WZB-Discussion Paper IIM/LMP 87 - 10 b) (14)

SACKMANN, Rosemarie: *Regionale Kultur und Frauenerwerbsbeteiligung*. Pfaffenweiler : Centaurus Verlagsgesellschaft, 1997

SALIN, Edgar: Urbanität. In: DEUTSCHER STÄDTETAG (Hrsg.): *Erneuerung unserer Städte. Neue Schriftenreihe des Deutschen Städtetages* (1960), Nr. 6, S. 9-34 (1)

SALOMON, Albert: *In Praise of Enlightenment. Essays in the History of Ideas, Cleveland.* Ohio, 1957/1962 (1)

SASLAWSKAJA, Tatjana: Zur Strategie der sozialen Steuerung der Perestroika. In: AFANASSJEW, Juri (Hrsg.): *Es gibt keine Alternative zur Perestroika.* Nördlingen : Greno, 1988 (18)

SAUER, Sven: *Milieubezogene Stadtentwicklungsplanung. Darstellung auf Grundlage des "ökologischen Stadtumbaus".* Dortmund : Universität Dortmund, Fakultät Raumplanung, Diplomarbeit, 1995 (1)

SCHÄFFER, Burkhard: *Die Band - Stil und ästhetische Praxis im Jugendalter.* Opladen : Leske + Budrich, 1996 (4)

SCHELER, Max: *Zur Ethik und Erkenntnislehre.* Berlin, 1933 (1)

SCHELER, Max: *Wesen und Formen der Sympathie. Die deutsche Philosophie der Gegenwart.* Bern : Haupt, 1975 (Gesammelte Werke Bd. 7) (17)

SCHENK, Michael: Das Konzept des sozialen Netzwerkes. In: NEIDHARDT, Friedhelm (Hrsg.): *Gruppensoziologie. Perspektiven und Materialien.* Opladen : Westdeutscher Verlag, 1983 (Zeitschrift für Soziologie und Sozialpsychologie, Sonderheft 25), (13)

SCHMALS, Klaus M.: Zivile Urbanität - Von der großen Erzählung zum Wechselspiel kleiner Erzählungen. In: SCHMALS, Klaus M. ; HEINELT, Hubert (Hrsg.): *Zivile Gesellschaft. Entwicklung, Defizite und Potentiale.* Opladen : Leske + Budrich, 1997

SCHMITT, Carl: *Politische Theologie. Vier Kapitel zur Lehre der Souveränität.* 2. Ausgabe. München, Leipzig, 1934 (1)

SCHULZ, Bernhard: Die Rückkehr der Architektur In: *Tagespiegel* 37 (1997-10-09) (1)

SCHULZE, Gerhard: *Die Erlebnisgesellschaft. Kultursoziologie der Gegenwart.* Frankfurt/M., New York : Campus, 1992 (1; 15)

SCHULZE, Gerhard: Milieu und Raum. In: NOLLER, Peter ; PRIGGE, Walter ; RONNEBERGER, Klaus (Hrsg.): *STADT-WELT. Über die Globalisierung städtischer Milieus.* Frankfurt/M., New York : Campus, 1994, S. 41-53 (1; 15)

SCHÜTZ, Alfred: *Der sinnhafte Aufbau der sozialen Welt. Eine Einleitung in die verstehende Soziologie.* Frankfurt/M. : Suhrkamp, (1932) 1974

SCHWARZER, Thomas ; SCHWEIGEL, Kerstin: Brandenburg: Industriestadt zwischen Stahlmodell und wirtschaftlicher Vielfalt. In: VESTER, Michael et. al.: *Soziale Milieus in Ostdeutschland.* Köln : Bund, 1995 (7)

SEGERT, Astrid ; ZIERKE, Irene: Dimensionen sozialer Umstrukturierung in Ostdeutschland. In: *27. Kongreß der Deutschen Gesellschaft für Soziologie.* Frankfurt/M. : Campus, 1996, (Kongreßband II) (7)

SEGERT, Astrid: Das Traditionelle Arbeitermilieu in Brandenburg. In: VESTER, Michael et al.: *Soziale Milieus in Ostdeutschland.* Köln : Bund, 1995 (7)

SENGENBERGER, Werner ; LOVEMAN, Gary ; PIORE, Michael, J. (Hrsg.): *The Re-emergence of Small Enterprises: Industrial Restructuring in Industrialized Countries.* Genf : International Institute for Labour Studies, 1990 (14)

SHEVKY, Eshref ; BELL, Wendell: Sozialraumanalyse. In: ATTESLANDER, Peter ; HAMM, Bernd (Hrsg.): *Materialien zur Siedlungssoziologie.* Köln : Kiepenheuer & Witsch, (orig. 1961) 1974, S. 125-139 (12)

SIEBEL, Walter: Zur soziologischen Kritik der Sanierung. In: *Soziale Welt* (1977), Nr. 3

SIEBEL, Walter: Referat zum Wettbewerbswesen. Deutscher Architekturtag Berlin. Berlin, 13.06.1997

SIERAU, Ullrich: Politikansätze zur Erneuerung benachteiligter Stadtquartiere in Nordrhein-Westfalen. In: *Arbeitsgruppe Bestandsverbesserung am Institut für Raumplanung, Universität Dortmund. Für eine lokale Politik gegen Benachteiligung.* Dortmund : Universität Dortmund, Institut für Raumplanung, 1993 (8)

SIEVERTS, Thomas: Die Gestaltung des öffentlichen Raums. In: Die Stadt - Ort der Gegensätze. *Demokratische Gemeinde* 48 (1996), S. 156-162 (7)

SMELSER, Neil J.: *Problematics of Sociology.* The Georg Simmel Lectures 1995. Berkeley : University of California Press, 1997 (1)

SOEFFNER, Hans-Georg: Prämissen einer sozialwissenschaftlichen Hermeneutik. In: SOEFFNER, Hans-Georg: *Auslegung des Alltags - Der Alltag der Auslegung: Zur wissenschaftlichen Konzeption einer sozialwissenschaftlichen Hermeneutik.* Frankfurt/M. : Suhrkamp, 1989, S. 66-97 (1)

SOEFFNER, Hans-Georg: Hermeneutik. Zur Genese einer wissenschaftlichen Einstellung durch die Praxis der Auslegung. In: SOEFFNER, Hans-Georg: *Auslegung des Alltags - Der Alltag der Auslegung: Zur wissenschaftlichen Konzeption einer sozialwissenschaftlichen Hermeneutik.* Frankfurt/M. : Suhrkamp, 1989 (1)

SOZIALWISSENSCHAFTLICHES ARCHIV KONSTANZ: Tätigkeitsbericht 1974-1980. Konstanz (o. J.) (1)

SRUBAR, Ilja.: *Kosmion. Die Genese der pragmatischen Lebensweltstheorie von Alfred Schütz und ihr anthropologischer Hintergrund.* Frankfurt/M. : Suhrkamp, 1988

SRUBAR, Ilja (Hrsg.): *Exil, Wissenschaft, Identität - die Emigration deutschsprachiger Sozialwissenschaftler 1933-1945.* Frankfurt/M. : Suhrkamp, 1988 (1, 16)

SRUBAR, Ilja: War der reale Sozialismus modern? In: *Kölner Zeitschrift für Soziologie und Sozialpsychologie* (1991), Nr. 3, S. 413ff. (18)

STÄDTLER, Klaus: *Phasen der Adoleszenzentwicklung bei arbeitenden männlichen Jugendlichen.* Berlin, Freie Universität Berlin; Diss., 1996 (4)

STAHL, Konrad: Entwicklung und Stand der regionalökonomischen Forschung. In: GAHLEN, Bernhard ; HESSE, Helmut ; RAMSER, Hans J. (Hrsg.): *Standort und Regionen: Neue Ansätze in der Regionalökonomik.* Tübingen : J. C. B. Mohr, 1995 (Schriftenreihe des Wirtschaftswissenschaftlichen Seminars Ottobeuren) (14)

STASCHEIT, Andreas: *Soziologie und Phänomenologie der Musik: Schütz und Ingarden.* Bielefeld, Universität Bielefeld, Diss., 1986 (3)

STAUFENBIEL, Fred ; HUNGER, Bernd ; KRISCHKER, Uta ; SCHMIDT, Holger ; BOLCK, Regina ; WEISKE, Christine: *Stadtentwicklung und Wohnmilieu von Halle/S. und Halle-Neustadt.* Weimar : Hochschule für Architektur und Bauwesen Weimar, 1985 (Soziologische Studie) (1)

STAUFENBIEL, Fred: *Magdeburg - Standtentwicklung und Wohnmilieu. Soziologische Studie.* Weimar: Hochschule für Architektur und Bauwesen Weimar, Sektion Gebietsplanung und Städtebau, 1987 (Schriften der Hochschule für Architektur und Bauwesen Weimar; 44) (1)

STAUFENBIEL, Fred ; BÖHME, Silvia ; GAUBE, Andrea ; HANNEMANN, Christine ; REMPEL, Katja ; SCHÄFER, Uta ; SCHMIDT, Holger ; STEIN, Martin ; SCHWENNICKE, Frank: *Brandenburg '87. Die Stadt und ihre Bewohner. Eine soziologische Studie zur Stadtentwicklung. Tl. 1. Generelle Stadtentwicklung.* Weimar: Hochschule für Architektur und Bauwesen Weimar, Sektion Gebietsplanung und Städtebau, 1988 (Schriften der Hochschule für Architektur und Bauwesen Weimar; 77) (1)

STAUFENBIEL, Fred ; BÖHME, Silvia ; GAUBE, Andrea ; HANNEMANN, Christine ; REMPEL, Katja ; SCHÄFER, Uta ; SCHMIDT, Holger ; STEIN, Martin ; SCHWENNICKE, Frank: *Brandenburg '87. Die Stadt und ihre Bewohner. Eine soziologische Studie zur Stadtentwicklung. Tl. 2. Ausgewählte Stadtgebiete.* Weimar: Hochschule für Architektur und Bauwesen Weimar, Sektion Gebietsplanung und Städtebau, 1988 (Schriften der Hochschule für Architektur und Bauwesen Weimar; 77) (1)

STAUFENBIEL, Fred ; BACH, Joachim ; KIND, Gerold: *Zur Entwicklung einer allgemeinen Theorie der Stadtplanung.* Weimar: Hochschule für Architektur und Bauwesen Weimar, 1988 (Schriften der Hochschule für Architektur und Bauwesen Weimar; 55) S. 32ff. (1)

STAUFENBIEL, Fred: *Leben in Städten. Soziale Ziele und Probleme der intensiven Stadtreproduktion - Aspekte kultursoziologischer Architekturforschung.* Berlin : Bauverlag, 1989 (1)

STOREY, David J. ; JOHNSON, S.: *Job Generation and Labour Market Change.* Houndsmill : Mac Millan, 1987 (14)

STORPER, Michael: Regional 'Worlds' of Production: Learning and Innovation in the Technology Districts of France, Italy and the USA. *Regional Studies* (1993), vol. 27, S. 433-455 (14)

WEBER, Max: *Wirtschaft und Gesellschaft.* Bd. 1. Tübingen : J. C. B. Mohr, 1976 (17)

WEBER, Max: *Die Lage der Landarbeiter im ostelbischen Deutschland.* 2 Halbbände, Max-Weber-Gesamtausgabe I/3, Tübingen : J. C. B. Mohr (Paul Siebeck), 1984

WEDER, Rolf ; GRUBEL, Herbert G.: „The New Growth Theory and Coasean Economics: Institutions to Capture Externalities". *Weltwirtschaftliches Archiv* (1993), vol. 129, S 488-513 (14)

WELSCH, Wolfgang: *Ästhetisches Denken.* 3. Aufl., Stuttgart : Reclam, 1993 (2)

VON WENSIERSKI, Hans-Jürgen: *Mit uns zieht die alte Zeit - Biographie und Lebenswelt junger DDR-Bürger im Umbruch.* Opladen : Leske + Budrich, 1994 (4)

WEIB, Johannes: Zur Einführung. In: WEIB, Johannes (Hrsg.): *Max Weber heute. Erträge und Probleme der Forschung.* Frankfurt/M. : Suhrkamp, 1989, S. 7-28

WEISKE, Christine: *Heimischfühlen in der Stadt - Zur Wechselwirkung von Ortsverbundenheit und Migration.* Jena, Friedrich-Schiller-Universität, Diss. A, 1984 (1)

WEISKE, Christine: *Wohnen 1994 - zum Beispiel Erfurt.* Weimar, Hochschule für Architektur und Bauwesen Weimar, o. J. (1)

WELTER, Rüdiger: *Der Begriff der Lebenswelt, Theorien der vortheoretischen Erfahrungswelt.* München : Wilhelm Fink, 1986 (1)

WILD, Bodo: *Auf der Suche nach Zugehörigkeit und Zusammengehörigkeit - Konflikterfahrungen jugendlicher Fußballfans und Hooligans in Ost- und Westberlin.* Berlin, Freie Universität Berlin, (unveröff.) Diss., 1996 (4)

WILLIAMSON, Oliver: *Market and Hierarchies.* New York : Free Press, 1975 (14)

WOHL, Richard, R. ; STRAUSS, Anselm, L.: Symbolic Representation and the Urban Milieu. In: *American Journal of Sociology.* vol. 63 (1958), S. 523-532 (1)

WOLFF, Frank ; WINDAUS, Eberhard: *Studentenbewegung 1967-69. Protokolle und Materialien.* Frankfurt/M. : Roter Stern, 1977 (1)

ZAPF, Katrin: *Rückständige Viertel. Eine soziologische Analyse der städtebaulichen Sanierung in der Bundesrepublik.* Frankfurt/M. : Europäische Verlagsanstalt, 1969 (1; 15)

ZAPF, Wolfgang: Modernisierung und Modernisierungstheorien. In: Ders. (Hrsg.): *Die Modernisierung moderner Gesellschaften. Verhandlungen des 25. Deutschen Soziologentages in Frankfurt/M. 1990.* Frankfurt/M. : Campus, 1991 (17)

ZILLE, Heinrich: *Mein Milljöh. Neue Bilder aus dem Berliner Leben.* Berlin, 1914 (1)

ZUKIN, Sharon: Postmodern Urban Landscapes: Mapping Culture and Power. In: LASH, Scott ; FRIEDMAN, Jonathan (eds.): *Modernity and Identity.* Oxford : Blackwell, 1992, S. 221-247 (2)

Autorinnen und Autoren

Joachim Becker, Dipl.-Ing.; Freiberufler in Stadtforschung und Planungsberatung

Heinz Böcker, Dipl.-Volkswirt; wissenschaftlicher Mitarbeiter am Lehrstuhl für Soziologie, insbes. Arbeitssoziologie der Universität Dortmund; Mitarbeit im - von der VW-Stiftung finanzierten - Projekt: "Kontrastierende Fallanalysen zum Wandel von arbeitsbezogenen Deutungsmustern und Lebensentwürfen in einer Stahlstadt"

Ralf Bohnsack, Prof. Dr.; Institut für Schulpädagogik und Bildungssoziologie der Freien Universität Berlin

Renate Fritz-Haendeler, Dr.-Ing.; Stadtplanerin; Referatsleiterin im Ministerium für Stadtenwicklung, Wohnen und Verkehr des Landes Brandenburg, Potsdam

Richard Grathoff, Prof. Dr., Fakultät für Soziologie der Universität Bielefeld; wissenschaftlicher Leiter des Marianne-Weber-Instituts Oerlinghausen

Achim Hahn, Prof. Dr.; Fachhochschule Sachsen-Anhalt, Hochschule für Technik, Wirtschaft und Gestaltung, FB Landwirtschaft/Ökologie/Landespflege

Michael Hofmann, PD Dr.; Universität Dresden, Institut für Soziologie; Transformationsforschung Ostdeutschland, Kultursoziologie

Nicole Hoffmann, Dipl. Päd.; wissenschaftliche Mitarbeiterin am Institut für Regionalentwicklung und Strukturplanung, Erkner; Forschungsschwerpunkte: Weiterbildung, Wissenschaftsmanagement, Regionalentwicklung unter sozialwissenschaftlicher Perspektive

Karl-Dieter Keim, Prof. Dr.; Direktor des Instituts für Regionalentwicklung und Strukturplanung, Erkner; Lehrstuhl für Stadt- und Regionalentwicklung der BTU Cottbus

Friedemann Kunst, Dipl.-Ing.; Senatsverwaltung für Stadtentwicklung, Umweltschutz und Technologie des Landes Berlin, Referatsleiter Stadtplanung

Vera Lessat, Dr.; wissenschaftliche Mitarbeiterin am Zentrum für Europäische Wirtschaftsforschung, Mannheim

Katrin Lompscher, Dipl.-Ing.; wissenschaftliche Mitarbeiterin für Stadtentwicklung und Verkehr, Abgeordnetenhaus Berlin

Ulf Matthiesen, PD Dr. rer. pol.; Leiter der Abteilung III für 'Planungsgeschichte und Regionalkultur' am Institut für Regionalentwicklung und Strukturplanung, Erkner; Hochschullehrer am Institut für Sozialwissenschaften, Humboldt-Universität zu Berlin

Hartmut Neuendorff, Prof. Dr.; Lehrstuhl für Soziologie, insbes. Arbeitssoziologie der Universität Dortmund; Leitung des - von der VW-Stiftung finanzierten - Projekts: "Kontrastierende Fallanalysen zum Wandel von arbeitsbezogenen Deutungsmustern und Lebensentwürfen in einer Stahlstadt"

Henning Nuissl, Dipl.-Ing., Dipl.-Soz.; wissenschaftlicher Mitarbeiter im Institut für Regionalentwicklung und Strukturplanung, Erkner; Mitarbeit im Projekt "An den Rändern der Hauptstadt"

Heike Pfeiffer, Dipl.-Ing., Stadtplanerin; S.T.E.R.N., Gesellschaft für behutsame Stadterneuerung mbH, - Treuhänderischer Sanierungsträger -, Berlin

Ingrid Oswald, Dr.; Otto-Guericke-Universität Magdeburg; Forschung zur Transformation, Sozialstruktur

Dieter Rink, Dr.; wissenschaftlicher Mitarbeiter am Umweltforschungszentrum Leipzig-Halle GmbH; Arbeitsschwerpunkte: Soziale Bewegungen, Milieus und Mentalitäten, Stadtsoziologie

Harald Rüßler, Dr.; z. Z. Projekt-Mitarbeit in der 'Enquête zur Lage der Flüchtlinge in Dortmund', Sozialakademie Dortmund; Mitarbeit im - von der VW-Stiftung finanzierten - Projekt: "Kontrastierende Fallanalysen zum Wandel von arbeitsbezogenen Deutungsmustern und Lebensentwürfen in einer Stahlstadt"

Dirk Tänzler, Dr.; bis 12/97 wissenschaftlicher Mitarbeiter der Forschungsgruppe Transformation und Globalisierung des WZB (Wissenschaftszentrum Berlin für Sozialforschung)

Michael Thomas, Dr. phil.; Brandenburgisch-Berliner Institut für Sozialwissenschaftliche Studien e. V.; Forschung zu Transformationsproblemen, neue Selbständigkeit

Werner Zühlke, Dipl.-Sozialwirt; Regierungsdirektor am Institut für Landes- und Stadtentwicklungsforschung des Landes Nordrhein-Westfalen, Leiter des Forschungsbereiches "Stadt- und Infrastrukturentwicklung"

Ebenfalls bei edition sigma – eine Auswahl

Herausgegeben vom Institut für Regionalentwicklung und Strukturplanung (IRS):

Karl-Dieter Keim (Hg.)
Aufbruch der Städte
Räumliche Ordnung und kommunale Entwicklung in den ostdeutschen Bundesländern
1995   270 S.   ISBN 3-89404-397-0   DM 29,80

Werner Rietdorf (Hg.)
Weiter wohnen in der Platte
Probleme der Weiterentwicklung großer Neubauwohngebiete in den neuen Ländern
1997   256 S.   ISBN 3-89404-440-3   DM 34,80

Hans Joachim Kujath, T. Moss, Th. Weith (Hg.)
Räumliche Umweltvorsorge
Wege zu einer Ökologisierung der Stadt- und Regionalentwicklung
1998   272 S.   ISBN 3-89404-451-9   DM 36,00

Sibylle Meyer, Eva Schulze (Hg.)
Ein Puzzle, das nie aufgeht
Stadt, Region und Individuum in der Moderne. Festschrift für Rainer Mackensen
1994   398 S.   ISBN 3-89404-371-7   DM 44,00

Klaus Mensing, Andreas Thaler (Hg.)
Stadt, Umland, Region
Entwicklungsdynamik und Handlungsstrategien: Hamburg, Bremen, Hannover
1997   157 S.   ISBN 3-89404-438-1   DM 24,80

Annette Spellerberg
Soziale Differenzierung durch Lebensstile
Eine empirische Untersuchung zur Lebensqualität in West- und Ostdeutschland
1996   241 S.   ISBN 3-89404-155-2   DM 36,00

Der Verlag informiert Sie gern umfassend über sein sozial- und medienwissenschaftliches Programm. Natürlich kostenlos und unverbindlich.

edition sigma	Tel.	[030] 623 23 63	Internet:
Karl-Marx-Str. 17	Fax	[030] 623 93 93	http://www.
D-12043 Berlin	E-Mail	Verlag@edition-sigma.de	edition-sigma.de